verschleppt

verbannt

verschwunden

Grit Poppe, geboren 1964 in Boltenhagen, studierte am Literaturinstitut in Leipzig und arbeitet als freiberufliche Autorin. Sie schreibt für Kinder, Jugendliche und Erwachsene Bücher. Ihr Jugendroman „Weggesperrt“ wurde u. a. mit dem Gustav-Heinemann-Friedenspreis für Kinder- und Jugendbücher ausgezeichnet. Der Jugendroman „Verraten“ erhielt 2021 den Deutsch-Französischen Jugendliteraturpreis und war für den Deutschen Jugendliteraturpreis nominiert. Im Mitteldeutschen Verlag erschien 2020 ihr Roman „Angstfresser“.

Niklas Poppe, geboren 1991 in Potsdam, studierte an der Martin-Luther-Universität Halle (Saale) Deutsche Sprache und Literatur sowie Geschichtswissenschaft und war dort später Lehrbeauftragter. Er arbeitet als pädagogischer Mitarbeiter in der Gedenkstätte Roter Ochse in Halle (Saale).

Bisherige gemeinsame Veröffentlichung von Grit und Niklas Poppe: „Die Weggesperrten. Umerziehung in der DDR – Schicksale von Kindern und Jugendlichen“, Propyläen Verlag 2021.

Grit Poppe
Niklas Poppe

verschleppt verbannt verschwunden

Deutsche Kriegsjugend in Stalins Lagern und Gefängnissen

mitteldeutscher verlag

Das Buchprojekt wurde angeregt, gefördert und unterstützt von dem Verein Gedenk- und Begegnungsstätte ehemaliges KGB-Gefängnis.

Gedruckt mit freundlicher Unterstützung der Bundesstiftung zur Aufarbeitung der SED-Diktatur

Umschlagfoto von links: Joachim Douglas, Klaus Eylert, Hermann Schlüter, Klaus Tauer (Archiv Hermann Schlüter/Gedenkstätte Leistikowstraße)

Bibliografische Information der Deutschen Nationalbibliothek
Die Deutsche Nationalbibliothek verzeichnet diese Publikation in der Deutschen Nationalbibliografie; detaillierte bibliografische Daten sind im Internet über http://dnb.dnb.de abrufbar.

1. Auflage

www.mitteldeutscherverlag.de

Gesamtherstellung: Mitteldeutscher Verlag, Halle (Saale)

ISBN 978-3-96311-915-6

Printed in the EU

Inhalt

Vorwort

Bereits 1945 erfolgten die ersten Verhaftungen von Schülern in der Sowjetischen Besatzungszone (SBZ) durch den sowjetischen Geheimdienst. So wurden beispielsweise vier 15- bis 16-jährige Schüler der „Zweiten Städtischen Oberschule für Jungen" in Potsdam (heute Einstein-Gymnasium) verhaftet und zunächst in den Kellerräumen einer Potsdamer Villa und später im Untersuchungsgefängnis in der Leistikowstraße unter menschenunwürdigen Bedingungen inhaftiert, verhört und auch misshandelt. Auslöser der Verhaftungen war, dass die Schüler sich weigerten am Russischunterricht teilzunehmen. Beschuldigt wurden sie, eine „Werwolf"-Gruppe gegründet und „antisowjetische Propaganda" betrieben zu haben. Alle vier wurden zum Tode durch Erschießen verurteilt. Der Jüngste, Hermann Schlüter, wurde schließlich zu 20 Jahren Arbeitslager „begnadigt". Die anderen drei Schüler wurden am 18. April 1946 erschossen. Von den getöteten Schülern fehlt bis heute jede Spur.

In der Leistikowstraße inhaftierte Deutsche (in der Zeit zwischen 1945 und 1955) kamen nicht nur aus Potsdam oder Brandenburg, sondern aus dem gesamten Gebiet der SBZ/DDR. Insofern hat das ehemalige Untersuchungsgefängnis eine überregionale Bedeutung und ist die heutige Gedenkstätte von europäischem Rang.

Die Klassenkameraden von Hermann Schlüter wurden in ihrer Heimat getötet.

Ab 1950 von den Sowjets zum Tode Verurteilte wurden nach Moskau gebracht und dort erschossen.

Die in Moskau hingerichteten DDR-Bürger wurden nicht öffentlich bekannt gemacht. Sie verschwanden von einem Tag auf den

Gebäude des ehemaligen sowjetischen Gefängnisses in der Potsdamer Leistikowstraße, heute Gedenk- und Begegnungsstätte (Foto: Grit Poppe, 2024)

nächsten, sodass viele der Angehörigen bis zum Zerfall des Ostblocks keine Gewissheit hatten, was mit ihren Verwandten geschehen war.

Die Hinrichtungen erfolgten wegen des Vorwurfs des „Konterrevolutionären Verbrechens“ oder der „Spionage“ (Paragraf 58 des Strafgesetzbuches der RSFSR[1]), wobei für diesen Tatvorwurf bereits der Besitz von Presseerzeugnissen aus dem Westen reichen konnte. Die Opfer bildeten dabei den Querschnitt der DDR-Bevölkerung. Herkunft, Beruf, Geschlecht und Religion spielten bei der Verurteilung scheinbar ebenso wenig eine Rolle, wie ein Bezug zur NS-Herrschaft. Lediglich vier von 927 in den Jahren

1 Abkürzung für Russische Sozialistische Föderative Sowjetrepublik.

1950 bis 1953 in Moskau hingerichteten DDR-Bürgern wurden wegen Kriegsverbrechen verurteilt.[2]

Weder über das Schicksal der zum Tode Verurteilten noch über den Verbleib der Jugendlichen und jungen Erwachsenen, die in die Speziallager oder in den Gulag in die Sowjetunion verschleppt wurden, erfuhren die Angehörigen etwas. Erst nach Stalins Tod, im März 1953, war es endlich möglich, Karten aus dem sowjetischen Lager zu schicken und Post zu empfangen. So erhielten manche Familien ein erstes Lebenszeichen, andere hofften Jahre und Jahrzehnte auf die Heimkehr. Viele von ihnen vergeblich.

Nach Entlassung aus den Speziallagern[3], Gefängnissen und dem Gulag[4] wurden die Betroffenen zum Schweigen verpflichtet. Für diejenigen, die in die DDR entlassen wurden, hielt diese Schweigepflicht bis zum Mauerfall an.

Unverständlich ist, dass die Geschichte der stalinistischen Verfolgung in der SBZ und DDR bis heute kein Schulstoff ist. Die Gesellschaft blendet die Verbrechen, die in den Jahren nach dem Krieg geschahen, weitestgehend aus. Auch Erwachsene scheuen das

---

2 Vgl. Vorwort aus Roginskij, Arsenij; Drauschke, Frank; Kaminsky, Anna (Hg.): „Erschossen in Moskau …“, Die deutschen Opfer des Stalinismus auf dem Moskauer Friedhof Donskoje, 1950–1953, 2. Aufl., Berlin 2006, S. 12.

3 Zum Ende des Zweiten Weltkrieges richteten die Alliierten Lager zur Internierung von Nationalsozialisten und Kriegsverbrechern ein. In der sowjetischen Besatzungszone waren jedoch darüber hinaus Menschen in den sogenannten Speziallagern eingesperrt, die sich lediglich kritisch oder ablehnend gegenüber der sowjetischen Besatzungsmacht äußerten oder verhielten. Etwa ein Drittel der internierten Deutschen überlebte die Lagerhaft nicht, darunter auch viele der willkürlich verschleppten Jugendlichen.

4 Glavnoe Upravlenije Lagerej, „Hauptverwaltung der Lager“, System der Straf- und Arbeitslager der SU.

Vergitterte Fenster mit Sichtblende (Foto: Grit Poppe, 2024)

Thema oft. Umso wichtiger erscheint uns, das Erlebte der zu Unrecht Inhaftierten zu erzählen und den Widerstand vieler junger Menschen gegen den stalinistischen Terror zu würdigen.

In den Jahren 2008 und 2009 interviewte der Regisseur Dirk Jungnickel Zeitzeugen, die im damaligen Untersuchungsgefängnis der sowjetischen Spionageabwehr in der Leistikowstraße in Potsdam ab 1945 unrechtmäßig inhaftiert, von einem Militärtribunal zu extrem hohen Haftstrafen (oft zu 25 Jahren Strafarbeitslager) verurteilt und in ein Speziallager in der SBZ/DDR oder in ein Gefängnis und von dort oft in die Sowjetunion, nach Workuta bzw. in ein anderes Lager verschleppt wurden.

Die ehemals Inhaftierten sowie eine Angehörige eines zum Tode verurteilten Potsdamer Schülers wurden für den *Verein Gedenk- und Begegnungsstätte ehemaliges KGB-Gefängnis Potsdam*, dem vor allem auch Opfer angehörten, interviewt.

Die Darstellungen der Berichte von Hermann Schlüter, Margot

Zelle im Keller des Gefängnisses (Foto: Grit Poppe, 2024)

Bonk, Heinz Schwollius, Gerda Müller, Rosel Blaszyk, Elli Decker, Bodo Platt, Hans Walther, Christina Schmidt-Kensche, Johannes Oesterhelt, Hans Berger, Horst-Adolf Hennig, Peter Seele, Günter Martins, Hans Günter Aurich, Helmut Tisch und Ernst-Friedrich Wirth basieren auf diesen Interviews.

Den Menschen, die in ihren jungen Jahren unter der Verfolgung der tschekistischen Geheimdienste litten, ist dieser Band gewidmet.

Einleitung

Der Zusammenbruch des nationalsozialistischen Deutschlands bedeutete für den größten Teil der in jenem Staat aufgewachsenen Kinder und Jugendlichen das Ende der ihnen bekannten Welt, das Ende eines fest verankerten, beinahe unerschütterlichen Glaubens an die eigene erfolgreiche Zukunft und das Ende des Versprechens, dass sie selbst eines Tages die Träger eben jener wären. Das galt selbstverständlich nur für diejenigen, die aus „rassischen" und sozialrassistischen Gesichtspunkten für höherwertig erachtet worden waren und bis dato nicht unter dem Terror der Nationalsozialisten gelitten hatten. Für sie war die Niederlage ein Schock, hatten sie doch, wie es Hitler früh prophezeite, gar nichts anderes kennenlernen können als das nationalsozialistische Weltbild, das ihnen eine glorreiche Zukunft versprach.

Die Nationalsozialisten waren sicher, erfolgreich die eigene Agenda in die Köpfe der jungen Generation zu implementieren, mit der Propaganda in den Schulen, der Gleichschaltung aller Jugendorganisationen, den später erhobenen HJ-Zwang und dem Versprechen, ein jeder könne sich, unabhängig des Milieus und des Bildungsgrades, als tüchtiges und damit „vollwertiges Mitglied der Volksgemeinschaft" beweisen. Der Vorstellung, über die „Volksgemeinschaft" Klassenunterschiede mindestens zu nivellieren, kam man etwa in der HJ, dem BDM und dem RAD (Reichsarbeitsdienst) und damit gerade unter jungen Menschen relativ nahe.[5]

5 Michael Grüttner: Brandstifter und Biedermänner, Deutschland 1933–1945, Bonn 2015, S. 298 ff.

Umso härter musste der Einschnitt im Mai 1945 erscheinen. Enttäuschung, Frustration, Ungläubigkeit und letztlich Resignation, weniger Aggression, kamen auf.

Beinahe die gesamte Jugend war in der Hitlerjugend erfasst gewesen und kurz vor Kriegsende standen die späteren Siegermächte zum Teil den Jugendlichen des „Volkssturms" gegenüber. Die Befürchtung der Alliierten, sie würden nach dem Einmarsch auf eine wütende, fanatische und bis zuletzt kämpfende Jugend treffen, erfüllte sich jedoch nicht. Vor allem die Organisation „Werwolf" sollte den Mitgliedern der Anti-Hitler-Koalition suggerieren, dass mit Anschlägen und Attentaten auch seitens der jungen deutschen Bevölkerung zu rechnen sei. Im frühen Herbst 1944 hatte Heinrich Himmler die Organisation ins Leben gerufen, die nach dem Vorbild der den Nazis stark zusetzenden Partisanenkämpfer hinter den feindlichen Linien sabotieren und morden sollten. Mit geringem „Erfolg". Auch die über den Goebbelschen Propagandasender „Werwolf" ausgerufenen Durchhalteparolen, Aufrufe und Drohungen blieben wirkungsschwach. Mitglieder der Organisation „Werwolf" wurden anschließend in den Besatzungszonen gesucht und verhaftet. Vor allem in der sowjetischen Besatzungszone wurde der „Werwolf"-Verdacht allerdings fälschlich gegenüber Tausenden Jugendlichen bemüht. So reichte dafür etwa ein Name auf der Liste einer Veranstaltung aus, zu deren Teilnahme die SS Jugendliche verpflichtet hatte.[6] Bei anderen wiederum wurden Waffen gefunden, die zu diesem Zeitpunkt in allen Ecken des Landes von meist Erwachsenen panisch entsorgt worden waren.

---

6 Anne Applebaum: Der Eiserne Vorhang. Die Unterdrückung Osteuropas 1944–1956, Bonn 2014, S. 142.

In Wahrheit stellte sich die Jugend als kampf- und kriegsmüde heraus. Auch sie hatte zum Teil die Bombardierung ihrer Heimatstädte erlebt und nahe Verwandte und Freunde verloren. Relativ schnell spielte die Organisation „Werwolf" daher in den meisten Besatzungszonen auch keine Rolle mehr. Außer in der SBZ, dort brachte der Vorwurf der „Werwolftätigkeit" vielfach schlimmste Konsequenzen für unschuldige Jugendliche mit sich.
Die Rote Armee und die mit ihr nach Deutschland gekommenen sowjetischen Geheimdienste hatten derweil weit mehr als die Truppen der anderen Siegermächte unter dem Krieg gelitten. Etwa 27 Millionen sowjetische Bürger waren in dem von Deutschland ausgehenden Vernichtungskrieg gestorben. Mehr als die Hälfte der Todesopfer waren Zivilisten. Als die Verbände der Roten Armee nach Deutschland kamen, mussten sie feststellen, dass die deutsche Gesellschaft trotz des verlorenen Krieges einen deutlich höheren Lebensstandard aufwies, als sie sich es hätten vorstellen können. In Anbetracht der Kriegsopfer sorgte das für weiteres Unverständnis und für noch größere Wut. Allen voran waren zudem die Mitglieder des NKWD und des militärischen Spionageabwehrdienstes Smersch vom stalinistischen Terror geprägt, der sich insbesondere seit den späten Dreißigerjahren durch Verhaftungskontingente, Deportationen und der Vernichtung Hunderttausender tatsächlicher und vermeintlicher Feinde des sowjetischen Diktators gezeigt hatte und auch weiterhin in dessen Einflussbereich um sich griff. Sie hatten gelernt, dass ein Gegner existierte, auch wenn man ihn nicht sah. Und selbst wenn es keine Tat gab, müsse man zuschlagen, denn der Feind wartete (angeblich) nur auf seine Chance. Doch, so die feste Überzeugung, man würde sie ihm nicht geben: Verhaften, verhören, deportieren und hinrichten. Auch pauschal, denn „wo gehobelt wird, fallen Späne", wie es im

stalinistischen Duktus hieß. So mussten zu einer Tat, die es nicht gab, da sie lediglich im Bereich des Möglichen lag, Verursacher gefunden werden, auch wenn diese zu dem möglichen Verbrechen keinerlei Bezug hatten. Oder, um es mit Hannah Arendt zu sagen: „Da die Geschichte in der totalitären Fiktion voraussehbar und berechenbar verläuft, muss jede ihrer Möglichkeiten auch einer Wirklichkeit entsprechen."[7]

Deutschland war aus Perspektive der Sowjets wiederum ein Staat voller Faschisten und diese Sicht war nur allzu verständlich. Jeder sechste erwachsene Deutsche war in eine der NS-Organisationen eingebunden. Unter den Jugendlichen war die Quote durch HJ und BDM ungleich höher. Bis zuletzt hatten sich die Nationalsozialisten zudem dem Wohlwollen der meisten „Volksgenossen" sicher sein können, auch wenn vom Glauben an die Heilsversprechen und glorreichen Zukunftsvisionen im Laufe des Krieges immer weniger übriggeblieben war.

Die Deutschen wiederum bekamen es vor allem gegenüber den Sowjets mit der Angst zu tun. Als barbarische, unzivilisierte und verrohte „Untermenschen" verunglimpft, die zudem Millionen ihrer Geschwister, Eltern und Freunde durch die deutsche Invasion und den Naziterror verloren hatten, waren sie laut der NS-Propaganda und den rassetheoretischen Verlautbarungen mit am weitesten entfernt von der vermeintlich überlegenen, „nordischen Rasse". Die Besetzung Ostpreußens wurde demgemäß als Akt der blutigen Rache interpretiert.[8] Die zigtausendfachen Übergriffe auf

---

7 Hannah Arendt: Elemente und Ursprünge totaler Herrschaft. Antisemitismus, Imperialismus, totale Herrschaft, ungekürzte Taschenbuchausgabe, 18. Aufl., München 2015, S. 886.

8 Vgl. Alexander von Plato: Sowjetische Speziallager in Deutschland 1945 bis

(vor allem weibliche) Zivilisten durch Mitglieder der Roten Armee bekräftigten dieses Bild.
Zudem verschwanden plötzlich Mitbürger, Nachbarn, Freunde und Verwandte von einem Tag auf den anderen. Der sowjetische Geheimdienst hatte sich direkt nach dem Einmarsch mit deutlich größerem Eifer als die übrigen Siegermächte darangemacht, Nationalsozialisten zu verfolgen, zu inhaftieren oder hinzurichten. Tatsächliche und vermeintliche Kriegsverbrecher wurden so in die ab 1945 eingerichteten und vom NKWD verwalteten Speziallager interniert oder in sowjetische Lager deportiert. Verhaftet und verschleppt wurden vermehrt Menschen, denen im Zuge des sich nun zuspitzenden Ost-West-Konflikts von den Sowjets Spionagetätigkeiten nachgesagt wurden. Aber auch andere als „antisowjetische Tätigkeiten" gefasste Vorwürfe wurden mit Lagerhaft bestraft. Sowohl die zehn in der SBZ vorhandenen Speziallager[9] als auch die Inhaftierungen in den Lagern des Gulags waren damit früh nach Kriegsende vor allem Mittel der politischen Repression und

---

1950: Ergebnisse eines deutsch-russischen Kooperationsprojektes, in: Peter Reif Spirek/Bodo Ritscher (Hg.): Speziallager in der SBZ. Gedenkstätten mit „doppelter Vergangenheit", Berlin 1999, S. 124–148, hier S. 124.

9 Speziallager Nr. 1 Mühlberg (Sept. 1945–Okt. 1948), Speziallager Nr. 2 Buchenwald (August 1945–Febr. 1950), Speziallager Nr. 3 Berlin Hohenschönhausen (Mai 1945–Okt. 1946), Speziallager Nr. 4 Bautzen (Mai 1945–Febr. 1950), Speziallager Nr. 5 Ketschendorf (Apr. 1945–Febr. 1947), Speziallager Nr. 6 Jamlitz (Sept. 1945–Apr. 1947), Speziallager Nr. 7 Weesow (Mai 1945–August 1945, anschließend Verlegung nach Sachsenhausen), Speziallager Nr. 7 Sachsenhausen (August 1945–März 1950, nach Schließung des Speziallagers in Mühlberg wurde dann das Speziallager Sachsenhausen Nr. 1 genannt), Speziallager Nr. 8 und Nr. 10 Torgau (Nr. 8: Aug. 1945–März 1947; Nr. 10: Mai 1946–Okt. 1948), Speziallager Nr. 9 Fünfeichen (Apr. 1945–Okt. 1948).

Werkzeug zur Unterdrückung des Teils der Bevölkerung, welcher der Errichtung der Diktatur nach stalinistischem Vorbild im Wege zu sein schien.

Im Regelfall hatte man dabei diejenigen, die in von Sowjets verwalteten Speziallagern gefangen waren, nicht verurteilt. In diesen Internierungslagern waren die Zustände katastrophal. Hunger und Krankheiten waren bestimmend und sorgten dafür, dass nach offiziellen Angaben des MWD[10] mehr als ein Drittel der über 120.000 in den Lagern inhaftierten Deutschen verstarb. Historiker gehen zum Teil von deutlich höheren Inhaftiertenzahlen und auch einem höheren Anteil Verstorbener aus.[11] Im März 1950 wurde das letzte Speziallager, das im ehemaligen KZ Sachsenhausen eingerichtet worden war, geschlossen.

Anders standen die Dinge um jene, die man in den Osten und damit in die sowjetischen Arbeitslager verschleppte. Sie waren in den meisten Fällen zuvor in der SBZ vor sowjetische Militärtribunale gestellt und verurteilt worden. Die Prozesse entsprachen dabei keinerlei rechtsstaatlichen Prinzipien. So wurden die in Untersuchungshaft oft durch Folter, Hunger, Schlafentzug und andere Drangsalierungen erzwungenen Geständnisse als zentrale Aspekte der Verurteilungen herangezogen. Entlastungszeugen oder überhaupt eine Verteidigung existierten nicht. Oft fanden nicht nur die Verhöre, sondern auch die Verhandlungen auf Russisch statt. Die Möglichkeit einer Revision gab es nicht.

---

10 Innenministerium Russlands.

11 Vgl. Norman M. Naimark: Die Russen in Deutschland. Die sowjetische Besatzungszone 1945 bis 1949, Berlin 1999, S. 439f.

Dass es sich bei den Verurteilten vielfach um Zivilisten handelte, denen keine Kriegsverbrechen, sondern vor allem „antisowjetische Tätigkeiten" nachgesagt wurden, verdeutlicht die hohe Quote der aufgrund des Paragraf 58 des sowjetischen Strafgesetzbuches Inhaftierten. Etwa 70 Prozent der verurteilten Zivilisten wurden mithilfe dieses Gummiparagrafen in die Arbeitslager gesperrt.[12] Dieser war mit seinen 14 Unterkategorien allgemein auf „Konterrevolution" ausgelegt und erleichterte die Arbeit der Geheimdienste insofern, als dass eine objektive Beweisführung durch die vielseitige Auslegungsmöglichkeit des Paragrafen nicht nötig schien. Allein die Verhaftung eines politischen Gegners kam daher einem Schuldbeweis gleich.

Die Verurteilten erwarteten nicht selten 20 oder 25 Jahre Lagerhaft, in etwa 3.000 Fällen folgte gar die Hinrichtung.[13] Betroffen waren dabei auch viele Jugendliche und junge Erwachsene, da das sowjetische Strafrecht Verurteilungen für Personen ab zwölf Jahren zuließ. Tatsächlich gab es früh in der SBZ politischen Widerstand durch Schüler und Studenten, die sich in Gruppen organisierten und sich über mögliche Gegenwehr wider die sich manifestierende Diktatur stalinistischer Prägung austauschten. Die Verhaftungen trafen die Jugendlichen meist völlig unvorhergesehen. Die Inhaftierung in einem der Untersuchungsgefängnisse der sowjetischen Geheimdienste brachte dann den nächsten Schock. Isoliert in dunklen Zellen, ohne zu wissen, wo und warum man dort war, begannen viele der Gefangenen bereits hier zu verzwei-

---

12 Andreas Hilger: Deutsche Gefangene im sowjetischen Lagersystem: GUPWI und Gulag, 1941 bis 1956, in: Julia Landau und Irina Scherbakowa (Hg.): Gulag. Texte und Dokumente 1929–1956, Bonn 2014, S. 148–155, hier S. 154.

13 Ebd., S. 151.

feln. In den Zellen befanden sich außer einem Kübel und einer Holzpritsche nichts. Die immer wiederkehrenden stundenlangen nächtlichen Verhöre stellten sowohl eine extreme psychische als auch physische Belastung dar. Weil ihnen am Tage das Schlafen verboten war, führte die nächtliche Prozedur im Verhörraum zum langanhaltenden Schlafentzug und Stück für Stück zur Zermürbung. Sowohl Androhungen von Prügel und Folter als auch die Erpressung, Freunde und Familie würden belangt werden, wenn man nicht kooperiere, ließen viele daher relativ schnell das tun, was das zentrale Anliegen der Verhöroffiziere des Geheimdienstes war: das Unterschreiben des Verhörprotokolls durch den Beschuldigten, das gleichbedeutend war mit einem Schuldeingeständnis.
Einer der zentralen Orte, an dem der sowjetische Geheimdienst Menschen inhaftierte, um sie anschließend meist per Militärtribunal verurteilen zu lassen, lag dabei unweit des Schlosses Cecilienhof, in dem im Sommer 1945 während der Potsdamer Konferenz und infolge der Ergebnisse der Konferenz von Jalta die Einrichtung der Besatzungszonen festgeschrieben wurde. Unmittelbar nach der beschlossenen Neuordnung Deutschlands wurde das Areal am Potsdamer Neuen Garten zum Sperrgebiet. Inmitten des daraufhin eingerichteten von den sowjetischen Besatzern sogenannte „Militärstädtchen Nr. 7“ entstand das zentrale Untersuchungsgefängnis der sowjetischen Militärspionageabwehr Smersch. Der einstige Sitz der „Evangelischen Frauenhilfe“ wurde umfunktioniert zum Gefängnis. Die Geheimdienststadt lag unweit der Glienicker Brücke und somit nah an Westberlin. Zu den zuerst Inhaftierten gehörten sowohl sowjetische Staatsbürger, meist Repatrianten, die von den Deutschen gefangen oder verschleppt worden waren und oft Zwangsarbeit hatten leisten müssen, als auch ehemalige Nationalsozialisten, die im Rahmen der

Alliierten Kontrollratsgesetze verhaftet worden waren. Aber auch jene, die vom sowjetischen Geheimdienst als „Spione", „Diversanten" und „Terroristen" bezeichnet wurden und die in Wirklichkeit keine Bezüge zu NS-Verbrechen hatten, gerieten zunehmend in Gefangenschaft.[14] Nicht allein während der Konferenz in Potsdam war klar geworden, dass das Verhältnis der ehemaligen Anti-Hitler-Koalition von tiefem Misstrauen und dem Wiederaufleben ideologischer Konfliktpotenziale geprägt war. Auf ziviler Ebene brach sich dann die wahnhafte Verfolgungspraxis stalinistischer Prägung gegenüber auch nur vermuteten Staatsfeinden bahn. Kritische Äußerungen von Zivilisten gegenüber der sowjetischen Besatzungsmacht sowie Kontakte in den „Westen" oder zu angeblichen oder tatsächlichen „Spionen" waren daher äußerst gefährlich, sobald sowjetische oder ostdeutsche Sicherheitsorgane davon Wind bekamen. Auch Jugendliche und junge Erwachsene gerieten so in den Fokus des sowjetischen Geheimdienstes, wurden verhaftet und verhört oder verschwanden spurlos.

Nach zähen Wochen und Monaten in Untersuchungshaft, an deren Ende meist die Verurteilung durch das SMT stand, kam es dann zur Deportation in die sowjetischen Lager. Oft war der Weg dorthin bereits äußerst gefährlich. Dicht gedrängt ging es für die Gefangenen in Viehwaggons und, wenn überhaupt, mit notdürftiger Verpflegung ausgestattet Richtung Polarmeer. In den Lagern war dann schnell nur allzu offensichtlich: Hier zählt das Leben nichts. Das Lagersystem war zwar nicht primär dazu geschaffen worden, die Inhaftierten in ihrer physischen Form zu vernich-

---

14 Ines Reich, Maria Schultz (Hg.): Sowjetisches Untersuchungsgefängnis Leistikowstraße Potsdam, Berlin 2012, S. 35.

ten, doch war das Sterben der Insassen mindestens einkalkuliert. Potenzielle Arbeiter, die in den Lagern schuften konnten, ob beim Steineklopfen, im Kohleabbau, im Straßen- oder Tunnelbau, gab es genug. Ein unaufhörlicher Strom neuer Insassen machte das Nachdenken über mögliche Verbesserungen des Lagerlebens zu Stalins Lebzeiten überflüssig.

Mindestens zehn Stunden am Tag (den Arbeitsweg nicht eingerechnet) dauerte die Zwangsarbeit an, teilweise bei Temperaturen von bis zu minus 50 Grad. Pausiert wurde etwa alle zwei Wochen für einen Tag.[15] Dann hieß es, zu regenerieren, wieder zu Kräften zu kommen. Das war bei der Hungerration, die es in den Lagern des Gulags gab, ohnehin schwer genug. Die Lage der Zivilbevölkerung war diesbezüglich zwar kaum anders, auch sie hatte vor allem nach dem Krieg kaum zu essen, doch war der Kalorienverbrauch bei tiefer Kälte und permanenter körperlicher Anstrengung ungleich höher. Um zu überleben, brauchte es Durchhaltevermögen, Glück und Geschick. Alexander Solschenizyn beschrieb den Alltag auf dem „Archipel" pointiert: „Es setzte sich indes das Leben der Eingeborenen aus Arbeit, Arbeit, Arbeit zusammen; aus Hunger, Kälte und Gerissenheit."[16]

Dieser Alltag wurde im Verhältnis nur von wenigen Deutschen durchlebt. Menschen zahlreicher verschiedener Nationalitäten, aber vor allem Sowjets selbst waren es, die in den Lagern litten.

---

15 Bernd Bonwetsch: Der GULag – das Vorbild für die Speziallager in der SBZ, In: Peter Reif Spirek/Bodo Ritscher (Hg.): Speziallager in der SBZ. Gedenkstätten mit „doppelter Vergangenheit", Berlin 1999, S. 62–80, hier S. 78.

16 Alexander Solschenizyn: Der Archipel Gulag, vom Verfasser autorisierte, überarbeitete und gekürzte Auflage in einem Band, 7. Aufl., Frankfurt am Main 2008, S. 224.

Die meiste Zeit waren zudem die aus politischen Gründen Inhaftierten nicht die größte Häftlingsgruppe in den Lagern. Vielmehr bildeten zahlreiche Kleinkriminelle und Kriminalisierte aus der Sowjetunion das Gerüst der Lagergesellschaft. Zu Höchstzeiten, während des Zweiten Weltkrieges, saßen zeitgleich 2,3 Mio. Insassen in den Lagern ein.[17] Insgesamt wurden ungefähr 35.000 deutsche Zivilisten von 1944 bis 1956 durch die sowjetische Justiz verurteilt. Keinesfalls alle von ihnen kamen in den Gulag: Von 1948 an wurden um die 7.000 deutsche Zivilisten in die Lager deportiert, in denen sie, wenn sie überlebten, Jahre verbrachten.[18] Die meisten von ihnen wurden schließlich in zwei Wellen entlassen: nach Stalins Tod im März 1953 sowie 1955/56 infolge des Moskaubesuchs Konrad Adenauers.

Den Geschichten der Heimkehrer wurde unterschiedlich große Aufmerksamkeit zuteil, je nachdem, in welchem deutschen Staat die ehemaligen Lagerhäftlinge unterkamen. Während in der DDR weitestgehend Schweigen herrschte, wurden die Rückkehrer in der Bundesrepublik anfänglich oft beinahe euphorisch empfangen und unterstützt. Vielbeachtete Erinnerungsberichte und Erzählungen von Lagerhäftlingen gibt es daher bereits seit den 1950ern. Dass dies wiederum nur für die westliche Welt gilt, versteht sich von selbst. Allerdings schwand auch im Westen das Interesse an den Opfern bald. Betroffene litten darunter, dass sich niemand wirklich für sie zu interessieren schien und dass man ihnen häufig nicht so recht glaubte. So kam es auch in der Bundesrepublik dazu,

17 Ebd., S. 68.

18 Hilger, Gefangene, S. 151.

dass ehemalige Lagerhäftlinge sich zurückzogen und ihr Schicksal lieber für sich behielten.

Gedenken an die Opfer im ehem. Speziallager Nr. 5 (Foto: Grit Poppe, 2024)

In der Sowjetunion war es vor allem die Erzählung *Ein Tag im Leben des Iwan Denissowitsch* von Alexander Solschenizyn, die 1962 veröffentlicht wurde und zuerst das Martyrium großer Teile mehrerer sowjetischer Generationen beschrieb. Das nachfolgende Opus Solschenizyns, der „Archipel Gulag", sollte den Autor zum bekanntesten Zeugen des Gulag-Lebens werden lassen. Unzählige weitere Berichte sind seither erschienen. Auch ehemalige Inhaftierte des sowjetischen Untersuchungsgefängnisses in Potsdam haben ihre Erinnerungen über die Zeit in Gefängnissen und Lagern veröffentlicht.[19] Oft, ohne dabei viel Be-

---

19 Z. B.: Günter Martins: Ruki na sad! Hände auf den Rücken! Erinnerungen von Günter Martins. Hg. Gisela Kurze. Berlin 2004; Bodo Platt: Sobirai weschtschi! Pack deine Sachen! Jugendjahre im Gulag. Erinnerungen von Bodo Platt. Hg. Andrea Huterer (Schriftenreihe des Berliner Landesbeauftragten für die Unterlagen des Staatssicherheitsdienstes der ehemaligen DDR, Bd. 20), Berlin 2006; Marlise Steinert: Zelle – Baracke – Erdloch, Hg. Gisela Kurze, Berlin 2000; Hergat Wilmanns: Blumen im Beton, Nürnberg 2001; Hans Günter Aurich: Und der Morgen leuchtet in der Ferne: Lehrjahre unter zwei totalitären Regimen, Bad Schussenried 2007; Hermann Schlüter: Tod durch Erschießen, Potsdam 2005. Heinz Schwollius: Aus der Todeszelle in die Hölle von Bautzen (Schriftenreihe des Berliner Landesbeauftragten für die Unterlagen des Staatssicherheitsdienstes der ehemaligen DDR, Bd. 24), Berlin 2008.

Baracken des sowjetischen Internierungslagers Sachsenhausen in Oranienburg. Das Speziallager Nr. 7 (später Nr. 1) befand sich auf dem Gelände des ehem. KZs Sachsenhausen. Heute befindet sich dort eine Gedenkstätte. (Fotos: Grit Poppe, 2024)

achtung zu erfahren. Viele von ihnen kamen als Jugendliche oder junge Erwachsene in die Lager. Nichts hatte sie darauf vorbereiten können und nichts hatte sie ahnen lassen, dass sie wegen offensichtlicher Belanglosigkeiten zu Nummern in den vereisten Freiluftgefängnissen des NKWD werden könnten. Die Erlebnisse, so ähnlich sie auf den ersten Blick scheinen mögen, sind jeweils speziell. Jeder der jungen Menschen, der in diese Ausnahmesituation gelangt war, hatte seine eigene Überlebensstrategie, um die Jahre der Gefangenschaft zu überstehen. Zahlreiche Geschichten der ehemals in dem Untersuchungsgefängnis in der Leistikowstraße Potsdam Inhaftierten sind im Auftrag des *Vereins der Gedenk- und Begegnungsstätte ehemaliges KGB-Gefängnis* durch den Dokumentarfilmer Dirk Jungnickel in stundenlangen Interviews aufgezeichnet worden. Diese Geschichten nahbar und der Öffentlichkeit zugänglich zu machen, indem sie in Form gebracht und verdichtet wurden, ist Ziel dieses Bandes. Dieser soll dokumentieren, wie die jungen Frauen und Männer aus ihren noch kurzen Leben und ihren Familien gerissen worden sind, wie sie die Lagerwelt wahrnahmen und durchlebten und was ihnen im Zuge ihrer Rückkehr nach Deutschland widerfuhr.

Die Potsdamer Schüler

(verhaftet 1945/46)

Todesurteil? Wofür? Was hatten sie denn getan?

Hermann Schlüter

geboren am 22.4.1930 in Potsdam

Es war der 14. April 1945.
Mitten in der Nacht wurden der 14-jährige Hermann und seine beiden jüngeren Brüder von der Mutter geweckt.
Es gab wieder mal Fliegeralarm. Aber diesmal war es lauter als sonst – nicht nur die Sirenen machten diesen unheimlichen Lärm, die Geräusche der Flugzeuge über ihren Köpfen schienen viel dichter als sonst über sie hinwegzudonnern.
Wenige Minuten später hockte die Familie im Keller dicht beieinander und wartete ab, dass Entwarnung gegeben wurde. Doch stattdessen hörten sie Detonationen, die Wände wackelten, die Erde schien zu schwanken und Fensterscheiben gingen zu Bruch. Die Kinder weinten und klammerten sich an die Mutter. Durch die zerstörten Fenster sahen sie am Himmel einen hellen Lichtschein. Dann wummerte es wieder.
Am Tag nach dieser furchtbaren Nacht lief Hermann durch seine Heimatstadt, die nun in Schutt und Asche lag. Häuser waren zerstört oder standen in Flammen. Er sah den Turm der Garnisonkirche

brennen. Fassungslos schaute er hinauf. „Unter dem Glockenklang von *Üb immer Treu und Redlichkeit* fiel dann der Turm in sich zusammen.“ Und auf einmal stürzten auch die Glocken hinab und schlugen mit entsetzlich lautem Knall auf die Erde. Nie wieder würden sie läuten. Wie in einem Albtraum ging Hermann weiter. An diesem Tag sah er auch viele Tote in den Trümmern. Die geborgenen Bombenopfer wurden zunächst am Sägewerk aufgebahrt. „Es war ein großes Grauen in der Stadt.“

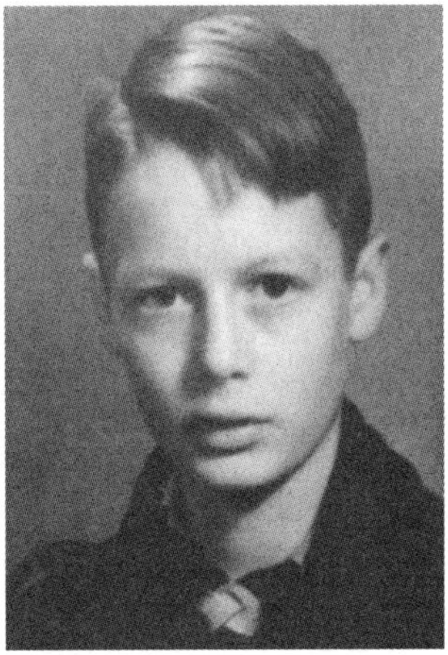

Hermann Schlüter als Schüler (Privatarchiv Familie Schlüter)

Noch vor Kurzem hatte er mit seinen Klassenkameraden in der Nähe von Krampnitz Panzergräben buddeln müssen, um die vorrückenden „Russen“ aufzuhalten, wie den Jungen erzählt wurde. Die, die ein halbes Jahr älter waren als Hermann, mussten auf dem Bornstedter Feld mit Panzerfäusten schießen üben. Als Ziel diente ein abgeschossener sowjetischer Panzer.

Als Zehnjähriger war Hermann Mitglied im Deutschen Jungvolk geworden. Die Geländespiele hatten den Pimpf begeistert und er wurde Jungscharführer, der für zehn Pimpfe zuständig war. Doch mit abenteuerlichen Geländespielen hatte der grausame Krieg dann nichts mehr zu tun.

Hermann hatte dabei noch Glück: Als Jüngster seiner Klasse wurde er nicht zum Volkssturm eingezogen. Die 16-Jährigen sollten verteidigen, was nicht mehr zu verteidigen war und wurden sinnlos geopfert.

Ende April 1945 besetzte die Rote Armee Potsdam.

Die Panzer rückten auch in die Viktoriastraße (heutige Geschwister-Scholl-Straße) ein. Ein Volkssturmmann und Nachbar der Familie Schlüter versuchte noch mit einer Panzerfaust einen der Panzer zu treffen, zerstörte jedoch nur einen Zaunpfosten zwischen den Grundstücken.[20]

Walter Schlüter, einer der Brüder von Hermann, beschrieb die Kriegshandlungen wie folgt: „Die Einheiten der Roten Armee auf der Viktoriastraße und ein Maschinengewehr-Nest der Wehrmacht auf dem Bahndamm beschossen sich gegenseitig durch die gemeinsame Einfahrt der beiden Grundstücke, was zu erheblichen Schäden an den Fassaden und Fenstern der beiden Häuser führte. Die Familie hatte im Keller des Hauses Zuflucht gesucht. Robert K. (der Nachbar) kam mit einer zweiten Panzerfaust in den Keller gestürmt, um erneut auf die sowjetischen Panzer zu schießen. Daraufhin bekam Theresia Schlüter einen regelrechten Schreikrampf und jagte K. vom Hof. Wenig später kamen bewaffnete Soldaten der Roten Armee in den Keller. Die Familie stand mit erhobenen Armen vor ihnen. Einem Offizier fiel die Armbanduhr am Handgelenk von Franz Schlüter Senior auf, die er ihm sogleich abnahm."[21]

Als die Rotarmisten Hermann sahen, so erinnerte sich Hermann Schlüter, hielten sie ihn zunächst für einen jungen Soldaten und wollten ihn abführen.

Doch seine Eltern machten den Besatzern klar, dass er gerade erst fünfzehn geworden und noch Schüler war.

---

20 Laut einem Bericht von Hermann und Norbert Schlüter, notiert von Andreas Schlüter. (Andreas Schlüter ist der Enkel von Hermann Schlüter.)

21 Die Episode wurde dokumentiert von Andreas Schlüter am 28. August 2021 in Langenhagen.

Hermann hörte, dass Mädchen und Frauen in der Nachbarschaft von den Rotarmisten vergewaltigt wurden. Auch die 16-jährige Freundin seines Freundes Werner war betroffen, wie er erfuhr.
Bereits im Mai 1945 ging die Schule wieder los.
Doch viele Klassenkameraden tauchten in der Zweiten Städtischen Oberschule für Jungen nicht mehr auf. Von 30 Schülern kamen noch etwa 15. In den letzten Kriegstagen eingezogen zum Volkssturm waren etliche gefallen. Andere waren mit ihren Familien gen Westen geflohen.
In der Schule änderte sich einiges. Es kamen neue Lehrer und ein neuer Direktor und sie hatten nun Russisch als Wahlfach.
Fräulein Jürgensen, eine Baltendeutsche, erteilte den Russischunterricht.
Bisher lernte Hermann Englisch und Latein bei einem über 70-jährigen Studienrat.
Aus Neugier gingen er und andere Schüler auch in die Russisch-Stunden. Doch bald gefiel ihnen dieser Unterricht nicht mehr. Sie spielten lieber Fußball auf dem Hof. Frau Jürgensen unterrichtete vor immer weniger Schülern. Beschwerte sich die Lehrerin in der sowjetischen Kommandantur darüber? Kurz darauf, im Sommer 1945, wurde Russisch jedenfalls in dieser Schule zum Pflichtfach.
Hermann und seine Freunde gingen trotzdem nicht hin. Herr Dr. Meierfeldt, der neue Direktor, ermahnte die Schulschwänzer. Hermann besuchte daraufhin wieder den Unterricht.
Die Lehrerin kam nach der Schulstunde zu ihm und sagte: „Schlüter, Sie werden nochmal gut russisch sprechen lernen."
„Fräulein Jürgensen, Sie können sich darauf verlassen, ich werde nie gut russisch sprechen lernen", antwortete er.
Eines Tages, mittlerweile war es Herbst geworden, wurden Schü-

ler aus der Klasse vom sowjetischen Geheimdienst abgeholt und verhaftet. Diese blieben dann drei oder vier Tage verschwunden. Nach der Entlassung flüchteten zwei der Jungen mit ihren Familien über die Glienicker Brücke in den Westsektor.

Am 26. November 1945 holten die Sowjets Klaus Tauer aus dem Unterricht und am 28. November Joachim Douglas – beide Jungen waren Mitschüler, die wie Hermann Schlüter den Russischunterricht geschwänzt hatten.

Am 18. Dezember 1945 klingelte es am frühen Morgen bei Familie Schlüter in der früheren Viktoriastraße, die seit Kurzem Geschwister-Scholl-Straße hieß. Die Mutter öffnete die Tür und vor ihr standen ein sowjetischer Hauptmann und ein sowjetischer Zivilist, der das „Gespräch" dolmetschte.

Sein Vater weckte Hermann. Die Mutter war völlig außer sich. Die fremden Männer erzählten ihr, dass ihr Sohn auf der Kommandantur nur eine Aussage machen sollte und es nicht lange dauern würde. In einer halben Stunde, spätestens in einer Stunde, sei er zurück.

Hermann traute diesen Aussagen nicht – zu viel war passiert in letzter Zeit. Es war bitterkalt und er zog sich so viel warme Kleidung an wie möglich: zwei Pullover und einen dicken Wintermantel. Würde es reichen für das, was ihm bevorstand?

Dass seine Eltern protestierten, nützte ihm nichts. Hermann musste mit den beiden Männern aus dem Haus zur Straße gehen. Dort stand ein Wagen, in den er hineingestoßen wurde.

Der Dolmetscher fragte ihn nach einer Adresse in der Sommerschen Privatstraße (heute Maybachstraße) – dort wohnte sein Freund Klaus Eylert. Hermann blieb nichts anderes übrig, als den Weg zu beschreiben.

Jetzt wiederholte sich in der Nummer 3 dieser Straße das Drama:

Klaus Eylert wurde ebenfalls verhaftet und in das Auto verfrachtet. Ein Uniformierter mit Maschinenpistole bewachte die Jungen.
Die minderjährigen Gefangenen wurden in eine von den Sowjets beschlagnahmte Villa in der Geschwister-Scholl-Straße 54 gebracht, in dem sich zuvor der Verlag Rütten & Loening befunden hatte. Indessen herrschte dort der NKWD.
Die Kellerräume des ehemaligen Verlagshauses waren inzwischen zu Zellen umgebaut worden. Hermann Schlüter wurde in eine solche Zelle gesperrt. Außer ihm befanden sich dort noch ein Deutscher und sowjetische Soldaten und Offiziere, die ebenfalls Gefangene waren.
Von den Klassenkameraden war er getrennt.
Nachts wurde er zum Verhör geholt.
Ein sowjetischer Offizier und eine Dolmetscherin befragten ihn über seinen Lebenslauf und seine Mitschüler. Beschuldigt wurden die festgenommenen Schüler, der illegalen Organisation „Werwolf“ anzugehören.
Hermann hatte mal nach Ende des Krieges von dieser Gruppierung im Radio gehört. Die Rede war von der Stadt Aachen, in der es zu „Kampfhandlungen“ mit sogenannten „Werwölfen“ gekommen sei.
In Potsdam hatte er nie etwas von Jugendlichen gehört, die sich Werwölfe nannten oder als Partisanen gegen die Besatzer auftraten. In Potsdam gab es diese Organisation schlicht nicht, dennoch beschuldigten die Sowjets die gefangenen Jugendlichen, „Werwölfe“ zu sein.
Bei den Verhören wurde er geschlagen. Er sollte zugeben, dass er zu der Gruppierung gehören würde. Auch spielten die Vernehmer die Jungen gegeneinander aus, behaupteten, die Klassenkameraden hätten längst gestanden und ihn belastet.

Hermann gab die illegale Tätigkeit, die ihm untergeschoben werden sollte, nie zu. Er war kein „Werwolf" gewesen, gehörte zu keiner Organisation. Der Russischunterricht spielte bei den Verhören keine Rolle mehr. Sie seien feindlich gegen die Sowjetunion eingestellt, so lautete die Beschuldigung.

Aus seiner Klasse saßen dort vier Schüler fest. Klaus Eylert war ein enger Freund von Hermann. Zusammen war er mit seinen Klassenkameraden in dieser Zeit nie.

Nach den Verhören wurde Hermann gezwungen, die Protokolle zu unterschreiben.

Lesen konnte er die russische Schrift nicht.

Auch Weihnachten hockte er als Gefangener im Keller des NKWD. Das war das Schlimmste für Hermann: Heiligabend ohne seine Eltern und die kleinen Brüder. Vor allem wegen seiner Familie bat er um Entlassung. Doch seine Peiniger ignorierten den Wunsch des 15-Jährigen. Es wurde keine Rücksicht auf die Feiertage genommen. Wie verkraftete seine Familie sein Verschwinden? Wussten sie, wo er steckte?

In der Zelle, in der er sich die meiste Zeit befand, waren außer ihm nur sowjetische Gefangene. Ein ehemaliger Rotarmist, mit dem er eingesperrt war, wollte unbedingt den Pullover von Hermann haben. Doch der Junge zog ihn nicht aus und dachte nicht daran, ihn herzugeben.

Für die Notdurft hatten die Insassen nur eine Biskuit-Büchse zur Verfügung, die auf dem Fenstersims abgestellt wurde. Der Rotarmist nahm das mit Exkrementen gefüllte Gefäß und schüttete es in seiner Wut über den Kopf des 15-Jährigen. Kot und Urin klebten dem Jungen im Haar und in der Kleidung.

Eine Möglichkeit, sich zu säubern, existierte nicht.

In diesen Wochen im Keller der NKWD-Villa wurden die Gefangenen nie zum Waschen geführt.
Neben den belastenden Verhören in der Nacht war Hermann, als der einzige Deutsche in der Zelle, dem Zorn, dem Hass und den Schikanen seiner sowjetischen Mitgefangenen hilflos ausgeliefert.
Beschuldigt wurden diese, wie er im Lauf der Zeit erfuhr, der Vergewaltigung, des Diebstahls und des unerlaubten Entfernens von der Truppe. Auch sie mussten sich später vor dem Militärtribunal verantworten und wurden, wenn sie Fahnenflucht begangen hatten, zum Tode verurteilt.
Hermann kam in diesen Tagen nicht ein einziges Mal an die frische Luft. Abgesehen davon, dass sie ihre Unterkünfte reinigen mussten, gab es keine Beschäftigung für die Gefangenen. Die Verpflegung war schlecht; sie bekamen die Reste des Essens, das von den Wachmannschaften übriggeblieben war. Pro Tag gab es ein Stück Brot, morgens einen Becher Malzkaffee und mittags Graupensuppe mit ein wenig zerkochtem Fleisch.
Einmal sperrten seine Bewacher ihn für 24 Stunden zusammen mit drei anderen Insassen in die „Quadratmeterzelle", einen Karzer, der nur einen Quadratmeter „groß" war.
In dieser extremen Enge verbrachten sie den Aufenthalt im Stehen. Wenn er Glück hatte, konnte er sich mal an die Wand anlehnen.
Am 22. Januar 1946 wurden die Schüler Hermann Schlüter, Klaus Eylert, Joachim Douglas und Klaus Tauer aus ihren jeweiligen Zellen geholt und unter schwerer Bewachung in einen großen Raum im Erdgeschoss geführt. Zwei Schüler aus dem Ort Großräschen in der Niederlausitz, die Hermann bis zu dem Tag noch nicht kannte, kamen hinzu. Sie hießen Manfred Flade und Werner

Klaus Eylert, Hermann Schlüter, Joachim Douglas, Klaus Tauer (Privatarchiv Hermann Schlüter/Gedenkstätte Leistikowstraße)

Vetter und waren in etwa zum gleichen Zeitpunkt aus ähnlichen Gründen verhaftet worden.

Das „Gericht“ bestand aus drei bis vier sowjetischen Offizieren, einer Dolmetscherin und einem Dolmetscher, beide in NKWD-Offiziersuniformen.

An den Wänden hingen Bilder von Stalin, Lenin und Kalinin. Ein grünes Tuch lag über dem Gerichtstisch, der mit den Protokollen und anderen Schriftstücken belegt war.

Die Jungen mussten sich hinstellen und durften sich während der Verhandlung nicht setzen.

Es wurden die Anklageschriften verlesen. Zu Hermann Schlüter hieß es, er wäre feindlich gegen die Sowjetunion eingestellt, Mitglied einer Werwolfgruppe und Führer im deutschen Jungvolk gewesen.

Die Anklagen für die anderen fünf Schüler ähnelten sich.

Das Urteil, das nach etwa einer Stunde verlesen wurde, lautete für alle gleich: Tod durch Erschießen!

Hermann fuhr der Schock jäh in die Glieder. Todesurteil? Wofür? Was hatten sie denn getan?

Als er sein Urteil unterschreiben sollte, war er kaum in der Lage dazu, so sehr zitterte seine Hand.

Auch seinen Klassenkameraden und den beiden Schülern aus der

Niederlausitz standen Fassungslosigkeit und Entsetzen ins Gesicht geschrieben.

Ein Offizier erklärte ihnen, dass sie ein Gnadengesuch an den Vorsitzenden des Präsidiums des Obersten Sowjets Kalinin schreiben könnten.

Die Jugendlichen wurden nach der „Verhandlung" in eine größere Kellerzelle gebracht.

Dort saßen noch andere Todeskandidaten: ehemalige Offiziere der Wlassow- und der Roten Armee und ältere Deutsche.

Hermann, der christlich erzogen worden war, begann zu beten. Er bat Gott um Hilfe und um sein Leben.

Oft herrschte ein ohnmächtiges Schweigen in der Zelle. Jeder der Gefangenen saß für sich in einer Ecke und grübelte. Keiner von ihnen wusste, wann und wo das Urteil vollstreckt werden sollte.

Eines Tages wurden Papier und Bleistift in das Verlies gereicht. Die Jungen aus Potsdam nutzten die Gelegenheit und notierten ihre Adressen, versteckten diese in der Kleidung. Ein Beweis ihrer Existenz. Hermann schob einen Zettel in den Hosenaufschlag und einen in den Saum des Mantels. Wenn wir tot sind, wird man die Sachen vielleicht anderen geben, sodass die dann unsere Adressen lesen, dachte er sich.

Die Jugendlichen versuchten sich auf das Unvermeidliche einzustellen. Aber wie stellte man sich auf den eigenen Tod ein? Gab es nicht doch noch einen Ausweg?

Verzweifelt kritzelten sie ihre Gnadengesuche. Hermann schrieb auf, dass er unschuldig war und keiner Organisation angehört habe. Er erklärte, dass er erst 15 sei und bat darum, ihm das Leben zu schenken.

Nach etwa drei oder vier Tagen, die sie noch im Keller der NKWD-Villa verbrachten, wurden ihre Namen aufgerufen, sie wurden auf den Hof geführt und auf einen Lkw verfrachtet. Unter Bewachung von mit Maschinenpistolen bewaffneten sowjetischen Soldaten fuhren sie durch Potsdam. Hermann saß vorn und konnte durch den Schlitz in der Plane erkennen, wo sie langfuhren. Er sah die Straße, in der seine Familie lebte, die jetzt ohne ihn klarkommen musste. Einige Minuten später nahm er das Nauener Tor wahr, dann die Alleestraße, bis sie abbogen in Richtung Neuen Garten, die Albrechtstraße entlangfuhren und in der Mirbachstraße, die etwas später in Leistikowstraße umbenannt wurde, landeten. Dass es dort ein Sperrgebiet gab, wusste er. Nicht jedoch, was sich hinter den Absperrungen verbarg.

Ein Tor öffnete sich vor dem Lkw. Sie fuhren auf einen Hof und als sie ausstiegen, bemerkte Hermann eine große Buche mit Einschusslöchern.

Jetzt war es also so weit: Sie würden hier erschossen werden!

Doch man führte sie weiter, auf ein Haus zu. Auf einem Schild stand: *Evangelische Reichsfrauenhilfe*.

Hermann schaute die Fassade empor zum Himmel hinauf. Was würde ihn hier erwarten? Er ahnte noch nicht, dass er für lange Zeit das letzte Mal das Tageslicht sah. Ein Stoß mit der Maschinenpistole zwang ihn zum Weitergehen.

Nach der Ankunft mussten sie sich in einem Raum ausziehen, die Hosen wurden untersucht, die Knöpfe von der Kleidung mit einem Messer abgeschnitten und die Schnürsenkel aus den Schuhen herausrausgezogen. Bei der Filzung stießen die Wächter auf die Zettel mit den Adressen. Die Jungen sollten erklären, was sie dort aufgeschrieben hatten. Sie antworteten wahrheitsgemäß und bekamen von den Soldaten ein paar Fausthiebe verpasst.

Durch einen Gang gelangten die Gefangenen in einen Keller. Die

Hosen mussten sie wegen der fehlenden Knöpfe festhalten, damit sie nicht herunterrutschten.

Nach kurzem Warten wurden sie in einen abgedunkelten Raum gedrängt, der etwa drei mal drei oder auch drei mal vier Meter groß war. In der Zelle befand sich eine durchgehende Pritsche ohne jede Auflage. Das Fenster war zugemauert, die Tür aus massivem Holz mit einer Klappe und einem Spion versehen.

In der Todeszelle befanden sich nun zwölf Personen, darunter die sechs Jugendlichen.

Für die Notdurft diente ein ehemaliger Essenskübel der Wehrmacht. Einen Deckel gab es nicht.

Die Gefangenen hatten keinen Freigang auf dem Hof; sie gelangten überhaupt nicht aus ihrem Verlies heraus. Auch waschen konnten sie sich nicht.

Die sowjetischen Soldaten, die sie bewachten, kamen nicht zu ihnen hinein. Die spärliche Nahrung wurde durch die Klappe gereicht. Morgens erhielten sie russisches Kommissbrot mit einem Stückchen Margarine und eine Blechtasse mit Malzkaffee oder Tee, mittags eine Blechschüssel mit Kascha, der Graupensuppe, die mit einem Holzlöffel, der sogenannten Stalinkelle, gegessen wurde, abends ein Stück Brot.

Am ersten Tag erschien eine Hand in der Luke und deutete auf den Kübel. Per Zeichensprache wurde ihnen zu verstehen gegeben, dass der Eimer raussollte. Zwei Wachposten öffneten die Tür, der mit Fäkalien gefüllte Kübel wurde an die Soldaten übergeben und nach zehn Minuten bekamen sie ihn leer wieder zurück.

Es war sehr still in dieser Zelle. Die Verurteilten sprachen kaum miteinander. Die ehemaligen Soldaten der Wlassow-Armee hatten mit ihrem Leben abgeschlossen, sagten, dass sie ja sowieso

erschossen werden würden und den anderen hier würde es nicht anders ergehen. Niemand käme aus dieser Situation lebend heraus.
In den Raum fiel kein noch so kleiner Schimmer Tageslicht.
Um den Überblick über die verbrachte Zeit nicht zu verlieren, ritzte Hermann täglich mit dem Fingernagel einen Strich in die weiß gekalkte Wand.
Hin und wieder wurden Gefangene herausgeholt und neue gebracht.
Unter den Neuankömmlingen waren Franz Battke, der ehemalige Oberbürgermeister von Oranienburg, und der Rechtsanwalt Dr. Heit.
Die beiden Männer flüsterten viel miteinander und schienen sich gut zu verstehen.
Für die Insassen gab es nichts, womit sie sich beschäftigen oder mal etwas ablenken konnten.
Dr. Heit, der für Hermann später noch eine größere Rolles spielen sollte, las ihm und seinen Klassenkameraden hin und wieder aus der Hand. Eines Tages verriet er ihnen: „Also Jungs, von euch vieren werden drei diese Zeit nicht überleben. Nur einer wird hier herauskommen."
Wer derjenige nach seiner Ansicht sein würde, erzählte er nicht.
Doch eines Tages wurde Dr. Heit aus der Zelle geholt und kam nicht zurück.
Die Jungen befragten den ehemaligen Bürgermeister, ob er etwas wisse über das, was der Anwalt in ihren Lebenslinien erkannt haben wollte. Zunächst wehrte er ab, aber dann verriet er es doch: „Er hat vorausgesagt: Nur einer von euch wird hier raus und nach Hause kommen und das bist du, Hermann. Aber nehmt das nicht so ernst. Der hat gesponnen."

Woran sollten sich die Jugendlichen in ihrer Todesangst klammern?
Hermann Schlüter und Joachim Douglas besaßen ihren Glauben an Gott.
Klaus Eylert und Klaus Tauer, die die nationalsozialistische Jugendweihe mitgemacht hatten, baten Hermann darum, ihnen das Vaterunser beizubringen.
Das gemeinsame Beten verlieh ihnen für eine kurze Zeit vielleicht ein wenig Trost. Doch vom Bösen wurden sie nicht erlöst.
Dann, am 18. April 1946, erschien ein sowjetischer Offizier an der Tür und nannte drei Namen: „Schluter, German. Flade, Manfred. Vetter, Werner."
Hermann sah sich ängstlich nach seinen drei Klassenkameraden um. Zeit, sich zu verabschieden, blieb ihm nicht.
Die Tür wurde abgeschlossen und zwei Wachposten mit Maschinenpistolen führten die Jugendlichen nach draußen. Hermann sah das erste Mal seit 86 Tagen das Sonnenlicht wieder. Geblendet blieb er kurz stehen. Ein sanfter Schlag mit der Maschinenpistole bedeutete ihm, dass er weitergehen sollte.
Hermann blickte auf seine Hände, die seltsam weiß aussahen und von blauen Adern durchzogen waren.
Er stolperte eine Treppe hoch und gelangte in ein Zimmer. Sowjetische Offiziere und ein Dolmetscher befragten ihn nach seinem Namen, seiner Adresse und verglichen seine Angaben mit den Papieren.
„Schluter, German", sagte der eine Offizier. „Sie sind ein Verbrecher. Aber die sowjetische Regierung ist Ihnen entgegengekommen und hat Ihre Strafe in 20 Jahre Arbeitslager umgewandelt."
Wieder musste er ein Papier unterschreiben. Auch den anderen beiden Jungen aus der Niederlausitz wurden die Aufhebung der

Todesstrafe und die Verurteilung zur 20-jährigen Haft im Arbeitslager verkündet.
„Haben Sie einen Wunsch?", wurde er zu seiner Überraschung gefragt.
Hermann zeigte seine Hände vor und zog das Hosenbein hoch. Seine Haut war mit Furunkeln überzogen. „Können Sie mir helfen? Oder eine Krankenschwester?"
„German, es wird alles wieder gut", lautete die Antwort des sowjetischen Offiziers, die für Hermann, der langsam realisierte, dass er noch nicht sterben musste, beinahe väterlich klang.
Tatsächlich behandelte ihn wenig später eine Ärztin mit einem Balsam, sodass zumindest die äußeren Wunden nach einigen Wochen allmählich abheilten. Auch wurde erstmalig seit Beginn der Haft seine Kleidung entlaust und ihm wurde der Kopf geschoren.
„Gut" wurde nichts in dieser Zeit.
Hermann kam in eine Zelle mit Begnadigten, die im selben Gang lag wie die Todeszelle.
Noch am Tag seiner Begnadigung hörte er, wie erst die Namen seiner Klassenkameraden und dann die der anderen zum Tode Verurteilten aufgerufen wurden. Danach herrschte eine angespannte Stille. Etwa eine Viertelstunde später nahmen die Begnadigten wahr, wie ein Lkw vom Hof fuhr.
Hermann Schlüter hörte nie wieder etwas von seinen drei Mitschülern.

Nur wenige Zeit später erfolgte für Hermann, die Jugendlichen aus Großräschen und weitere Gefangene der Transport nach Torgau, in eines der sowjetischen Speziallager in der SBZ.
Bei seiner Ankunft musste Hermann einer sowjetischen Ärztin sein Glied vorzeigen. Da nichts erklärt wurde, hatte er keine Ah-

nung, dass die Neuankömmlinge auf diese Art auf Geschlechtskrankheiten inspiziert werden sollten. Das war die einzige medizinische Untersuchung, die stattfand.
Eingesperrt wurde er in eine Einzelzelle des ehemaligen von den Nazis neu erbauten Wehrmachtsgefängnisses im Fort Zinna.
Im Vergleich zu den elendigen Lebensumständen in der Leistikowstraße herrschten in diesem Gefängnis bessere Bedingungen. So gab es in seiner Zelle sowohl ein Waschbecken als auch eine Toilette. Aber auch hier existierten keine Möglichkeiten, sich zu beschäftigen.
Später wurden noch drei Jugendliche aus Thüringen mit in diesen Raum gesperrt. Sie waren ebenfalls wegen angeblicher „Werwolf-Tätigkeit" verurteilt worden.

Im November 1946, am Totensonntag, wurden Hunderte Gefangene – unter ihnen Hermann Schlüter – mit dem Güterzug von Torgau nach Bautzen in das dortige sowjetische Speziallager transportiert.
Auf dem Güterbahnhof wurden sie wie Frachtgut „entladen" und anschließend in Zwölferreihen unter strengster Bewachung durch den Ort geführt. Es war ein langer Weg bis zum *Gelben Elend*, wie das Gefängnis später genannt wurde, und die Bevölkerung beobachtete den traurigen Zug neugierig. Doch sobald sich jemand näherte, wurde er oder sie vom Wachposten weggestoßen. Niemand traute sich, mit den Häftlingen zu reden.
Die Bedingungen in Bautzen waren ausgesprochen schlecht. Hermann und drei andere Häftlinge hausten in Gefängniszellen, die für eine oder höchstens zwei Personen gedacht waren.
Es gab nicht genug zu essen und die Gefangenen litten an Hunger. Die Sterberate war hoch. Viele Menschen verhungerten oder star-

ben an Tbc. Als die Brotration eines Tages auf 250 Gramm gekürzt wurde, erlebte Hermann einen Suizid mit.

Ein Jugendlicher aus Berlin verlor die Nerven und erhängte sich nachts mit seinem Hemd am Heizkörper. Als Hermann und die anderen beiden Inhaftierten morgens erwachten, fanden sie ihren Leidensgenossen tot vor. „Wir haben ihn hängen lassen und das Frühstück abgewartet. Wir mussten uns morgens immer melden und wir sagten, dass vier Mann anwesend wären. Die vierte Ration Brot haben wir unter uns aufgeteilt. Erst dann haben wir an die Tür geklopft, um den Selbstmord zu melden. Die sowjetischen Wachsoldaten und ein Offizier sind dann gekommen und haben ihn da runtergenommen und ihn weggetragen. Die haben absolut nicht gefragt, warum er da hängen würde."

Eines Tages traf Hermann, der gesundheitlich schwer angeschlagen und stark abgemagert war, bei einem Hofgang auf Dr. Heit, der in Bautzen als Kalfaktor tätig war. Durch ihn bekam er ebenfalls einen Posten als Kalfaktor. Zuständig war er nun u. a. für das Schneiden und Verteilen von Brot und Margarine. So kam er an ein wenig zusätzliche Nahrung.

Die Zustände blieben katastrophal, das Gefängnis war überbelegt. Wer nicht in eine der Zellen kam, musste in einem Saal mit 300 bis 400 Gefangenen vor sich hinvegetieren.

Zur NS-Zeit waren das Arbeitssäle mit Maschinen gewesen. Toiletten und Waschbecken gab es nur je zwei.

Im Sommer 1948 durfte Hermann das erste Mal nach Hause schreiben. Bis zu diesem Zeitpunkt wussten seine Eltern nicht, ob er noch lebte oder wo er sich befand.

Nach Gründung der DDR am 7. Oktober 1949 wurden im Januar 1950 die Speziallager offiziell von den Sowjets aufgelöst, was aber nicht bedeutete, dass die Gefangenen entlassen wurden. Die meisten blieben in Bautzen und wurden jetzt von der Volkspolizei gefangen gehalten. Die Deutschen erhielten bei der „Übergabe" der Gefangenen durch die Sowjets allerdings kaum Unterlagen. Deshalb wurden Fragebögen ausgegeben, die von den Häftlingen ausgefüllt werden sollten. Gefragt wurde nach dem Strafmaß und ob man sich schuldig oder unschuldig fühlte. Hermann schrieb auf, dass er unschuldig sei – nur half ihm das kein bisschen. Er blieb weiter in Haft.

Die Hoffnung auf eine Besserung der Situation erfüllte sich nicht. Aus Protest gegen die menschenunwürdigen Lebensbedingungen traten die Häftlinge im März 1950 in den Hungerstreik. Mit lauten Hilferufen aus den Fenstern und auf Bettlaken geschriebenen Forderungen machten sie auf ihre verzweifelte Lage aufmerksam. Doch der Aufstand wurde am 31. März brutal niedergeschlagen.

Hermann hatte das Glück, dass er in dieser Zeit in einer Einzelzelle hockte und ihm dadurch nichts geschah.

Was er nicht ahnen konnte, war, dass sein Vater alles Mögliche versuchte, um ihn aus der Gefangenschaft zu befreien, ihn „loszueisen". Bereits nach den Verhaftungswellen 1945/46 in Potsdam kamen viele Mütter der Kinder und Jugendlichen zu ihm, in der Hoffnung auf Hilfe. Franz Schlüter führte eine Liste mit den Betroffenen. Der erste Name darauf lautete: Bürger, Rudolf, Potsdam Geltow, elf Jahre. Auch der 14-jährige Bruder Arthur wurde verhaftet. Dieser starb in der Haft in Bautzen.[22]

Immer wieder wandte sich Franz Schlüter an die Behörden – ohne Erfolg. Auf Briefe erhielt er keine Antwort.

---

22 Benno Prieß „Erschossen im Morgengrauen", Stuttgart 2005, S. 152.

Doch er war in Potsdam kein Unbekannter und versuchte jede Gelegenheit zu nutzen. So auch als er als Kuratoriumsmitglied des Josefs-Krankenhauses anlässlich des Festes zum Wiederaufbau eines im Krieg zerstörten „Schwesternflügels" dem Landtagspräsidenten Meyer begegnete. Er schilderte ihm, was mit Hermann geschehen war.

Der Präsident des Landtags von Brandenburg zeigte sich fassungslos. „Wo sitzt denn Ihr Sohn?"

„In Bautzen."

Der Politiker versprach zu helfen. Zwar sei er für Sachsen nicht zuständig, aber er würde demnächst Wilhelm Pieck treffen und ihm den Fall vortragen.

Der Mann hielt Wort und diesmal zeigte die Initiative von Hermanns Vater Erfolg.

„Aus Anlaß des ersten Gründungstages der DDR" werde „der Rest der Strafe durch Gnadenerlass des Präsidenten der DDR erlassen".[23]

Insgesamt wurden von den Tausenden Gefangenen lediglich 16 Jugendliche bzw. junge Erwachsene aus dem Gefängnis in Bautzen zum 7. Oktober 1950 amnestiert.

Mit einem Lkw brachte man die Amnestierten nach Löbau. Von dort fuhren sie mit der Bahn weiter. Es ging endlich nach Hause!

Hermann war mittlerweile 20 Jahre alt.

Seine Familie empfing ihn mit offenen Armen. Fünf lange Jahre musste er in Gefangenschaft verbringen. Doch er kam lebend zurück.

---

23 Gedächtnisprotokoll von Hermann Schlüter „Tod durch Erschießen", Potsdam 2005, Entlassungsurkunde, S. 23.

Seine Klassenkameraden Joachim Douglas, Klaus Eylert und Klaus Tauer wurden noch am Tag seiner Begnadigung, am 18. April 1946, ermordet.

„Wo sind sie erschossen worden?“, fragte sich Hermann Schlüter. „Bis heute konnte mir niemand diese Frage beantworten.“

Ihm ließ diese Ungewissheit keine Ruhe. Von einem ehemaligen Mitgefangenen, der gut Russisch sprach und sich einmal in der Zeit der Haft in der Leistikowstraße mit einem sowjetischen Wachposten darüber unterhielt, erhielt er die Information, dass die Todeskandidaten mit einem Lkw zum Zuchthaus Brandenburg gebracht, dort erschossen und im dortigen Krematorium verbrannt worden seien.

Hermann Schlüter hielt das für glaubwürdig. Von den vielen 1946 in Potsdam zum Tode Verurteilten, die nicht begnadigt wurden, tauchte nie wieder jemand auf. Auch nicht ihre sterblichen Überreste.

Und noch etwas erhärtete seine Vermutung: Sein Bruder Walter, Jahrgang 1934, offenbarte sich ihm 2005 und berichtete von einem Ereignis, das er bisher für sich bewahrt hatte.

„Ich muss dir was erzählen. Als ich damals (am 18. April 1946, d. V.) von der Schule nach Hause ging, da kam so ein sowjetischer Militärkraftwagen angefahren. Auf diesem Lastwagen stand plötzlich ein Junge auf und er schrie ganz furchtbar: *Walter! Walter!* Und dann wurde dieser Junge von den Wachposten runtergerissen.“

Hermann Schlüter war sich sicher: Das musste Klaus Eylert gewesen sein. Sein bester Freund, der auch zu seinen Geburtstagsfeiern gekommen war und der seinen jüngeren Bruder kannte.

„Das kann er nur gewesen sein, auf seiner letzten Fahrt – auf der Fahrt zu seiner Hinrichtung.“

Hermann Schlüter absolvierte nach seiner Rückkehr die Abendschule, um seinen Schulabschluss nachzuholen, eine Lehre als Heizungsbauer und ein Ingenieurstudium in Westberlin. Er entschied sich, wegen seiner Familie in der DDR zu bleiben, heiratete, bekam zwei Kinder und übernahm die Heizungsbau-Firma des Vaters, die er 32 Jahre lang führte.

Nachdem er in den Ruhestand ging, übergab er die „Firma Schlüter" in der Geschwister-Scholl-Straße 70 an seine Söhne.

Über sich selbst sagte er: „Ich bin immer den geraden Weg gegangen und den werde ich weitergehen."

Hermann Schlüter starb am 15. Mai 2018 im Alter von 88 Jahren in seiner Heimatstadt Potsdam.

Joachim kehrte nie zurück

Joachim Douglas
geboren am 9.2.1929
Margot Bonk, geborene Douglas
geboren am 23.10.1939

Es war Weihnachten. Der 24. Dezember 1945.
Margot, das jüngste Kind der Familie, lief aufgeregt in der Wohnung in der Potsdamer Kronprinzenstraße (heute Feuerbachstraße) umher. Der Weihnachtsbaum stand schon im Wohnzimmer. Die Sechsjährige half beim Schmücken und konnte es kaum erwarten, dass endlich die Bescherung stattfinden würde. Aus der Küche roch es nach Gebratenem und frisch gebackenem Kuchen. Vielleicht würde ihr Bruder Joachim ja vor dem Beschenken noch Klavier spielen? Er war sehr musikalisch, das sagten alle. Seine Musik hörte sich einfach wunderschön an. Später mal wollte er Dirigent werden.
Heimlich hatte Margot ihn beobachtet, als er zu Klängen aus dem Radio mit den Händen dirigierte. Ihre Mutter und Joachim fuhren ab und zu sogar nach Berlin und besuchten die Oper. Manchmal waren die Schwestern ein bisschen eifersüchtig, denn die Mutter nahm immer nur Joachim mit.
Doch in letzter Zeit war einiges anders. Wegen dem Krieg hatte Margot ein Jahr bei der Oma in Schlesien gewohnt. Ende 1944 kam sie wieder nach Hause. Ihren Bruder sah sie nicht oft. Schließlich war er da schon fünfzehn und sie erst fünf. Und dann musste Joachim in den Krieg. Als er wiederkam, aus der amerikanischen

Kriegsgefangenschaft, wie sie später erfuhr, ging er bald wieder zur Schule. Er hatte einiges nachzuholen und musste drei Mal in der Woche zur Nachhilfe und Latein lernen. Auch zum Klavierunterricht ging er regelmäßig. Und es gab dann auch ein Mädchen, das er manchmal besuchte und das Waltraud hieß. Joachim, der die Musik liebte, tanzte gern.

Als er eines Tages, am 28. November 1945, nicht von der Schule kam, machten sich alle Sorgen um ihn. Die Mutter weinte, der Vater war sehr nervös und versuchte herauszubekommen, wo Joachim steckte. Er war während des Unterrichts „von den Russen" abgeholt worden, wie sie schließlich erfuhren. Was das bedeutete, verstand die kleine Margot nicht. Auch sein Freund Klaus Tauer war verschwunden.

Aber schließlich kam Joachim wieder nach Hause. Alle freuten sich, besonders die Eltern. Und auch Margot umarmte ihren großen Bruder. War jetzt alles wieder gut?

Zehn Tage war er weg gewesen. Margot verstand nicht, warum und was passiert war. Aus den Worten der Erwachsenen wurde sie nicht schlau.

Auch in der Zeit danach musste er manchmal „zum Verhör" in die Geschwister-Scholl-Straße, „zu den Russen". In dieser Zeit wurden weitere Schüler von den Sowjets abgeholt: Hermann Schlüter und Klaus Eylert.

Die Mutter war dann immer sehr still, wenn Joachim zum Verhör musste, lauschte auf jeden Schritt draußen und riss sofort die Tür auf, wenn er wiederkam. Der Vater war gereizt und schimpfte mehr als sonst, wenn sein einziger Sohn mal wieder nicht da war.

Aber nun war doch Weihnachten, das schönste Fest im Jahr. Warum machte die Mutter so ein trauriges Gesicht?

„Heute wird es bestimmt nicht lange dauern", hörte Margot ihren

Bruder sagen. „Beim letzten Mal war das Verhör ja auch nicht so lange.“ Es klang, als wollte er Mutter und Vater beruhigen. Oder auch sich selbst?

Letzte Erinnerung: Ein Foto von Joachim Douglas hängt bei seiner Schwester Margot (Foto: Grit Poppe)

Margot fragte sich, was ein Verhör überhaupt war und warum das ausgerechnet Weihnachten sein musste.

Die Eltern umarmten Joachim. Und dann sagte er noch: „Spätestens zum Heiligen Abend bin ich wieder da.“

Es war gegen Mittag, als er ging. Am Nachmittag war der Baum geschmückt, die Kerzen brannten, der Tisch war festlich gedeckt. Alle warteten auf Joachim.

Jetzt konnte es doch nicht mehr lange dauern? Wo blieb er denn nur? Er kommt doch wieder?, fragte sich Margot ängstlich. Er war ja schließlich schon mal wiedergekommen.

Aber sein Platz blieb leer. Auch am Abend. Und am kommenden Tag. Und die vielen Tage, die folgten. Die Wochen, Monate und Jahre.

Ihr Bruder Joachim kehrte nie zurück.

„Seitdem ist kein Weihnachten vergangen, wo wir uns nicht unter Tränen umarmt haben“, erzählte Margot Bonk im Interview.

Erst als sie selbst Kinder hatte, konnte sie nachempfinden, was ihre Eltern durchlitten haben mussten. Das Verschwinden ihres Bruders lag wie ein Schatten auf der Familie und auch auf ihrem Leben.

In der Zeit, die nach diesem Weihnachten 1945 folgte, veränderte sich einiges. Margot und ihre Schwester Hildegard durften nicht mehr zur Tür gehen, wenn es läutete. Von nun an war das der Mutter vorbehalten. Sie wollte die Erste sein, die Joachim begrüßte, wenn er zurückkommen würde. Immer wenn es klingelte, sprang sie auf und rannte zur Tür.

Und nie war es ihr Sohn, der kam.

Manchmal besuchte sie Frau Trauer – eine Frau ganz in schwarz, die Mutter von Klaus, die immer todtraurig war.

In Wirklichkeit hieß sie Tauer, aber Margot verstand es anders. Frau Trauer passte auch einfach besser.

Ihr Mann und ihr älterer Sohn waren aus dem Krieg nicht zurückgekehrt. Und nun fehlte auch noch der jüngere Sohn Klaus. Auch er sollte nie wiederkommen.

Margots Schwester Hildegard versuchte einmal in einem Brief zu formulieren, wie es ihrer Familie nach Joachims Verschwinden ging:

„Die Eltern befanden sich in einem absoluten Ausnahmezustand. In der Sorge um den Sohn haben sie Anspannung und Erregung um den Schlaf gebracht. Reizbarkeit und Unduldsamkeit besonders Vaters machte Angst. Der Bedrückung entwich ich nach draußen. Bei Mutti wechselte wortlose Traurigkeit mit lautem Wehklagen und Weinen.

Besuche Frau Tauers, die dasselbe Schicksal erlitt, sind mir unvergesslich. Die Mütter klagten sich gegenseitig ihr Leid. Klaus' Mutter tröstete unsere: Sie hätte noch Kinder und Familie. Sie hätte alle verloren. Mutti nickte nur unter Tränen.

Es schien mir, als seien wir weit in den Hintergrund getreten.

Die Eltern litten unter der zermürbenden Ungewissheit – über Jahre, auch gesundheitlich."

Joachims Vater machte sich Vorwürfe, dass er den Sohn nach den ersten Verhören nicht stärker gedrängt hatte, in die amerikanische Besatzungszone zu fliehen. Zwar hatte er es ihm mal empfohlen, doch Joachim wies den Vorschlag zurück. „Ich habe nichts getan! Wenn ich weggehe, halten sie sich an dich oder meinen Freund Klaus."

Offenbar hatten alle die Gefahr unterschätzt. Sonst wäre dem Familienvater doch in den Sinn gekommen, mit Frau und Kindern in den Westsektor zu entkommen. Doch sie lebten damals nach dem Krieg in einem unzerstörten Haus, in einer guten Wohnung. Sollten sie das aufgeben, um in das zerstörte Berlin zu ziehen? Mit den Kindern? Ohne ein Dach über dem Kopf? Natürlich wäre eine Flucht höchstwahrscheinlich die Rettung gewesen. Aber wer ahnte das damals?

In der ersten Zeit nach dem Verschwinden seines Sohnes bemühte Otto Douglas sich sofort, etwas für ihn zu erreichen. Er fand heraus, dass sich Joachim dort befand, wo er die Tage zuvor wieder und wieder verhört worden war: in der NKWD-Villa, ehemals Verlag Rütten & Loening, in der Geschwister-Scholl-Straße. Mit Obst und dem Kuchen, den seine Frau gebacken hatte, ging er jeden Tag dorthin. Stets wurde ihm draußen vor dem Tor von den sowjetischen Wachposten alles abgenommen. Ob Joachim davon etwas erhielt, wusste er nicht. Obwohl der Uhrmachermeister indessen in einer russischen Uhrenwerkstatt zwangsweise beschäftigt war, konnte er noch kaum russisch. Den Kontakt mit den Sowjets, vor allem auch mit den Offizieren, versuchte er zu nutzen, um etwas herauszubekommen. Doch die Angst vor dem Geheimdienst war auch unter den Sowjets der in der SBZ stationierten Roten Armee groß und weit verbreitet.

Mit einem Leutnant Namens Mischa freundete Otto Douglas sich an. Er kam zu ihnen nach Hause und spielte sogar Klavier. Immer wieder fragte Joachims Vater nach dem Schicksal seines Sohnes. Eines Tages kam Mischa nicht mehr. Weder in die Uhrenwerkstatt noch zur Familie Douglas nach Hause.

Margot Bonk mit dem Foto ihres Bruders Joachim (Foto: Grit Poppe)

Als Otto Douglas wieder einmal zur Villa in die Scholl-Straße ging, hieß es, Joachim sei nicht mehr da. Wo er hingebracht worden war, erfuhr er nicht. Niemand von den Sowjets verriet dem leidenden Vater etwas.

Auch über das Todesurteil erhielten die Eltern keine Mitteilung. Über die Jahre hinweg versuchten sie etwas in Erfahrung zu bringen – erkundigen sich beim DRK und Behörden. Ohne Ergebnis. Jahre später hörten sie von dem Gefängnis in der Leistikowstraße. Als Hermann Schlüter 1950 aus der Haft in Bautzen entlassen wurde und sie besuchte, erfuhren sie vom Schicksal ihres Sohnes. „Dass Joachim nicht mehr lebt, das wissen Sie doch?“, fragte Hermann.

Sie fragten ihn, ob er Zeuge geworden sei, ob er gesehen habe, wie er starb.

„Nein, aber es ist höchstwahrscheinlich, nach dem, was ich erlebt habe.“ Hermann Schlüter berichtete von dem Urteil des Militärtribunals und der Todeszelle, in der er zusammen mit seinen Klassenkameraden saß, von seiner Begnadigung und dem Abtransport der zum Tode Verurteilten. Auch dass er Joachim Douglas, Klaus Tauer und Klaus Eylert dann nie wieder gesehen hatte.

Die Eltern klammerten sich an die einzige Möglichkeit, die sie

noch sahen: Dass Joachim vielleicht in einem Lager in der Sowjetunion sei.
Doch zuletzt starb auch diese Hoffnung.
Erst nach dem Tod ihrer Eltern ließ Joachims Schwester Margot ihren Bruder offiziell für tot erklären.

Joachims Todesurteil wurde am 18. April 1946 vollstreckt. Er wurde 17 Jahre alt. Der Ort der Hinrichtung ist bis heute unbekannt.
Seine Schwester Margot Bonk, geborene Douglas, starb am 25. Januar 2023 in Potsdam.

„Wir vegetierten dahin wie Aussätzige"

Heinz Schwollius

geboren am 24.5.1929 in Potsdam

Ein beschwerlicher, abenteuerlich-gefährlicher Weg lag hinter dem 16-jährigen Heinz Schwollius, als er im Sommer 1945 vom Bodensee kommend seine Heimatstadt Potsdam erreichte.

Seine Großmutter, die in einem Damenstift in Potsdam wohnte, hatte ihm versprochen, dass sie so lange leben würde, bis er zurückkam. Und sie hielt Wort.

Heinz Schwollius war Waise. Sein Vater war 1942 bei seinem ersten Einsatz als Sanitäter an der Ostfront so schwer verwundet worden, dass er seinen Verletzungen einige Zeit danach erlag. Seine Mutter starb ein Jahr später. Die Jugendfürsorge wollte den Jungen daraufhin in die NAPOLA oder ins Militärwaisenhaus stecken. Doch seine Großmutter und die Tante verhinderten dies zum Glück. Heinz kam im Winter 1943 in eine Seeberufs-Fachschule nach Lindau am Bodensee und lebte im Internat. Mit den Nazis hatte er nichts am Hut, im Gegenteil. Noch im selben Jahr trat er aus dem Jungvolk aus.

Nach der Kapitulation Deutschlands endete seine Ausbildung abrupt. Mit anderen Jugendlichen machte er sich zu Fuß auf den Weg durch das zerstörte Land. Um nach Hause zu gelangen, musste er entweder die Mulde oder die Elbe überqueren, zusammen mit vielen anderen Menschen – Soldaten und Zivilisten, auch Familien mit Kindern. Die Überquerung war lebensgefährlich. Die Mulde stand unter Beschuss von Sowjets und Amerikanern. Mit Mühe und Not gelang ihnen die Elbüberquerung. Auch hier wurden sie beschossen und mussten von Bord springen, um sich zu retten. Auf der anderen Seite des Flusses nahmen sie die Sowjets in Empfang, durchsuchten sie nach Waffen, filzten sie und konfiszierten ihre Uhren. Es folgte ein mehrtägiger Fußmarsch in Begleitung von berittenen sowjetischen Soldaten, bis sie in Wittenberg/Lutherstadt auf einen Kommandanten trafen, der ihnen Passierscheine ausstellte. Mit einem Güterzug gelangte Heinz nach Berlin und von dort endlich nach Potsdam.

Zunächst konnte er bei seiner Oma unterkommen. Darüber war er froh, gleichzeitig vermisste er seine Eltern.

Wieso waren ausgerechnet seine Mutter und sein Vater gestorben?

„Warum muss mir das passieren?“, fragte er seine Großmutter.

„Weißt du, mein Junge, jeder macht mal eine schwere Zeit durch“, versuchte sie ihn zu trösten. „Du hast die schwere Zeit schon hinter dir.“

Natürlich konnte sie nicht ahnen, was ihrem Enkel noch bevorstand.

Der Damenstift befand sich neben einer Villa, in dem der sowjetische Kommandant lebte. Heinz unterhielt sich gelegentlich mit ihm, mit Soldaten und vor allem mit einem Unterleutnant, der ihn auch mal ins Offiziers-Casino mitnahm. Die beiden waren sich sympathisch.

Leider starb seine Großmutter Ende September 1945 und Heinz war nun ganz allein auf sich gestellt. Im Damenstift konnte er nicht bleiben. Was sollte er jetzt tun?

Als er das Angebot bekam, Leiter der Antifaschistischen Jugend zu werden, sagte er zu. Zum einen konnte er für diese Arbeit ein Zimmer beziehen, zum anderen fand Heinz es sinnvoll, die Jugend von der Straße zu bringen. Außerdem ging es ihm um Aufklärung:

„Wer von den Jugendlichen hatte eine Ahnung, was im Dritten Reich passiert war? Woher sollten wir wissen, was in Buchenwald, Sachsenhausen und Ausschwitz geschah?"

Heinz Schwollius 1944 (Archiv Gedenk- und Begegnungsstätte Leistikowstraße)

Der Antifaschistischen Jugend Potsdam wurde ein sowjetischer Major als Kulturoffizier zugeteilt. Bei einem Gespräch forderte er die Antifa-Jugendlichen auf, in die KPD einzutreten. Seine Begründung war, es gäbe keine antifaschistische Jugend, sondern nur eine faschistische und eine kommunistische.

„Wir sind dann geschlossen aufgestanden und haben gesagt: Nein, in eine Partei treten wir nicht ein." Eine Partei hatte lange genug über das Leben der Menschen bestimmt. Heinz Schwollius war nur bereit, sich überparteilich zu engagieren.

Gelegentlich besuchte Heinz seine einzige noch lebende Verwandte, eine Tante, die in Berlin Karlshorst wohnte. Die Verkehrsverbindungen nach Potsdam waren schlecht. Auf einem seiner Fußmärsche nach Hause wurde er von einem Amerikaner mitgenommen, der mit seinem Jeep auf dem Weg nach Potsdam war. Heinz freute sich darüber und machte sich weiter keine Gedanken.

Doch diese Fahrt wurde ihm im Dezember 1945 bei einer Vorladung zum Vorwurf gemacht.

„Völlig erstaunt stand ich zwei Männern gegenüber, die mich beschimpften und behaupteten, dass ich antikommunistisch eingestellt sei und sogar mit den Imperialisten in Verbindung stehen würde, denn man hätte mich in einem amerikanischen Jeep gesehen."[24]

Zwar ließ man Heinz an diesem Tag noch laufen, doch die Lage war eindeutig bedrohlich. Da er sich keiner Schuld bewusst war, glaubte er sich allerdings zunächst fälschlicherweise in Sicherheit.

Dann jedoch hörte er von Jugendlichen, die in Potsdam von den Sowjets verhaftet worden waren. Darunter auch sein Freund Hermann Schlüter und dessen Klassenkameraden Klaus Tauer, Joachim Douglas und Klaus Eylert, die Heinz ebenfalls kannte. Die Lage war ernst und beklemmend. Der Jahreswechsel kam ihm trost- und hoffnungslos vor.

Am Abend des 11. Januar 1946 erschien die Freundin seines Freundes Hans Gerhard bei ihm und erzählte ihm weinend, dass auch Hans von den „Russen" abgeholt worden wäre.

Sie riet Heinz zu verschwinden, denn es sei davon auszugehen, dass die Freunde von Hans ebenfalls verhaftet werden könnten.

Heinz war sich immer noch keiner Schuld bewusst. Er hatte nichts getan. Aber er nahm die Bedrohung jetzt ernst und wollte in Westberlin bei Werner Becker, einem ehemaligen Mitschüler, untertauchen. Nachdem Werners Schwester Gisela ebenfalls von den Sowjets inhaftiert worden war und nun in der Viktoriastraße 54 festgehalten wurde, war Werner sofort nach Westberlin abgehauen.

Am Samstag, den 12. Januar 1946, suchte Heinz den Schulfreund auf. Werner versprach ihm, sich für ihn bis Montag um eine Unterkunft in Westberlin zu kümmern. Heinz fuhr nach Potsdam

---

24 Heinz Schwollius „Aus der Todeszelle in die Hölle von Bautzen", Berlin 2007, S. 14.

zurück. Ein schwerer Fehler, wie sich bereits am nächsten Tag erweisen sollte.

Am Sonntagmorgen klopfte es an seiner Tür. Seine Wirtin erschien und erzählte, dass ein sowjetischer Leutnant nach einem neuen Zimmer suchen würde und sich den Raum ansehen wollte.

Zu dritt drangen die Sowjets dann zu Heinz, der noch im Bett lag, vor und forderten ihn auf, sich anzuziehen, damit ihm ein anderes Zimmer zugewiesen werden könnte.

Als Heinz darum bat, dass sie draußen warten mögen, während er sich umkleide, bemerkte er, dass der Dolmetscher auf den Tisch griff, wo sich die Brieftasche, der Schlüssel und andere persönliche Dinge von Heinz befanden.

„Moment mal, das sind meine Sachen!", sagte er perplex.

Doch der Mann zog auf einmal eine Waffe und schrie ihn an: „Wo ist die Pistole?"

Heinz erschrak furchtbar. „Was denn für eine Pistole?" Wie kamen die Eindringlinge denn darauf? Er besaß keine Waffe.

Die Männer durchsuchten jetzt sein Zimmer und obwohl sie nichts Belastendes fanden, wurde Heinz verhaftet.

Durch das Chaos, das entstand, und weil er sich nicht vor diesen Männern ausziehen wollte, zog Heinz seine Kleidung hastig über das Nachthemd, das er noch trug und das ihm seine Oma mal genäht hatte. Da konnte er noch nicht ahnen, wie wertvoll einmal ein paar Fetzen Stoff für ihn sein würden.

Heinz wurde abgeführt und vor dem Haus in einen Wagen geschoben. Dort saß schon der 18-jährige Manfred von Löwenstern mit zwei Bewachern. Völlig schockiert sahen sich die beiden an. Heinz glaubte immer noch an einen Irrtum. Vielleicht klammerte er sich auch an den Gedanken, dass dieser Überfall nur ein Versehen war?

Heinz Schwollius wurde in die zu Zellen umgebauten Kellerräume der Villa Rütten & Loening gebracht, in der bereits Hermann Schlüter, Joachim Douglas, Klaus Tauer, Klaus Eylert, Gisela Becker, Hans Gerhard und andere eingesperrt, geschlagen, getreten, verhört und unter übelsten Bedingungen festgehalten wurden. Heinz ging es nicht besser als seinen Freunden und Bekannten. Auch er wurde bei seiner Ankunft misshandelt, ehe er in eine Zelle gestoßen wurde.

„Kaum noch als menschliche Wesen erkennbar, hockten an der Wand entlang, mit zum Teil entstellten Gesichtern, Hänschen Gerhard, Wolfgang Landt, Hans Deimling und Dietrich Marx sowie zwei unbekannte Männer. Ein fürchterlicher Gestank erfüllte den viel zu kleinen Raum", schrieb er in seinen Erinnerungen.[25] Heinz konnte kaum einen klaren Gedanken fassen, zu tief saß dieser Schock.

Warum sperrte man sie ein? Sie hatten doch nichts getan!

Es war eiskalt in der Zelle, das Fenster war zugemauert, ein grelles künstliches Licht schien. Die Häftlinge durften sich tagsüber nicht hinlegen und nicht setzen, sie hatten mit dem Gesicht zur Wand zu stehen. Das Sprechen war verboten. Heimlich flüsterten sie trotzdem miteinander. Bei einem Regelverstoß kamen die Posten fluchend und schreiend in die Zelle und verprügelten die Insassen, traten gezielt auch in den Genitalbereich. Oft geschahen die brutalen Misshandlungen, wenn die Posten betrunken waren.

Bei den folgenden nächtlichen Verhören wurde Heinz angeschrien, beschimpft und bis zur Besinnungslosigkeit geschlagen. Die Protokolle, die er unterschreiben sollte, waren in russischer

---

25 Schwollius „Todeszelle", S. 18.

Sprache verfasst. Als „besonders schlimm", sadistisch und brutal beschrieb Heinz Schwollius in seinen Aufzeichnungen die Dolmetscherinnen. Als er einmal bei einem Verhör bewusstlos geschlagen wurde und wieder zu sich kam, stellte er geschockt fest, dass die Dolmetscherin über ihm hockte und ihn anpinkelte.

„Nach wochenlangen Verhören war mir alles egal, sodass ich unterschrieb, was man mir vorlegte. Auch die Fahrt mit dem Jeep von Berlin nach Potsdam legte man mir so aus, dass ich dabei einen Spionageauftrag erhalten hätte. Dass man von mir auch den Aufenthaltsort von Hitler wissen wollte, empfand ich schlichtweg als Witz, obwohl ich letztendlich unterschrieb, dass ich Hitler kennen würde."[26]

Dass er jenen Leutnant wiedertraf, der ihn nach seiner Rückkehr nach Potsdam mit ins Casino genommen hatte, änderte seine Situation nicht. Zwar war dieser freundlich zu ihm und versprach für seine Entlassung zu sorgen, doch traf Heinz ihn nur das eine Mal im Vernehmerzimmer und dann nie wieder.

Ständig sah sich Heinz bei den Verhören durch Offiziere und Dolmetscher Behauptungen ausgesetzt, die nicht stimmten. Wenn er diesen widersprach, wurde er geschlagen.

Eines Tages führte man einen Bekannten von Heinz in den Raum. Gerhard Feuerstark wurde aufgefordert, etwas über die inhaftierten Jugendlichen auszusagen und belastete Heinz mit der Erklärung, dass er ihn kenne und dieser – wie die anderen auch – antisowjetisch eingestellt sei. Heinz verstand nicht, was Gerhard da redete und warum; er setzte sich zur Wehr. „Wiederholt bat ich ihn, seine Aussage zu widerrufen, denn wenn er dies von uns be-

---

26 Ebd., S. 26.

hauptete, dann müsste er ja mit uns in Verbindung gewesen sein. Plötzlich horchte der Dolmetscher auf, und ehe sich Gerhard Feuerstark versah, war er zu Boden geschlagen und wurde hinausgeführt."[27]

Wenig später landete der mutmaßliche Verräter in der Zelle, in der Heinz und weitere Potsdamer Jugendliche eingesperrt worden waren. Sein Verrat hatte sich schon herumgesprochen; die Eingesperrten ließen ihre Wut an ihm aus und fragten nach dem Grund für seine Lügen. Feuerstark gab schließlich zu, „dass er für jeden Namen, den er nennen würde von Bekannten, die antisowjetisch eingestellt seien, 40,00 Mark bekommen würde. Da er gern nach Westberlin übergesiedelt wäre und dazu Geld benötigt hätte, habe er alle Namen angegeben, die ihm gerade eingefallen seien."[28]

Die Erkenntnis, dass der Denunziant gelogen und aus Geldgier gehandelt hatte, nützte Heinz und den anderen nichts. Es gab niemanden, der den Eingesperrten beistand. Eine Verteidigung oder gar ein Anwalt waren nicht vorgesehen.

Am 1. März 1946 wurden acht junge Menschen aus den Kellerzellen geholt und in einen Raum im Parterre der Villa in der Viktoriastraße/Geschwister-Scholl-Straße 54 in Potsdam gebracht.

Alle acht wurden – nach Artikel 58 des Strafgesetzbuches der RSFSR – zum Tod durch Erschießen verurteilt.

Bevor dieses Urteil des sowjetischen Militärtribunals verkündet wurde, hörten die Gefangenen nur ein paar Worte auf Russisch, die nicht übersetzt wurden. Lediglich die Verhängung der Todesstrafe übertrug ein Dolmetscher ins Deutsche.

---

27 Ebd., S. 27.

28 Ebd.

Mitgeteilt wurde außerdem, dass die Verurteilten ein Gnadengesuch einreichen könnten.

Heinz und die anderen lehnten es ab, um ihr Leben zu betteln. Sie erklärten, dass sie unschuldig seien. Die Verweigerung kam nicht gut an.

Die Posten führten die Todeskandidaten in den Keller. Nach der üblichen Filzung mussten sie sich nackt ausziehen. Es folgten erneute Misshandlungen. Jeweils zu zweit wurden sie durch den Gang in die Todeszelle getrieben. Mit den Kolben der Maschinenpistolen schlugen die Posten zu. Doch auf einmal krachte ein Schuss, der sich versehentlich gelöst hatte – und einer der Posten brach zusammen. Heinz sah noch, dass das Gehirn aus dem Kopf des Getroffenen quoll, bevor der Tote in einem großen Weidenkorb weggebracht wurde.

Was zählte in dieser Hölle ein Menschenleben?

Als sich die jungen zum Tode Verurteilten erneut weigerten, um Gnade zu bitten, erschien ein kräftig gebauter sowjetischer Feldwebel und schlug und trat auf jeden Einzelnen ein – bis sie blutüberströmt am Boden liegend nachgaben und schließlich einwilligten, ein Gnadengesuch zu schreiben.

Einige Tage später erfolgte der Abtransport der acht Verurteilten. Der Weg führte durch Potsdam und endete in der Leistikowstraße, im Sperrgebiet der Sowjets, nahe des Neuen Gartens.

„Die nun folgenden Wochen waren eine noch größere Hölle als die, durch die wir bereits gegangen waren. Ohne jegliche Möglichkeit der Reinigung oder notwendiger medizinischer Versorgung vegetierten wir dahin wie Aussätzige. Von Wanzen und Läusen fast aufgefressen, welche schlimme Wunden verursachten, verfaulten wir buchstäblich am lebendigen Leibe. Die Wunden waren im Laufe der Zeit so stark entzündet, dass uns der Eiter am Körper hinunterlief, sobald wir uns bewegten."[29]

Hatten sie sich bisher noch immer gegenseitig Mut gemacht, verloren sie nun jeden Funken Hoffnung. Die Stimmung der Verurteilten erreichte einen absoluten Tiefpunkt.

Ein ebenfalls in der Todeszelle inhaftierter Lehrer, der aus Leningrad stammte und gut Deutsch sprach, versuchte die Verzweifelten aufzumuntern: „Jeder Mensch hat ein Päckchen zu tragen. *Jeder Mensch*! Wenn alle ihre Päckchen einen Moment ablegen, aber jeder wieder eins aufnehmen müsste, welches würdest du wählen?"

Der Mann schwieg einen Moment und wartete auf eine Antwort. Aber niemand sagte etwas.

„Jeder würde sein eigenes Päckchen nehmen", erklärte er schließlich bestimmt. „Denn mit diesem Päckchen weiß er, wie er zurechtkommt."

Heinz beeindruckten die Worte so sehr, dass er sie von nun an mit sich herumtrug. Sie wurden eine Maxime für sein Leben.

Der 17. Mai 1946 wurde erneut ein Schicksalstag für Heinz Schwollius. Die Tür der Todeszelle öffnete sich; die Offiziere und ein Dolmetscher erschienen und verkündeten, dass die Gnadengesuche von Dietrich Marx und Heinz Schwollius vom sowjetischen Präsidenten Kalinin[30] genehmigt worden seien und sie zu zehn Jahren Lagerhaft begnadigt wären. Für die anderen wurde

---

29 Ebd., S. 30.

30 Michail Iwanowitsch Kalinin war als Vorsitzender des Präsidiums des Obersten Sowjets formelles Staatsoberhaupt der Sowjetunion von 1923 bis 1946. Ohne dabei tatsächliche Macht auszuüben, war er allein den Anweisungen Stalins verpflichtet.

das Gesuch abgelehnt und es gab für sie keine Chance mehr. Das Urteil wurde kurze Zeit später vollstreckt.

„Inzwischen verfügbare Archiv-Unterlagen aus Moskau bestätigen die Hinrichtung durch Erschießen im Feldgefängnis der ‚Smersch', am 31. Mai 1946." So heißt es in den Aufzeichnungen von Heinz Schwollius „Aus der Todeszelle in die Hölle von Bautzen".[31]

Von den Potsdamer Jugendlichen, die laut seinen schriftlichen Erinnerungen mit ihm zusammen in der Todeszelle der Leistikowstraße saßen, wurden erschossen:

Hans Gerhard, 19 Jahre

Wolfgang Landt, 16 Jahre

Gerhard Feuerstark, 17 Jahre

Hans Deimling, 17 Jahre

Manfred Löwenstern, 17 Jahre.[32]

Auch der Lehrer aus Leningrad, der sich bemühte die Jugendlichen aufzumuntern, gehörte zu den Opfern.

Heinz und Dietrich verlegte man in eine andere Zelle, in der sich bereits zehn Inhaftierte befanden. Die Lebensumstände verbesserten sich nun für die Begnadigten: Sie erhielten eine medizinische

---

31 Wo die Todesurteile zwischen 1945 bis 1947 der in Potsdam Verurteilten vollstreckt wurden, ist bis heute nicht bekannt. Gemeint ist hier vermutlich nicht die Haftanstalt in der Leistikowstraße, sondern die Potsdamer Villa Ingenheim in der Zeppelinstraße 76–79 (die in der DDR Leninallee hieß). Das Gelände und umliegende Häuser wurden 1945 geräumt und von der Roten Armee besetzt, das Areal der Villa Ingenheim, zu dem auch Arrestzellen gehörten, lag hinter einer hohen Mauer verborgen und war bis 1952/1953 Hauptquartier des NKWD-Operativsektors des Landes Brandenburg.

32 Altersangaben aus: Benno Prieß „Erschossen im Morgengrauen", Calw 2005, S. 151.

Versorgung, besseres Essen und Kleidung. Einige der angebotenen Kleidungsstücke stammten allerdings zu ihrem Entsetzen offenbar von ihren erschossenen Kameraden und waren noch blutverschmiert. Auch hatte sich das in der Todeszelle erlebte Trauma tief in sie eingenistet und ließ sie ihr Leben lang nicht mehr los.
Nach wie vor bekamen sie keine Möglichkeit, sich zu waschen. Da es kein Toilettenpapier gab, behalf sich Heinz mit Stofffetzen aus seinem Nachthemd.

Heinz und die anderen in der Zelle fürchteten, dass sie in die Sowjetunion deportiert werden würden. Als sie sich zum Transport fertig machen sollten, wurde natürlich nicht erklärt, wohin es ging. Doch zu seiner Erleichterung endete die Fahrt in Torgau. Im dortigen Speziallager Fort Zinna kam er in eine Zelle, die für die damaligen Verhältnisse sehr gut ausgestattet war, es gab sogar eine Toilette und auch waschen konnte man sich.
Zwei seiner neuen Mithäftlinge waren in seinem Alter, saßen aus denselben Gründen ein, und sie verstanden sich auf Anhieb gut.
Waren die sowjetischen Posten betrunken, misshandelten sie aber auch hier die Häftlinge, wenngleich nicht so systematisch wie in Potsdam.
Zu essen gab es lediglich ein wenig Brot und rohen Fisch.
Im November 1946 wurde Heinz Schwollius nach Bautzen in das Speziallager Nr. 4 verlegt.
Mit ihm gingen Hunderte Häftlinge auf Transport. In Zwölferreihen und eingehakt hatten sie zum Bahnhof Torgau zu marschieren. Von dort stiegen sie – bewacht von Posten mit Hunden – in Waggons, die nicht nur verriegelt, sondern auch mit Stacheldraht vor den Türen gesichert wurden.
Die hygienischen Bedingungen in Bautzen waren schlechter als in

Torgau. Es gab einen Kübel in der Zelle statt der Toilette und nur eine Blechschüssel zum Waschen. Mit Wasser wurde gegeizt und es stank bestialisch in dem Raum. Ungeziefer nistete sich überall ein. Auch die Kälte machte den Häftlingen zu schaffen.

Nach einiger Zeit wurden Heinz und andere in einen der 13 Säle verlegt, der mit ca. 400 Personen belegt war.

Von Bautzen wurden auch Transporte zusammengestellt, die in ein Arbeitslager in die Sowjetunion gingen. Dazu untersuchte man die Arbeitsfähigkeit der Häftlinge – unter anderem, indem man sie in die Gesäßbacken kniff, wie Heinz Schwollius in seinen Erinnerungen beschrieb.

Trotz des besonders kalten Winters trugen die Inhaftierten immer die gleichen alten Lumpen auf dem Leib, die allmählich auseinanderfielen. Statt Schuhen besaß Heinz lediglich Fußlappen.

Die Unterbringung in Sälen hatte Vor- und Nachteile. Die Wahrscheinlichkeit hier auf Menschen mit „gleicher Wellenlänge“ zu treffen, lag natürlich höher. So war die Auswahl an Gesprächsthemen größer und manche Häftlinge hielten sogar Vorträge oder erzählten Geschichten. Auf der anderen Seite gab es mehr Spitzel und eine Hierarchie, in der Heinz und andere junge politische Insassen oft das Nachsehen hatten.

Dabei kam es nicht selten vor, dass die tatsächlichen Nazitäter im Lagersystem von den Sowjets privilegiert wurden und einen der begehrten Posten bekamen. Beispielsweise traf Heinz Schwollius in Bautzen auch auf Oswald Kaduk, einen ehemaligen Block- und Rapportführer des KZs Ausschwitz, der in Bautzen die Aufgabe hatte, die Tür zu öffnen, wenn sowjetische Offiziere den Raum betraten.

„Während andere völlig unschuldig eingesperrt worden waren und viele erschossen wurden, genoss dieser Zeitgenosse allerhöchste

Sympathien der Sowjets und gehörte zu dem Kreis von Personen, die als Kalfaktoren sich als Erste mit einem Nachschlag versorgen durften."[33]

Oswald Kaduk wurde 1956 aus Bautzen entlassen und 1959 in der Bundesrepublik erneut inhaftiert. Im Auschwitzprozess 1965 verurteilte man ihn zu einer lebenslangen Zuchthausstrafe wegen zahlreicher direkt von ihm und in Gemeinschaft begangener Morde. Im Jahr 1989, 30 Jahre nach seiner erneuten Inhaftierung, erfolgte die Entlassung aus der Haft.[34]

In Bautzen wurde Kaduk von den anderen Häftlingen nur der „Heizer von Auschwitz" genannt. Zumindest im Groben dürfte die Vergangenheit dieses Auschwitz-Mörders also bekannt gewesen sein. Für Heinz war unbegreiflich, dass ein tatsächlicher Täter des Nationalsozialismus von den Sowjets vergleichsweise gut behandelt wurde, während man seine unschuldigen Freunde erschossen hatte.

Warum?

Immer wieder grübelte er darüber nach. Auch noch, als er als Erwachsener in Freiheit lebte. „Die Jugend, die gefährlich werden könnte, wurde inhaftiert, deportiert und getötet", fasste er Jahre später, bei einer Veranstaltung im Mai 2008 zusammen. „Wir haben nichts gemacht. Wir erschienen den Stalinisten als gefährlich. Sie beseitigten die, von denen sie eine Gefahr erwarteten. Wir mussten den Kopf hinhalten für andere, die tatsächlich Verbrechen begangen haben."

---

33 Schwollius „Todeszelle", S. 42.

34 Vgl. http://www.auschwitz-prozess-frankfurt.de/index.php?id=131 (16.05.2024).

Doch Heinz Schwollius konnte sein Schicksal nicht wechseln. Er musste das Päckchen, das nun mal zu ihm gehörte, tragen.
Aber sogar in der „Hölle von Bautzen“ erlebte er auch Positives und begegnete 1948 einem „Engel“ in Gestalt einer sowjetischen Ärztin, die sich intensiv um die Schwerkranken bemühte und dafür sorgte, dass erstmalig Röntgenuntersuchungen durchgeführt und die Tbc-Kranken isoliert wurden. Dennoch stieg die Todesrate immer mehr an. So musste Heinz miterleben, wie der 20-jährige Potsdamer Herbert Steinhausen qualvoll starb.
Heinz, der selbst auf der Krankenstation lag, sah dem täglichen Sterben hilflos zu. Doch der Tod seines Bekannten aus der Heimatstadt traf ihn besonders. Und er fragte sich, wann er „an der Reihe“ sein würde.
Die Misshandlungen in der Zeit der Untersuchungshaft blieben nicht ohne Folgen. Die nicht behandelten Wunden hatten zu Entzündungen und diese zu Abszessen geführt. Tuberkulose machte den Häftlingen besonders häufig zu schaffen. Viele starben an dieser Krankheit.
Der Gesundheitszustand von Heinz Schwollius verschlechterte sich zunehmend.
Die Zähne hatte ihm ein Vernehmungsoffizier mit einem Tintentrockner aus Marmor während der Haft in Potsdam eingeschlagen. Hinzu kamen die katastrophalen hygienischen Bedingungen, sodass die restlichen Zahnstummel verfaulten und ihn nun eine schmerzhafte Kiefervereiterung quälte. Auch litt er an einer Geschwulst und einer Bauchspeicheldrüsen-Tbc. Zu essen war kaum noch möglich, Heinz magerte immer mehr und bis aufs Skelett ab.
Operationen waren unumgänglich, jedoch dauerte es noch eine

lange Zeit, ehe zunächst die Zahn-OP und schließlich im Januar 1950 auch der Eingriff am Bauch vorgenommen wurde.
Insgesamt lag Heinz Schwollius also von 1948 bis 1950 im Krankensaal.
Einmal in dieser Zeit, kurz vor der zweiten OP, kam es zu einem Zwischenfall, der für Heinz ungeahnte Folgen haben würde. In die Krankenstation verflog sich ein Vogel.
Die Gefangenen lauschten seinem Gezwitscher, auch als er zu ihrer Freude am nächsten Tag wieder auftauchte. Eine kleine Ablenkung in dem tristen Dasein. Doch einer der Häftlingsärzte, Dr. Graf, von dem es hieß, er sei Arzt im KZ Buchenwald gewesen, befahl schließlich, den Vogel rauszuscheuchen.
„Du hast hier gar nichts zu melden!", fuhr Heinz ihn an.
„Wie reden Sie denn mit mir?"
„Ich habe zehn Jahre. Aber wie viel du mal kriegst, das steht in den Sternen", antwortete er. Doch die unbedachte Äußerung blieb im Lagersystem nicht folgenlos.
Die Sowjets teilten Heinz einige Tage nach der Operation mit, dass er bald entlassen werden sollte, allerdings nur, wenn er transportfähig sei.
Aber ein paar Wochen später erschien ein sowjetischer Offizier in Begleitung des internierten Dr. Graf und dieser stellte kalt fest, dass bei dem Gefangenen Schwollius keine Transportfähigkeit bestehen würde.
Heinz hielt diese Bosheit nicht aus und ging auf den Mann los.
Ein anderer Häftlingsarzt sprang dazwischen, redete auf Heinz ein und verhinderte Schlimmeres. Dass die OP-Narbe bei dem Gerangel wieder aufplatzte, war wohl das geringere Übel. Schlimmer für Heinz war es, dass er nun nicht entlassen wurde.

Die Chance heimzukommen war vorerst verspielt.

Als im Februar 1950 die Übergabe des *Gelben Elends* von den Sowjets an die Deutsche VP erfolgte, glomm erneut ein Hoffnungsschimmer auf. Nur die Kriegsverbrecher sollten noch in Bautzen bleiben – so behauptete zumindest ein sowjetischer Offizier. Die Deutschen hofften, dass sie von ihren Landsleuten gerechter behandelt werden würden, dass man vielleicht jetzt die Urteile von 10, 20, 25 Jahren Lagerhaft auf ihre Rechtmäßigkeit überprüfte. Doch es kam anders.

Die Entlassungen wurden eingestellt. Die inhaftierten Frauen schaffte man nach Hoheneck. Die Situation der Gefangenen verbesserte sich mit der Übernahme nicht, im Gegenteil. Die Essensrationen wurden weiter gekürzt. Das Wachpersonal trat brutal auf, schikanierte die Insassen, strafte mit Schlägen und Karzerhaft. Hinterfragt oder überprüft wurden die Urteile nicht. Da die VP offenbar auch eine falsche Auskunft über die Zahl der Häftlinge erhalten hatte und statt der erwarteten 1.800 Insassen sich ca. 7.000 Insassen in Bautzen befanden, reichte die Verpflegung hinten und vorne nicht.

Zunehmender Protest gegen die Zustände war die Folge. Die Gefangenen drohten mit einem Hungerstreik. Das Wachpersonal antwortete mit Prügel, Karzerstrafen und zusätzlichem Essensentzug. Die Lage war nun aufs äußerste angespannt.

Im März 1950 kam es dann zu dem bereits angekündigten Hungerstreik; als die Lage sich dadurch nicht besserte, begann ein Aufstand, den Heinz Schwollius in seinen Erinnerungen so beschrieb: „Kübelträger und Häftlinge kippten die Kübel um und das heiße Essen ergoss sich über die heranstürmenden Wachmannschaften. Ein unbeschreibbares Chaos entstand, überall stürzten und schrien Menschen. (…) Aus allen Fenstern schrien plötzlich die geplagten

Menschen ihre ganze Ohnmacht hinaus. (…) 7.000 Menschen riefen stimmgewaltig (…) nach dem internationalen Roten Kreuz. Sie riefen um Hilfe (…).“[35]

Um sich notfalls gegen die Vopo zu verteidigen, zerlegten die Verzweifelten Pritschen und Stühle und bewaffneten sich mit Brettern und Stuhlbeinen.

„Dann rückten die Kolonnen des Rollkommandos an, mit gezückten Gummiknüppeln. An ihrer Spitze Polizeirat Schulz, bewaffnet mit gezogener Pistole und von seinem Schäferhund begleitet. Gleichzeitig begann eine Gruppe Volkspolizisten den ebenerdig gelegenen Krankensaal, in dem etwa 400 Schwerstkranke lagen, hochgradig an Tbc erkrankt und mit hohem Fieber, mit eiskaltem Wasser vollzuspritzen (…).“[36]

An diesem Tag, dem 31. März 1950, gab es viele Verletzte und Schwerverletzte – und zwar auf beiden Seiten. Nach den Aussagen von Heinz Schwollius starben auch einige davon in der Zeit danach. Er selbst wurde an der Wirbelsäule verletzt, sodass ein Folgeschaden entstand und er im Jahr 1956 operiert werden musste.

Nach dem Aufstand änderte sich zunächst nichts, die beschäftigungslose Eintönigkeit des Haftalltags blieb ebenso wie die unzureichende Versorgung mit Lebensmitteln und Medikamenten. Viele Tbc-Erkrankte kämpften täglich um ihr Leben.

Die Haftbedingungen verbesserten sich nach der Revolte nur geringfügig. So durften die Gefangenen einige Zeit später an ihre Angehörigen einmal im Monat ein paar Zeilen schreiben und Post

35 Schwollius „Todeszelle“, S. 49.

36 Ebd.

und Päckchen empfangen. Auch Besuche waren nun einmal im Quartal möglich. Heinz hatte nur noch seine Tante, die ihn gelegentlich mit einer Sendung unterstützte, auch kam sie einmal nach Bautzen und war sehr erschrocken über seinen Gesundheitszustand.

Erst im Jahr 1953 änderte sich zumindest die Ernährung: Mit Nährhefe angereichertes Essen sorgte nun dafür, dass die Häftlinge zunahmen und „wieder ein menschliches Aussehen" bekamen, wie Heinz Schwollius berichtete. Gerüchte machten die Runde, dass die Entlassung bevorstünde.

Und endlich war es dann tatsächlich so weit: Im Januar 1954 ließ man die ersten Häftlinge frei und auch Heinz hörte eines Tages seinen Namen und wurde aufgefordert mitzukommen, erhielt den Entlassungsschein sowie ein paar Mark für die Rückreise. Unterschreiben musste er noch, dass er die DDR nicht verlassen würde. Nach seiner Ankunft in Potsdam blieb er noch einen Tag in der Heimatstadt, besuchte seinen Freund Hermann Schlüter, mit dem er das Wiedersehen feierte und bei dem er übernachtete.

Dann verließ er die DDR und siedelte mit seiner Tante nach Westberlin über.

Heinz Schwollius zog nach Stuttgart, wo er eine Ausbildung zum Bankkaufmann und ein Studium der Versicherungswirtschaft absolvierte.[37] Er gründete eine Familie, wurde Vater von drei Kindern und arbeitete in der Versicherungsbranche.

Ehrenamtlich engagierte er sich in der VOS (Vereinigung der Opfer des Stalinismus), wofür ihm 2009 das Bundesverdienstkreuz

---

37 Vgl. https://www.von-potsdam-nach-workuta.de/schwollius.php (16.05.2024).

verliehen wurde, und hielt als Zeitzeuge Vorträge über seine Erlebnisse. „Wir haben eine moralische Verpflichtung denen gegenüber, die nicht zurückgekommen sind“, sagte er auf einer Veranstaltung.

Heinz Schwollius starb am 15. April 2015 in Stuttgart.

Junge Frauen in sowjetischer Haft

(verhaftet 1947/48)

Stalin über Potsdam

Gerda Müller, geborene Koeck

geboren am 15.4.1928 in Stendal

Gerda Koeck hatte sich an einem Maitag im Jahr 1947 in Stendal auf den Weg gemacht, um mit einer Freundin tanzen zu gehen. Seit Kriegsende stand das Tanzen bei ihr hoch im Kurs. Das Leben hatte für die jungen Leute sonst nicht viel zu bieten. Die Nachkriegszeit war alles andere als einfach. Tagsüber mussten sie arbeiten, um Lebensmittelmarken zu bekommen. Jeden Morgen meldete sich Gerda beim Arbeitsamt, dann wurde sie eingeteilt: Mal sollte sie eine Schule saubermachen, mal eine Kaserne. Auch Kabel ausbuddeln musste sie schon häufiger – dicke Elektrokabel für die Sowjets, die dann in die SU gebracht wurden. Nur wer arbeitete, bekam Lebensmittelmarken. Geld erhielten sie nicht. Auch ihrem Vater, der als Heizer für die Sowjets arbeitete, wurde kein Lohn ausgezahlt. „Wir vegetierten so dahin."

Die Tanzveranstaltungen waren da die einzige Abwechslung für Gerda. Meist fanden sie auf den umliegenden Dörfern statt. Gerda musste auf dem Rückweg an einer Kaserne vorbei. Das war in diesen Zeiten nicht ungefährlich, wenn man als junge Frau allein unterwegs war. Einmal wurde sie nachts verfolgt. Als sie sich um-

drehte, erkannte sie die sowjetische Uniform. Sie rannte los, einen Bahndamm hoch, legte sich zwischen die Gleise, eng an die Erde gepresst und hörte die Flüche auf Russisch.
Sie hatte Glück. Er fand sie nicht. Nach einiger Zeit erhob sie sich und ging nach Hause.

An einem Tag im Mai 1947 ahnte sie nichts Böses, als ein junger Mann sie ansprach, der nach dem Weg fragte. Er sei auf der Suche nach seinen Eltern. Er nannte eine Adresse, zu der er wollte, um von da weiter zu recherchieren, und sie begann ihm zu erklären, wie er dort hinkommen würde.
Doch an seinen Nachfragen merkte sie schnell, dass er nicht so richtig begriff, wo er nun langlaufen sollte. „Sie können auch einfach mit uns mitgehen“, meinte Gerda. „Meine Freundin und ich haben den gleichen Weg wie Sie.“
Es war nichts weiter als ein kleiner Gefallen, dem sie jemanden tat, den sie nicht kannte.
Der junge Mann nahm ihr Angebot dankbar an.
Doch als sie an dem Viertel ankamen, sahen sie, dass es gerade geräumt wurde. Die Deutschen zogen aus, um Platz zu machen für die Sowjets, die in die Häuser einziehen wollten. Die Adresse befand sich mitten in dieser Wohngegend.
„Ohje“, sagte Gerda bedauernd. „Wir können hier nicht stehen bleiben, sonst kriegen wir Ärger.“ Sie wechselte einen schnellen Blick mit der Freundin. Die Tanzfläche wartete auf die beiden jungen Frauen.
„Ich fürchte, wir können Ihnen nun nicht mehr weiterhelfen. Was machen Sie denn jetzt?“, fragte sie die Zufallsbekanntschaft.
Der junge Mann zuckte mit den Achseln. „Ich fahre erst mal zurück nach Hause.“

„Wo wohnen Sie denn?", hakte Gerda neugierig nach.
„Ich lebe und arbeite in der amerikanischen Besatzungszone", erklärte er.
Gerda, die alles andere als kontaktscheu war, gab ihm ihre Adresse. „Schreiben Sie mir doch mal", bat sie. „Ich will eigentlich auch nach drüben."
Der Mann lächelte, nickte, nahm das Stück Papier und steckte es ein. Dann verabschiedeten sie sich.
Gerda hörte danach nichts mehr von ihm. Weder schrieb er ihr, noch trafen sie sich ein zweites Mal. Über die eher flüchtige Begegnung dachte sie nicht weiter nach. Nicht im Traum wäre sie darauf gekommen, dass diese Episode ihr zukünftiges Schicksal bestimmen sollte.

Am 7. November 1947 besuchte Gerda wieder einmal ein Tanzlokal in Stendal.
Als sie in einer Pause den Saal verließ, um etwas frische Luft zu schnappen, standen auf einmal sowjetische Soldaten mit Maschinenpistolen vor ihr.
„Sind Sie Gerda Koeck?", fragte ein Mann in Zivil mit russischem Akzent.
„Ja." Sie blickte die Männer verdattert an. Was wollten die denn von ihr?
„Kommen Sie bitte mit. Wir brauchen eine Aussage. Das dauert nur fünf Minuten. Dann können Sie wieder gehen."
Gerda ging mit den Männern mit. Was blieb ihr anderes übrig?
Wenig später fand sie sich einem Offizier gegenüber, der sie anbrüllte: „Was haben Sie da bloß gemacht?"
„Was habe ich denn gemacht?", fragte sie ratlos zurück.

„Sie bleiben hier!“, hieß es schroff und sie wurde in einen Keller geführt und dort eingesperrt.
In dem Raum gab es nur einen Kübel für die Notdurft. Aber als sich Gerdas Blase bemerkbar machte, dachte sie nicht daran, ihn zu benutzen. Sie klopfte an die Tür, immer wieder, rief, dass sie auf die Toilette müsste. Dem Posten, der auf den Eimer zeigte, verweigerte sie sich mit den Worten: „Da geh ich nicht rauf. Das ist doch keine Kultur!“
Schließlich gab der Wachmann nach und führte sie auf eine Toilette.
Eine halbe Stunde später klopfte sie wieder an die Tür. War es die Aufregung oder die Kälte in dem Kellerloch? Jedenfalls musste sie schon wieder. Und erneut bestand sie energisch darauf, zur Toilette gebracht zu werden.

Eines Nachts wurde sie aus dem Verlies geholt und in ein Auto gesetzt. Die Uniformierten blickten sie finster an und richteten ihre Maschinenpistolen auf sie. Panik stieg in ihr auf. Was passierte jetzt mit ihr?
Der Wagen hielt in Magdeburg. Wieder brachte man sie in einen Keller. Das Gebäude war eine ehemalige Schule. Einige der Räume hatte man zu Zellen umgebaut.
Gleich beim ersten Verhör wurde sie bezichtigt, eine Spionin zu sein.
Sie brauchte eine Weile, um zu verstehen, um was oder besser gesagt, um wen es hier überhaupt ging. Die Begegnung mit dem jungen Mann im Mai hatte sie fast vergessen.
Und nun sollte ihre Zufallsbekanntschaft auf einmal ein Spion sein, der sie angeworben hatte.

So lautete die Beschuldigung. Gerda kam sich vor wie in einem schlechten Traum. Mit Politik hatte sie sich nie abgegeben, selbst zu den Jungmädchen in der Nazizeit war sie einfach nicht hingegangen. Und jetzt sollte sie eine Spionin sein?

Als ein Posten sie nach einem der zahlreichen Verhöre in den Keller brachte, beschimpfte er sie unentwegt auf Russisch. Gerda wurde wütend, drehte sich zu ihm um und haute ihm gegen die Brust. „Ich kann dieses Geschimpfe nicht mehr hören!"

Der Posten meldete an seinen Vorgesetzten, dass sie ihn angegriffen habe.

Gerda musste zum Kapitan. Der bedeutete ihr, dass er eine Leibesvisitation bei ihr durchführen müsse. Doch Gerda weigerte sich auch dieses Mal vehement. „Hätte ich eine Waffe, hätte ich längst geschossen!", teilte sie ihm wütend mit.

Als sich ihr der Kapitan näherte, wich sie zurück, rannte los, huschte hinter den Ofen. Der Uniformierte lief ihr hinterher. Sie blieb abrupt stehen und ihr Verfolger fiel auf den Hintern.

„Oh, Entschuldigung!", rief Gerda, reichte ihm die Hand und half ihm auf.

Doch klein beigeben wollte sie nicht.

„Was ist das für ein Kommunismus? Sie haben hier einen warmen Ofen und ich sitze in meiner Zelle und friere und werde krank!", beschwerte sie sich.

In dem Kellerraum, in den man sie sperrte, herrschte eine Eiseskälte, es gab keine Heizung und das Fenster war kaputt.

Offenbar hatte ihre Beschwerde gewirkt. Sie bekam ein elektrisches Heizgerät in die Zelle. Aber der Posten vor der Tür sorgte dafür, dass es abgeschaltet blieb.

Es war immer noch bitterkalt. Gerda hielt das alles nicht mehr aus. Sie wollte sterben und trat in den Hungerstreik.

Das Brot in ihrer Zelle fraßen die Mäuse. Gerda beobachtete die Mäusefamilie, die wenigstens ein wenig Abwechslung bot. Die gesellige junge Frau musste nun mit der absoluten Einsamkeit in einer lebensfeindlichen Umgebung klarkommen.
Ab und zu unterhielt sie sich mit einem Posten, dem einzigen, der freundlich zu ihr war.
Sie solle nicht sagen, dass sie wegen Spionage hier säße, empfahl er ihr. Sie solle sagen, sie sei mit einem Russen spazieren gegangen und deshalb eingesperrt worden. Der Mann brachte ihr etwas Russisch bei und auch die Dienstgrade, die hier eine Rolle spielten. Sie sähe wie seine Freundin aus, gab er ihr einmal zu verstehen. Tat er ihr leid?
Nach etwa einer Woche ging Gerda auf Transport. Sie wurde auf die Laderampe eines umgebauten Lastwagens getrieben und dann in eine der drei Zellen geschoben. Gerda setzte sich auf einen Stuhl, doch der Posten bedeutete ihr, dass sie aufstehen sollte.
Gerda blieb bei ihrer Haltung, sich nichts gefallen zu lassen. Sie weigerte sich trotzig. „Nein, ich stehe nicht auf!"
Die nächste Auseinandersetzung mit den Bewachern ergab sich, als einem Gefangenen, der mal musste, gesagt wurde, er solle in den Wind pinkeln.
Gerda solidarisierte sich mit ihm. „Ich muss auch!", rief sie. „Und wenn ihr mich nicht lasst, mach ich hier hin! Und das *stinkt*!"
Erstaunlicherweise gaben ihre Aufpasser auch diesmal nach.
Der Lastwagen hielt an der Autobahn. Gerda sprang von der Laderampe und sah sich nach einer Fluchtmöglichkeit um. Immer noch hatte sie das Gefühl, dass sie einfach abhauen konnte. Doch der Posten folgte ihr auf dem Fuße.
„Ich kann nicht, wenn du zuguckst!"
Sie verschwand hinter einem Baum. Doch wo sollte sie hier hin?

Ihr Aufpasser war bewaffnet. Sie hatte keine Chance. Schließlich kam sie wieder hervor und ging notgedrungen zurück. „Ich hab immer gedacht, dass ich erschossen werde. Ich wusste immer noch nicht, warum."

Gerda Koeck wurde nicht erschossen. Sie kam nach Potsdam in das Untersuchungsgefängnis in der Leistikowstraße.

Sie sollte stehenbleiben, mit dem Gesicht zur Wand, wurde ihr befohlen, nachdem sie das Gebäude betreten hatte. Dann führte man sie in den Keller. Abermals sollte sie mit dem Gesicht zur Wand warten. Eine Tür wurde aufgeschlossen, Gerda in einen Raum geschoben. Wieder eine Zelle. Wieder allein. Ihr Verlies war verhältnismäßig groß, doch außer einem Kübel und der Pritsche befand sich auch hier nichts. Das Fenster war mit einer Holzblende versehen, die Tür mit einem Spion, durch den sie beobachtet wurde.

Man gab ihr einen Becher Tee; sie trank ihn und dachte dabei: Vielleicht stirbst du hier. „Dann saß ich da eine Woche, zwei Wochen, drei … ganz allein und hab nur geweint."

Sie sagte dem Posten, dass sie mit jemandem zusammen in der Zelle sein möchte, dass sie es so nicht aushält. Den Posten interessierten ihre Wünsche nicht.

Als sie sich auf einen Strohsack legte, den sie in einer Ecke gefunden hatte, kam der Posten und nahm ihn ihr weg. Sie sei hier nicht auf Kur.

Nach einer Woche wurde sie das erste Mal zum Verhör geführt. Stundenlang saß sie dort und durfte sich nicht rühren. Sie hatte das Gefühl, dass der Dolmetscher nicht richtig übersetzte. Ein paar Brocken Russisch konnte sie ja indessen.

Ansonsten kam sie nur aus der Zelle, wenn sie den Kübel im Toilettenraum ausleerte.

Mit der Zeit erlernte sie das Klopfen, um sich mit anderen Gefangenen zu verständigen.

„Ich klopfe im Alphabet!“, rief jemand.

„Im Alphabet bin ich perfekt!“, gab sie zurück. Außer dem Klopfen blieb ihr nicht viel an Kommunikation.

Aus diesem Nichts heraus sagte sie eines Tages den *Erlkönig* auf – mit aller Theatralik, die in diesem Gedicht steckt. So als stünde sie nicht in einer dreckigen Zelle, sondern auf der Bühne.

„Wer reitet so spät durch Nacht und Wind …“

Die Worte trugen sie für einen Moment fort von diesem Ort.

Einige Zeit war sie in einer Zelle mit einem Kanonenofen untergebracht. Doch der Ofen blieb meist kalt. Nur ein asiatisch aussehender Wärter heizte manchmal für sie.

Er führte sie auch zum Duschen. Nackt. Den Gang entlang hin, schnell duschen und den Gang entlang zurück. Sie fühlte sich schrecklich dabei. Ausgeliefert.

„Möchtest du auch Wäsche waschen?“, fragte der Posten und musterte sie. „Du hast prima Figur.“

„Idiot“, rutschte ihr heraus.

Später bereute sie das Schimpfwort. Denn der Asiate machte ihr jetzt kein Feuer mehr. Sie musste wieder frieren.

Nach vierzehn Tagen etwa wurde eine Frau auf ihre Zelle gelegt. Nun war sie nicht mehr allein. Doch die Frau warnte sie: „Erzähl nicht so viel. Es gibt hier Spitzel.“

In der Folgezeit kamen weitere Frauen, alles junge Mädchen. Eine Schwarzhaarige aus Sachsen stürzte sich auf den Kübel mit dem Wasser und trank ihn aus. Eigentlich sollte der für alle da sein – zum Waschen und Trinken.

Einige der Gefangenen wurden im Lauf der Zeit krank. Auch sie ließ man nicht frei.

Im April 1948 tagte das Militärtribunal.
Gerda traf den jungen Mann wieder, der sie im letzten Frühling nach dem Weg gefragt hatte.
Als das Gericht sich zur Besprechung zurückzog, redete sie mit ihm. Er sagte ihr, er sei gefoltert, immer wieder geschlagen worden. Unter dieser Folter habe er ihre Adresse angegeben.
Als die Urteile verkündet wurden, mussten sie alle aufstehen. Der junge Mann und andere, die zu der angeblichen Gruppe gehörten. Auch Gerda.
Die jungen Männer bekamen alle durch die Bank weg 25 und 20 Jahre Haft. Gerda wurde zu 15 Jahren verurteilt.
Als sie unter der üblichen Bewachung aus dem Haus trat, um in eine Zelle gebracht zu werden, sah sie Stalin über sich schweben. Er hing in der Luft wie ein böser Geist. Als Transparent an einem Ballon, der über Potsdam zog.
Die Zelle, in die sie jetzt kam, war voll belegt. Wie die Heringe lagen die Frauen nachts auf einer Pritsche. Gerda wartete darauf, was nun werden würde. Viele gingen auf Transport. Wohin, wurde nicht gesagt.
Gerda blieb zunächst zurück und musste noch sechs Wochen in der Ungewissheit ausharren.
Schließlich wurde sie im Mai 1948 in das Speziallager nach Sachsenhausen gebracht.
Von dem KZ der Nazis hatte sie bisher noch nichts gehört. Als sie durch das Tor lief, las sie die Worte „Arbeit macht frei".
In Sachsenhausen gab es ein Lager extra für Frauen. Sie wurden in Häusern untergebracht, während die Männer in Baracken hausten.
Als Gerda ankam, hatte sie Hunger. Doch als mittags die Suppe verteilt wurde, ging sie leer aus. Es gab keine Schüssel für sie. Kei-

ne Schüssel bedeutete kein Essen. Eine Gefangene, die ihre Misere mitbekam, erbarmte sich ihrer, aß so schnell sie konnte und reichte der neuen Leidensgefährtin ihr Gefäß.
Gerda sparte sich das Brot, das sie erhielt, buchstäblich vom Munde ab, sammelte es und tauschte es schließlich gegen eine Schüssel, die nun ihr gehörte.
Brot war die Währung im Lager, denn alle litten an Hunger.
Dabei hatte Gerda noch „Glück" im Unglück: Während die meisten beschäftigungslos vor sich hinvegetierten, arbeitete sie. Kartoffeln mussten geschält oder im Herbst eingelagert und außerdem musste Kohl für die Sowjets geschnitten werden.
Nach einiger Zeit kam Gerda mit Diphterie-Verdacht ins Lazarett. Der Lagerarzt stellte jedoch eine schwere Angina fest. Er war Italiener und hatte schon als Häftling im KZ Sachsenhausen gesessen. „Die Russen ließen ihn einfach drin. Er war ein bisschen vergnatzt", erzählte Gerda Koeck über ihn und seine Lage.
Eines Tages wurde sie von einem Mann angesprochen, ebenfalls ein Häftling: „Sind Sie interniert oder Strafgefangene?", fragte er sie.
„Ich bin verurteilt", antwortete Gerda.
Maxe Rau wurde ihr Verehrer in Sachsenhausen. Das hatte für Gerda einige Vorteile. Denn Maxe hatte eine Stellung im Lager, die ihm erlaubte, ihr Brot und manchmal sogar ein bisschen Fleisch zuzustecken.
Erst im Oktober durfte sie das erste Mal ihren Eltern schreiben. Dass sie von den Sowjets verhaftet worden war, wussten diese schon, jedoch nicht, wo sie jetzt steckte oder ob sie überhaupt noch lebte.
Ihr Verehrer schmuggelte ihr eines Tages einen Apfel in die Schneiderei, in der sie jetzt arbeitete. Sie musste das begehrte Obst wegen

der üblichen Filzungen sofort essen. Aufgeregt erzählte Maxe ihr dabei die Neuigkeiten: Die Sowjets sollten das Speziallager Sachsenhausen an die deutsche Volkspolizei übergeben. Zunächst freute sich Gerda darüber. „Wir haben an die deutsche Gerechtigkeit geglaubt.“ Doch damit war es nicht weit her in der SBZ.

1950 wurde das Speziallager Sachsenhausen aufgelöst und es fanden Entlassungen von Internierten und SMT-Verurteilten statt. Doch diejenigen, die – aus welchen Gründen auch immer – nicht entlassen wurden, übergab der NKWD den Behörden der DDR. Die Internierten unter ihnen kamen nach Waldheim, durch die Sowjets Verurteilte in Haftanstalten wie z. B. nach Bautzen.

Die Frauen wurden zum Bahnhof Oranienburg gebracht und in Viehwaggons verfrachtet, in denen es nur einen „Barascha“, einen Kübel gab. Es war Februar und kalt. Sie wussten nicht, wohin die Reise gehen würde.

Viele hofften auf ein Durchgangslager, aus dem sie entlassen werden würden. Doch es kam anders.

„Guck mal da, eine Burg!“, rief Gerda auf einmal erstaunt aus. Sie ahnte noch nicht, dass dieses weithin sichtbare Gebäude das Frauenzuchthaus Hoheneck war und sie in dieser Festung eingesperrt werden würde.

Über 1.000 Frauen kamen aus den Speziallagern der Sowjets in das Gefängnis nach Hoheneck in Sachsen. Erwartet hatte man dort 300 Inhaftierte.

Die Haftanstalt war dadurch maßlos überbelegt und viele Frauen mussten auf der mit Stroh ausgelegten Erde schlafen.

Die Rechtmäßigkeit der Urteile wurde durch die DDR-Behörden nicht überprüft. „Die DDR hat da gerade mal vier bis fünf Monate existiert. Wir waren für die Verbrecher“, erinnerte sich Gerda Müller, geborene Koeck, im Interview.

Zunächst wurde sie in der Schneiderei eingesetzt. Die Frauen fertigten blau-weiße Sträflingsanzüge und überlegten dabei, für wen die wohl wären.
„Na, *wir* haben die gekriegt!" Die Frauen wurden aufgerufen und erhielten die Sachen, die sie zuvor genäht hatten.
Gerda mochte nicht in der Schneiderei bleiben. „Ich war voll Elektrizität. Keiner hat mir die Hand gegeben."
Schließlich wurde sie von dort abgelöst und zum Kartoffelschälen eingesetzt. Dort gefiel es ihr besser. Die Frauen unterhielten sich bei der Arbeit, rezitierten Gedichte, erzählten Romane, die sie mal gelesen hatten.
Die Aufseherinnen verhielten sich unterschiedlich zu den Gefangenen. „Manche waren ganz nett, manche schrecklich. So eine kleine Hässliche, die wie ein Gnom aussah, war besonders gemein zu uns."
Als Gerda in der Küche als Köchin arbeitete, unterhielt sie sich einmal mit einer der freundlicheren „Wachteln" und erfuhr etwas, von dem sie sonst nichts wissen durfte: den Namen der Frau.
Als Gerda diesen einmal unbedacht ausplauderte, hörte das der strenge Wachtel-Gnom.
„Woher wissen Sie, wie die Frau heißt?"
„Na, sie hat es mir gesagt."
Gerda kam für das unerlaubte Wissen in den Bunker unten im Keller – in den Karzer.
Dort befand sich kein Strohsack oder Ähnliches. Zu essen erhielt sie nur alle drei Tage etwas. Es war dunkel. Nur wenn die spärliche Nahrung hereingereicht wurde, schaltete die Wächterin von außen das Licht ein.
Als eine Ratte in ihrem Verlies auftauchte, schrie Gerda vor Schreck. Doch ihre Schreie interessierten hier niemanden. Die

Ratten fühlten sich wohl in der Festung Hoheneck. Es gab eine regelrechte Rattenplage in dem Gefängnis.
14 Tage musste Gerda im Karzer bleiben. Auch danach wurde sie noch von den anderen isoliert.
Erst im Lauf der Zeit besserte sich die Situation etwas für Gerda. Ihr wurden ein Paket und 9 Mark im Monat zugestanden. Wenn es genehmigt wurde, konnte sie ein wenig zu essen einkaufen oder sich Butter, Schmalz, Käse, Wurst und Kekse schicken lassen.
Gerda war unterernährt. Sie bekam deshalb nicht nur ein Paket, sondern drei Pakete von den Eltern zugeschickt.
Später durfte sie auch Besuch erhalten: einmal kam die Schwester, einmal der Vater.
Den Vater sah sie bei seiner Ankunft am Tor und lief weinend auf ihn zu. Sofort wurde sie von ihm weggerissen.
Sie musste warten, bis sie an der Reihe war und ihn sehen konnte. Auch der Vater wartete stundenlang darauf, seine Tochter zu sehen. Dann erhielten sie eine halbe Stunde Sprechzeit.

1952/53 wurden einige der Inhaftierten entlassen. Dafür kamen Kriminelle, sogar Mörderinnen – die man allerdings in der Einzelhaft festsetzte.
Gerda musste in Hoheneck bleiben. Das Gefängnisleben war rau, hart und eintönig.
Da es kein Toilettenpapier gab, benutzten Gerda und die anderen Frauen Zeitungen. Doch die gab es nicht umsonst. „Das Schietpapier bestand also aus Zeitungen, die wir bezahlen mussten."
Besonders unbeliebt waren auch in Hoheneck die Spitzel.
„Wir haben unsere Spitzel verhauen, wenn die ein bisschen viel gespitzelt haben."

Den Verräterinnen wurde eine Decke über den Kopf geworfen und dann schlugen die anderen auf sie ein.

Weihnachten 1955 hieß es dann: „Koeck, packen Sie Ihre Sachen!“ Erklärt warum, wurde ihr nicht. Sie dachte zunächst, sie müsste in den Karzer. Irgendeinen Grund für eine Bestrafung gab es ja immer. Doch stattdessen führte die Wachtel sie zum Baden.
„Und jetzt geht das Aas nach Hause“, sagte die Wächterin, die Gerda wie ein böser Gnom vorkam.
Sie erhielt einen Entlassungsschein, auf dem stand, dass Wilhelm Pieck sie begnadigen würde.
Auf dem Bahnhof von Karl-Marx-Stadt atmete Gerda tief durch. „So, jetzt bin ich frei. Erst mal rein in die Cafeteria.“

Mit ihr wurden noch zwei angebliche Spioninnen entlassen. Die Frauen spielten im Zug Skat miteinander.
„Skatspielen habe ich im Knast gelernt. Skatspielen war das Einzige, was ich konnte.“

Um 4 Uhr morgens kam Gerda zu Hause in Stendal an. Die Eltern wussten von nichts.
Am nächsten Tag sollte sie sich bei der Polizei melden und erhielt einen provisorischen Ausweis.
Doch war sie jetzt wirklich frei? Die Erlebnisse ihrer Verhaftung und der Gefangenschaft ließen sich nicht einfach „vergessen“.
Einmal hörte sie, wie sich schwere Schritte im Treppenhaus der Wohnung der Eltern näherten.
„Schließ ab! Schließ ab! Da kommen Stiefel!“, rief Gerda panisch der Mutter zu.

Zur Tür herein kam dann ein Soldat in NVA-Uniform. Er gab ihr die Hand und sagte: „Koeck."

„Ich heiße auch Koeck", antwortete sie.

Es war ihr Bruder, der, als sie plötzlich verhaftet wurde und verschwand, acht Jahre alt gewesen war.

Bereits drei Tage nach ihrer Rückkehr begann Gerda zu arbeiten. Sie fing in der HO Industriewaren als Buchhalterin an. Sie durfte ihren Arbeitskolleginnen nicht erzählen, woher sie kam.

Als sie einmal etwas in der Rosa-Luxemburg-Straße abholen sollte, fing sie an zu weinen. Sie wusste nicht, wo die ist.

Doch irgendwann sprach sich herum, dass Gerda etwas Schweres durchgemacht hatte.

„Bei euch hat 'ne Neue angefangen?", wurde eine Kollegin gefragt.

„Hör bloß auf, diese Gerda, die weint ja bloß."

„Das ist doch die Tochter von Frau Koeck. Die war doch so lange in Gefangenschaft."

Die Kolleginnen reagierten verständnisvoll. Wenn sie was nicht wisse, bräuchte sie doch nur zu fragen.

„Zur Straße der SA hätte ich ja hingefunden, aber nicht zur Rosa-Luxemburg-Straße."

Auch der Adolf-Hitler-Teich hieß jetzt anders.

Gerda kam nicht so richtig zurecht in der DDR und entschied sich, etwa einen Monat nach ihrer Rückkehr nach Westberlin abzuhauen.

Einem Polizisten, der sie in der Bahn nach dem Ausweis fragte, erzählte sie, dass sie den verloren hätte. Sie schaffte es nach „drüben", stellte sich in die lange Schlange in dem Aufnahmelager in Marienfelde an. Sie erhielt einen richtigen Ausweis und bezog eine Wohnung in Berlin-Charlottenburg.

In Westberlin suchte sie zunächst vergeblich nach einer Arbeit und lebte ein halbes Jahr von Arbeitslosenunterstützung. Doch dann nahm ein Handwerksbetrieb die junge Frau auf. Für Büro- und Klempnerarbeiten erhielt sie 325 D-Mark im Monat. Der Betrieb ging irgendwann pleite. Gerda Koeck heiratete und wurde Gerda Müller. Nach drei Jahren erfolgte die Scheidung. Sie bewarb sich im Max-Planck-Institut in München und gab an, dass sie in Gefangenschaft gewesen war. Man stellte sie ein, sie zog nach München und lebte und arbeitete dort jahrelang. Zuletzt lebte sie in Rotenburg (Wümme).

„Moskau hat befunden, dass Sie noch zehn Jahre Arbeitslager bekommen"

Rosel Blasczyk, geborene Görlach

geboren am 23.2.1928 in Groß Wandriß

In Beelitz kam die Familie zusammen. Nach und nach sammelten sich ihre Mitglieder auf dem Hof des Schwagers, wo dieser mit Rosels Schwester Liesel und ihren beiden gemeinsamen Kindern lebte. Es war für kurze Zeit ein kleines, rein familiäres Flüchtlingslager. Rosel selbst war mit ihren Eltern zuvor, im Februar 1945, aus der niederschlesischen Heimat über Hirschberg und Dresden geflohen. Die Familie hatte den Krieg eigentlich gut überstanden. Todesopfer gab es nicht zu beklagen. Ihre fünf Geschwister, die allesamt ein ganzes Stück älter als Rosel waren, lebten da schon längst nicht mehr im elterlichen Haus, sondern waren bereits in verschiedenen anderen Ecken heimisch geworden. Aus Beelitz ging Rosel nach kurzer Zeit zu ihrer Schwägerin nach Potsdam, die zu Hause allein mit zwei kleinen Kindern jede Hilfe gebrauchen konnte. Rosels Bruder war zwar in Potsdam stationiert und besuchte dort die Kriegsschule, wurde jedoch in jener Zeit zum Fronteinsatz an die Oder berufen. Er war lange zuversichtlich gewesen, was den Kriegsausgang betraf. Und als er für wenige Tage von der Front zu seiner Frau, seinen Kindern und auch seiner Schwester Rosel nach Potsdam zurückkehren durfte, über die Türschwelle schritt und ohne jede Begrüßung seiner Familie entgegenbrachte: „Es ist vorbei. Wir haben den Krieg verloren", wussten sie alle, dass es so war. Ihnen war klar, sie mussten weg, fliehen vor der Roten Armee. Zusammen setzten sie sich Richtung Norden in Bewegung. Vor Sylt blieben sie hängen, kamen bei einem Bauern unter. Kurz nach der Kapitulation der Wehrmacht wurde Rosels Bruder verhaftet und geriet in englische Kriegsgefangenschaft. Im Oktober kam die erste Nachricht der Eltern aus Beelitz und Rosels Bruder wurde zur selben Zeit aus der Gefangenschaft entlassen. Zusammen mit seiner Frau und seinen Kindern wollte er nach Marburg, dort lebte Verwandtschaft. Rosel überlegte, ob sie mitkommen oder zu ihren Eltern zurückkehren sollte und entschied sich für Letzteres. Sie war noch nicht volljährig und hatte durch den Krieg ihre Ausbildung zur Landwirtschaftslehrerin nicht beenden können. Sich künftig an der Seite ihrer Eltern darauf zu konzentrieren, einen Beruf zu erlernen, schien ihr der richtige Weg zu sein. Bei der Rückkehr nach Beelitz erwartete sie jedoch zuerst eine grausame Nachricht. Der Schwager, der den Hof besessen hatte und bei dem die Familie kurze Zeit untergekommen war, hatte nicht nur sich selbst, sondern auch die eigene Frau, Rosels Schwester Liesel, und die beiden gemeinsamen Kinder ermordet, nachdem der Krieg endgültig und offiziell verloren war. In ganz Beelitz soll die Augenscheinlichkeit der Niederlage zahlreiche Männer und Frauen zu Selbstmorden und erweiterten Suiziden verleitet haben. Sie müssen ähnlich verblendet gewesen sein wie Rosels Schwager. Er, der bereits seit 1923 in der NSDAP war, hatte sein Vorhaben angekündigt, als das Kriegsende noch in weiter Ferne zu sein schien und ließ seinen Worten Taten folgen, als es so weit war.

Im Mai 1946, ein Jahr nach Kriegsende und der Ermordung ihrer Schwester, ihrer Nichte und ihres Neffen, kam Rosel in Beelitz an. Vorerst arbeitete sie auf einem Acker bei einer befreundeten Familie, später machte sie Küchenarbeiten, kellnerte und kam daraufhin an einen Bürojob. Es war im Frühling 1947, als sie zusammen mit einigen Kolleginnen aus dem Büro zu einer Tanzveranstaltung in dem kleinen Städtchen ging. Sie machten sich ausgehfertig, zogen ihre schicken Schuhe an. Rosel warf noch ein dünnes Jäckchen über. Es war Ende April und schon relativ warm. Trotz der Bedenken der Mutter, die Rosel lieber im Bett als unterwegs gesehen hätte, da ihre jüngste Tochter vor Kurzem noch an einer Ohrenentzündung litt, machte sie sich auf zum Tanzsaal. Doch die Musik lief nicht lange, da wurde die Feier auch schon abrupt beendet. Sowjetische Soldaten kamen in den Saal und ließen sich die Ausweise zeigen. Rosel holte ihren wie selbstverständlich vor. Das hatte sie in den letzten Monaten schon häufiger tun müssen, wenn sie in der Bahn aus Westberlin kommend kontrolliert worden war. Die Schwester, die dort wohnte, besuchte sie öfter. Auch als der sowjetische Soldat, der ihren Ausweis kontrolliert hatte, diesen vorerst nicht zurückgeben wollte, machte sich das jugendliche Mädchen keine großen Sorgen. Eine Freundin raunte ihr jedoch zu, sie solle lieber versuchen wegzukommen und zu den Eltern zu gelangen. Als Rosel vor der Ausgangstür stand und nach draußen sah, begriff sie, dass sie nicht fortkommen würde. Draußen warteten noch mehr Soldaten, teilweise mit Hunden. Sie waren umzingelt. Zusammen mit vielleicht zehn anderen Gästen der Veranstaltung wurde Rosel von den Soldaten mitgenommen und zur Polizeiwache gebracht. Dort sollte sie das Aussehen ihres Ausweises erklären. Es war ein vorläufiges Dokument, eine Kennkarte, ausgestellt in der englischen Besatzungszone. Ihren deutschen Ausweis hatte sie auf der Flucht verloren und bei der Einreise in die SBZ hatte man ihr gesagt, sie würde später ein neues Dokument bekommen. Dazu kam es aber nicht. Zu Hause, ließ Rosel den Polizisten wissen, lägen noch andere Papiere, die ihre Aussage stützen würden. Sie bekam Bewacher zur Seite gestellt und wurde zu ihren Eltern gefahren. Doch die Dokumente waren in der Kürze nirgends zu finden und die Posten hatten wenig Geduld. Rosel wurde wieder zur Wache gebracht. Als ihre Schwester am folgenden Morgen mit den gesuchten Papieren dort erschien, war es schon zu spät. Rosel kam nach Potsdam. In einem Lkw hatte man sie weggefahren und in eine Villa gebracht. Mit einem jungen Mann aus Westberlin saß sie die Nacht über in einem Zimmer des Anwesens. Wie ein Gefängnis wirkte es nicht, aber ihre Bewacher machten ihnen klar, dass der Schein sie trog. Sie sollten sitzen und ruhig sein. Redeverbot! Rosel kam in einen kleinen Verschlag im Keller. Hier glich es doch eher einem Knast, allerdings erkannte man weiterhin das Provisorische. In der kleinen Zelle, in der Pritsche und Kübel standen, blieb sie ein paar Tage. Nachts wurde sie verhört. Der Vorwurf des Untersuchungsführers war so einfach wie gefährlich: Rosel sei eine englische Spionin. Der Ausweis reichte ihm wohl als Indiz. Rosel stritt ab. Doch die Vorwürfe wurden andauernd wiederholt. Nach einer Weile des Hin und Hers knickte Rosel ein. Ihre Zellennachbarin im Keller der Villa hatte ihr zuvor geraten, die Protokolle, die Rosel selbst nicht entziffern konnte, einfach zu unterschreiben. Dann komme sie wenigstens aus diesem Kerker raus. Tatsächlich brachten ihre Bewacher vom sowjetischen Geheimdienst Rosel anschließend fort, doch an ihrer Situation sollte sich wenig bessern.

In Rathenow, wo sie ebenfalls in eine Kellerzelle gesperrt worden war, wurde sie erneut mit dem Vorwurf konfrontiert, für die Engländer spioniert zu haben. Mit wem sich Rosel in Westberlin getroffen habe? Mit ihrer Schwester! Das hatte sie nun zigmal mitgeteilt. Und ja, selbst der Untersuchungsführer wusste, dass das stimmte. Sie hatten Rosels Schwester in ihrer Wohnung in Zivil aufgesucht und diese hatte die Version ihrer kleinen Schwester bestätigt. Das größte Problem, so vermutete es Rosel später, war wohl ihr Nachname. Es gab in Beelitz anscheinend noch eine andere Familie Görlach und in dieser ein Mädchen, das genauso alt war wie Rosel. Auch sie soll oft nach Westberlin gefahren sein, zu ihrem Freund, einem englischen Soldaten. Das Protokoll, das Rosel in Potsdam unterschrieben hatte, reichte den Geheimdienstlern jedoch als Beweis. Rosel war Spionin, so stand es nun in der Akte. Es gab wenig Grund zur Hoffnung und Rosel fühlte sich, isoliert in ihrer Zelle, völlig allein. Immerhin fand eine der Mäuse, die im Keller hausten, ab und an den Weg in Rosels Zelle und ließ sich mit trockenem Brot füttern. Neben den ermüdenden Verhören hatte Rosel nur eine Gelegenheit am Tag, die Zelle zu verlassen: den Toilettengang. Es gab auch einen Wasserhahn in dem gefliesten Raum, in den Rosel geführt wurde. Als sie versuchte, sich dort notdürftig zu waschen, bedeuteten ihr die Bewacher, damit aufzuhören. Vielleicht war die Leitung undicht oder der Abfluss verstopft. Rosel verstand nicht, was genau das Problem war, aber das Geschrei der Posten war deutlich genug. Sie sollte sich nicht waschen und tat das daraufhin auch nicht mehr. Als sie einige Tage später wieder ins Verhörzimmer gerufen wurde, rümpfte der Offizier die Nase und überreichte ihr kurz darauf Kleidung und auch ein Handtuch. „Banja, banja“,[38] rief er ihr zu. Rosel packte das Zeug zusammen, das ihr gereicht worden war und wartete, dass man sie nach draußen bringen und in die nächste Bahn setzen würde. Sie wurde doch entlassen und sollte mit der „Banja“ nach Hause fahren, oder? Den sprachlichen Irrtum empfand der

38 Banja, russ. für Bad.

Verhöroffizier als wenig witzig und schickte sie unter Gebrüll in die Waschküche. Nachdem Rosel sich die Dreckschicht von der Haut gewaschen und die filzigen Haare vom Schmutz befreit hatte, trat sie hinaus auf den Flur, auf dem ihre Bewacher gewartet hatten. An ihren Blicken erkannte sie, dass sie wohl äußerlich kaum noch mit jenem Wesen vergleichbar schien, dass kurz zuvor den Verhörraum verlassen hatte. Zurück in ihrer Zelle ließ sich einer der Soldaten gar dazu hinreißen, eine Blume durch ihr Gitterfenster zu werfen und zu fragen, warum sie denn immer schlafe. Ich versuche es zumindest, dachte Rosel. Was sollte sie auch sonst hier unten machen?

Ein wenig später kam sie in eine andere Zelle. Diesmal war sie nicht allein. Rosel stutzte, als sie ihre Zellengenossin sah. War das ein Brautkleid, das die junge Frau trug? Zwar sah man ihr und ihrer Tracht an, dass sie schon länger hier unten gewesen sein musste, aber ja, Rosel gegenüber saß eine Braut. Ihre Geschichte war schwer zu ertragen und Rosel verstand, warum sie kurz zuvor versucht hatte, sich das Leben zu nehmen. Die junge Ukrainerin wurde 1943 nach Deutschland zur Zwangsarbeit gebracht und blieb bis zum Kriegsende. Ihren Freund, der Soldat der Roten Armee war, konnte sie kurz nach der Kapitulation in Potsdam wieder in die Arme schließen. Schnell sollte es nun gehen, sie wollten nach den Jahren der Trennung gleich vor Ort heiraten. Doch sie wurde noch am Hochzeitstag, vor der Trauung, vom Geheimdienst verhaftet. Warum? So genau wusste sie es nicht. Sie konnte nur spekulieren. Vielleicht gefiel ihr Verlobter einer anderen aus der Armee oder gar vom Abwehrdienst? Rosel war sich sicher, dass sie verlegt worden war, um die junge Frau von weiteren Suizidversuchen abzubringen. Und es half den beiden tatsächlich, wie sie schnell feststellten, sich mit jemandem über ihre misslichen

Geschichten auszutauschen. Insgesamt war Rosel vielleicht nur zehn Tage in Rathenow. Dann wurde sie erneut verlegt und kam wieder nach Potsdam. Diesmal, das war nach kurzer Zeit sicher, in die Leistikowstraße und damit in das Untersuchungsgefängnis des militärischen Spionageabwehrdienstes. Wieder war sie vorerst allein in einer Kellerzelle, in der es eine Holzpritsche und diesmal zumindest einen Kübel gab, anders als noch in Rathenow. Ein paar Tage blieb ihre Lage unverändert, anschließend kam sie erneut in eine Zelle, in der schon eine andere Frau saß. Zuletzt hatte Rosel ihr Geständnis während eines Verhörs widerrufen. Die Zellengenossin war als Spitzel auf sie angesetzt und machte daraus keinen Hehl. Sie würde das nur tun, um ihre Situation zu verbessern, wolle Rosel aber nichts Böses. Also wenn sie wirklich keine Spionin sei und ihr das ehrlich bestätige, so würde sie dies als ihre Auffassung an die Sowjets weitergeben: „Vielleicht reicht es ja, was ich sage, damit du nach Hause kannst." Daraus wurde jedoch nichts. Noch bis zum Herbst blieb Rosel in Potsdam, dann brachte man sie nach Sachsenhausen.

„Arbeit macht frei" stand über dem Tor. Aha, dachte Rosel. Sie sollte also arbeiten. Vielleicht ist das sogar besser als das wochenlange Warten im Keller ohne Ablenkung und Tageslicht. Die ersten Tage in der Quarantänebaracke betätigte sich Rosel tatsächlich. Einige Typhuserkrankte lagen dort und Rosel half, sie zu pflegen und hoffte zugleich, sich dabei nicht anzustecken. Anschließend brachte man sie in eine der Frauenbaracken. Von den vielleicht 120 Personen, die sich dort aufhielten, war sie mit ihren 19 Jahren eine der jüngsten. Relativ schnell machte sie eine Gruppe Berliner Frauen aus, mit denen sie sich die meiste Zeit abgab. Sie sangen viel, auch wenn ihnen das verboten war. Zusammen feierten sie Weihnachten und Ostern, buken sogar mal aus diesem Anlass eine

Torte, bestehend aus altem Brot, Marmelade, Zucker und Kaffeegrund. Am nächsten Tag erging es allen fürchterlich, doch sie hatten ihren Spaß gehabt und konnten sich beschäftigen. Das war viel wert, denn gearbeitet wurde im Speziallager Sachsenhausen so gut wie gar nicht. Wenn die Frauen Glück hatten, bekamen sie von einem ihrer Bewacher mal Stricknadel und Faden zugesteckt, um sich zu beschäftigen und aus den alten Männerunterhosen, die ihnen überlassen wurden, Pullover zu stricken. Ab und an gab es auch mal Sondereinsätze, bei denen Frauen Kartoffeln und Gemüse aufsammeln durften. Rosel versuchte, sofern es möglich war, solche Arbeiten zu verrichten. So wurde sie auch zum Brotschneiden und Anfeuern des Ofens eingeteilt. Als Rosel auf Nachfrage einer Vertrauten der Lagerältesten mitteilte, dass sie nicht bereit sei, Informationen über die allgemeine Stimmung in der Baracke weiterzugeben, bekam sie keine Aufträge mehr.

Rosel hatte wie viele der Frauen im Lager früh mit Mangelerscheinungen zu kämpfen. Nach kurzer Zeit war sie so abgemagert, dass sie Sonderverpflegung bekam. Zuvor war sie bereits einfach umgekippt vor Schwäche. Zudem plagten Haarausfall und Hautprobleme die meisten Frauen. Als Mittel dagegen wurde vermehrt Eigenurin eingesetzt. Gestorben wurde unter den Frauen nicht, zumindest bekam Rosel nichts davon mit. Aus dem Männerlager hörte man dagegen häufiger Geschichten.

Als das Lager 1950 geschlossen werden sollte und schon beinahe alle der Insassen fortgeschafft worden waren, fand sich Rosel zusammen mit etwa sechs anderen Frauen in einer Zelle im Lager wieder. Nach einiger Zeit der Ungewissheit bekamen sie heraus, was sie verband: „Spürnasenverdacht“. Sie alle waren der Spionage bezichtigt worden, keine von ihnen hatte bisher jedoch ein Urteil erhalten. „Das sieht nicht gut aus“, sagte eine der Frauen.

Die anderen nickten bedächtig. Bald darauf wurden sie in eine grüne Minna[39] gesetzt und abtransportiert. Es ging nach Berlin-Lichtenberg in die Magdalenenstraße. Sie kam, zusammen mit den anderen Frauen, die mit ihr aus Sachsenhausen in das Gefängnis gebracht worden waren, in eine Sammelzelle. Auch eine alte Frau aus Russland, die vielleicht um die 70 Jahre alt war, saß mit ihnen in der Zelle. Sie sei, so erzählte sie, früher Ballerina gewesen und tanzte ihren Zellengenossinnen daraufhin etwas vor. Rosel und andere aus der Zelle wurden zum Wäschedienst eingeteilt. Zu arbeiten fiel ihr jedoch schwer, sie hatte fürchterliche Zahnschmerzen bekommen und jedes Mal, wenn sie sich auf die harte Holzpritsche legte, pochte es in ihrer Wange. Einer der Posten schien Mitleid zu haben und reichte ihr eine Zigarette. Sie solle versuchen, den entzündeten Bereich damit zu betäuben. Rosel zog zwei Mal an der Zigarette und fiel um. Ihr Bewacher bekam Angst, besorgte Brot und Milch, um sie wieder hochzupäppeln. Ihre Erfahrungen mit den einzelnen sowjetischen Bewachern waren nie wirklich negativ. Oftmals schienen sie selbst Sorge um ihr Leben zu haben, so kam es Rosel vor. Sie war zu diesem Zeitpunkt mit einer anderen Inhaftierten in eine Zelle verlegt worden. Wieder sangen sie viel. Anfangs klopfte der Posten auf dem Flur noch an die Zellentür und sagte, sie sollten aufhören. Doch irgendwann scherte er sich nicht mehr darum und sie sangen so laut, dass die Lieder auch in die anderen Zellen drangen. Auch spielten sie ab und an gegeneinander. Aus Zigarettenschachteln und geschmuggelten Lippenstiften hatten sie sich Karten gebastelt. So verging die Zeit.

---

39 Gefangenentransportwagen der Polizei.

Eines Tages holte man Rosel aus der Zelle und brachte sie in ein Zimmer, wo drei Männer des NKWD auf sie warteten und ihr mitteilten: „Moskau hat befunden, dass sie noch zehn Jahre Arbeitslager bekommen." Nun gab es also ein Urteil, ein Fernurteil, ganz ohne Prozess. Zwei Tage später wurde Rosel zum Schlesischen Bahnhof gebracht und in einen Waggon voller Frauen gesetzt. In Brest wurden sie umgeladen. Von dort ging es nach Moskau. In einer Sammelzelle in der Lubjanka verbrachte Rosel eine Nacht, ehe sie weiter in den Norden gebracht wurde. Im Perisilka-Durchgangslager sollten die Häftlinge auf die verschiedenen Lager Workutas aufgeteilt werden. Es standen vorerst noch einige Tage Quarantäne im Lager an. In dieser Zeit sollte Rosel dem Lagerfriseur behilflich sein. Dieser schien reges Interesse an ihr zu haben, aber sie blockte ab. „Na, hör mal, da steht doch gleich ein Soldat neben dir", sagte sie empört. Ihr Bewacher erwiderte, dass er ja auch rausgehen könne. Rosel konnte es nicht fassen. Nein, sie würde sich wehren, ließ sie den Friseur wissen und der ließ daraufhin von ihr ab. Als Inhaftierter hatte er vielleicht selber Angst, noch länger im Lager bleiben zu müssen, wenn er Mist baute.

Rosel Görlach in Workuta 1953 (© Lagergemeinschaft Workuta/GULag Sowjetunion)

Ein wenig später wurde Rosel einem der Lager zugeteilt, bekam Stiefel, Jacke, Hose und Unterwäsche. Fortan musste sie unter Tage arbeiten und Lehm für die Ziegelei schneiden. Zudem musste sie die Loren beladen, was durchaus gefährlich werden konnte, wenn diese plötzlich zurücksetzten. Rosel verletzte sich so einmal den Fuß und fiel länger aus. Eine Mitgefangene wurde von den metallischen Rädern gar überrollt und verstarb an ihren Verletzungen. Die Arbeit war nicht nur schwer und gefährlich, auch die Dunkelheit und Einsamkeit unter der Erde machten zu schaffen. Zwölf Stunden dauerte eine Schicht. Es gab Tag- und Nachtschichten. Wöchentlich wurde getauscht. Rosel bekam mit der Zeit immer stärkere Rückenleiden und blieb immer deutlicher unter der Norm, die ohnehin kaum zu schaffen war. Der Bewacher schimpfte und trat nach ihr, wenn sie ihm zu langsam erschien. Anderthalb Jahre musste sie der Arbeit unter der Erde nachgehen. Danach verlegte man Rosel in ein anderes Lager. Nun sollte sie im Straßenbau helfen. Wieder Zwölf-Stunden-Schichten, aber zumindest unter freiem Himmel und zusammen mit anderen Frauen. Auch für die Arbeit am Hochofen wurde sie eingeteilt und schippte die Asche aus dem Ofen auf die Loren. Die Frauen, die dort schon länger beschäftigt waren, hatten Haut wie Leder und waren dunkel eingefärbt. Es sah nicht so aus, als könnten sie den Ruß jemals wieder abwaschen, er schien bereits unter die Haut gelangt zu sein.

Im Lager lief immer das Radio. Tag und Nacht. Neuigkeiten aus der Sowjetunion. Die Inhaftierten überhörten das meist. Doch an einem Märztag 1953 brach nach einer Meldung plötzlich Gejohle aus: Stalin war tot. „Jetzt kommen wir nach Hause", so die oft geäußerte Hoffnung der Frauen im Lager. Bald darauf war es ihnen tatsächlich möglich, Karten an Verwandte zu schreiben. Nur wenige bekamen keine Briefe und Umschläge zugeteilt. Eine von ihnen war Rosel. Eine Mitgefangene half ihr, ihre Eltern zu kontaktieren. Über eine subtile Botschaft ließ sie nach Beelitz sogar die Lagernummer ausrichten, sodass Rosels Eltern wiederum Pakete senden konnten. Rosel bekam unter anderem Fotos von ihrer Familie und der Kirche aus ihrem Heimatort in Niederschlesien. Unter den Posten warf das letztlich Fragen auf. Rosel Görlach durfte doch nicht schreiben, demnach konnten ihre Verwandten auch eigentlich nicht wissen, wo sie sich aufhielt.

Im folgenden Winter wurde Rosel im Streckenbau eingesetzt. Manchmal war es minus 45 Grad kalt. Die Wachposten standen meist daneben und rauchten eine nach der anderen. Wenn vor der Schicht bereits unter 50 Grad waren, hatten sie Kältefrei und mussten nicht raus.

Bald nach dem Adenauerbesuch in Moskau im September 1955 wurde Rosel aus Workuta weggebracht. Sie war fortan auf einer Kolchose, irgendwo in der Taiga und arbeitete mit Pferden, holte Brennholz und andere Sachen heran. Die Pferde hatten den Krieg noch miterlebt und waren daher wohl teilweise verstört. Rosels Pferd, das übersetzt Feuerchen hieß, lahmte meist oder sträubte sich, schneller zu werden. Gerade bei den Bewachern sorgte das für Nervosität. Nicht, dass Rosel sich absetzte, nachdem sie zurückgefallen war. Doch mit dem Gaul, dachte sie, komme ich eh nicht weit. Ohnehin hatte Rosel bereits schon in Workuta die Sorge gehabt, man könnte sie einfach entlassen und vor die Tür setzen. Keine Woche würde sie allein dort draußen überleben. Hier in der Kolchose war der Umgang nun ohnehin etwas lockerer, verglichen mit zuvor ging es ihr nicht sonderlich schlecht. Doch sie war noch nicht lange dort gewesen, da ging es schon wieder weiter. Bei einem Offizier, zu dem sie gerufen worden war, sollte sie erzählen, wo sie herkomme, wie sie heiße und warum sie hier sei. Vielleicht hatte sie niemand mehr auf dem Schirm? Es schien, als habe man sie vergessen. Die allermeisten anderen deutschen

Inhaftierten waren schon längst zurückgekehrt. Vielleicht lag es an diesem seltsamen Fernurteil? „Wie viel war der Schmuck wert, den du bei deiner Verhaftung dabeihattest? Er ist nicht mehr da." Eine Akte schienen sie also zumindest zu haben, dachte Rosel. Die Ringe und Ketten hatten nur ideellen Wert, waren Familienstücke. „10 Rubel", entgegnete sie lieber, bevor sie Ärger bekam.
Rosel wurde anschließend wieder mal in einen Viehwaggon bugsiert und nach Brest-Litowsk gefahren. Am Bahnhof löste sie ihre 10 Rubel ein und kaufte Äpfel. Seit ihrer Verhaftung, die nun mehr als neun Jahre zurücklag, hatte sie keinen mehr gegessen. Sie fuhren an Moskau vorbei und kamen irgendwann in Frankfurt (Oder) an. Rosel sagte dem Posten, was sie bereits zu Beginn des Transportes dem sowjetischen Offizier mitgeteilt hatte. Sie würde nicht in die DDR reisen, sondern in die Bunderepublik, nach Lüneburg, um genau zu sein. Ihr Bruder, dessen Frau und Kinder lebten dort und sie würde bei ihnen unterkommen können. Und auch ihre Eltern waren da. Der Bruder hatte Vater und Mutter zu sich geholt. Nur eine Schwester war noch in Michendorf, die auf Rosel warten wollte, falls diese doch in den Osten kommen müsste.
Rosel kam mit dem Transport nach Herleshausen und von dort in das Aufnahmelager Friedland, erhielt neue Kleider und 300 D-Mark. Ihr Bruder und ihre Schwägerin holten sie bald darauf aus dem Lager ab.
In Lüneburg sah Rosel dann endlich ihre Eltern wieder. Die Familie war da, das half.
Sie wurde Hauswirtschaftsleiterin, arbeitete in Großküchen, wie in der eines großen Elektrobetriebes, in dem sie später ihren Mann kennenlernen sollte. 1961 heirateten sie und gründeten eine Familie. In der ersten Zeit nach der Lagerhaft waren die körperlichen Strapazen noch zu spüren. Allerhand Mangelerscheinungen

würde sie aufweisen, so der Arzt, der sie untersuchte. Doch mit der Zeit verschwanden die Beschwerden und das Leben wurde stetig besser. Groll über die lange Zeit in Haft verspürte Rosel nicht. Es war und ist Teil ihres Lebens. Das hatten sich die Frauen schon im Lager gesagt, auch wenn es schade um die verpasste Jugend war.
Als Rosels Tochter etwa in das Alter kam, in dem ihre Mutter verhaftet worden war, und anfing abends auszugehen, sagte sie zu ihr: „Manchmal habe ich ein schlechtes Gewissen dir gegenüber, aber du freust dich sicherlich, dass ich all das jetzt machen kann."
„So ist es", stimmte Rosel ihrer Tochter zu.

„Hungern oder aufgeben" im Frauenzuchthaus

Elli Decker, geborene Klaus

geboren am 24.10.1924 in Dresden

Dass es nun sicher Streit mit dem Vater geben würde, nahm sie in Kauf. Elli würde Jungmädel werden, komme, was wolle. Ihr Vater hatte stets und immer die SPD gewählt, als dies noch möglich war und den Nationalsozialisten und deren Organisationen konnte er nichts abgewinnen. Nur kümmerte das Elli wenig. Ihr waren die anderen Mädchen wichtig, die augenscheinlich jeden Spaß beim Bund Deutscher Mädel hatten. Sie wollte dazugehören und das unmittelbar. Während Elli später Jungmädelführerin wurde, ging es für ihren Vater, der als Straßenbahnfahrer tätig war, bergab. Erst wurde er entlassen, weil er auf der Arbeit wohl zu laut das Wort „Nazibonzen" in den Mund genommen hatte, als es um die Schichtplanverteilung ging und musste daraufhin eine Arbeit als Sachbearbeiter am Dresdner Flughafen annehmen. Dann, einige Zeit später, wurde er eingezogen und an die Front geschickt.

Während ihr Vater für ein Deutschland kämpfen sollte, das er ablehnte, packte Elli stolz beim BDM die Päckchen für die Front und spendete Blut für verwundete Soldaten, wann immer es ging. Auch mit fortschreitender Kriegsdauer waren sich sie und ihre Altersgenossinnen sicher, dass der Krieg gewonnen werden würde. Und als die Nachrichten immer schlechter wurden, war es der Glaube an die „Wunderwaffe", die sie vom Zweifeln abhielt. Der Glaube an das nationalsozialistische Deutschland selbst geriet ohnehin nicht ins Wanken. Zwar empfand sie, als sie im Dresdner

Stadtteil Trachau einmal Juden sah, die mit einem Stern gekennzeichnet waren, Entsetzen aufgrund dieser Gängelung, doch hielt sie das nicht vom Glauben an Führer und Endsieg ab. Elli hatte für sich vor allem beim BDM erkannt, dass ihr die Arbeit mit Jüngeren, mit Kindern und Jugendlichen lag. Sie wurde Kindergärtnerin und half zum Ende des Krieges bei der Nationalsozialistischen Volkswohlfahrt (NSV) und dem Roten Kreuz aus.

An den Fliegeralarm gewöhnte sich Elli irgendwann. Meist nahm sie ihn kaum noch ernst. „Es passiert ja doch nichts", erwiderte sie im Bett liegend so auch ihrer Mutter, als diese sie aufgeregt auf die Sirenen aufmerksam machte. „Steh auf, sie haben schon die Christbäume gesetzt!"[40], schrie sie ihre Tochter an. Es war der 13. Februar 1945 und schon später Abend. Elli hatte sich zuvor gegen den NSV-Bahnhofsdienst entschieden, weil sie sich zu müde fühlte und war stattdessen zu Hause geblieben.

Als Mutter und Tochter im Keller das Einschlagen der Bomben in der Ferne hörten, ahnten die beiden Frauen noch nichts von der völligen Zerstörung der Dresdner Innenstadt. Sie wohnten außerhalb, über 20 Fahrradminuten vom Zentrum entfernt.

Am nächsten Morgen schwang sich Elli aufs Rad, um die vereinbarten Treffpunkte der NSV für Hilfseinsätze abzufahren. Sie erkannte ihre Heimatstadt nicht wieder. Die Orte, die sie abfuhr, lagen in Schutt und Asche. Die verkohlten Leichen in den Trümmern sahen aus wie Kinderkörper. Durch die Hitze waren sie zusammengeschrumpft. Elli weinte, während sie zurück nach Hause fuhr. Verwandte, die im Zentrum lebten, hatten sie nicht, die

---

40 Leuchtbomben, um die Stadt in der Nacht zu erhellen und anschließend Sprengbomben gezielt abwerfen zu können.

Familie schien daher relativ sicher zu sein. Auch die Bombennächte im Februar 1945 bewirkten kein Umdenken und keinen Zweifel. Eher war Ellis Ehrgeiz umso mehr gepackt, sich in schweren Zeiten zu beweisen. Wie die deutschen Soldaten an der Front, dachte sie, müsse sie jetzt ihren „Mann" stehen. Kurz bevor sie sich zu den Aufräumarbeiten in die Innenstadt aufmachen wollte, schaute noch der alte Nachbar aus dem Fenster seines Hauses und raunte schadenfroh: „Jetzt musst du mal mit anpacken." Früher hatte er die KPD gewählt; wie ihr Vater konnte auch er die Nazis nicht leiden. Elli ignorierte ihn, schwang sich auf ihr Fahrrad und fuhr in die Innenstadt, um die Trümmer wegzuräumen.

Wenige Zeit später tat sich ihr eine weitere Möglichkeit auf, sich in den Dienst des Führers zu stellen. In einer SS-Kaserne am Rande Dresdens fungierte sie als Betreuerin für Jungen der HJ, die zu „Werwölfen" ausgebildet werden sollten. Sie waren alle jünger als 16 Jahre und wurden an der Panzerfaust trainiert. Einer der jungen SS-Männer, der für die Ausbildung sorgen sollte, war Reinhard P., der zwei Jahre jünger war als Elli. Lange blieben sie nicht in der Kaserne. Als es hieß, die „Russen" kämen bald, machte sich Elli mit ein paar der Jungs per Fahrrad Richtung Erzgebirge auf, um dort in einem der kleinen Dörfer abzutauchen. Weit fuhren sie nicht, da merkte Elli die Sinnlosigkeit ihres Vorhabens und beschloss, umzukehren. Bald nach der Kapitulation kam der Vater nach Hause. Elli kümmerte sich zu jener Zeit in der SS-Kaserne um Geflüchtete. Der Krieg war vorbei. Elli konnte es kaum fassen.

Kurze Zeit später schien sich ein neuer Alltag zu etablieren. Lehrerinnen und Lehrer wurden an allen Ecken gesucht, denn die PGs (Parteigenossen der NSDAP) waren aus dem Schuldienst entlassen worden. Kindergärtnerinnen boten sich als Neulehrer geradezu an und so wurde Elli fortan in einer Hilfsschule eingesetzt. Die frühen Angebote, Mitglied in der FDJ zu werden, schlug sie aus: „Ich wechsle meine Gesinnung doch nicht wie mein Hemd!“, erwiderte sie. Es war im Sommer 1946, Elli hatte große Pläne, plante ihre Hochzeit mit ihrem Verlobten, da besuchte sie ein flüchtiger Bekannter: Reinhard P. Elli wusste, dass nach Leuten gesucht wird, die bei der SS gewesen waren und keifte den jungen Mann an, ob er denn verrückt sei, sich bei ihr sehen zu lassen. Reinhard P. erzählte ihr daraufhin von einem merkwürdigen Plan: Er wolle zur sowjetischen Kommandantur gehen und dort seine Dienste als Spion anbieten, während er zugleich schon für die andere Seite tätig sei. Ein Doppelagent also, dachte Elli. Ob sie nicht mitmachen wolle, und für westliche Geheimdienste arbeiten? Wolle sie denn nicht mithelfen beim Kampf gegen die sowjetische Besatzungsmacht? Elli verneinte, denn bald wollte sie heiraten. Zudem hatte sie einen Beruf, in dem sie mit jungen Menschen arbeitete und der ihr Spaß machte. Sie wollte sich nicht auf dünnes Eis begeben, denn sie hatte viel zu verlieren. Vielleicht, so brachte es Reinhard P. vor, könne sie dann wenigstens zwei Briefe verschicken. Es ginge nur um Profanes, nichts Aufregendes: „Reinhard ist gut angekommen. Es geht ihm gut. Liebe Grüße“, das sei alles. Elli willigte ein. Die Briefe sollten irgendwohin in eine der Westzonen gehen, kamen aber nach kurzer Zeit als nicht zustellbar zurück. Elli packte sie in die Schublade ihrer Kommode, warf sie nicht weg. Ein Fehler. Von Reinhard P. hörte sie lange nichts mehr.

Auf dem Weg zur Schule, es war mitten im Frühling 1947, jedoch noch recht kühl, bremste sie plötzlich ein Auto aus. Elli wollte gerade zu schimpfen anfangen, da erkannte sie, dass uniformierte Sowjets aus dem Wagen stiegen. „Sind Sie Elli Klaus?“ – „Ja“ – „Einsteigen!“

Die Kinder in der Schule würden doch auf sie warten, entgegnete sie dem Mann in Uniform. Das mache nichts, antwortete dieser, es ginge nur um ein paar Minuten. Sie stieg ein, der Wagen brachte sie nach Radebeul.

Im Vorraum zum Verhörzimmer schaffte es Elli noch zwei Zettel zu schreiben, auf denen ihr Name, ihre Anschrift und die Bitte verzeichnet waren, doch den Eltern über die Verhaftung Bescheid zu geben. Sie ließ die Zettel in die Manteltasche gleiten und wartete. Es dauerte bis zum Abend, da brachte man sie endlich ins Verhörzimmer. Das Gespräch mit dem Offizier dauerte nur kurz. Elli wurde nach draußen gebracht und sah einen Lkw, auf dessen Ladefläche lauter kahlgeschorene Männer saßen.

Die armen Kerle, wo sie die wohl hinbringen, dachte Elli. Da sah sie ihr Fahrrad, das man offensichtlich mitgenommen hatte, auch auf der Ladefläche stehen.

Elli sollte in die Fahrerkabine steigen. Zu den Männern auf der Ladefläche sollte sie keinen Kontakt haben. Als der Lkw im abgeriegelten Stadtviertel, dem sogenannten „Militärstädtchen Nr. 7“, in Potsdam ankam und Elli aussteigen musste, ließ sie die Zettel auf den Boden fallen, die sie zuvor aus ihrer Manteltasche gekramt hatte.

Ihre Eltern suchten zu der Zeit gerade die Krankenhäuser in Dresden und Umgebung ab und hatten keine Ahnung, wo sich Elli befand. Das sollte sich wenige Zeit später ändern. Eine Frau, die die Zettel in Potsdam aufgelesen hatte, schrieb den Eltern und ließ diese wissen, dass ihre Tochter in sowjetischer Gefangenschaft war.

Elli kam in den Keller des Untersuchungsgefängnisses in Einzelhaft. Unten angekommen vermutete sie, bald wieder freigelassen zu werden. Man würde sie dann sicher nach Hause schicken. Dass sie den ganzen Weg nach Dresden mit dem Fahrrad fahren würde, das könnten diese Idioten vergessen, dachte sie. Die Zelle war ein feuchtes Loch, lediglich Pritsche und Kübel standen in dem kleinen, dunklen Raum. Am nächsten Tag musste Elli dann zum Verhör. Der Offizier wollte wissen, ob Elli sich erklären könne, warum sie hier sei. Elli hatte keine Ahnung und sagte dies auch. Der Geheimdienstler fragte daraufhin, was Elli bisher so gemacht habe. „Was ich vor der Kapitulation gemacht habe, geht Sie gar nichts an", antwortete Elli schroff. „Da war ich Deutsche und tat für mein Land, was ich für richtig hielt. Genauso wie ihr Russen getan habt, was ihr für richtig hieltet. Fragen Sie mich, was ich nach der Kapitulation gemacht habe. Ich habe nichts getan, was verboten wäre."

Der verdutzte Verhöroffizier wollte nun wissen, warum Elli denn so schlecht über die Sowjets dächte. „Weil man nur Schlechtes hört und sieht. Deutsche werden für Lappalien erschossen." Der Offizier, der nach Ellis Empfinden recht gütig schien, geriet in Rage und warf ihr das Verbreiten „antisowjetischer Propaganda" vor. Elli hatte keine Angst vor ihm. Gewalt gegen sie gab es vom Verhöroffizier nicht, nicht bei der ersten Vernehmung und auch nicht während der folgenden Verhöre. Wenn er richtig wütend auf sie wurde, schickte er sie einfach zurück in ihre Zelle. Teilweise verschaffte sich Elli auch Gehör bei ihm, wenn sie etwas störte. So bekam sie, nachdem sie sich über die zu harte Pritsche beschwert hatte, eine Matratze in die Zelle gebracht. Zwar war diese völlig verlaust und dreckig, sodass Elli sie nach einer Nacht wieder weggab, doch empfand sie diese Geste als eine des guten Willens.

Nach kurzer Zeit in Einzelhaft bekam Elli den dringenden Wunsch, in eine größere Zelle mit anderen Inhaftierten zu kommen. Die Einsamkeit in der kleinen Zelle ohne Tageslicht nagte an ihr. Die drei Schritte, die sie von der Pritsche bis zur Zellenwand gehen konnte, hatte sie bereits unzählige Male abgelaufen. Sie brauchte Kontakt zu anderen, brauchte Ablenkung. Als sie bald darauf in eine Zelle mit zwei anderen Inhaftierten verlegt wurde, kamen ihr schnell Zweifel an ihren Zellengenossinnen. In den Verhören wurde sie bald mit seltsamen Sachen konfrontiert, die sie weder gesagt noch getan hatte. Vermutlich wollten sich die Frauen unten nur etwas mehr Verpflegung verdienen, vermutete sie, und erzählten so dem Offizier irgendwas, was ihnen plausibel schien. Meist bestand das Essen nur aus dünner Suppe und manchmal fehlte es auch an jedwedem Zubehör. Als Elli einmal ihre Schüssel ohne Löffel vom Posten gereicht bekam, fragte sie diesen, wie sie denn so essen solle. „Friss wie deutsches Schwein", raunte der Posten und hatte direkt danach die Schüssel von Elli im Gesicht. Ärger gab es dafür nicht, stattdessen war nun der Löffel immer dabei, wenn es Suppe gab. Als ein anderes Mal ein Posten in die Zelle kam und die junge Frau aufforderte, sich auszuziehen, erzählte Elli diesem, dass sie das lieber lassen würde, da sie an Syphilis erkrankt sei. Der Posten winkte ab und ging. Elli wusste sich zu Wehr zu setzen. Auch, als sie einmal beim Kübelgang von einem Bewacher aufgefordert wurde, doch zu ihm zu kommen. Elli ignorierte ihn, ging einfach an ihm vorbei und spürte danach einen Schlag in den Rücken. Sie drehte sich um und gab dem Mann eine Backpfeife, sodass dieser völlig verdattert und mit großen Augen vor ihr stehen blieb. Beim nächsten Verhör konfrontierte sie den Verhöroffizier mit dem Vorfall und fragte, ob das Schlagen jetzt eine neue Methode sei. Dieser war auf einmal sichtlich aufgebracht und antwortete, dass sie sich ja nun auch revanchiert habe. Der Vorfall hatte also schon die Runde gemacht, dachte Elli zufrieden.

Die Posten zeigten sich so manches andere Mal aufdringlich. Als Elli endlich in die Mehrfachzelle verlegt worden war, durfte sie mit den anderen weiblichen Inhaftierten zum Duschen. Die Posten schauten währenddessen durch das Fenster in den Duschraum. Die anderen Frauen zierten sich, Elli verdrängte die stierenden Bewacher. Ich sehe die sowieso nie wieder und gerade bin ich nichts als eine Gestalt aus Haut und Knochen, dachte sie.

Nach einiger Zeit in Gefangenschaft in dem Potsdamer Untersuchungsgefängnis waren die Kleidungsstücke – ein schwarzer Rock, eine weiße Bluse und ein Mantel – die Elli seit ihrer Verhaftung trug, sichtlich verdreckt und verschlissen. Mithilfe eines kleinen Stöckchens, das sie mit dem Daumennagel angespitzt hatte, und dem Garn von alten Putzlappen, begann sie in ihrer Zelle zu häkeln. Dafür hatte sie zuvor bei der Dolmetscherin nach der passenden Übersetzung gefragt, um den Posten nach alten Lappen zu bitten. Dieser führte sie dann tatsächlich zu einer kleinen Abstellkammer, in der eine Vielzahl von Tüchern und Lappen lagen. Elli steckte sich ein paar davon unter die Bluse und ging zurück in ihre Zelle. Nach einiger Zeit häkelte sich Elli so Pullover, BHs und Unterwäsche. Nichts dergleichen war davon bisher gewaschen oder gar ausgetauscht worden. Ihre Menstruation hatte kurz nach der Inhaftierung in dem Kellerverlies ausgesetzt. Zum Glück, dachte die junge Frau, im Angesicht der hygienischen Umstände in diesem Gefängnis.

Als Elli bald mit einem neugehäkelten Pullover dem Verhöroffizier gegenübertrat, staunte der nicht schlecht, fing an zu lachen und sagte: „Deutsche Frau kann man in leere Zelle stellen nackt, kommt angezogen raus."

Die Verhöre waren in der Regel nachts. Wenn Elli müde wurde, hörte sie auf zu antworten und saß stur ihre Zeit ab. So manches

Mal winkte der Verhöroffizier dann genervt ab und schickte sie zurück. Doch als es zur Gegenüberstellung zwischen Reinhard P. und ihr kommen sollte, verließ Elli die Abgeklärtheit. Reinhard P. forderte von Elli zuzugeben, dass er sie angeworben hätte. Elli wurde wütend: „Das ist gelogen! Ich hab abgelehnt, habe dir gesagt, dass ich heiraten will!“ Der Offizier schien ihr jedoch nicht zu glauben.

Bald darauf kam es zur Verhandlung vor dem sowjetischen Militärtribunal. Zuerst wurden stundenlang die Verhörprotokolle von Elli und Reinhard P. vorgelesen. Dieser saß am anderen Ende des Raumes. Vorgetragen wurde in der Sprache, in der die Protokolle verfasst waren: Russisch. Der Dolmetscher kam kaum hinterher. So manches schien daher einfach unterzugehen. Wichtig war letztlich allerdings nur das Urteil. Ändern konnten die Angeklagten ohnehin nichts an ihrer Situation. Reinhard P. sollte 20 Jahre, sie selbst 15 Jahre in Haft. Man warf ihr vor, eine Spionin zu sein, auch „Werwolfaktivitäten“ und „antisowjetische Propaganda“ gehörten zur Urteilsbegründung. Elli nahm den Schuldspruch nicht ernst, vorerst nicht. Dann, in der Wartezelle, als sie allein grübelte, überkam sie die Sorge und die Trauer und sie weinte das erste Mal nach ihrer Verhaftung.

Mit dem Auto wurde Elli bald darauf nach Sachsenhausen gefahren und ins dortige Speziallager gebracht. In der Zelle, in die sie bugsiert wurde, waren sechs bis acht andere Frauen untergebracht. Auf der Pritsche lagen sie nachts dichtgedrängt beieinander und wenn sich eine umdrehte, mussten das auch alle anderen. Davor, an jedem einzelnen Abend, mussten sie zudem raus, sich aufstellen und vom Posten durchzählen lassen. Tagsüber gab es nichts zu tun, nur diejenigen, die zu zehn Jahren oder weniger verurteilt worden waren, durften arbeiten. In der Zelle sang Elli oft mit Eva, die früher auch Jungmädelführerin gewesen war. Den Posten, so glaubten die beiden, gefiel das. Beschwert hatte sich zumindest niemand.

Bald bekam Elli doch noch eine Aufgabe zugeteilt, wurde Melderin und begleitete Häftlinge zum Lagerarzt oder Arbeitseinsatz, überbrachte Nachrichten zwischen den verschiedenen Lagerteilen und bekam auch so einiges aus dem Männerlager mit. Die Insassen dort wirkten völlig heruntergekommen und entkräftet. Beinahe jeden Tag, so erinnerte sich Elli Decker später, wurden Leichen abtransportiert.

Kontakt zu ihren Angehörigen hatte Elli praktisch nicht. Aus dem Lager in Sachsenhausen durfte sie die gesamte Zeit über nur einen Brief schreiben, 15 Zeilen lang und ohne die Angabe von Gründen, warum sie gefangen war und wo. Der Vater hatte mehrfach versucht, Gnadengesuche zu stellen. Doch entgegnete man ihm, sobald er seine Bitte vorgetragen hatte, dass die sowjetischen Sicherheitsorgane keine Deutschen gefangen nähmen und er sich irre. Als das sowjetische Speziallager 1950 aufgelöst wurde, verfrachtete man Elli zusammen mit anderen Inhaftierten in einen Viehwaggon. Über Chemnitz ging es für sie in das Frauenzuchthaus Hoheneck. Während des Transportes äußerte Elli noch zu einer Mitinhaftierten die Hoffnung, dass jetzt alles besser werden müsse, man käme ja jetzt zu den Deutschen. Die Frau gegenüber meinte schlicht: „Du wirst dich wundern."

Kurz nach der Ankunft im Gefängnis fand sich Elli auf dem Dachboden des Gefängnisses wieder und wurde daraufhin mit anderen Frauen, die durch ein SMT verurteilt worden waren, in eine Sammelzelle gesteckt. Das Gebäude platzte aus allen Nähten, war völlig überfüllt. In Hoheneck mussten die Gefangenen arbeiten. Elli

schuftete im Dreischichtsystem in der Schneiderei. Zudem war sie „Saalschwester“ und teilte vor allem Vitamintabletten an erkrankte Häftlinge aus.
Irgendwann in den frühen 1950ern waren Besuche der Eltern möglich, doch waren diese vor allem schmerzhaft. Vater und Mutter sahen die Verrohung und die fürchterlichen Umstände im Gefängnis, konnten aber nichts für ihre Tochter tun. Wenn etwas während der Unterhaltung zur Sprache kam, das nicht gesagt und gehört werden sollte, wurden die Treffen vom Posten abgebrochen. Es war zudem nur möglich, zu zweit zu reden, nie mit beiden Eltern zugleich.
Von Stalins Tod im Jahr 1953 bekamen die Inhaftierten, im Gegensatz zu den Geschehnissen rund um den Aufstand des 17. Junis, vieles mit. In der Schneiderei bastelten sie daraufhin Fähnchen, um angemessen feiern zu können. Elli klammerte sich zu dieser Zeit umso mehr an die Hoffnung, bald entlassen zu werden. Es wird ja viel amnestiert bei den Russen, dachte sie, die ganze Strafe werde ich sicher nicht absitzen müssen.
Im Verlauf des Jahres 1953 hörten manche der Insassinnen, dass Inhaftierte aus den sowjetischen Lagern entlassen worden waren. Einige der ehemaligen Vorgesetzten von in Hoheneck inhaftierten Frauen, die wegen ihrer Mitgliedschaft in NS-Organisationen verurteilt worden waren, kamen nun auf freien Fuß, während die Frauen selbst noch hinter Gittern blieben. Daraufhin kam es zum Hungerstreik unter den Gefangenen. Die Frauen forderten, einen sowjetischen Offizier zu sprechen, schließlich waren sie vor dem SMT verurteilt worden. Demnach könnten sie genauso amnestiert werden wie die Gefangenen aus den Lagern. Die Situation war angespannt, wurde sonst auch unter den Inhaftierten gelacht und gescherzt, so war es jetzt in den Zellen totenstill. Sie

schworen sich darauf ein, lange durchzuhalten, nichts zu essen, sich aber sonst ruhig zu geben. Nach zwei, drei Tagen wurde den Frauen das Arbeiten untersagt, sodass sie sich nicht weiter vernetzen und besprechen konnten. Große Zellen wurden aufgelöst und die Insassinnen umverteilt. Die Frauen versuchten sich nun aus den Zellenfenstern zu organisieren. „Hungern oder aufgeben", war die Frage und es schallte in den Gefängnishof die Forderung „Hungern" hinaus. Eine der Wärterinnen sagte später, dass das Rufen aus dem Gefängnis unter den Einheimischen für Unruhe gesorgt hätte. Sie hätten Geschrei gehört und nur „hungern" verstanden und gedacht, die Häftlinge bekämen dort oben, in dem auf einem Berg gelegenen Frauenzuchthaus, nichts mehr zu essen. Im Ort hätten die Posten dann einen schweren Stand gehabt und so manches Mal keine Milch oder kein Brot bekommen, weil sie die Inhaftierten ja hungern lassen würden, so die Wärterin.

Nach einigen Tagen ließ sich tatsächlich ein sowjetischer Offizier bei den Frauen blicken und versprach, dass an den Fällen gearbeitet würde, dass sie jedoch wieder anfangen sollten zu essen. Es würde so auch nicht schneller gehen. Nachdem der Streik, der im Herbst 1953 stattfand, beendet worden war, sollten die „Rädelsführerinnen" gefunden werden. Da sich keine Frauen fanden, die von Inhaftierten als Anführerinnen des Hungerstreiks bezeichnet wurden, griffen sich die Posten einige willkürlich heraus. Unter ihnen war auch Elli. Die anderen Frauen protestierten und drohten mit einem erneuten Hungerstreik. Trotzdem kamen die angeblichen „Rädelsführerinnen" gemeinsam in eine Zelle, in der sie auf ihren Transport in die Haftanstalt in Brandenburg an der Havel warten mussten. Dort wurden sie wiederum in eine große Sammelzelle gebracht. Gearbeitet wurde in diesem Gefängnis nicht, auch Besuch durften die Frauen nicht empfangen oder Briefe schreiben. Zumindest konnten sie eine halbe Stunde am Tag auf dem Hof spazieren gehen. Aufgrund der Geschehnisse in Hoheneck und der Beschuldigung, als Anstifterinnen gewirkt zu haben, hatten Elli und ihre Leidensgenossinnen Angst vor einer erneuten Verurteilung und der Verlängerung ihrer Strafen. Jedoch hörten sie auch in Brandenburg von Entlassungen und so hofften sie zugleich, nun doch bald freizukommen. Als es kurz darauf tatsächlich hieß, dass Elli und die mit ihr nach Brandenburg gebrachten Frauen entlassen würden, trauten sie der Ankündigung nicht wirklich. In Hoheneck hatte es Elli erlebt, dass sie, zusammen mit fünf anderen Frauen, zurückgelassen worden war, nachdem man ihnen zuvor die Amnestie versprochen und andere Frauen aus der Zelle tatsächlich freigelassen hatte. Ja, sie hatten sogar ihre Zivilkleidung zurückbekommen. Doch aus ihrer Entlassung wurde damals nichts. Man hatte sie am nächsten Tag einfach wieder in Häftlingskleidung gesteckt.

Doch diesmal war es anders. Sie kamen tatsächlich frei, wurden zum Bahnhof gebracht und mit Fahrkarten ausgestattet. Ein paar Passanten halfen ihnen, sich auf den Bahnsteigen zurechtzufinden. Am 20. Januar 1954 kam Elli nach Hause. Ihre Eltern ahnten nichts, hatten immer wieder von Amnestien und Entlassungen gehört, doch vergeblich gewartet. Nun, plötzlich und völlig unvermittelt, stand Elli vor der Tür. Zwar empfing man sie, die mittlerweile 27 Jahre alt war, freudig und voller Empathie – selbst die Nachbarn brachten Blumen und Geschenke vorbei – doch wurde ihr bald klar, dass sie nicht bleiben konnte. Beruflich sah es schlecht aus für Elli, denn man hatte ihr mitgeteilt, als Erzieherin oder Lehrerin „nicht mehr tragfähig" zu sein. Und wenn sie die Bürgersteige ihrer Heimatstadt entlanglief, versuchte sie sich stets dicht an Hauseingängen und Seitengassen zu halten. Sie wollte weit weg sein von der Straße, auf der wieder ein Auto halten könnte, in dem Leute saßen, die sie fortbrächten. Viel hielt sie auch nicht mehr in Dresden, ihr Verlobter war inzwischen verheiratet. Elli hatte ihm bereits aus Sachsenhausen geschrieben, dass er sein Leben ohne sie leben solle, sie hatte ja 15 Jahre bekommen und könne nicht verlangen, dass er warte. Elli ging nach Marienfelde ins Notaufnahmelager, bekam einen Flüchtlingsausweis und flog nach ein oder zwei Nächten von Berlin nach Stuttgart. Dort hatte sie Freunde, die sie aufnehmen und ihr alles zeigen würden. In Stuttgart meldete sich Elli beim Sozialamt und bekam daraufhin Unterstützung. Als Lehrerin zu arbeiten, kam für sie jedoch auch hier nicht infrage, nachdem man ihr gesagt hatte, sie müsse dafür noch eine vierjährige Ausbildung absolvieren. Stattdessen besuchte sie zwei Jahre lang eine Frauenfachschule und machte dort ein Diplom, um Sozialarbeiterin zu werden. Doch in der Stadtverwaltung wollte sie nicht tätig sein, wollte nicht bei Leuten „rumschnüffeln" und schauen, wie sie sich benahmen. Stattdessen zog sie nach Oberhausen und arbeitete in der Werksfürsorge. Lange blieb sie nicht, sondern zog weiter ins benachbarte Wuppertal. Dort lernte sie jemanden bei den Stadtwerken kennen, mit dem sie sich bald darauf verlobte. Nach der Heirat folgte die Geburt ihres Sohnes. Elli bewarb sich bald darauf bei der Bewährungshilfe. Dort konnte man die Arbeitszeiten recht frei einteilen und Erfahrung mit dem Gefängnisleben hatte sie ja ausreichend gesammelt, dachte sie. Mit ihrem Mann baute sie ein gemeinsames Haus. Als der Sohn ein Jahr alt war, konnten sie einziehen. Elli arbeitete in dem Bereich der Fürsorge, bis sie ins Rentenalter kam, dann zog sie zurück in den Süden. Ihr Mann war da schon seit längerer Zeit verstorben und alte Freundinnen von ihr hatten die Idee, zusammenzuziehen. Nach einiger Zeit kam auch der Sohn nach. Manchmal, wenn sie im Fernsehen Beiträge über aktuelle Haftbedingungen sah, scherzte sie mit alten Leidensgenossinnen über die „Hotelzimmer", die es heute gäbe. Ihre Jugend hatte sie in dunklen Verliesen verbracht. Durch Krieg und Haft habe es so etwas wie eine wirkliche Jugend eigentlich für sie gar nicht gegeben, resümierte sie. Was sie allerdings am meisten zweifeln und grübeln ließ, ist ihr eigenes, frühes Weltbild. Elli fragte sich, später im hohen Alter, wie sie so verblendet sein, wie sie zu den „Blöden" gehören konnte, die sich *für Führer, Volk und Vaterland* so hatten einspannen lassen: „Ich begreif einfach nicht, wie das möglich war. Ich war ja auch keine ganz Junge mehr, sondern auch schon 20. Das begreif ich einfach nicht."

Die „Gruppe Teschner"

(verhaftet 1948)

„... dann sei versichert: Ich komme wieder!"

Bodo Platt

geboren am 29.9.1930 in Görlitz

Kriegsbeginn 1939.
Aufgeregt lief der neunjährige Bodo durch die Straßen von Liegnitz in Schlesien. Schnell noch hatte er aus der Nachbarschaft eine Flasche Milch besorgt. Mit der Mutter und der kleinen Schwester wollten sie den in Glogau stationierten Vater besuchen, bevor er an die Ostfront versetzt wurde. Bodo hatte ihn schon lange nicht mehr gesehen.
Seine Füße knallten laut auf den Boden. Wie damals nicht unüblich, trug er Schuhe mit Hufeisen, die die Absätze schonen sollten. Doch als er um eine Kurve düste, rutschte er auf dem Steinboden des Bürgersteiges aus. Im nächsten Moment fiel ihm die Milchflasche aus der Hand und noch während er das Klirren des Glases hörte, strauchelte er – stürzte direkt in die Scherben hinein. Vor Schreck schrie er auf, erst dann spürte er den Schmerz und sah schließlich das Blut, das durch seine zerrissene Hose sickerte und sich mit der ausgelaufenen Milch auf der Erde mischte.
Die Verletzung am Knie war so schwer, dass Bodo ins Kranken-

haus musste. Nun konnte er seinen Vater nicht besuchen, das plagte ihn am meisten und stimmte ihn traurig.
Doch am zweiten Tag seines Aufenthaltes öffnete sich auf einmal die Tür des Krankenzimmers. Bodo hob den Blick und glaubte seinen Augen kaum zu trauen. Sein Vater schob sich in den Raum hinein und lächelte ihn an! Etwas umständlich richtete sich Bodo in seinem Bett auf und fiel ihm freudestrahlend um den Hals. Ein paar Minuten hatte er ihn ganz allein für sich.
Bodo erzählte von seinem Unfall, zeigte etwas verlegen das verbundene Bein, und sein Vater berichtete, dass er doch nicht an die Ostfront musste und vorläufig zurückgestellt wurde, weil er im Ersten Weltkrieg in Russland an Malaria erkrankt war und deshalb nunmehr an die Westfront beordert wurde.
Bodo hörte zu und nickte, obwohl er kaum alles begriff. Dass der Krieg ausgebrochen war, hatte er im Radio gehört. Laufend wurden Sondermeldungen gesendet und die Stimme des Führers Adolf Hitler war noch häufiger und lauter zu hören als sonst.
Wenige Zeit später wurde der Vater als Hauptmann der Reserve nach Frankreich beordert.
Bodo ging wieder zur Schule. Die Lehrer übten ein strenges Regime aus. Wenn ein Kind sich danebenbenahm, gab es Schläge mit dem Sensenstock – auf die Handfläche oder hinten drauf.
Während die jungen Lehrer an der Front waren, übernahmen die „alten Herren" das Ruder. „Unser Geschichtslehrer traktierte die Schüler mit den Schlachten der Germanen, der Kimbern und Teutonen. Der Lateinlehrer, ein alter Haudegen mit nur einem Arm, scheuchte uns durch die Bänke, wenn wir die Konjugationen der Verben nicht flüssig aufsagen konnten. Beim Deutschlehrer lasen wir in Reclam-Heften den ‚Prinz Friedrich von Homburg' von Heinrich von Kleist."

Ein Jahr nach Kriegsbeginn wurde Bodo im Jungvolk aufgenommen und Pimpf – wie alle anderen zehnjährigen Jungen. Die wöchentlichen Dienste am Mittwoch und Samstag zielten hier auf die Einhaltung einer absoluten Disziplin und auf strikten Gehorsam.
„Jeder Pimpf hatte zu seiner Aufnahme ins Jungvolk die wesentlichen biografischen Daten des Lebenslaufes von Hitler auswendig zu lernen. Das Liedgut war voller Helden, Fahnen und völkischer Verehrung mit martialischen Texten. Gesungen wurde z. B. *Ein junges Volk steht auf zum Sturm bereit, reißt die Fahnen höher, Kameraden!* oder das *Horst-Wessel-Lied*."
Wie andere Kinder im Jungvolk erlebte Bodo Platt die Zeltlager mit Lagerfeuer und Geländespielen, manchmal auch bereits Schießübungen und an den Sonntagen Kinobesuche, die ebenso verpflichtend waren wie das Singen der HJ-Lieder. Vorgeführt wurden Kriegsfilme, in denen man die „Helden" wie den U-Boot-Kapitän Prien oder den Jagdflieger Mölders als „Vorbilder" darstellte.
Stolz trugen die verblendeten Kinder und Jugendlichen die Uniformen und Auszeichnungen. Die Beförderung zum Jungenschafts- und Jungzugführer begeisterte viele, für *Führer, Volk und Vaterland* einzustehen. Aber auch zu sozialen Diensten oder zur Arbeit in der Landwirtschaft wurden die Pimpfe eingesetzt.
Als man Hans Platt, Bodos Vater, aus der Wehrmacht entließ, begann der gelernte Musikalienhändler 1944 in einer Rüstungsfabrik zu arbeiten. Es war schließlich Krieg und im Krieg wurden Waffen benötigt und keine Instrumente. Im Rüstungswerk Sprottau in Schlesien, nördlich von Liegnitz, beauftragte man ihn damit, die Produktion am Laufen zu halten und Sabotageakte zu verhindern. Auch Zwangsarbeiter aus dem Osten mussten dort schuften. „Ob er schuldhaft geworden ist, weiß ich nicht", sagt Bodo Platt. Die

Mutter schätzte ihren Mann als Außenseiter ein, die Männerrituale – wie das Trinken – machte er nicht mit. Parteimitglied wurde er 1939 eher gezwungenermaßen als aus Überzeugung. Bodo sah seinen Vater nur selten. Als dieser nach den Nachrichten über die Schlacht um Stalingrad davon redete, dass der Krieg verloren wäre, empörte das den Sohn. Wie konnte er denn so was sagen? Da war Bodo schon 13 und mittlerweile Jungzugführer. In seiner Generation zweifelte kaum jemand am Sieg des „Dritten Reiches". Doch es kam so, wie der Vater prophezeit hatte.

Zum Jahreswechsel 1944/45 fuhr Bodo als Pimpf ins Riesengebirge zum Skilaufen. Da hieß es plötzlich: Die „Russen" stehen schon an der Oder! Der Lehrgang wurde abgebrochen. Während einige Kameraden noch blieben, fuhr Bodo nach Hause.

Die Stadt hatte sich verändert. Viele Familien waren bereits aus Liegnitz geflüchtet. Eine merkwürdige Stille hatte sich über den Ort gelegt. Eine gespannte Nervosität lag in der Luft. Was wird nun kommen? Auch die Mutter saß schon auf gepackten Koffern.

Am 28. Januar 1945 holte der Vater seine Familie aus der Wohnung ab. Am Bahnhof in Liegnitz herrschte Chaos. Alle Züge waren komplett überfüllt. Sie warteten tagelang, ehe sie Platz in einem Abteil fanden und fuhren schließlich nach Görlitz, Bodos Geburtsstadt. Hier hatte er die ersten Lebensjahre verbracht.

Zwölf Stunden dauerte die Fahrt. Sie fanden Unterschlupf bei den Großeltern. Doch schon kurze Zeit später wurde auch Görlitz evakuiert.

Die Flucht ging weiter. Der Vater erhielt den Auftrag einen Flüchtlingszug von etwa eintausend Menschen nach Karlsbad zu leiten. Die Familie landete zunächst in dem kleinen Örtchen Schönlinde, nahe Karlsbad, im Sudetenland. Versprengte Truppenteile der Wehrmacht zogen durch den Ort – und weiter „Heim ins Reich".

Auch die Familie flüchtete auf deutsches Staatsgebiet zurück. Im Erzgebirge übernachteten sie in den damals üblichen Flüchtlingsunterkünften – in Turnhallen zum Beispiel.

Bodo Platt 1945 (Privatarchiv Bodo Platt)

Bodo sah zum ersten Mal in seinen Leben einen amerikanischen Jeep. Alle im Ort hofften auf die Besetzung durch die Westmächte. Doch es kam auch hier anders. Die Amerikaner verschwanden und die Rote Armee marschierte ein. Eine Kommandantur wurde eingerichtet.

Der Vater verhandelte mit den Besatzern. Es ging um Unterkünfte und Nahrung für die vielen Flüchtlinge.

Die Familie bekam ein Zimmer in einer Privatwohnung zugewiesen. In der Folgezeit versuchten sie den Alltag zu bewältigen – beschafften irgendwie Nahrung und Holz zum Heizen.

„Wir haben gewartet, was nun wird. Ich verstehe nicht, warum mein Vater mit uns nicht in den Westen gegangen ist." Wie viel Leid wäre der Familie erspart geblieben?

Stattdessen kehrten sie 1946 nach Görlitz zurück. Die Großeltern waren indessen verstorben. Die Wohnung stand leer. Auf der Reise sahen sie zerstörte Städte und Bahnhöfe – Chemnitz, Dresden …

In Görlitz kämpften sie – wie viele andere auch – gegen Kälte und Hunger. Die Lebensmittelkarten waren rationiert. Die 300 Gramm Brot und 10 bis 20 Gramm Butter pro Tag reichten nicht hin und nicht her. Die Mägen knurrten Tag und Nacht.

Ihnen blieb nichts anderes übrig, als sich selbst zu helfen und auch Bodo ging auf Hamstertour. Ein kaputtes Fahrrad seines On-

kels machte er fahrtüchtig und fuhr raus aus der Stadt aufs Land, manchmal 25 Kilometer weit.
Bei Bauern erhielt er erfrorene matschige Kartoffeln, aus denen sie zu Hause Kartoffelpuffer brieten. Ein positiver Effekt dabei: Der Frost hatte die Kohlenhydrate in Zucker umgewandelt – sodass die Speise süßlich schmeckte. Die Familie aß alles, was man essen konnte – auch mit Sand versetzte Rüben, die eigentlich Viehfutter waren. Und sie verheizten alles, was brennbar war. Bretter aus Kellerverschlägen und zerhackte Möbel. Wenn man Glück hatte, bekam man am Bahnhof Görlitz einen Sack Kohlengruß. Dass der völlig durchnässt war, störte da nur wenig. Das Brennmaterial wurde in den Ofen geschüttet – auch wenn erst mal nur die Glut glomm, statt dass sich ein Feuer entzündete.
Eines Tages in diesem Nachkriegsjahr 1946 begleitete Bodo seinen Vater, der Kisten mit Holz aus der Stadt Eibenstock abholen wollte, zum Bahnhof.
„Ich sehe ihn noch durch die Pförtnersperre am Bahnhof laufen, da wo die Schaffner die Fahrkarten abgeknipst haben." Der Vater drehte sich noch einmal um. Winkte seinem Sohn zu.
Es war das letzte Mal, dass Bodo ihn sah.
Der Vater verschwand. Für immer.
Von den Wirtsleuten, bei denen er übernachtet hatte, hörte die Mutter, als sie dort nachfragte, dass Hans Platt von den „Russen" abgeholt worden sei.
Sonst erfuhr die Familie nichts über den Verschollenen. Sie erhielten kein Lebenszeichen mehr.
Durch einen Patenonkel vernahmen sie das Gerücht, dass er womöglich in einem Speziallager der Sowjets in Mühlberg inhaftiert sein könnte. Der Patenonkel war selbst in diesem Lager gewesen und kürzlich entlassen worden. Gesehen hatte er ihn jedoch nicht.

Dieser Verdacht blieb der einzige Hinweis über den Verbleib des Vaters. Über Jahrzehnte. Die Ungewissheit fraß sich in die Seelen der auf eine Nachricht Wartenden.
Erst 60 Jahre nach dem Verschwinden seines Vaters hörte Bodo Platt von einer Initiativgruppe des Speziallagers Nummer 1 in Mühlberg und nahm Kontakt auf.
Zu DDR-Zeiten waren die sowjetischen Internierungslager ein Tabu-Thema. Das Geschehen sollte vertuscht werden, die vielen Opfer des Stalinismus wurden totgeschwiegen, die Überlebenden durften in Ostdeutschland bis 1989 nicht über ihre Erlebnisse berichten. Die Reste des Lagers waren unter Wald und Gestrüpp verschwunden.
Heute ist das Lager in Mühlberg als Gedenkstätte wieder begehbar. Auf einer Kupfertafel finden sich die Namen der etwa 7.000 Toten. Insgesamt wurden zwischen 1945 und 1948 ca. 20.000 Gefangene festgehalten.
Bodo Platt, der sich als Erwachsener auf Spurensuche begab, fand schließlich den Namen seines Vaters. „Ich habe dort ein Kreuz für ihn aufgestellt."
In dem Jahr, in dem sein Vater verschwand, wurde das Leben immer schwieriger für den Jungen. Seine Mutter verzweifelte; sie litt, weinte nächtelang. Die Versuche, sie zu trösten, kosteten genauso viel Kraft wie die Bemühungen, Nahrung heranzuschaffen. Plötzlich fand sich der 16-Jährige in der Rolle des Trösters wieder und musste Verantwortung übernehmen, der gute, liebe Junge sein, der die Familie über Wasser hielt. Gleichzeitig besuchte er die Oberschule – mit mäßigem Erfolg. Das Verschwinden des Vaters, die Verzweiflung seiner Mutter und seine eigene Traurigkeit, das Hamstern für die Familie – das alles beschäftigte ihn zu sehr.

Spät am Abend, wenn das Weinen der Mutter irgendwann aufhörte, lauschte er in die Stille der Straßen hinein. In der Nacht herrschte ein Ausgehverbot. Doch irgendwann wurde es dennoch laut. Sowjetische Truppen marschierten im Stiefelschritt auf dem Kopfsteinpflaster durch Görlitz. Sangen Lieder über den ruhmreichen Stalin. Die russische Sprache beherrschte er noch nicht. Doch immer wieder hörte er diesen Namen: Stalin. Bis die Marschschritte schließlich verhallten. Gefühle von Bedrohung, Gefahr und Bitterkeit stiegen in ihm auf. Bitterkeit darüber, dass ihm der Vater genommen wurde.

Auch in der Schule brachte diese Zeit Veränderungen mit sich und es kam zu ersten Konflikten. Eine Werbeveranstaltung der FDJ stieß auf wenig Gegenliebe bei den Schülern.

„Wir hatten schon eine Diktatur erlebt. Wir haben erlebt, wie schändlich unser Idealismus, unsere Hingabe für Führer, Volk und Vaterland missbraucht worden ist. Und da kommt jetzt ein neuer Staat, eine neue Partei und will uns werben für eine neue Gesellschaftsordnung, für den Sozialismus. Wir konnten das nicht akzeptieren und obwohl wir so jung waren, haben wir bereits erkennen können, dass sich mit diesem Staat unter der Schirmherrschaft der sowjetischen Besatzung die nächste Diktatur entwickelt. Wieder Fahnen, wieder Aufmärsche, wieder Zwang. Das ließ in mir eine Protesthaltung, einen Widerstand aufkommen. Ich hab das gedanklich-analytisch damals noch nicht verarbeiten können, aber emotional."

Immer mehr Lehrer, die zum Teil noch aus der Weimarer Republik stammten und zunehmend unter politischen Druck und Verfolgung gerieten, flohen in den Westen.

Am 1. Mai kam es im jugendlichen Übermut zu einem ersten öffentlichen Protest gegen das neue Regime. Als die Schüler die ausgehändigten roten Nelken anstecken sollten, warfen sie diese einfach weg. Bodo und die Klassenkameraden pflückten sich Löwenzahn, der vor der Schule wuchs, und schoben sich die gelben Blumen in die Knopflöcher und Brusttaschen. Es war nur eine Kleinigkeit; nicht mehr als ein Zeichen des wachsenden Widerstands und vielleicht auch mehr Trotz als alles andere.

In dieser Phase – der Vater von den Sowjets verhaftet, die Heimat verloren, die Enttäuschung über die neuen Herren, die wieder in eine Diktatur führen wollten – begegnete dem 16-Jährigen ein ehemaliger Liegnitzer.

Flüchtlinge aus diesem Ort suchten nach Freunden, Verwandten und Bekannten, die in alle Himmelsrichtungen verstreut worden waren. Durch Listen versuchte man sich wiederzufinden. Auch Familie Platt stand auf einer dieser Listen.

Der Bekannte aus Liegnitz suchte Bodo auf, fragte ihn, ob er bereit wäre, ein paar gesammelte Informationen aufzuheben, bis diese abgeholt werden würden. Es klang ein bisschen geheimnisvoll, ein bisschen abenteuerlich, ein bisschen nach Widerstand gegen die „Russen", die Menschen verschwinden ließen – wie seinen Vater zum Beispiel.

Wozu diese Informationssammlung konkret dienen sollte, konnte der Junge allenfalls ahnen.

Es ging nicht um militärische Spionage und nicht mal um verratene Geheimnisse. Die Nachrichten, die übermittelt werden sollten, stammten aus der Öffentlichkeit. Aus der Presse, aus Parteiversammlungen und Betrieben. Lediglich zwei Briefe nahm Bodo Platt entgegen und bewahrte sie in einer Kommode auf. Das reichte für die spätere Verurteilung.

Am 4. Mai 1948 klingelte es nachts um halb Elf in der Berliner

Straße 13 in Görlitz. Magarete Platt ging zur Tür und öffnete. „Worum geht es denn?", fragte sie erschrocken die drei Männer, die plötzlich vor ihr standen. „Um eine Passkontrolle", lautete die Antwort.

Die Herren entpuppten sich als zwei sowjetische Offiziere, begleitet von einem Deutschen. Die zivilen Mäntel verhüllten mehr schlecht als recht die Uniformen der Sowjets. Der Deutsche, mit Schlapphut und Ledermantel bekleidet, übernahm das Reden. Bodo Platt hätte sich anzuziehen und mitzukommen. „Ausweis mitnehmen!", lautete der Befehl.

Hastig schlüpfte der Junge in die kurzen Hosen, die er tagsüber getragen hatte, in ein dünnes Hemd und in sein Jackett, das die Mutter ihm aus der Uniform des Vaters genäht hatte, in die Halbschuhe aus dem Lederbesatz der Reithose des Vaters. „Ich war völlig unzureichend gekleidet. Ich habe jämmerlich gefroren in den folgenden Wochen."

Die Männer hielten ihre Hände in den Taschen. Haben die Waffen oder nicht?, versuchte Bodo abzuschätzen.

„Ich war so ein flinker Bursche, hätte ich nicht abhauen können?" war das, was sich Bodo Platt später jahrelang fragen sollte. Aber die Angst war zu groß, auch die Ahnungslosigkeit. Was sollte schon passieren?

Er müsste nur bis zum Polizeipräsidium am Görlitzer Bahnhof mitkommen, hatte der Deutsche erklärt.

Zunächst steuerten sie auch dorthin, doch plötzlich drängten ihn die Fremden in eine andere Richtung: zur Entlausungsbaracke. Die Entlausung von Reisenden war in der SBZ damals an den Bahnhöfen überall üblich. Doch um diese Zeit kam gar kein Zug. Die Baracke war zu. Alles lag im Dunkel.

Erst spät erkannte Bodo, dass da ein Fahrzeug stand. Ein Geländewagen mit hochgeschlagener Plane. Plötzlich legte einer der Männer dem 17-Jährigen Handschellen an und ohne Pardon wurde er in das Fahrzeug gestoßen.

Dass er protestierte und um Hilfe schrie, nützte ihm nichts. Im nächsten Moment fand er sich gefesselt auf einer Bank wieder. Ihm gegenüber erkannte er jetzt Klaus L. und Hans Walther. Zwei bewaffnete Posten hielten sie und nun auch ihn in Schach. Eine Möglichkeit der jungen Gefangenen, miteinander zu sprechen, gab es nicht. Ohne jede Erklärung startete der Fahrer den Wagen und sie fuhren stundenlang durch die Nacht über die Autobahn.

Mit jedem Kilometer, der ihn von seinem Zuhause trennte, wuchs die Angst, durchflutete ihn die Panik und das Gefühl, dass hier etwas passierte, das unfassbar war. Er verstand nicht, was vor sich ging und warum. Und wohin sie eigentlich fuhren.

Der Geländewagen hielt vor einem Haus. Einzeln wurden die jungen Menschen aus dem Fahrzeug in das Gebäude gebracht, einzeln in Kellerzellen gesperrt.

Dass er sich in der „russischen" Zone, in der sowjetischen Kommandantur von Gera befand, erfuhr er erst später.

Die Inhaftierung erlebte er als einen bitteren Bruch in seinem Leben: Die Erfahrung gefangen zu sein. Ganz allein stand er nun in einer riesengroßen Zelle. Es war kalt und er fror erbärmlich. Zitternd blickte er sich um. Viel zu sehen gab es nicht.

Ein spärlicher Streifen Licht fiel durch ein vergittertes Kellerfenster. Der neue Tag hatte gerade erst begonnen. Im Raum befand sich eine Pritsche, die für zehn Leute gereicht hätte. Statt einer Decke und eines Kissens entdeckte er zwei Bettpolster. Was sollte man damit anfangen?

Nach einiger Zeit löste er sich aus der Erstarrung, schob sich zögernd auf das kastenförmige Ding, das wohl als Bett dienen sollte, legte den Kopf auf das eine Polster und versuchte sich mit dem anderen zuzudecken. Rollte sich zusammen wie ein Embryo, schlang die Arme um seinen frierenden Leib. Doch so sehr er sich auch selbst umklammerte: die Gefühle des Verlorenseins überfluteten ihn wie eine Welle.

Versuch zu schlafen, dachte er sich. *Wer weiß, was noch kommt.*

Tränen flossen und er weinte sich in einen unruhigen Schlaf.

Bei dem Verhör am folgenden Tag erfuhr er dann erst, was ihm und den anderen vorgeworfen wurde: Spionage! Zwei aufbewahrte Briefe waren *Spionage*? Eine *Straftat*? Und noch etwas machte man ihm zum Vorwurf: Er sei Mitglied des Jungvolks und damit einer faschistischen Organisation gewesen! Ein Verbrecher! Ein Element! Ein Volksfeind!

Nach dem Verhör wurde er wieder in die schmutzige feuchte Kellerzelle gesteckt. Ihm war übel von den unglaublichen Beschuldigungen; sie machten ihm Angst. Was würde nun mit ihm geschehen?

Er glaubte seinen Ohren nicht zu trauen, als er Gelächter hörte, Stimmen, Beifall. Dann ein Tusch. Und noch einer. Da irgendwo in der Nähe musste eine Zirkusvorstellung laufen. In der Nähe und doch so weit weg. Das eigentliche Leben fand ohne ihn statt. Da draußen lachten die Menschen, waren fröhlich, gingen später nach Hause, legten sich in ihre warmen Betten …

Bodo sprang zur Tür und trommelte dagegen, schrie, schluchzte: „Ich halte das nicht aus! Ich muss hier raus!"

Irgendwann antwortete jemand aus der Nachbarzelle.

„Beruhige dich. Mach dich nicht selbst verrückt! Das bringt doch nichts!"

War das Hans? Hans Walther? Doch die Stimme tröstete ihn nicht. Nichts tröstete ihn.

Er war ein Gefangener! Konnte sich nicht mehr frei bewegen. Niemanden besuchen. Seine Mutter und seine Schwester nicht sehen. In diesem Kellerloch gab es nichts, womit er sich beschäftigen, niemandem, mit dem er reden konnte. Tagelang sah er keine Sonne, keinen Mond, keinen Stern. Nur die Sowjets in ihren Uniformen, die ihm Fragen stellten, ihn als Spion und Faschisten beschimpften. Was sollte er denn gestehen? Die zwei Briefe?

Er unterschrieb das Protokoll in russischer Sprache, das ihm vorgelegt wurde – im guten Glauben, dass der Dolmetscher richtig übersetzt hatte –, und bekam eine alte Hose geschenkt, weil er in seinen kurzen Sommershorts so fror.

Nach 14 Tagen in Gera verfrachtete man die jungen Gefangenen in einen dunklen geschlossenen Wagen, eine Art Möbelwagen. Die Augen wurden verbunden und Handschellen angelegt. Wieder fuhren sie stundenlang. Nur diesmal umgab sie eine komplette Finsternis.

Als Bodo wieder etwas sehen konnte, befand er sich in einem finsteren Gefängnis. Die Zelle, in die er gebracht wurde, war winzig. Neben der Holzpritsche, die fast den ganzen Raum ausfüllte, gab es kaum einen halben Meter Platz. Es roch unangenehm – wohl nach dem Eimer für die Notdurft, der in der Ecke stand – ein alter verbeulter Malereimer. Eine Glühbirne über der Tür strahlte auf ihn hinab. Als er sich setzte, starrte ihn der Spion in der Tür an. Saß ein Auge dahinter?

Angst und Schrecken verfolgten ihn Tag und Nacht. Was er zu dem Zeitpunkt noch nicht ahnte: Er befand sich in Potsdam, in der Leistikowstraße 1, in der Zentrale der Spionageabwehr des sowjetischen Geheimdienstes.

Im Gymnasium hatte er seit einem Jahr Russisch gelernt und so nahm er seinen Mut zusammen und beklagte sich bei dem Posten

über die fehlende Unterlage und Decke, fragte, ob er irgendwas zum Drauflegen bekommen könnte.
Tatsächlich bekam er zwei Strohsäcke in sein Verlies geworfen und versuchte, so gut es ging, sich einzurichten. Doch nachts bemerkte er ein Kribbeln – an den Füßen, den Waden, schließlich überall an seinem Körper. Flöhe! Es wimmelte nur so und das Kratzen nützte ihm wenig. Bald schon waren die Beine übersäht mit Stichen und wundgekratzt; die Stellen begannen zu eitern.
Nicht nur das Ungeziefer hielt ihn vom Schlafen ab. Auch die Glühbirne über der Tür brannte Tag und Nacht. Die Geräusche in diesem grauenhaften Gebäude ängstigten ihn: Wachposten schrien, Schlüssel klirrten, Türen krachten. Was passierte da gerade? Wann holten sie ihn wieder?
Tagsüber durfte er nicht schlafen. Wenn er auf der Pritsche saß und einnickte, trat der Posten gegen die Tür. Nachts fanden oft Verhöre statt. Vier Wochen verbrachte er in der Einzelhaft. Mit das Schlimmste war, so allein zu sein. Völlig auf sich allein gestellt. Um nicht ganz den Überblick zu verlieren, kratzte er die Tage mit dem Fingernagel in den Türrahmen.
Einmal, als er weinend in der Zelle hockte, ging die Klappe auf, ein blasser junger Mann in Uniform schaute zu ihm herein und reichte ihm mit ruppiger Bewegung eine Papirossa. „Nu, kuri!“, sagte er schroff. „Hier, rauch!“ Bodo begriff, dass das ein Trost sein sollte.
Ein anderes Mal hörte er wieder, wie die Schlösser rasselten. Plötzlich kam ein Uniformierter in die Zelle. Was passierte jetzt?
Der Eindringling hielt etwas in der Hand. Bodo schaute genauer hin. Nur eine Haarschneidemaschine. Nichts Besonderes also.
Ja, wird eigentlich Zeit, mal was von der Wolle wegzunehmen, dachte der Junge.

Mit ein paar gestammelten Worten Russisch versuchte er dem Mann zu sagen, wie er schneiden sollte – als säße er bei einem normalen Friseur. Als er sich noch fragte, ob er verstanden wurde, fielen schon die ersten Büschel. Zack, Zack, Zack. Ruckzuck war das ganze Haar weg. Plötzlich hatte er eine Glatze!

Für Bodo war das ein Schock. Er fühlte sich endgültig degradiert zum Sträfling. Mit seinem Haar hatte er ein Stück Identität verloren, so empfand er es.

Nach dem Mauerfall kehrte Bodo Platt an den Ort des Geschehens, das Gefängnis in der Potsdamer Leistikowstraße, zurück (Foto: Bodo Platt)

Als er wieder allein war, guckte er in den mit Wasser und Urin gefüllten Kübel, um sich zu erkennen. Was er sah, war nicht mehr er selbst.

Ein verlorenes Etwas mit Glatzkopf.

Nach einiger Zeit in der Einzelzelle nahm er die Geräusche in seiner Nachbarschaft deutlicher wahr – genauer gesagt: das Klopfen. Und allmählich lernte Bodo auch das System: Einmal klopfen bedeutete A, zweimal B und so weiter. Ein Z zu klopfen war also sehr mühselig und dauerte lange. Dennoch glaubte er zu verstehen, dass da nebenan ein Ingenieur aus Leipzig inhaftiert war. Die Gelegenheiten, sich zu verständigen, waren selten, denn erwischen lassen durfte man sich nicht. Nur wenn mal nachts keiner zum Verhör geholt wurde, „unterhielten“ sie sich kurz auf diese Art.

Raus aus der Zelle kam Bodo nur – begleitet von bewaffneten Posten –, wenn er zum Verhör musste oder wenn er den Kübel draußen in der Latrine auskippen ging.
Hinter dem hohen Palisadenzaun sah er ein paar Baumwipfel, die sich manchmal im Wind bewegten. Sonst nichts.
Doch eines Tages donnerte plötzlich ein Flugzeug über ihn hinweg. Amerikaner?
Indessen wusste er, dass er sich in Potsdam und nicht weit weg von Westberlin befand.
Für einen Moment flog er mit der Maschine mit. Ein sekundenlanger Wachtraum.
Doch die Realität war der Kübel, der voll war und stank und den er leeren musste, um danach wieder in seinen Kerker zurückzukehren. Die Realität war ein Albtraum, der nicht endete. Es gab keine Rettung.
Von der „Luftbrücke" der Amerikaner nach Westberlin im Jahr 1948 erfuhr er erst viel später.
Zurück in der Zelle stellte er den Eimer ab, setzte sich auf die Pritsche und hörte zu, wie die Tür verriegelt, wie er eingeschlossen wurde. Dann starrte er mit leerem Blick vor sich hin. Wie lange musste er hierbleiben? Was würde noch geschehen?
Als er das Geräusch hörte, konnte er es erst kaum glauben. Es klang wie eine Melodie aus einer anderen Welt oder aus seinem alten Leben: Glockengeläut!
Ganz in der Nähe musste es also eine Kirche geben – in die Menschen gingen und zu Gott beteten. Automatisch faltete er die Hände, bat stumm um Hilfe. Er lauschte dem Läuten, bis es schließlich verklang. Hatte Gott ihn verlassen?
Die Verhöre wurden allmählich seltener. Er hatte nichts Neues zu gestehen.

Die Herren, die ihn verhörten, waren wohlgenährt, ja so dick, dass ihnen die Koppel kaum um den Leib passten. Der Dolmetscher hieß Goldfarb. Und als Bodo einmal versuchte, seine Aussagen ins richtige Licht zu stellen, tippte ihm der Mann grob auf die Nase und sagte: „Du kannst machen, was du willst, du kriegst deine 20 Jahre!"
Bodo zuckte zurück. Vor der Berührung, vor den Worten. *20 Jahre? Wofür?*

Bald darauf wurde er in eine Zelle im Keller verlegt. In dem dunklen Verlies hockten noch zwei andere Gefangene, die ihm misstrauisch und ängstlich entgegenblickten. Er kannte sie nicht und die spärlichen Gespräche versiegten bald.
Eine Milchkanne diente als Kübel. Es gab kaum Luftzufuhr. Nass, feucht, dunkel und bedrückend war es hier.
Einmal hörte er eine Frau schreien. Sie schrie und schrie – stundenlang.
Auf der anderen Seite befände sich ein Karzer, wurde ihm von den Mitinsassen erklärt. Eine nasse Zelle, in die Aufsässige gesperrt wurden und in der man sich nicht setzen konnte.
Er fühlte sich vollkommen hilflos, dieses entsetzliche Schreien verfolgte ihn, ließ ihn nicht los. Was hatten sie dieser Frau angetan?
In der Zelle im Keller verbrachte er seinen 18. Geburtstag. Etwa vier Monate saß er in dem Gefängnis in Potsdam nun schon fest. Es gab keinen Grund zum Feiern. Sein Geburtstag war ein Höllentag wie jeder andere hier.

Im Oktober 1948 wurde er schließlich in einen Saal des Nachbargebäudes geführt, in dem das Militärtribunal gegen ihn und die anderen Mitglieder der „Gruppe Teschner" stattfand.

Verstohlen blickte er sich um und musterte die Mitgefangenen. Die Stuhlreihen füllten sich immer mehr. Beinahe alles junge Leute, auch wenn er, wie es aussah, der Jüngste hier war. Wie viele mochten das sein? 20, 25, 30? Außer Hans Walther, Klaus L. und den Kurier aus Dresden kannte er niemanden.

Rechts und links standen Wachen mit Kalaschnikows. Vorn an einem Tisch, der mit einem roten Tuch bedeckt war, saßen die Offiziere des NKWD und der Dolmetscher.

Die Ankläger machten nicht viel Federlesen und verlasen den jeweiligen Namen, den Paragrafen und das Strafmaß – zunächst in russischer, dann in deutscher Sprache.

Der Vorwurf lautete Spionage; der Paragraf 58 galt für alle Angeklagten.

„Wir hatten nichts auszusagen, es gab keine Möglichkeit der Verteidigung oder Stellungnahme."

Die Urteile waren drakonisch: Fast alle erhielten 25 Jahre Lagerhaft, Bodo Platt und zwei Frauen wurden zu 20 Jahren verurteilt und drei weitere Beschuldigte, darunter Verlobte von Angeklagten, erhielten u. a. wegen „Mitwisserschaft", 15 Jahre.

Fassungslosigkeit zeigte sich in den Gesichtern. Einige wechselten ungläubige Blicke mit ihren Leidensgenossen, schüttelten die Köpfe. Bodo tauschte einen schnellen Blick mit Hans Walther. Jemand kicherte hysterisch. Dann brach beinahe gleichzeitig ein Lachen aus den Kehlen – lief wie eine Welle durch die Bankreihen. Auch Bodo fiel ein und lachte. 20 Jahre? Das war eine so unfassbar lange Zeit! Das konnte doch einfach nicht wahr sein!

Sollte er wirklich erst mit 38 Jahren in die Freiheit entlassen werden? Das lag für ihn jenseits seiner Vorstellungskraft.

So schnell wie es erklungen war, verstummte das ungläubige Ge-

lächter wieder. Was kam nun auf sie zu? Eines zeigte sich schon bald: Das Lachen sollte ihnen allen schnell vergehen!
Nach der Urteilsverkündung wurden die männlichen Gefangenen der „Gruppe Teschner“ in eine große Sammelzelle gesperrt. Es erwies sich nicht gerade als einfach, miteinander zu reden. Wer trug Schuld an diesem Desaster? Gewisse Vorwürfe – auch wenn sie nicht ausgesprochen wurden – lagen deutlich im Raum.
Bodo dachte an seine Mutter. Würde sie von dem Urteil erfahren? Nach ihrem Mann verschwand nun noch der Sohn? 20 Jahre Haft! Bodo fühlte sich nicht nur in diesem Gemäuer gefangen, sondern auch in sich selbst, in dem Gefühl der Verlorenheit und der Angst. Und es war kein Entkommen möglich.
Nach etwa 14 Tagen ging es für die gesamte Gruppe auf Transport. Niemand der Gefangenen wusste, wohin sie unterwegs waren. Zwar war diesmal der Weg nicht weit: von Potsdam nach Oranienburg. Doch gefesselt und mit verbundenen Augen in einem Lkw einer ungewissen Zukunft entgegenzufahren, erlebte Bodo Platt dennoch als eine Qual.
Das Lager, in das sie gesperrt wurden, war das ehemalige KZ Sachsenhausen.

Die Verurteilten des Militärtribunals wurden im sowjetischen Speziallager getrennt von den Internierten untergebracht. Während die Internierten, die ohne ein Urteil gefangen gehalten wurden, in den Baracken hausten, sperrten die Sowjets Bodo Platt und die anderen der Gruppe in den ehemaligen Zellenbau des KZs.
In jeder der etwa einhundert Zellen, die drei mal vier Meter groß waren, befanden sich im Schnitt zwölf Männer. Lediglich zwei Doppelstock-Pritschen standen zur Verfügung. Jeweils sechs In-

haftierte fanden oben und unten so wenig Platz, dass sich nachts alle zusammen umdrehen mussten, wenn sich einer umdrehte. Haut an Haut, Mann an Mann – jeden Tag, jede Nacht.

Massenhaft Flöhe und Wanzen raubten den Gefangenen zusätzlich die Ruhe. Sie waren überall – in der Kleidung, am Körper, in den Gesichtern. Einmal machte sich Bodo die Mühe, das Ungeziefer aus seinem Jackett einzufangen. Er zählte 34 Flöhe, die er zwischen den Fingernägeln knackte.

Wenn sich die Insassen am Tage auf engsten Raum bewegen wollten, konnten sie nur gemeinsam, quasi im Gleichschritt, vor der Pritsche herumlaufen. Es war einfach kein Platz.

Morgens wurden von den Wachen die Türen und die vergitterten Fenster aufgerissen und die Zelle gelüftet. Zugluft entstand. Trotz des kalten Novemberwetters wuschen sich die Gefangenen an einem Bottich.

Bei einem Morgenappell stand Bodo erkältet und zitternd neben Hans Walther. Er hustete schon seit ein paar Tagen, doch jetzt war es schlimmer geworden. Es kam ihm vor, als rasselte etwas in seiner Lunge.

„Was ist mit dir?“, fragte Hans besorgt.

Beim Kontrollgang der Wachen verlangte er schließlich nach einem Arzt.

Bodo Platt wurde zunächst ins Krankenrevier verlegt. Eine Ärztin stellte eine Rippenfellentzündung fest und vermutete außerdem Tbc. Eines war schnell klar: Transportfähig war er nicht.

Denn ausgerechnet zu dieser Zeit wurden die Transporte der Tribunalverurteilten, die in die SU gehen sollten, zusammengestellt – darunter befanden sich Hans Walther und die gesamte „Gruppe Teschner“.

Bodo Platt blieb in Sachsenhausen zurück. Er kam in eine Stein-

baracke, in der die Lebensumstände vergleichsweise komfortabel waren: Das Essen schien ein wenig gehaltvoller und es gab Strohsäcke auf den Holzpritschen. Auch erhielt er eine medizinische Versorgung, die in der Verabreichung von Kalzium-Spritzen bestand. Nach seiner Genesung kam er nicht zurück in den Zellenbau, sondern ins Lager der Internierten.
Ende September 1949 herrschte plötzlich Aufregung in den Baracken. Erstmalig wurden an die Gefangenen Rote-Kreuz-Karten ausgeteilt. Sie durften ihren Angehörigen schreiben!
Auch Bodo hielt auf einmal so eine Karte in der Hand. War das ein Versehen? Er gehörte ja nicht zu den Internierten, sondern zu den Verurteilten. Er galt aus Sicht der Sowjets doch als schuldiger Spion! Durfte er die Karte trotzdem schreiben? Er fragte lieber nicht, setzte sich auf die Pritsche, holte tief Luft und überlegte, was er seiner Mutter und seiner Schwester, die er so lange nicht gesehen hatte und die vielleicht nicht einmal wussten, wo er steckte, mitteilen wollte.
Es war der 29. September, sein 19. Geburtstag, und vielleicht deshalb war ihm beinahe etwas feierlich zumute.

> *Mein herzgeliebtes Muttchen, liebste Juttel, meine Lieben!*
> *Mein Herz ist so voll und ich hätte so viele Fragen. Allein mir wirbelt alles kunterbunt im Kopf herum. Nun bitte ich dich, sorge dich nicht um mich. Das würde mich bedrücken. Dein Sohn ist der Alte geblieben, nur ernster, reifer und von einer ganz anderen Auffassung unseres Lebens. Wie gerne möchte ich mich mit dir über manches unterhalten, was ich heute erst verstehen kann. Hoffentlich können wir bald nachholen, was das letzte Jahr uns genommen. Das nächste Weihnachten verlebe ich bestimmt wieder in eurem Kreise. Verlebt das kom-*

mende in besinnlicher, froher Stimmung und im Glauben, dass ich bald bei euch bin. Du siehst, ich habe mich nicht aufgegeben und im Kreise der Kameraden fühle ich mich ganz wohl. Und so bitte ich dich nochmals, dich nicht zu sorgen. Es schadet dir nur. Wenn du des Abends zu Bett gehst und mein Bild vor Augen hast, dann sei versichert: ich komme wieder.

Im November 1949, ein Jahr nach seiner Einlieferung in das ehemalige KZ Sachsenhausen, wurde Bodo aus der Baracke gerufen und in die Kleiderkammer geführt.

Ein Internierter, der dort arbeitete, reichte ihm einen Kradfahrer-Mantel. „Den wirst du brauchen, da, wo du hinkommst." Der Mantel war groß, vielleicht ein bisschen zu groß, und warm gefüttert. „Der hat es gut mit mir gemeint. Er wusste, dass ich auf Transport gehe und wollte mich wärmstens einkleiden", erzählt Bodo Platt.

Wenige Zeit später saß er zusammen mit Hunderten von Männern auf dem Appellplatz und wartete auf den Abtransport in die Sowjetunion. Er dachte an die Karte, die er seiner Familie geschrieben hatte. Wie es aussah, würde er auch nächstes Jahr Weihnachten nicht bei seinen Lieben sein. Musste er jetzt wirklich bis zu seinem 38. Lebensjahr in einem Lager verbringen? Er fror plötzlich, trotz des warmen Mantels, den er trug.

In Gruppen von 20 Mann wurden sie schließlich durchs Tor mit der Aufschrift *Arbeit macht frei* hinausgetrieben. Auf dem Platz vor dem Speziallager standen Traktoren mit Anhängern. Posten mit Maschinengewehren brüllten Befehle. Die Hunde, die sie mit sich führten, rissen an den Leinen und bellten. Die Gefangenen wurden einzeln auf die Anhänger aufgeladen.

Bodo spürte einen harten Griff um den Arm. Ein Wachmann

packte ihn, zerrte ihn mit sich und presste ihn ohne Pardon auf die Ladefläche – zwischen die Beine eines Sitzenden. Schon wurde der Nächste gepackt und auf die gleiche Weise vor Bodo gesetzt, sodass er sich nicht mehr bewegen konnte. Indem man die Gefangenen auf diese Art „stapelte“, nahm man ihnen jede Fluchtmöglichkeit. Unentwegt stießen die schwer bewaffneten Posten Flüche und Drohungen aus. Es war dunkel; eine gespenstische Atmosphäre herrschte.

Dann setzte sich die Kolonne mit Traktoren und Anhängern in Bewegung und fuhr durch die Straßen von Oranienburg.

Bodo sah sich erstaunt um: Eine ganz normale Straße in einer ganz normalen Stadt. Licht leuchtete hinter den Fenstern der Familienhäuser; manchmal bewegte sich eine Gardine. Sahen die Leute, was hier geschah? Wussten sie, was passierte?

Auf dem Güterbahnhof von Oranienburg wurden die vielen Gefangenen auf einen bereitstehenden Zug verfrachtet, der Bodo, als er einstieg, endlos lang vorkam. Ungefähr 60 Menschen pferchte man in einen Waggon.

Aufgeregt suchte Bodo nach dem Kassiber, den er in seinem riesigen, bis zu seinen Füßen reichenden Mantel versteckt hatte. Neben der Tür befand sich ein Loch im Boden. Noch ahnte er nicht, dass die Öffnung als Toilette dienen sollte. Ohne die Nachricht an seine Mutter, die er mit seinem Namen und der Heimatadresse unterschrieben hatte, noch einmal zu lesen, warf er den Zettel in das Loch. Viel Hoffnung hatte er nicht, dass seine Mutter auf die Art erfuhr, dass er in die UdSSR deportiert wurde.

Was er erst Jahre später erfahren sollte: Der Internierte, der ihm den Kradfahrer-Mantel gegeben hatte, unterrichtete nach seiner Entlassung aus Sachsenhausen Bodos Mutter über den Verbleib ihres Sohnes.

Nach mehreren Stunden Fahrt hielt der Zug in Brest-Litowsk. Vom gegenüberliegenden Bahnsteig erklangen deutsche Worte. Bodo griff durch die Gitterstäbe und öffnete die Fensterklappe. Er sah Soldaten der Wehrmacht, die zu ihm herüberschauten.

Der 19-Jährige versuchte ihnen begreiflich zu machen, dass sie Gefangene wären und in die Sowjetunion verschleppt wurden. *Bodo Platt* malte er mit dem Finger an die verdreckte Fensterscheibe.

Die Deutschen, die auf ihre Heimkehr warteten, reagierten nicht. Niemand wollte sich wohl in dieser Situation gefährden. Wozu auch? Helfen konnten sie ihm ohnehin nicht.

Der nächste Stopp erfolgte erst in Orscha. Hier wurden die Gefangenen für etwa vier Wochen in ein Durchgangsgefängnis gesperrt.

Zusammen mit anderen Neuankömmlingen betrat Bodo eine riesengroße Zelle, die mit ca. 50 Insassen belegt war. Die unglaublich schlechte Luft nahm ihm fast den Atem. Er schwitzte in seinem Mantel – zum einen, weil der Raum überhitzt war, zum anderen, weil ihn finster dreinblickende Männer anstarrten.

Einige von ihnen lösten sich aus der Menge, und schlenderten auf die Eintretenden zu. Bodo starrte in ein tätowiertes Gesicht. Ihm wurde mulmig zumute. Von den *Blatnois*, den sowjetischen Kriminellen, hatte er schon gehört.

Der Mann deutete auf Bodos Mantel, zerrte am Kragen. Kurz fühlte er die raue Hand an seinem Hals, spürte den Druck wie eine Drohung. Es war klar, was der Fremde wollte. Im nächsten Moment hatte der *Blatnoi* ihm das begehrte Kleidungsstück auch schon abgenommen. Bodo blieb nichts anderes übrig, als zuzusehen, wie der Mantel kurze Zeit später durch eine Luke verschwand. Der Dieb erhielt ein Päckchen Tabak – Machorka – von einem Kalfaktor dafür.

So lief das also hier.
Zu seiner Verwunderung erhielt Bodo dann doch noch einen Ersatz: Der Räuber warf ihm einen schäbigen Militärmantel zu.
Bodo fühlte sich ohnmächtig, ausgeliefert, doch betrauerte er seinen Verlust nur kurz. Immerhin hatte er sich nicht wegen eines Kleidungsstücks in Gefahr gebracht und Verletzungen davongetragen.
Nach wochenlangem Dahinvegetieren wurde Bodo Platt zusammen mit einem anderen jungen Deutschen aus der Zelle geholt.
Auf dem Bahnhof von Orscha standen sie wartend und von den Posten bewacht, beobachteten den Verkehr und die Leute. Es war ein seltsames Gefühl zu sehen, wie ganz normale Passagiere mit ihren Koffern und Taschen auf dem Bahnsteig herumliefen.
Nur sie durften sich nicht frei bewegen und mussten schließlich in den Gefängniswagen eines Zuges steigen. In dem Waggon befanden sich Zellen mit jeweils drei Pritschen auf der rechten und der linken Seite.
Die beiden jungen Deutschen mussten sich eine obere Pritsche teilen, die extrem eng war und eher einer Gepäckauflage ähnelte als einem Nachtlager. Zu essen gab es gesalzenen Fisch. Schwitzend und durstig lagen sie beieinander und versuchten wenigstens nicht hinunterzufallen. Immer wieder baten sie den Posten um etwas zu trinken. Bodo dachte an seine Familie, versuchte sich vorzustellen, wie sie bei Kerzenschein zusammensaßen. Es war Weihnachten, der Heilige Abend 1949.
Am ersten Weihnachtsfeiertag erreichten sie Moskau und wurden in das Gefängnis Butyrka gebracht. Kaum betraten sie die erste Sammelzelle wurden sie auch schon von 40 bis 50 nur spärlich bekleideten russischen Jugendlichen umringt. Der Raum war überfüllt und stickig. Die Jugendlichen näherten sich eher neugierig

als bedrohlich. Doch das konnte sich schnell ändern, oder? Dass schon nach wenigen Minuten ein Wärter kam, um die beiden Neuen wieder dort rauszuholen und in eine andere Zelle zu bringen, erleichterte Bodo dann doch.

In den Wochen, die er in dem Gefängnis in Moskau in verschiedenen Zellen verbrachte, traf er auch andere Deutsche – darunter Offiziere aus der Wehrmacht und einen ehemaligen sozialdemokratischen Stadtrat aus Görlitz, seiner Heimatstadt, der ihm Mut zusprach und den er danach nie wiedersah.

Nach einigen Wochen, im Januar 1950, ging der Transport weiter Richtung Norden nach Wologda.

Das Gefängnis, in das sie diesmal gebracht wurden, schien ein ehemaliges Kloster zu sein. Die Katakomben wirkten auf Bodo beinahe abenteuerlich. Ihre Zelle lag in einem Gewölbekeller. Vielleicht waren in diesem Verlies einmal Weinfässer aufbewahrt worden? Bodo stellte sich Mönche vor, die einst durch die wuchtigen Gänge gelaufen waren.

Die Kriminellen machten den beiden jungen Deutschen auch hier das Leben schwer. Laufend kam es zu Kontroversen und Konflikten – etwa, wenn die *Blatnois* es auf die Schuhe der Neuen abgesehen hatten. Diesmal waren sie jedoch nicht die einzigen Deutschen; zwei ältere Landsleute verteidigten die Jungen.

Sehr beeindruckt war Bodo von einer Gruppe junger Litauer, die ebenfalls in diesem Gemäuer gefangen gehalten wurden. Zusammen mit einem Pfarrer sangen sie ihre Nationalhymne, spielten Spiele und ließen sich nicht unterkriegen. Von der psychischen Stärke dieser jungen Menschen lernte Bodo die „Kraft des Trotzdems" kennen. Er spürte, dass der innere Widerstand eine Quelle des Überlebens war.

Im Februar 1950 kamen sie schließlich im Lager Inta, in ihrem Verbannungsort am Polarkreis an. Auf dem Transportweg durch die Tundra sahen sie die endlosen Weiten einer schneebedeckten Landschaft, und Bodo fühlte die unglaubliche Kälte, die mehr und mehr in ihn hineinkroch. Der kümmerliche Kanonenofen wurde nur beheizt, wenn sie alle paar hundert Kilometer einmal hielten. Kurz verließ er dann die Pritsche, wärmte sich die Hände, um sich anschließend wieder auf seinem notdürftigen Lager zu verkriechen.

Zusammengekrümmt versuchten die Gefangenen, sich mit Mänteln und Jacken warmzuhalten.

Als die Deportierten schließlich in Inta aus dem Zug ausstiegen, traf sie die extreme Temperatur, die hier existierte, wie ein Schlag. Bis minus 51 Grad herrschten dort mitunter und diese Eiseskälte sollte sie von nun an begleiten.

Zunächst wurden sie in die Baracken eines Quarantänelagers geführt. Gleich am nächsten Tag teilte man die erschöpften Neuankömmlinge zur Arbeit ein. Die verwehten Gleise sollten vom Schnee befreit werden.

Bodo waren indessen doch noch die Schuhe geklaut worden und die dünnen Stoffschuhe, die man ihm gegeben hatte, hielten die Kälte nicht im Geringsten ab.

Als er sich deshalb weigerte, sich an dieser Arbeit zu beteiligen, erhielt er gleich seine erste Strafe im Lager: Er wurde für mehrere Tage in den Karzer gesperrt.

Allein und hungrig – für den Bestraften gab es nur eine Mahlzeit am Tag – wartete er darauf, wie es nun weitergehen würde.

Erst viel später erhielt er *Walenkis*, abgetragene Winterstiefel aus Filz. Musste man nicht gerade bei Frost stundenlang vorm Lagertor stehen und blieben sie auch sonst trocken, schützten sie vor Erfrierungen.

Bodo Platt kam zunächst als Lagerarbeiter in eine Baubrigade. Dort lernte er – eingesetzt als Maurer und Polier – mit vorsintflutlichen Werkzeugen zu arbeiten. Die unentwegte Kälte und der gefrorene Boden erschwerten die Schufterei enorm. Die Mängel der Technik führten zum einen dazu, dass man sich stets etwas einfallen lassen musste, um die Aufgaben zu bewältigen, zum anderen kamen auch Unfälle auf dem Bau häufig vor.
Unter den Hunderten Gefangenen des Lagers Inta befanden sich nur 25 Deutsche. Die Lebensbedingungen waren entsprechend schwierig. Bodo Platt erschrak über die Feindseligkeiten, die ihm und seinen Landsleuten besonders anfangs entgegenschlugen. „Ihr verdammten Deutschen!“, hieß es oft. „Ihr verfluchten Faschisten!“ Er fühlte sich entmutigt und auch bedroht.
Doch im Lauf der Zeit änderte sich die Atmosphäre durch die gemeinsame Arbeit mit Menschen der unterschiedlichsten Ethnien: mit russischen, ukrainischen, usbekischen, litauischen und aserbaidschanischen Mitgefangenen.
Besonders als Bodo Platt dann im Kohleschacht Nummer 9 unter Tage arbeiten musste, erlebte er eine unglaubliche Kameradschaft. Um unter diesen Bedingungen zu überleben, war jeder auf jeden angewiesen. Die Decke im Stollen konnte jeden Moment einbrechen. Ob man am Abend noch leben oder wenigstens unbeschadet ins Lager zurückkehren würde, wusste man am Morgen nicht.
Einstürze waren nicht gerade selten. Oft wurde dann Bodo als der Kleinste und Schmalste seiner Brigade durch die noch verbliebene Öffnung geschickt. Der Schutt musste beseitigt, die Stützelemente wieder aufgestellt werden und der Kohleabbau ging weiter.

Auch Methanexplosionen kamen vor. Sie entstanden zum Beispiel einmal, als zwei Elektriker an einem Trafo arbeiteten und ein Funke eine Explosion auslöste. Die Elektriker starben dabei.
Dass das Leben in Inta an einem seidenen Faden hing, erlebte Bodo Platt auch auf sehr drastische Art und Weise mit, als ein Mitgefangener von der Kette eines *Kombains*, einer Kohlenschneidemaschine, erfasst und dem dabei das Gesicht abgetrennt wurde. Der Anblick dieses Toten – ein Kumpel aus seiner Brigade – verfolgte ihn noch lange.
Aus dem Schüler eines Görlitzer Gymnasiums war längst schon ein Zwangsarbeiter geworden, der Tag für Tag bei eisigen Temperaturen und unter Lebensgefahr schuftete, in einer Zeche, die von Stacheldraht umzäunt, mit Wachtürmen bestückt und von bewaffneten Posten bewacht wurde. Statt seines Namens trug er nun eine Nummer, die hinten auf der Wattejacke befestigt war: T 909 lautete sie.
Hoffnung kam erst auf, als Stalin im März 1953 starb.
Die Neuigkeit wurde ganz offiziell über die Lautsprecher des Lagersenders verkündet.
Jetzt könnte sich was tun – eventuell, dachte Bodo. Doch zu früh freuen wollte er sich lieber nicht. Und eine bahnbrechende Erleichterung ließ zunächst auch auf sich warten. Neu war, dass man sich bis zur Schlafenszeit im Lager frei bewegen konnte.
Dass der Zugang zur Lagerbibliothek erstmalig möglich wurde, war für Bodo Platt ein wichtiger Moment. Bis dahin herrschte in seinem Alltag Hoffnungslosigkeit und Einsamkeit. Das Leben am Polarkreis hinter Stacheldraht war einfach qualvoll und physisch wie psychisch deprimierend. Lediglich die Arbeit erlöste etwas von dieser Trübsal, weil sie – trotz aller Härte – für Ablenkung sorgte. Wenn die Gefangenen aus der Zeche zurückkehrten und durch den

knirschenden Schnee stapften, erblickten sie manchmal die Nordlichter. Staunend sah Bodo zum Himmel hinauf. Aber der Anblick der Wunder der Natur verstärkte die grundtiefe Einsamkeit und Traurigkeit, einem bitteren Schicksal ausgeliefert zu sein.

Die Literatur, die er in der Bibliothek vorfand, wurde zu seinem Rettungsanker.

Seine Seele bekam Nahrung und er konnte sich endlich mit etwas anderem beschäftigen als mit dem Elend, das ihn umgab. Die russischen Buchstaben und einige Worte hatte er in der Schule kennengelernt, die Umgangssprache im Lager. Durch das Lesen gelang es ihm allmählich, die Inhalte und den Sinn zu verstehen. Durch Wiederholungen lernte er zu begreifen. Nach ein zwei Jahren konnte er die Klassiker im Original lesen: die Romane von Tolstoi und Puschkin und die Gedichte von Lermontow.

Einmal durfte eine Theater- und Tanzgruppe aus dem Frauenlager, das sich ebenfalls im Bezirk Inta befand, kommen und etwas aufführen. Für die Männer, die seit Jahrzehnten weggeschlossen waren von Zärtlichkeit, Nähe, Wärme und Sexualität, war das wie ein Wunder, Frauen zu sehen. Durch das Gefangenendasein waren sie schon abgestumpft. „Äußerlich und innerlich war alles kalt", schildert Bodo Platt den emotionalen Zustand.

„Staunend, berührt, gerührt, begeistert haben wir den Frauen zugeklatscht, zugerufen und zugejubelt." Das einschneidende Erlebnis blieb aber auch das einzige dieser Art. Ein offizieller Kontakt zu den Frauen im Nachbarlager war weiterhin nicht möglich.

Im Sommer 1953 kam es im nicht weit entfernten Lager Workuta zu einem Streik, der letztlich mit Waffengewalt beendet wurde. Bodo Platt und die anderen Gefangenen in Inta hörten von den sogenannten „Halbfreien", die im Ort in Baracken hausten, von diesem Aufstand. Durch Sprengmeister, mit denen sie zusammen-

arbeiteten, gelangten die Neuigkeiten zunächst in ihren Schacht und kurz darauf ins Lager.
Die Idee für bessere Lebensbedingungen zu streiken, kam schnell auch in Inta auf. Zwar hatten sie von den Toten und Verletzten in Workuta gehört, doch die Insassen ließen sich davon nicht von ihrem Vorhaben abhalten. „Die Verzweiflung und Aussichtslosigkeit dieses Daseins macht Menschen immun gegen die Androhung mit dem Tod. Eigentlich war das ja ein permanentes Sterben. Was sind denn 20, 25 Jahre Haft unter solchen Bedingungen – was bedeutet das? Selbst wenn man das physisch übersteht, man stirbt psychisch ab. Das war eine Folge der Gefangenschaft, dass man psychisch abstumpfen *musste*, sonst wäre diese Realität nicht zu ertragen gewesen."
Die sowjetischen Ethnien waren führend bei dem Streik, der dann auch in Inta begann. Bodo befand sich in der Menge der Zwangsarbeiter, die vors Tor zogen und bekundeten, dass sie nicht raus zur Arbeit gehen würden. Es folgten stundenlange Verhandlungen. In dieser Zeit wurde die Arbeit verweigert. Gewalt wurde von der Lagerleitung angedroht, doch anders als in Workuta kam es nicht dazu, dass der Streik mit Schüssen beendet wurde. Nach zwei, drei Tagen gingen die Häftlinge wieder zur Arbeit. Sie hatten ein Zeichen gesetzt. Der Lagerkommandant, der versuchte, wieder Ruhe in die Lagermannschaft zu bringen, war offenbar beeindruckt. Für gut arbeitende Brigaden gab es künftig etwas Lohn. Ein paar Rubel, mit denen man sich Kleinigkeiten im Kiosk kaufen konnte – *Chalwa* zum Beispiel, eine Zuckermasse mit Nüssen.
Wichtiger war für Bodo, dass er in der Folgezeit nun auch Rotkreuzkarten nach Hause schreiben durfte. Zunächst blieb er skeptisch. Schon aus Wologda hatte er schreiben dürfen, doch nie eine Antwort bekommen. Vielleicht war das wieder nur eine Maß-

nahme des Kommandanten, um die Insassen ruhigzustellen? Er wollte lieber nicht daran glauben, dass seine Zeilen die Familie in Deutschland erreichten.

Doch eines Tages kam tatsächlich eine Antwort.

Zu seinem Erstaunen erhielt er eine Postkarte mit einer schönen, ihm unbekannten Landschaft aus Westdeutschland. Seine Mutter war indessen aus der DDR geflohen und nach Unteruhldingen an den Bodensee in eine Unterkunft eingewiesen worden. Sein Onkel, der aus französischer Kriegsgefangenschaft heimgekehrt war, lebte in der Görlitzer Wohnung und hatte sie über die Nachricht ihres Sohnes informiert.

Auch Pakete durften die deutschen Lagerinsassen nun erhalten. „Viele kamen an, viele gingen verloren", erzählt Bodo Platt lakonisch. „Auf einmal hatten die Deutschen einen anderen gesellschaftlichen Stand." Plötzlich waren sie beliebt. Bodo teilte mit seinen Kameraden, was er von der Mutter bekam: Zigaretten, Konserven und Trockenobst.

Die Pakete halfen zu überleben, denn die Nahrung war immer noch knapp. Meist gab es *Kascha*, einen Brei, oder eine Suppe mit Fischinnereien, Kiemen und Fischaugen und feuchtes Brot.

Wichtiger war für Bodo aber das Signal, das der Postverkehr ausstrahlte: „Wir sind wieder da. Man weiß von uns." Die lange Verschollenen waren für ihre Familien wieder aufgetaucht. Sie wussten, dass sie lebten und sogar, wo sie waren. Hoffnung keimte auf – bei den Insassen, aber auch bei den Angehörigen in Deutschland.

Plötzlich war für Bodo die Chance wieder greifbar: Dass er nicht ewig hierbleiben, dass er vielleicht wieder heimkommen würde. So wie er es vor einigen Jahren der Mutter versprochen hatte, als er im Speziallager in Sachsenhausen an sie schrieb.

Doch auch die nächsten zwei Geburtstage musste er noch im Lager in Inta verbringen.
Zu seinem 24. Geburtstag bekam er von einem Freund eine Zeichnung mit einer Schlittschuhläuferin geschenkt und seine Kameraden schrieben ihm dazu einige Zeilen:

> *Erinnerst du dich noch an mich? Wir trafen uns vor einigen Wochen im Traum. Auf der Eisbahn. Ich gab dir einen Brief. Aber du unruhiger Junge bist leider viel zu schnell aufgewacht. Sei nicht immer so ernst, wollte ich dir sagen. Nimm deine Lage nicht zu schwer. Ich weiß ja, es dauert dir viel zu lange. Aber du bist ja noch jung, so herrlich jung. Und dessen bin ich ganz gewiss – deine Zeit kommt. Du wirst alles bewusster erleben. Auf dich wartet schon ein hübsches Mädchen. Mit ihr sollst du dich reicher fühlen, als Gerhard, Horst, Jakob und all die anderen. Die heute dir so viel erzählen. Für diese Zeit wünscht dir von Herzen viel Sonne, viel Freude, viel Glück – das Traummädchen.*

Im Februar 1955 gingen alle Deutschen, die in den nördlichen Lagern in Workuta, Inta und anderswo interniert waren, auf Transport. Doch wohin? Heimwärts? Das war die große Frage.
Die Deportierten fuhren die alte Strecke, die sie einmal gekommen waren, Station für Station zurück. Doch die Hoffnung, dass der Zug in der Nähe von Moskau weiter nach Westen fahren würde, erfüllte sich nicht. Stattdessen fuhren sie nach Südosten und Skepsis machte sich breit.
Was haben die mit uns vor?, fragte sich Bodo Platt besorgt. *Wollen die uns jetzt irgendwo verschwinden lassen?*
Auch er war im Laufe der Zeit sehr misstrauisch geworden.

Geburtstagsschreiben an Bodo Platt, 1953 (Privatarchiv Bodo Platt)

Die Deutschen wurden nach Suchobeswodnoje gebracht, in ein Waldlager bei Gorki. Der Name bedeutete so viel wie „Trocken ohne Wasser". Zwar war die Enttäuschung darüber, dass es nicht nach Hause ging, groß, doch der Alltag war hier ein gänzlich anderer als in Inta oder Workuta: Sie mussten keine Zwangsarbeit mehr verrichten. Nur die Tätigkeiten, die für den Erhalt des Lagers und die Versorgung nötig waren, wurden von den Insassen erledigt. So holten sie Holz zum Heizen und Wasser heran oder halfen in der Küche.

Und noch etwas ereignete sich: Die Haftkameraden, die Bodo wegen seiner Erkrankung in Sachsenhausen aus den Augen verloren hatte, traf er im Waldlager wieder.

Zu Hans Walther entwickelte sich in diesem einen Jahr, das sie in Suchobeswodnoje verbrachten, eine tiefe Freundschaft.

Sogar einen Sportplatz gab es, den sie für Fußballspiele nutzten. Bodo und die anderen jungen Männer spielten unermüdlich – auch gegen die Langeweile und die Tristesse des Gefangenseins. Der Sport lenkte sie von ihrer immer noch ungeklärten Situation ab. Kamen sie nun nach Hause oder nicht? Diese Frage war permanentes Thema im Lager und es gab Dutzende „Latrinengerüchte". Viele wurden ungeduldig. Ein Kamerad, der es nicht mehr aushielt, wollte in den Grenzzaun rennen. Hans Walther und ein

Hans Walther (l.), Bodo Platt (r.) und andere Mitglieder der „Gruppe Teschner“ 1955 im Lager Suchobeswodnoje (Privatarchiv Bodo Platt)

anderer, der kräftig genug dafür war, warfen sich auf ihn, um ihn zurückzuhalten.

„Wir wollten einfach nur noch heim.“

Im Waldlager gründete sich sogar ein Lagerorchester. Die Musiker bauten sich die Instrumente selbst und schrieben die Noten aus dem Gedächtnis nieder.

Doch auch in dieser Zeit kam es zu Problemen und Streit. So wollten ehemalige DDR-Polizisten, die 1953 in die Sowjetunion deportiert wurden, ein eigenes Regime nach sozialistischem Vorbild errichten.

Die Mehrheit der Insassen lehnten diesen „Putschversuch“ ab und unterstützten die bei Bezug des Lagers demokratisch gewählte Lagerleitung.

Die Aufregungen während dieses Konfliktes überlebte der Kulturreferent Ernst Nüsse aus Dresden tragischerweise nicht.

Der Tod des Leidensgenossen kurz vor dem Ende des Martyriums der aus der SBZ und DDR Deportierten bewegt Bodo Platt bis heute. Unter der üblichen Bewachung durch die Posten trugen die jungen Männer den Sarg mit Ernst Nüsse in den Wald hinein. Das Lagerorchester spielte zum Geleit. In feierlicher und sehr trauriger Stimmung nahmen sie Abschied.

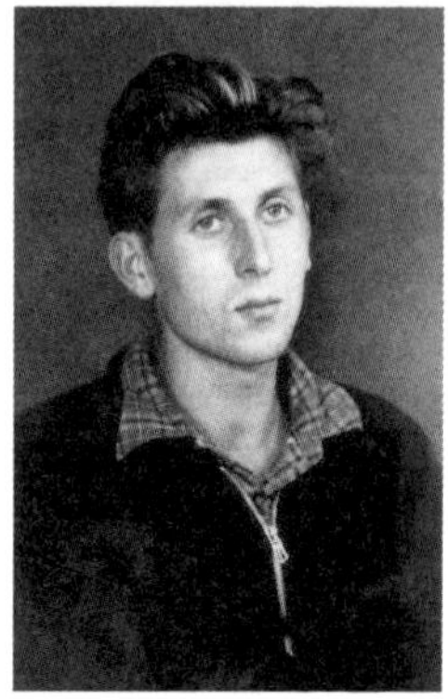

Bodo Platt 1955, nach sieben Jahren Gefangenschaft (Privatarchiv Bodo Platt)

Im Oktober 1955 erfolgte endlich der erste Transport nach Deutschland.
Bodo Platt wurde für den letzten Zug, der heimwärts fuhr, eingeteilt und verließ im Januar 1956 das Waldlager in Suchobeswodnoje.
Auch wenn er noch an den Tod von Ernst Nüsse dachte, an das Grab, das im Lager zurückblieb, fühlte er, dass die schwere Last seiner Gefangenschaft, des Leids und der Entbehrungen mit jedem Kilometer ein Stück von ihm abfiel.
Die sowjetischen Begleitoffiziere traten während der langen Reise kaum in Erscheinung.
Die Waggons blieben diesmal unverschlossen und die Fahrt verlief – zunächst reibungslos – an Moskau vorbei. In Brest-Litowsk sollten die Heimreisenden ihre Rubel abgeben. Doch die Zeit, Befehlen zu gehorchen, war vorbei und sie folgten dieser Aufforderung nicht mehr.
Erst in Frankfurt (Oder) änderte sich die Stimmung. Volkspolizisten übernahmen nun die Aufsicht, sprachen in deutlich abweisendem Ton, fast arrogant zu den Heimkehrern.

Die Ankommenden fühlten sich provoziert und einige reagierten entsprechend. Wäre der Zug nicht gleich wieder losgefahren, hätte sich die Situation weiter zuspitzen und vielleicht eskalieren können.
Die nächtliche Fahrt durch die DDR war für Bodo Platt ein besonderes Erlebnis. Bis Mitternacht waren die Bahnhöfe noch beleuchtet. Passanten hatten sich auf den Bahnsteigen versammelt und winkten den einst Verschleppten zu. „Ich war in einem Waggon weiter hinten. Von vorn begann eine Jubelwelle. Die ging durch den ganzen Zug. Das wiederholte sich an jeder Station." Nur an Bahnhöfen, an denen Uniformierte standen, winkte niemand.
Im Morgengrauen kamen sie im hessischen Herleshausen an. Die sowjetischen Begleitoffiziere riefen jeden einzeln namentlich auf und Bodo wartete gespannt darauf, dass endlich sein Name fiel.
„Platt, Gans Bodo …", hörte er schließlich.
„Jest!", rief er. „Hier bin ich!"
Und dann durfte er auf einmal den Zug verlassen und seiner Wege gehen. War er denn jetzt wirklich frei?
Verwirrt lief er durch die Absperrungen und an den Tischen mit den Rotkreuz-Schwestern vorbei. Sie begrüßten ihn, reichten ihm Dinge über den Tisch und er registrierte wie in Trance, dass es etwas zu essen und zu trinken war. Kaum wusste er, wie ihm geschah. In einer Kolonne von Bussen wurden die Ankömmlinge nach Friedland gefahren. Sich nach den Jahren der Gefangenschaft plötzlich frei bewegen zu können, war ungewohnt – ein Anfang in einem neuen Leben.
Ausgestattet mit Kleidung und etwas Handgeld, kam Bodo Platt schließlich in Radolfzell am Bodensee an. Seine Mutter erwartete ihn am Bahnhof – wegen ihrer Herzprobleme in Begleitung ihres Hausarztes. Auch die Schwester gesellte sich bald zu ihnen.

Nach der Rückkehr 1956: Bodo Platt mit seiner Mutter in Unteruhldingen (Privatarchiv Bodo Platt)

Die Mutter lebte mit kärglicher Rente in einer kleinen, spärlich eingerichteten Wohnung. Nur die Lage am Bodensee glich dies etwas aus.
All die Jahre hatte die Schwester mit ihrer Arbeit die Mutter über Wasser gehalten.

Auch Bodo Platt musste sich in der neuen Heimat nun eine Existenz aufbauen. Das fiel ihm schwer am Anfang.
Materielle Güter waren ihm unwichtig. Freude tat anfangs sogar weh. Eine tiefe Traurigkeit sollte ihn noch lange begleiten. Nach einer Erholungszeit im Schwarzwald, begann er sich mit der Zukunft zu beschäftigen. Was sollte er beruflich machen?
Die Idee, die in der Gefangenschaft erworbenen Kenntnisse als Bergmann zu nutzen, zerschlug sich schon bald. Mit der Erfah-

rung der zurückliegenden Jahre sah er sich nun prädestiniert, Lehrer zu werden.
Nach bestandener Eignungsprüfung in Stuttgart und vier Semestern Ausbildung in Weingarten, Oberschwaben, wo er auch seine Freundin und spätere Verlobte kennenlernte, wurde er nach bestandenem Examen Volksschullehrer.
Der Schmerz über das Erlebte und die verlorenen Jahre ließ sich jedoch nicht einfach tilgen. Als er mit seiner Verlobten einmal zu einem Tanzabend ging, lief er weinend wieder raus. „Ich konnte das nicht ertragen." Solche und ähnliche Situationen wiederholten sich immer wieder – bis heute. „Vor allem bei Lesungen habe ich Mühe an Erinnerungen vorbeizukommen, weil sie mich immer noch tangieren." Über seine Erlebnisse schrieb er das Buch *Sobirai weschtschi! Pack deine Sachen! Jugendjahre im Gulag*, das 2006 erschien.

Bodo Platt in seinem Haus in Neuffen am 21. Oktober 2021 mit einer Gedenktafel für die Opfer der sowjetischen Geheimpolizei NKWD/KGB (Foto: Grit Poppe)

Ein Motiv für diese Art der Aufarbeitung war, seine Geschichte an die Familie, auch an die nachfolgende Generation, an seine Kinder und Enkelkinder, weiterzugeben.
Nach einigen Jahren als Lehrer in den Fachbereichen Geschichte, Deutsch und Religion/Ethik sowie verschiedenen Weiterbildungen wurde er schließlich Schulleiter. Die Realschule Neuffen leitete er 18 Jahre lang „mit Begeisterung", wie er erzählt. „Ich bin eigentlich noch ein recht glücklicher Mensch

geworden, vor allem meiner Frau, meinen Kindern und Enkeln sei's gedankt. Aber auch in meinem Beruf fand ich Erfüllung, war ich doch jungen Menschen immer nahe."

Bodo Platt lebt mit seiner Frau in Neuffen (Baden-Württemberg).

„Bin ich's oder bin ich's nicht"

Hans Walther

geboren am 22.2.1927 in Görlitz

Allein

Ich weiß nicht, wie soll ich es deuten,
das Verlangen, das ruhlos mich quält;
das im Käfig unfassbarer Weiten,
im Alleinsein gefangen mich hält.

Vom Vergessen, vom Schweigen umgeben,
tief in Ungewiss, fernem Verzicht
frage zweifelnd ich: „Ist das noch Leben?"
klagt mein Schatten –, nein, selbst bin ich's nicht.

In der Grabstatt des Schicksals verloren,
die der Einsamkeit Dunkel umschließt,
ward in mir jenes Sehnen geboren,
das mich folternd bis heut nie verließ.

Ich weiß nicht, könnt Ihr es verstehen?
Ich bin weltfern, verlassen, allein
und begehre doch weit noch zu gehen,
um ich selbst, irgendwo ich nur zu sein.

Hans Walther (1951)

Liegnitz, Schlesien, 20. Dezember 1944.
Dem 17-Jährigen Hans Walther war überhaupt nicht wohl, als er kurz vor Weihnachten von seiner Familie Abschied nehmen und zum Bahnhof marschieren musste, um dem Gestellungsbefehl zu folgen. Als der Zug mit ihm und den anderen jungen Soldaten losfuhr, blickte er wehmütig zurück. Würde er seine Heimat je wiedersehen?

Sein Bruder war bereits bei der Wehrmacht gestorben. Eine Krankheit wurde dort falsch behandelt. Seine Eltern mochten Hitler nicht. Sein Vater war Anhänger der Monarchie, auch wenn er irgendwann Mitglied der Partei wurde. „Entweder Sie treten ein oder Sie fliegen aus der Handwerkskammer!“, hatte ihm der Präsident der Handwerkskammer gesagt. Hans Walthers leibliche Mutter starb früh. Die zweite Ehefrau des Vaters nahm sich der Kinder ihres Mannes liebevoll an und umsorgte sie, so gut sie konnte. „Ich hatte eigentlich eine schöne Kindheit.“

Dem Schüler Hans Walther war der Führer zuwider. In der Schule hörte er nicht zu, wenn Hitlers Reden abgespult wurden. „Mir gefiel sein Geschrei nicht.“ Ein Geschrei, dem er jedoch nicht entgehen konnte.

Als er die Schule beendete, waren schon zwei Klassenkameraden tot, gefallen an der Front.

„Den Krieg gewinnen wir sowieso nicht mehr“, äußerte er als Soldat – und wurde prompt dafür angeschwärzt. Vom Kompaniechef zum Rapport gerufen, wartete er auf die Strafe für seine Worte. Stattdessen hieß es: Ab an die Front!

Nach einer kurzen Ausbildung zum MG-Schützen landete der nunmehr 18-Jährige in Ungarn am Plattensee. Und zog – wie viele seines Alters – in den Krieg, um gleich vor der Roten Armee zu fliehen. Schließlich waren von seiner Kompanie nur noch 13 am Leben. Wenn sie sich zurückziehen wollten, drohten die Offiziere den jungen Soldaten.

„Ein Oberleutnant kam mal, zog die Pistole und brüllte: ‚Ich erschieß euch! Zurück in die Stellung!' Wir sollten die Sicherung übernehmen, damit die anderen sich absetzen konnten."

Besonders bitter: Auch 14- und 15-jährige Jungen, denen man Gewehre in die Hand gedrückt hatte, wurden eingesetzt. „Die hatten schreckliche Angst und klammerten sich an uns." Zusammen mit diesen Kindern hatten sie die Aufgabe, die Rote Armee aufzuhalten an der österreichisch-ungarischen Grenze.

Hans Walther war in seiner Kompanie ganz hinten an einem Hügel postiert. Der alte Karabiner, den er bei sich trug, funktionierte nicht richtig. „Die Russen kamen mit T-34-Panzern. Sie fuhren auf meine Kameraden einfach drauf, drehten dann und zerquetschten die. Ich bin weggelaufen."

Es gelang ihm, den Rand eines Dorfes zu erreichen. Dort stand ein Schützenpanzerwagen der Wehrmacht. Hans wurde in den Wagen gezogen. Er war der Einzige, der noch übriggeblieben war.

Wegen Granatsplittern in seinen Beinen kam er in ein Lazarett nach Leibneritz. Doch kaum dort angekommen, schreckte er nachts aus dem Schlaf. Es gab Fliegeralarm! Alle Lichter erloschen. Hans, der kaum laufen konnte, humpelte hastig in den Luftschutzkeller. Auf der dunklen Treppe stürzte er und kam mit dem Kopf zuerst auf.

Die Hirnquetschung, die er dabei erlitt, wurde Ursache für die linksseitige Lähmung, die ihn von nun an in seinem Leben einschränken sollte.

Der Verletzte wurde mit einem Pferde-Transportwagen nach Prag

gebracht. Das Stroh, auf dem er zwischen den Pferden lag, war feucht. Durch die anhaltende Kälte und Nässe zog er sich nun auch noch eine Nierenentzündung zu.
Am 5. Mai 1945, als Hans Walther im Lazarett behandelt wurde, begann der „Prager Aufstand". Tschechische Widerstandskämpfer und Teile der Prager Bevölkerung erhoben sich gegen die Deutschen Besatzer. Am 9. Mai marschierte die Rote Armee in die Stadt ein. Hans Walther musste das Lazarett verlassen. Geschlagen und angespuckt wurden die Deutschen von den Tschechen in ein großes Lager getrieben.
Im Sommer 1945 kam Hans Walther auf einen tschechischen Gutshof und wurde zur Arbeit in der Landwirtschaft eingesetzt. Dort lernte er die Tochter des Gutsherrn kennen, die mit einem Professor verheiratet war und einen Sohn in seinem Alter hatte. „Ihr habe ich viel zu verdanken. Sie half mir, meine Situation zu verbessern und brachte mich im Stall unter, in dem ich mich um die Kälber, Ziegen, Enten und Gänse zu kümmern hatte." Bei ihren Besuchen erzählte sie dem jungen Deutschen von den Verbrechen, die Reinhard Heydrich, damals der Stellvertretende Reichsprotektor in Böhmen und Mähren, den die Tschechen auch den „Henker von Prag" nannten, zusammen mit seinen Leuten begangen hatte. Heydrich starb 1942 in Folge eines Attentats durch tschechische Widerstandskämpfer in Prag, woraufhin die Nationalsozialisten sich nicht nur an den Attentätern, sondern auch an der tschechischen Bevölkerung blutig rächten.

Im Januar 1946 wurde Hans Walther in das Stammlager zurückgebracht. Indessen hatten dort deutsche Kommunisten das Regime übernommen und lieferten Leute an die Tschechen aus. „Die haben wir nie wiedergesehen." Hans Walther bekam es mit der

Angst zu tun und meldete sich zum Einsatz nach Pardubitz, als dort Arbeitskräfte gesucht wurden.

Allerdings gelangte er dort vom Regen in die Traufe. Nachdem er nachts in Pardubitz ankam, hagelte es Schläge mit dem Gewehrkolben. Die tschechischen Beschimpfungen verstand er nicht. Auch andere Demütigungen musste er über sich ergehen lassen. So war hinter dem Tor ein Pfahl angebracht. Den deutschen Gefangenen wurde befohlen, dass sie den Hut ziehen müssen vor diesem Pfahl. Der literarisch interessierte Hans fühlte sich bei diesem Anblick an den Gesslerhut erinnert, der im Drama *Wilhelm Tell* von Friedrich Schiller eine Rolle spielte. Nicht nur Schikanen und Schlägen waren die Gefangenen ausgeliefert. Im Lager herrschte auch ein unglaublicher Hunger.

Wegen seiner Lähmung wurde Hans Walther schließlich am 1. August 1946 aus dem Lager entlassen und nach Deutschland abgeschoben.

Nach einer Quarantäne im Erzgebirge konnte er zurück zu seinen Eltern. Sie trafen sich, wie sie es einmal verabredet hatten, in Görlitz.

Auch sein Vater war nicht mehr derselbe. Zum Volkssturm einberufen war er in die Festung Breslau gekommen und schließlich in sowjetische Gefangenschaft geraten. Als er zurückkehrte, erkannte ihn seine Frau erst nicht, so furchtbar war sein Zustand. „Aber Klara, ich bin's doch, der Ludwig", musste er ihr sagen.

Hans Walther meldete sich in Görlitz beim Arbeitsamt. Als Schwerbehinderter erhielt er eine Anstellung beim Landratsamt als „Linienzieher". Da es keine Bürotechnik gab, wurde alles mit der Hand geschrieben.

Schnell konnte er sich hocharbeiten und wurde verantwortlich für die Erfassung tierischer und landwirtschaftlicher Produkte. Später wurde das Amt in die Kleinstadt Niesky verlegt und in Rat des Kreises umbenannt. Hans Walther wurde nun zuständig für Handel und Versorgung. Die Versuche, die Verwaltungsmitarbeiter in die neugegründete SED zu drängen, waren ihm zuwider. Auch die Spaltung Deutschlands wollte er auf keinen Fall unterstützen.

In dieser Zeit schloss sich Hans Walther einer oppositionellen Gruppe an, die von Dieter Teschner geleitet wurde. Der aus Gera stammende Teschner sammelte Nachrichten ein, die die Leute ihm brachten. „Das waren ganz einfache Zusammentreffen, in irgendeiner Wohnung." Allerdings konnte Hans den Auftrag, Autonummern von sowjetischen Fahrzeugen zu sammeln, nicht ernst nehmen und fand diese Aktionen eher albern. Dass Teschner mit dem Nachrichtendienst Gehlen[41] zusammenarbeitete, erfuhr er erst viel später. Hans Walther, der von den Aktionen der Gruppe nicht überzeugt war, handelte lieber auf eigene Faust. So half er in seiner Funktion als Angestellter der Verwaltung den Bauern, die in der Gefahr standen, von den Sowjets belangt, verhaftet und verurteilt zu werden, wenn sie nicht das vorgegebene Abgabesoll erfüllten und die vorgeschriebene Menge an Getreide, Eiern, Milch, Kartoffeln und Fleisch ablieferten.

Eher als zu Teschner hatte Hans Walther Kontakt zu Johannes Oesterhelt aus Dresden, der nach Görlitz kam, um Nachrichten einzuholen.

---

41 Vorgänger des Bundesnachrichtendienstes (BND). Die „Organisation Gehlen" war nach ihrem langjährigen Leiter, Reinhard Gehlen, ehemals Chef der Abteilung „Fremde Heere Ost" des Generalstabs des Heeres, benannt. Ab 1956 firmierte die Organisation als BND, hierbei waren weiterhin mitunter schwer belastete Angehörige der Sicherheitspolizei, SS und SD als Mitarbeiter des Auslandsgeheimdienstes tätig.

Dieter Teschner hatte die verhängnisvolle Angewohnheit jede Begegnung und die dazugehörigen Namen in ein Notizbuch einzutragen. Als er eines Tages am Bahnhof in Gera kontrolliert wurde, warf er in seiner Panik die Broschüre mit den detailreichen Aufzeichnungen aus einem Toiletten-Fenster. Draußen stand ein deutscher Polizist, der das unscheinbare kleine Buch, das bald darauf so viele Menschen ins Unglück stürzen sollte, aufhob und den Sowjets übergab.

Mit diesem desaströsen Ablauf der Ereignisse war die gesamte Gruppe – bzw. die Menschen, die von den Sowjets dazu gezählt wurden – aufgeflogen.

Am 4. Mai 1948 ging Hans Walther nach der Arbeit zum Bahnhof in Niersky, um in das nicht weit entfernte Görlitz zu fahren. Unterwegs hörte er plötzlich Motorengeräusch, das sich schnell näherte. Als er sich danach umsah, erblickte er drei Zivilisten auf dem Fahrzeug, das unmittelbar vor ihm zum Stehen kam. Zwei der Männer stürzten auf ihn zu. „Sie sind festgenommen!", sagte einer davon barsch. Erklärt wurde ihm sonst nichts.

Während der Fahrer davonfuhr, begleiteten ihn die beiden Fremden zum Bahnhof, brachten ihn nach Görlitz in ein Hotel und lieferten ihn dort den Sowjets aus.

Noch am gleichen Abend wurde er in ein Auto gesetzt. Auf der Fahrt holten die Sowjets weitere Verhaftete der Gruppe ab. Im Halbdunkel erkannte er Bodo Platt, der bei einem Stopp in den Wagen geschoben wurde und ihn verängstigt anschaute.

Hans Walther spürte die Handschellen, die hinter seinem Rücken angebracht und viel zu eng waren, sodass seine Hände allmählich taub wurden. Er beklagte sich wütend, schimpfte. „Ich halte das nicht aus!", rief er.

Schließlich wurden die Handschellen gelockert. Hans nutzte die

Gelegenheit, versuchte sich von den Metallfesseln zu lösen. Es gelang ihm immerhin, eine Hand zu befreien.

Der kleine Triumph war nicht von langer Dauer. Die Gefangenen lud man in Gera vor dem Sitz der sowjetischen Kommandantur aus. Jeder wurde in einen Extraraum im Keller der Villa eingesperrt.

Doch Gera war nur eine Zwischenstation. Schon kurze Zeit später erfolgte der Transport nach Potsdam in die Leistikowstraße. Wieder legte man den Gefangenen Handschellen an und diesmal wurden auch noch die Augen verbunden.

So konnte Hans zunächst nicht erkennen, wo er überhaupt gelandet war. In einem Gefängnis – so viel wurde ihm klar, als man ihm die Augenbinde abnahm. Er kam in eine große Zelle ins Obergeschoss mit einer riesigen Pritsche, auf der ihm unbekannte Männer saßen. Einer der Insassen konnte etwas Russisch und unterhielt sich mit den Wärtern. Schnell erkannte er, dass es sich hier um einen *Stukatsch*, auf Deutsch einen „Klopfer“ handelte, einen Spitzel. Man musste also vorsichtig sein, was man sagte.

Am Tage durfte nicht geschlafen werden. Hans saß auf dem hohen Rand der Pritsche, die Füße baumelten herab. Durch den Bewegungsmangel bekam er nach einiger Zeit Wasser in den Beinen. Den Schwellungen konnte er in der Zelle nur entgegenwirken, indem er mal rechts, mal links um die Pritsche lief.

Wenn die Nacht anbrach und er endlich auf dem unbequemen Bretterbett einschlafen wollte, strahlte eine scheinwerferhelle Lampe auf ihn hinab. Das grelle Licht, das Tag und Nacht brannte, empfand er als quälend. Kaum fielen ihm dennoch die Augen zu, wurde er auch schon hochgescheucht und zum Verhör ins Nachbargebäude geholt.

„Du bist ein Spion!“, schrie man ihn dort an. „Über was habt ihr bei euren Treffen gesprochen?“
Hans sagte nicht das, was der Untersuchungsrichter hören wollte. Die Protokolle der Verhörten stimmten nicht überein. Irgendwann riss dem Mann der Geduldsfaden. „Weißt du was, 25 Jahre bekommst du sowieso. Wir bringen dich nach Sibirien und da wirst du verrecken, Dummkopf!“
Hans wurde mit Zigarettenstummeln und Bleistiften beworfen, ihm wurde mit der Faust gedroht, aber geschlagen wurde er nicht. Als letzte Drohung benutzte der Untersuchungsrichter eine Eisenstange, die auf dem Kamin lag. Er kam damit auf Hans zu; verzichtete jedoch darauf, auf den halbseitig Gelähmten einzuschlagen.
Hans Walther unterschrieb die Protokolle, die ihm in russischer Sprache vorgelegt wurden. Nicht weil er dem Dolmetscher vertraute, obwohl er diesen als sachlich und manchmal sogar als humorvoll empfand, sondern weil er wusste, dass er sowieso verurteilt werden würde und keinerlei Hoffnung hatte, hier herauszukommen.
Einmal gab es in diesem Verhörraum eine Gegenüberstellung: Wolfgang Sommer, ein Freund von ihm, erschien plötzlich. Wie sich herausstellte, hatte er Hans zu Hause besuchen wollen, zufällig gerade an dem Tag, an dem die Sowjets eine Hausdurchsuchung in der Wohnung der Familie Walther machten. Bei der Gelegenheit wurde Wolfgang einfach mitgenommen und ebenfalls verhaftet.
„Hat der Walther mit dir über Spionage gesprochen?“, fragte der Untersuchungsrichter.
„Ja“, brachte der eingeschüchterte Wolfgang heraus.
Aber Hans erhob sofort energisch Einspruch. „Da verwechselt ihr was. Wir haben über die Stadträtin Frau Dreier aus Görlitz gespro-

chen. Sie gehört der Liberaldemokratischen Partei und der Brettschneider-Gruppe an. Das stand doch in der Zeitung! Das ist doch kein Geheimnis! Das wissen Sie doch!"
Erstaunlicherweise wurde Wolfgang Sommer daraufhin tatsächlich entlassen.
Hans Walther hatte seinen Freund vermutlich so vor der Verurteilung und einem langjährigen Lageraufenthalt bewahrt.
Für Hans ging der Alltag im Potsdamer Gefängnis weiter. Die Verpflegung fand er anfangs gar nicht so schlecht. Zu Hause hatte es in der Zeit nach dem Krieg kaum etwas gegeben. Das Butterbrot, das er von der Mutter bekam, aß er gleich morgens am Bettrand. Und dann gab es den ganzen Tag nichts.
Schrecklich waren jedoch die hygienischen Bedingungen. Für die Notdurft musste eine Blechtonne genutzt werden. Wegen der Lähmung konnte Hans die nicht tragen. Das mussten dann andere für ihn erledigen, während er zur Latrine geführt wurde.
Den jungen Mann, der nicht so spurte wie gewünscht, steckte man in die Einzelzelle, um ihn kleinzukriegen. Der Raum war winzig, die Luft so unglaublich trocken, dass er kaum atmen konnte. Das Wasser, das er bekam, benutzte er, um den Fußboden zu sprengen. Als er versuchte, am Fenster Luft zu bekommen, wurde er erwischt. Zur Strafe musste er ein paar Stunden mit den Händen auf dem Rücken und dem Gesicht zur Wand stehen.
In diese Zelle wurde noch ein weiterer Gefangener gesteckt: Fritz Wiegel.
Die beiden kannten sich nicht, Hans hatte ihn nie zuvor gesehen, aber er gehörte mit in die „Gruppe Teschner". Der neue Mitinsasse litt an Multipler Sklerose. Es ging ihm überhaupt nicht gut. Wahrscheinlich wurde er deshalb in die gleiche Zelle gesteckt wie der gehandicapte Hans Walther.

Die Posten machten sich jeden Tag ein Vergnügen daraus, die beiden zur Latrine und zur Waschanlage zu führen. Wenn Hans und Fritz durch die Tür gingen, hatten sie alle Mühe, auf den Beinen zu bleiben. Als Fritz Wiegel gegen den Stacheldraht fiel, der sich dicht an der Tür befand, amüsierten sich die Posten darüber. Hans half seinem Leidensgenossen wieder hoch.

Der schwerkranke Fritz wurde später ebenso wie die anderen der Gruppe in die Sowjetunion deportiert. Allerdings musste er nicht in die Schächte. Er überlebte das Lager in Mittelrussland, kam nach Hause und starb bald darauf.

Auch mit einem ehemaligen sowjetischen Kriegsgefangenen teilte Hans Walther eine Zeitlang die winzige Zelle. Der Mann brüstete sich damit, dass er nach dem Krieg Überfälle gemacht und Leute erschossen habe. Ob er log oder die Wahrheit sagte, wusste Hans natürlich nicht. Was er von sich gab, war ihm jedenfalls nicht geheuer. Bis kurz vor der Gerichtsverhandlung im Oktober 1948 führte man Hans Walther in den Nächten zum Verhör.

Das Tribunal kam ihm dann vor wie eine Theatervorstellung.

Erstaunt sah er sich in dem Saal, einer ehemaligen Kapelle, um. Etwa 30 Häftlinge, darunter einige Frauen, die er noch nie in seinem Leben gesehen hatte, saßen auf den Kirchenstühlen.

Sie alle, die angeblich zur „Gruppe Teschner" gehören sollten, wurden von mehreren Posten, die mit Maschinenpistolen bewaffnet waren, bewacht. Drei Offiziere, ein Staatsanwalt und der Dolmetscher saßen vor ihnen.

Die Verhandlung zog sich durch die Anzahl der Beschuldigten in die Länge und dauerte mehrere Tage. Jeder „Fall" wurde einzeln abgehandelt. Dabei erzählten die Ankläger immer dasselbe. Vorgeworfen wurde den zum großen Teil jungen Menschen Spionage nach Paragraf 58 und außerdem wurden Hans Walther und andere beschuldigt, Angehörige einer faschistischen Organisation gewesen zu sein – gemeint war hier die Hitlerjugend.

Am Ende wurde gefragt, ob sich die Angeklagten schuldig bekennen würden.

Natürlich sah niemand der Inhaftierten die grotesken Anschuldigungen als gerechtfertigt an. Alle antworteten mit Nein.

Auch beim Urteil wurde jeder einzeln aufgerufen und das Strafmaß verkündet: 25 Jahre, 20 Jahre, 15 Jahre.

Das geringste Strafmaß, 15 Jahre, erhielt z. B. ein Schulfreund von Hans. „Der hatte gar nichts gemacht. Der wurde aus Versehen verhaftet."

Hans Walther wurde am 9. Oktober 1948 zu 25 Jahren Lagerhaft verurteilt.

„Unser Glück war, dass zum damaligen Zeitpunkt die Todesstrafe abgeschafft war."

Wohin sie kommen würden, wurde ihnen nicht gesagt.

Zunächst verbrachten sie noch etwa eine Woche in der Leistikowstraße.

Hans Walther wurde in den Keller in die Zelle der Verurteilten verlegt.

Du kommst nach Sibirien, da wirst du verrecken!, hallte die Stimme des Untersuchungsrichters in ihm.

Die Ungewissheit machte ihm zu schaffen. 25 Jahre? Würde er, was immer jetzt mit ihnen passieren würde, überleben?

Eines Tages hieß es dann: „Packt eure Sachen!" Obwohl es ja kaum etwas gab, das sie packen konnten. Mehr als die Kleidung auf ihrem Leib, die sie schon zur Verhaftung getragen hatten, besaß niemand.

Wieder wurden ihnen die Augen verbunden und Handschellen

angelegt, wieder sollten sie auf einem Lastwagen zu einem unbekannten, bedrohlichen Ziel gebracht werden.
Hans, der ganz am Ende des Wagens saß, roch und fühlte die Hundeschnauzen an seinem Gesicht. Er wusste, dass die Hunde auf Menschen abgerichtet waren.

„Arbeit macht frei!", las er, als sie mit dem Lkw vor dem Tor in Sachsenhausen hielten.
Der Posten, der ihm wegen seiner Lähmung aus dem Wagen half, grinste und sagte: „Arbeit macht das Läbben süß."
Dass es Konzentrationslager gab, wusste Hans Walther. Was sich da abgespielt hatte, hatte er als Jugendlicher nicht erfahren. „Die Aufklärung kam erst nach dem Krieg. Das wurde ja alles vertuscht."
Die Häftlinge gingen durch das Lagertor, an der Kommandantur vorbei und wurden in ein Gebäude gebracht, in dem sie sich ausziehen mussten. Alle Körperhaare wurden abgeschoren – mit einem Rasiermesser aus der Nazizeit. Die Geräte waren so stumpf, dass der Kopf von der Schur blutete.
Anschließend wurden sie in eine Dusche gebracht und warteten, dass das Wasser kommen würde. Aber es kam kein Wasser.
„Und was, wenn jetzt hier Gas rauskommt?", fragte einer. Einige fingen an zu weinen.
Schließlich wurden die Duschen von außen aufgedreht und jeweils zwei der Gefangenen traf ein kalter Strahl.
Untergebracht wurden die Tribunalverurteilten in einem Zellenbau, der wegen der Anordnung der Häuser T-Bau genannt wurde. Hans Walther sperrte man mit anderen Neuankömmlingen in vergitterte Gefängniszellen.

In dem Raum, in dem er nun hausen musste und in dem sich elf Personen befanden, waren hauptsächlich kriminelle Sowjets untergebracht.
Die hygienischen Verhältnisse ließen hier ebenfalls zu wünschen übrig. Auch wenn sie hin und wieder duschen durften, wimmelte es nur so vor Ungeziefer. „Die Flöhe sprangen uns in die Suppe rein und so hatten wir eine zusätzliche Ration Fleisch in der Mahlzeit", scherzte Hans Walther.

Dass sie sich in einem riesigen Internierungslager befanden, bekam er schnell mit.
Als sie alle zehn Tage zum Bad geführt wurden, sah er Menschen, die sich – anders als sie – draußen bewegen durften.
Der Jüngste der Internierten, dem Hans begegnete, war zehn Jahre alt. Der Junge arbeitete als Läufer für die Kommandantur. Alle mochten ihn. Er war verhaftet worden, so hieß es, weil er auf der Straße mit einem Stein geworfen und den Sohn vom Stadtkommandanten am Kopf getroffen hatte.
Auch das Krankenrevier befand sich im Bereich der Internierten. Einer der Mithäftlinge der Gruppe, Günter Tappert aus Weißenfels, bekam Tuberkulose. Er spuckte Blut und starb kurz darauf.
In dieser Zeit wurde Bodo Platt ebenfalls krank. Hans, der sich um ihn kümmerte, fürchtete, dass der Freund sich angesteckt haben könnte. Er sorgte dafür, dass Bodo ins Lazarett eingewiesen wurde. Schließlich stellte sich heraus, dass er eine Rippenfellentzündung hatte.
Dann verloren sich die Freunde für lange Zeit aus den Augen.
Während Hans Walther in die Sowjetunion deportiert wurde, blieb Bodo Platt vorerst im Speziallager Sachsenhausen.

Eines Tages im Jahr 1949 wurden Hans und andere Verurteilte auf die Rampe außerhalb des Lagers geführt, von dem der Zug abfahren sollte.
Sie hatten sich dort hinzuhocken und auf den Abtransport zu warten; sprechen durften sie nicht. In den Waggons, in die sie kamen, befanden sich Pritschen. Spätestens hier wurde Hans klar, dass es jetzt tatsächlich in die Sowjetunion gehen würde. Für die Notdurft existierte nur ein Spalt im Boden.
Auf der unfreiwilligen Reise übernahmen sofort die sowjetischen Kriminellen das Kommando. Den Mantel und die Schuhe wurde Hans schnell los und bekam einen minderwertigen Ersatz aus sowjetischen Militärbeständen.
Die Deutschen, die allesamt politische Häftlinge waren, ließen es auf ein Kräftemessen mit den *Blatnois* lieber nicht ankommen.
Auch Frauen wurden mit diesem Zug in die UdSSR deportiert.
Zu trinken gab es nur etwas an Bahnhöfen. Aus einem *Kipjatok* (Wasserbehälter) erhielten sie abgekochtes Wasser. Während des Transports selbst bekamen sie gar keine Getränke und als Nahrung nur einen Salzhering und ein Stück Brot. Die Folge war ein unerträglicher Durst.
Über die Zwischenstation Brest-Litowsk fuhren sie nach Orscha.
In dem dortigen Gefängnis waren die Banditen tonangebend. Hans wurde in einen riesigen Raum gepfercht, der so überfüllt mit Menschen war, dass nachts nicht alle liegen konnten und viele sitzen mussten. Nur die Kriminellen hatten sich ihre Plätze gesichert. Mitten in der Zelle stand ein Kessel für die Notdurft, den alle Insassen benutzen mussten. Etliche bekamen Durchfall. „Es war einfach nur furchtbar!“
Hans Walther kam dann in eine andere Zelle. Dort traf er auf einen Österreicher, der bereits seit zwei Jahren in diesem Gefängnis

festsaß. Er hatte keine Papiere mehr, da man ihm die abgenommen und einen anderen damit auf Etappe geschickt hatte. „Es gab ihn theoretisch gar nicht mehr."

Von Orscha ging es für Hans Walther weiter nach Moskau. Dort wurde er in einem Gefängnis Namens „Rote Presse" in verschiedene Zellen gesperrt. In Erinnerung geblieben ist ihm ein Spruch, den jemand in die Wand seines Kerkers geritzt hatte: *Alles vergänglich, auch lebenslänglich.*

Mehr als einmal starrte er auf diesen Satz, der im ersten Moment witzig wirkte, im zweiten für ihn aber eine tiefere Bedeutung zu bekommen schien. War wirklich alles vergänglich, was er hier erlebte? Musste er tatsächlich 25 Jahres seines Lebens in einem Lager verbringen?

Eine der Zellen teilte er sich mit zwei Banditen, die sich gegenseitig bedrohten. An dem jungen Deutschen waren sie zum Glück nicht interessiert.

In einem anderen Haftraum stieß er auf minderjährige in Heimen aufgewachsene Taschendiebe, die ihm prompt das Wenige abnahmen, was er noch in den Hosentaschen mit sich trug.

Dann wieder kam er in einen riesigen Raum, in der ein deutscher General mit einem Feldwebel, den er sich als Burschen hielt, hauste.

Sechs Wochen dauerte dieser Marathon durch die Zellen des Gefängnisses.

Von Moskau transportierte man die Gefangenen schließlich in einer großen Etappe ohne Zwischenstopps nach Inta.

Hierfür nutzte man die sogenannten *Stolypins*, das waren Waggons für den Gefangenentransport für die Tausende Kilometer entfernten Straflager in der ganzen Sowjetunion. In den mit dreistöckigen Pritschen ausgestatteten kleinen engen Zellen wurden die Sträflinge, ohne etwas zu trinken oder auch nur ausreichende Luftzufuhr, eingepfercht.

Als Hans nach mehreren Tagen Fahrt in Inta ankam und erschöpft aus dem Waggon stieg, sah er zunächst nichts als Schnee. Er blinzelte gegen die Helligkeit an und das Nächste, was er wahrnahm, war ein Toter, der aus dem Zug ausgeladen wurde.

Die Gefangenen wurden auf die verschiedenen Lager in Inta aufgeteilt, in denen Kohle gefördert wurde.

Auch den halbseitig gelähmten Hans steckte man in den Schacht. Doch die Lähmung wurde unter diesen Bedingungen stärker. Schaufeln konnte er nur mit einer Hand.

Keine Brigade wollte ihn aufnehmen – eine Norm musste erfüllt werden, da konnten sie einen wie ihn nicht gebrauchen.

Die Leiterin der Sanitätsabteilung, vermutlich eine Ärztin, brachte ihn dann zusammen mit einem Russen, der Blut spuckte, zum Lagerkommandanten.

Sie forderte den Uniformierten auf, anzuordnen, dass die beiden Kranken nach Abes kommen, einem Lager für Invaliden, das noch etwas nördlicher lag, in Richtung Workuta.

Der Lagerkommandant lehnte das Ansinnen ab.

„Ich bin nicht Ilse Koch!“[42], fuhr die Frau ihn auf Russisch an.

Der Kommandant überlegte es sich auf einmal anders und gab seine Zustimmung.

---

42 Ilse Koch war die Frau des Kommandanten des KZs Buchenwald, die als besonders brutal und sadistisch gegenüber KZ-Häftlingen galt.

Hans Walther wurde nach Abes verlegt. Dort waren Invaliden interniert, die nicht fähig waren im Schacht zu arbeiten oder im Wald Bäume zu fällen.
Abes wurde jedoch auch das „Lager der abgeschlagenen Hände" genannt. Inhaftierte ließen sich in Inta oder Workuta in ihrer Verzweiflung von Mithäftlingen Finger abhacken. Mit so einer Verletzung war man dann arbeitsunfähig und konnte in dieses Lager. Am Anfang gab es nicht für alle eine Unterkunft und es mangelte auch an Pritschen.
Die Leute wurden in die Tundra geschickt mit dem Befehl: „Baut ein Lager auf!"
Die Baracken zu errichten, dauerte natürlich. Nicht alle fanden Platz auf einer Pritsche.
Manchmal war es so kalt in der Unterkunft, dass die Menschen am Boden festfroren.
Erst bei minus 42 Grad durfte nicht mehr gearbeitet werden oder nur das Allernotwendigste.
Wenn sich die Häftlinge draußen im Schnee wuschen, achtete der eine auf den anderen, um drohende Erfrierungen zu erkennen. Sobald sich Flecken auf der Haut zeigten, rieb man denjenigen ein oder brachte ihn in die Baracke.
Hans arbeitete erst mal nicht. Die Lähmung wurde trotz der Verlegung schlimmer. Hinzu kam, dass er von heute auf morgen seine Stimme verlor. Zweieinhalb Jahre war seine Stimme einfach weg.
Die Deutschen waren nicht gut angesehen, am Anfang wurden sie bespuckt und geschlagen, bekamen den schlechtesten Pritschenplatz, das kleinste Stück Brot und die dünnste Suppe. Dieser Umgang änderte sich aber mit der Zeit.

Durch den gemeinsamen entbehrungsreichen Alltag näherten sich die Gefangenen unterschiedlicher Nationalitäten schließlich an.

„Warst du im Krieg?", wurde Hans einmal von einem russischen Mitgefangenen gefragt.

„Ja, ich war im Krieg."

„Und hast du da auf uns geschossen?"

„Ja, ich hab auf euch geschossen", antwortete Hans. „Ihr habt ja auch auf uns geschossen."

„Und warum hast du auf uns geschossen? Wir haben uns doch überhaupt nicht gekannt! Der eine oder andere hatte vielleicht Familie. Und wir schießen uns gegenseitig tot. Wofür denn?"

„Krieg ist was Wahnsinniges", kamen sie schließlich überein.

Nach dem Gespräch hatte Hans Walther fortan ein ganz gutes Verhältnis zu den Inhaftierten der unterschiedlichen Nationen.

Neben Russen und Ukrainern befanden sich auch noch Balten, Esten, Letten und Litauer im Lager.

Ein spezieller Kontakt entwickelte sich zwischen Hans und dem Barackenältesten, ein Russe, der einmal eine hohe Parteifunktion in Gorki gehabt hatte. Abgesehen von der politischen Einstellung, verstanden die beiden sich gut und Hans Walther wurde zum Barackenwächter ernannt. Immer wenn sich Besuch aus der Kommandantur ankündigte, bekam der Barackenälteste allerdings panische Angst. Er hatte dann plötzlich Magen-Darm-Probleme, legte sich auf die Pritsche und überließ es Hans Walther Meldung zu erstatten.

Einmal im Jahr erschien auch ein General. Hans Walther machte die Meldung – wohl, weil der Barackenälteste wieder Bauchschmerzen bekam – und nutzte die Gelegenheit, um sich zu beschweren. Die Sowjets dürften Briefe schreiben und die Deutschen hätten keinerlei Möglichkeit des Kontakts.

„Das stimmt nicht, Sie dürfen doch schreiben", lautete die Antwort.

„An wen denn? An den obersten Sowjet? An den Generalstaatsanwalt? An wen soll ich denn schreiben? Ich kenn doch hier niemanden."

Der General schüttelte den Kopf. „Kaum kann er ein paar Worte Russisch, weiß er schon, was er sagen will", murmelte er und verschwand dann ganz schnell aus der Baracke.

Hans kam gerade vom Essen, als er über die Lautsprecher von der Niederschlagung des Aufstands im Sommer 1953 in der DDR hörte. Unwillkürlich spuckte er aus. Wenig später wurde er zum Politoffizier gerufen, der ihn zur Rede stellte. „Du spuckst, wenn die Nachrichten kommen? Was soll das?"

Hans begriff, dass jemand ihn verpfiffen hatte, und ging sofort zum Gegenangriff über. „Krieg ich hier ein Taschentuch? Noch nie, solange ich in der Sowjetunion bin, habe ich ein Taschentuch bekommen! Und außerdem: Ihre Leute machen das doch auch!"

Er war keiner, der Streit suchte, aber er kuschte auch nicht vor denen, die das Sagen hatten.

Als Invalide hatte Hans Walther freie Zeit, für die er nach Ablenkung suchte. Mit der Situation, in der er nun mal lebte, versuchte er sich abzufinden. Er wollte festhalten, was er erlebte, wovon er träumte und er begann damit, Gedichte zu schreiben.

Das war jedoch verboten. Die Lagerinsassen durften kein Schreibzeug haben. Hans gelang es dennoch, ein Notizbuch und einen Stift zu organisieren.

Später glückte es ihm sogar, die Gedichte – indessen immerhin zwei Bände – mit nach Hause zu nehmen.
Natürlich musste er befürchten, dass man ihm die Notizbücher doch noch wegnehmen würde. Ein Freund, der beinamputiert war, versteckte die Gedichte dann in seinem Stumpf.

Eines dieser Gedichte heißt:

Im Spiegel

Heute sah seit vielen Tagen ich im Spiegel mein Gesicht
Um verwundert mich zu fragen: bin ich's oder bin ich's nicht
Glaubte, dass der Spiegel tröge, spähte, suchte unverwandt
Denn ich sah mir fremde Züge, die bislang ich nie gekannt
Suchte Fremdes zu ergründen, denn kein Zeitenspiegel narrt
Um erschreckt es dann zu finden: hart bin ich, wie Stein so hart
Wieder musst der Macht ich's klagen, die mein leidig Schicksal trägt
Muss dich Zeit verbittert fragen: Warum hast du das geprägt?

Das gewisse Maß an Härte, das Hans Walther hier beschreibt, benötigte er wohl auch, um sich im Lager durchzusetzen.
Nicht jede Begegnung verlief friedlich. Vor allem mit den Kriminellen gab es immer wieder Ärger.
Als einmal ein *Blatnoi* zu ihm in die Baracke kam, ihn beschimpfte und handgreiflich wurde, setzte er sich zur Wehr. Hans nahm einen eckigen Holzhocker und schlug mit aller Kraft zu, schlug dem Angreifer die Zähne ein. Blutend lief der Mann davon und bettelte in der Wache um Schutz.

Die Brigaden waren gerade außerhalb des Lagers arbeiten. Wahrscheinlich hatte der *Blatnoi* noch Glück, denn Hans Walther besaß einen guten Stand und war besonders bei den Ukrainern angesehen, die ihn unter ihren persönlichen Schutz gestellt hatten. „Kein Ärger mit dem, sonst bekommst du Ärger mit uns!" Und das war keine leere Drohung.

Anfang des Jahres 1954 hieß es plötzlich: Die Deutschen dürfen nach Hause! Woher das Gerücht kam, wusste Hans nicht. Fest stand, dass sie das Lager verlassen würden.

„Fertigmachen zur Abreise!", lautete bald darauf der Befehl, der über die Lautsprecher erschallte.

Hans ging noch einmal zum Lagerzaun, um sich von der Tundra zu verabschieden, die ein paar Jahre seine Heimat gewesen war. Die Tundra konnte auch schön sein. Etwa wenn sie nachts plötzlich erblühte. Auch der Sternenhimmel erschien ihm hier riesig und einzigartig.

Ein alter Kosake, mit dem er sich angefreundet hatte und der Hans wie einen Sohn ansah, kam und verabschiedete sich traurig. „Er sagte zu mir: ‚Weißt du, Synok[43], ihr Deutschen könnt Stalingrad nicht vergessen, es wird Krieg geben, aber wenn du meinem Sohn begegnest, sei ihm gnädig.'"

Dann weinte er und weinte. In seinem Bart sammelten sich die Tränen. Arm in Arm gingen die beiden zur Baracke zurück. Da hieß es auch schon für die Deutschen: „Zum Lagertor! Mit allen Sachen antreten!"

---

43 Dt. mein Sohn.

Die Russen, Asiaten und Kaukasier heulten und verabschiedeten sich von Hans. Im Lauf der Jahre waren enge menschliche Bindungen entstanden.

Das Waldlager Suchobeswodnoje südlich von Gorki wurde die letzte Station in der Sowjetunion für Hans Walther. Das Lager befand sich nun in einer gemäßigteren Klimazone, sodass es den Deutschen vor der Heimreise auch zur Akklimatisierung diente.
Im Wesentlichen wurde es durch die Häftlinge – in Suchobeswodnoje waren ausschließlich Deutsche, die aus politischen Gründen inhaftiert wurden – selbst verwaltet. Sogar Wahlen fanden statt. Hans Walther wurde von seinen Mithäftlingen dafür gewählt, Verhandlungen mit der Kommandantur zu führen. Auch Übersetzungen übernahm er.

Während er mit dem Kommandanten, den er als freundlich empfand, gut auskam, gab es mit dem Politoffizier immer mal wieder Probleme. Ihre politischen Ansichten stimmten nicht im Geringsten überein. Vom Kommandanten wurde er bald beauftragt, Rapporte zu schreiben. Hans übernahm die Aufgabe zunächst mit Skepsis. Als er feststellte, dass es nur um technische Dinge ging, tat er, worum er gebeten wurde. Der Kommandant selbst hatte erst in der Armee Lesen und

Hans Walther und Uwe K. im Lager Suchobeswodnoje (Privatarchiv Bodo Platt)

Schreiben gelernt und trat die unliebsame Aufgabe gern an den jungen Deutschen ab.
Da die Insassen in Suchobeswodnoje nicht arbeiten mussten, überlegten sich Hans Walther und andere, wie man die Hunderte von Gefangenen beschäftigen könnte. So wurden u. a. Fußballmannschaften und Schachgruppen gegründet.
Ein Höhepunkt war das Fußballspiel der deutschen Nationalmannschaft gegen die Nationalmannschaft der Sowjetunion. Über

Fußball im Lager Suchobeswodnoje – etwas Ablenkung vom Warten auf die Heimkehr (Privatarchiv Bodo Platt)

Lautsprecher hörten die Häftlinge die Übertragung. Als die deutsche Nationalhymne erklang, sang Hans vorsichtshalber nicht mit. Auch die anderen hielten sich zurück. Schließlich wollten sie ja wissen, wie das Spiel ausging.
Die Mannschaft der UdSSR gewann 2 : 1.

Zwischen Ende 1955 und Anfang 1956 erfolgten dann endlich die Transporte nach Deutschland. Hans Walther fuhr im Dezember ab. Vor der Abreise wurden verschiedene Gefangene jedoch noch einzeln zu einem extra angereisten höheren Politoffizier gerufen. Dass es dabei um eine mehr oder weniger verdeckte Anwerbung ging, als Spitzel für den sowjetischen Geheimdienst zu arbeiten, war eine ungute Vermutung. Auch Hans Walther wurde zu diesem Offizier beordert.
„Er bot mir an, ich sollte in die DDR gehen. Er würde mich unterstützen als Russischlehrer dort zu arbeiten." Aber Hans Walther hatte andere Pläne.

Zu Hans Walthers Überraschung erfolgte die Heimfahrt in Eisenbahnwagen des Betriebes „Waggonbau Görlitz". Es kam ihm vor wie ein kleiner Gruß aus der alten Heimat.
Strapaziös war der Transport dennoch. Vor allem für die vielen Kranken, die auf den Pritschen des Zuges liegend, heimkehrten.
Auch eine Banditin reiste mit, die neben ihren Tätowierungen dadurch auffiel, dass sie zwei Kinder bei sich hatte, darunter ein Baby, und dass sie die ganze Zeit schrie und fluchte.
Ihre sechsjährige Tochter war aus einem Heim in Königsberg (Kaliningrad) gekommen. Die Mütter in den Lagern durften die Kinder nur zwei Jahre bei sich behalten. Erst bei der Rückreise bekamen sie ihre Söhne und Töchter zurück.

Bodo Platt, Uwe K., Hans Walther (v. l.) – 1955 in Suchobeswodnoje (Privatarchiv Bodo Platt)

Hans Walther unterhielt sich mit dem kleinen Mädchen, während ihre Mutter weiter herumfluchte. „Die Kleine sprach ein unglaublich klares Russisch. Das klang wie Musik. Ein liebes Kind, das sich mit seinen sechs Jahren schon um alles kümmerte."

Wenn der Zug hielt, ging Hans Walther mit dem Mädchen auf den Bahnsteig, damit sie mal Luft bekam.

„Weißt du eigentlich, dass wir bald Weihnachten haben?", fragte er sie. „Da kommt dann der Weihnachtsmann und bringt Geschenke."

Er versuchte ihr zu erklären, wie man in Deutschland den Heiligabend feierte und die freundliche Kleine hörte ihm mit großen Augen zu.

Die Überwachung durch die Sowjets war im Zug mit den Heimkehrern weitestgehend aufgehoben. In Brest-Litowsk stiegen zwei

Männer zu, die trotz ihrer russischen Verkleidung, für Hans Walther sofort als Deutsche zu erkennen waren. „Die beiden Männlein standen da. Stiefel wie Russen, aber die haben keine Ahnung gehabt. Der Russe schiebt die Stiefel so nach unten, dass sie sieben Falten ergeben."

Seit seiner Verhaftung hatte sich auch in der SBZ, die jetzt DDR hieß, einiges verändert. Dass es sich bei den Männern um Mitarbeiter der Staatssicherheit handelte, ahnte er zumindest.

Während die Waggons bei der Rückkehr offen blieben, wurden sie von den Polen vor der Durchfahrt zugeschlossen – auch die von den sowjetischen Offizieren, worüber die alles andere als erfreut waren.

In Frankfurt (Oder) stiegen dann weitere Stasileute ein. Es blieb ruhig, eine angespannte Ruhe. Niemand der Rückkehrer wollte so kurz vor dem Ziel noch Ärger bekommen.

Doch die Probleme mit der Staatssicherheit blieben trotzdem nicht aus.

Nachdem sie in Fürstenwalde ankamen, wurden sie dort in ein Lager gebracht. Hans Walther rief man nachts um 22 Uhr zu einer Befragung. Natürlich erinnerte ihn diese Maßnahme an die Verhöre in der Potsdamer Leistikowstraße. An einem Tisch für vier Personen saßen drei Mitarbeiter der Stasi und redeten auf ihn ein, dass er sich nach Görlitz, also in die DDR, begeben müsse.

Zwar waren seine Eltern noch in Görlitz, doch Hans Walther wollte auf keinen Fall mehr in den Osten. Bis morgens um 2 Uhr dauerte das „Gespräch". Hans war langsam mit den Nerven am Ende. „Ich bin ein freier deutscher Bürger!", protestierte er scharf. „Wenn Sie mich zwingen, DDR-Boden zu betreten, werde ich eine Eingabe an den Obersten Generalstaatsanwalt in Moskau richten!"

Einen Moment herrschte Totenstille. Dann sagte der eine: „Wir werden das dem Lagerkommandanten berichten. Gute Nacht, Herr Walther."

Am nächsten Tag stand er auf der Liste der Leute, die in den Westen geschickt wurden.

Auch diesmal schien er mit seiner klaren Ansage und einem Trick durchgekommen zu sein. Doch ganz sicher war er sich nicht. *Ich bin erst frei, wenn ich im Westen bin*, dachte er.

Hans Walther musste dann noch ein Papier unterschreiben, dass er nach Westdeutschland ausgeliefert wird, und die Stasi-Mitarbeiter begleiteten ihn bis zum Bus.

Im anderen Deutschland angekommen, stürmte er aus dem Bus und rempelte dabei eine Krankenschwester um. „Wir landeten beide im Graben, in dem Gottseidank kein Wasser war. Mir war das peinlich!" Die Schwester reagierte gelassen und meinte, dass er nicht der Einzige wäre, dem so etwas passierte. Sie warnte die Neuankömmlinge auch gleich: „Passt auf, hier sind Prostituierte. Lasst euch von denen nicht ausnehmen!"

Hans Walther hatte aber ein ganz anderes Problem: Als sie im Aufnahmelager in Friedland ein Essen bekamen, wusste er nicht mehr, wie man mit Messer und Gabel aß. Die ganzen Jahre seiner Gefangenschaft hatte er kein Besteck gehabt. Auch die Lähmung machte ihm nach wie vor zu schaffen. „Nehmen Sie mal lieber einen Löffel", meinte eine Krankenschwester, die sah, wie er sich abmühte.

Durch einen Freund, der auch aus der sowjetischen Gefangenschaft kam, gelangte er dann nach Bremen. Dort lernte er recht bald eine Frau kennen.

„Sie hat mich aufgefangen. Sie kam auch aus dem Osten und war geflohen. Wir verliebten uns und gründeten eine Familie."

Die beiden heirateten und bekamen eine Tochter und einen Sohn. Es folgten fünf Enkelkinder.

Sein Versuch, die Beamtenlaufbahn fortzusetzen, scheiterte zunächst an der deutschen Bürokratie und dem Misstrauen, dass man ihm als Rückkehrer aus einem sowjetischen Lager, der auch noch aus dem Osten stammte, entgegenbrachte.
Doch Hans Walther gab nicht auf, studierte schließlich an der Fachhochschule Bremen und wurde Diplomverwaltungswirt. Bis zur Pensionierung war er dann Oberamtsrat und hatte sein ursprüngliches Ziel, Beamter im höheren Dienst zu werden, trotz aller Hürden erreicht.

Die Geschehnisse in den Lagern und seine Erlebnisse mit den Menschen dort, beschäftigten ihn noch jahrelang. So übergab er seinem Freund Bodo Platt u. a. einen Bericht über die Zeit, der nicht nur von seinem literarischen Talent zeugt, sondern auch von einer menschlichen Größe, die er sich trotz seiner leidvollen Geschichte erhielt. Um diesem Menschen und seinem Schicksal noch ein Stück näher zu kommen und auch seine Erlebnisse genauer zu beleuchten, folgt an dieser Stelle die Erzählung von Hans Walther.

Hans Walther
Ded Arkow

„Da schto eto sa besobrasije – rasbojniki wij!“

„Was soll dieser Unsinn, ihr Räuber!“ Ich greife mitten hinein ins Getümmel, das da unter meiner Decke im Gange ist, packe blind einen der Übeltäter beim Kragen, lüfte die Decke des neben mir auf der Pritsche liegenden Alten und schiebe ihm Jurka unter. Jurka ist eine von drei Katzen, derer ich mich angenommen habe, seit ich selber satt bin und auch noch zusätzlich das an Essbarem auftreibe, was sie am Leben erhält. Sie sind auf mich angewiesen. Ohne mich würden sie umkommen, denn draußen finden sie nichts Jagdbares. Hat nicht jede Kreatur das Recht auf Leben, wenn sie schon mal auf der Welt ist? Natürlich weiß mein roter Kater (Rijshij nennen ihn die Russen) nichts von Grundrechten, aber instinktiv erkämpft er sie sich. Warum aber allabendlich unter meiner Decke? Na, warum wohl? Ihm geht's halt wie uns Menschen. Man wünscht sich ein behagliches Plätzchen und dass der Magen nicht knurrt.

Wir Zweibeiner nennen das eine gesicherte Existenz. Sie ist nicht nur eine Überlebensgarantie, sie macht das bloße Dasein zum Vergnügen – so man Glück hat an jedem Tage. Sie ist also ein Lebensgut. Logo, wer es ständig besitzen will, der muss der Konkurrenz gelegentlich die Krallen zeigen. Mir scheint, genau das war wohl eben meinem Jurka in den Sinn gekommen.

Es ist an der Zeit, Ihnen zu sagen, wo wir sind und dass bei uns Winter ist. Ort des Geschehens ist Abes. Wo ist das?, werden Sie fragen. Etwa da, wo das Eismeer und die Nordausläufer des Ural einen Winkel bilden, der Europa von Asien trennt. Bei günstigem Rückenwind kann man zur Insel Nowaja Semlja spucken. Das ist natürlich übertrieben. Die Zeitung hier nennt sich „Sapoljare". Mit unseren Worten: Jenseits des Polarkreises gelegen. Aber was sagt das schon? Für uns bedeutet das vor allem neun Monate Winter, drei Monate sogenannter Sommer.

Dabei fällt mir Nikolai ein. Ich hatte ihn in Potsdam in der

Untersuchungshaft kennengelernt. Er war es, der mich die einzig praktikable Art der Zeitrechnung gelehrt hat. Gewiss, er war ein Bandit. Im Krieg in deutsche Gefangenschaft geraten, erlangte er 1945 die Freiheit. Sie musste er völlig missverstanden haben. Mit Sicherheit ist sie für ihn immer so etwas wie ein Blanko-Scheck, eine unbeschränkte Vollmacht geblieben. Wen wundert es, damals wusste er mit ihr nichts anzufangen. Unter seinesgleichen galt das Gesetz der Stärke. Auf ihm baute er seine Lebensprinzipien auf, die in kein politisches System der Welt passten. Das musste schiefgehen! „Man nehme", sagt der Koch. Auch Nikolai sagte sich's und langte nach Belieben zu. Die Amerikaner verurteilten ihn zu langjähriger Haft. Was heißt langjährig? Einhundertdreißig Jahre soll er bekommen haben. Ich bitte Sie: Einhundertdreißig Jahre, so paradiesisch alt muss man erst mal werden. Die abzusitzen setzt voraus, man kommt ins Paradies. Ich kenne die Aufnahmebedingungen dieser Institution nicht. Bei aller Gutmütigkeit, die man mir nachsagt, wäre ich dort Pförtner, Nikolai würde ich nicht einlassen.

Eines Tages brachte man ihn zu mir in die Zelle, in der ich mich seit zwei Monaten in Einzelhaft befand. Es störte ihn, dass ich an jedem Morgen versuchte, mit Hilfe einer großen Fischgräte das Tagesdatum in die Wand zu ritzen, und er belehrte mich: „Du machst das ganz falsch! Du zählst nicht richtig. Sommer – Winter, Sommer – Winter, Sommer – Winter. So musst du dort zählen, wo uns das Schicksal und der Richter hinschicken. Was sind Tage? Tropfen im großen Regen des Lebens." Nicht von ihm will ich erzählen. Held unserer Zeit, um mit Lermontow zu sprechen, ist nicht er. Ded Arkow ist es, Großvater Arkow. Ihm schiebe ich also meinen Jurka unter. Inzwischen ist unter meiner Decke Ruhe eingekehrt. Meine Füße stecken in den Ärmeln des Buschlat, der Wattejacke. Gelobt sei, was wärmt. Ich ziehe den Kopf ein, die weißgetünchte Barackenwand ist von einer fingerdicken Eisschicht bedeckt. Um die fünfzig Grad sind es draußen. Kein Wunder, auch die Katzen suchen Wärme. Seltsam, eines haben sie mit Kindern gemein: Zwei spielen friedlich miteinander. Kommt eine dritte dazu, gibt es Streit.

Aber zum Glück gibt es ja Ded Arkow. Er ist Donkosake und schon siebzig, und er stammt aus Stalingrad. Die Stadt ist umbenannt worden. In meiner Erinnerung hat sie ihren Namen behalten. Ich denke für immer. Nicht allein deshalb, weil dieser Name ein Stück Historie ist. Auch weil es Ded Arkow gibt, und er und diese Stadt bleiben für mich eins.

Er hat mir von damals erzählt. Auch davon, wie er Rotkäppchen getroffen hat. Die Schlacht von Stalingrad war längst entschieden. Da traf er das etwa sechsjährige Mädchen mit der roten Mütze. Woher es kam, hat Ded Arkow nie erfahren. Nur so viel wusste er, es hatte die Eltern verloren und irrte in den Trümmern Stalingrads umher, in der Hoffnung, irgendwer oder der Staat nimmt sich seiner an. Es war wohl so, es gab damals viele irgendwer in der Sowjetunion. Nun, so berichtete mein Alter, der Inhalt des kleinen Rucksackes, den das Kind auf dem Rücken trug, gab keinerlei Hinweis auf seine Herkunft. Also nahmen Ded Arkow und seine Frau Rotkäppchen bei sich auf. Die beiden meinten, wo vier satt werden, wird auch das Fünfte nicht hungern.

Großvater Arkow hat einen Sohn und eine Tochter. Der Sohn dient in der Roten Armee; die Tochter sitzt wie der Vater im Arbeitslager. Unter Strafgefangenen fragt man nicht: Weshalb sitzt du? Jeder weiß, hinter Gitter zu kommen ist die einfachste Sache der Welt. Ein falsches Wort genügt. Man sitzt, und damit basta. Es ist wie beim Schachspiel. Einmal nicht aufgepasst, schon bist du in der Klemme; wenn Du Pech hast, in einer ausweglosen Situation. „Beswychodnoje poloshenie“, sagen die Russen dazu. Aber die wissen auch, was ausweglos erscheint, muss nicht endgültig sein. Ich habe das ganz schnell kapiert.

Nun, da unter meiner Decke Ruhe eingekehrt ist – die beiden verbliebenen Katzen haben sich da eingerollt, wo sie einander nicht stören – bin auch ich eingeschlafen. Nicht für lange, da weckt mich Ded Arkow. Er tut es behutsam, um Martirij Antonowitsch nicht im Schlaf zu stören. Martirij Antonowitsch ist unser Barackenältester. Er liegt unter mir; auf die Unterpritsche haben Privilegierte Anspruch. Besonders begehrt sind Einzelplätze an der Wand. Es mag schwer begreifbar sein, aber vom Schlafplatz kann man auf das Image, auf die Position in der Lagerhierarchie schließen. Antonowitsch mag mich, und ich mag ihn. Er ist Altkommunist. Uns verbindet ein seltsames Verhältnis, das ebenso viel Gemeinsames wie Gegensätzliches prägt. Sein Hiersein verdankt er wohl seiner laut geäußerten Kritik an irgendwelchen Praktiken der Partei. Als Funktionär von beachtlichem Rang hätte er eigentlich wissen müssen, wer gegen den Wind spuckt, spuckt sich selber ins Gesicht. Wir kommen in unseren politischen Vorstellungen nie auf einen Nenner, fußen aber auf den gleichen philosophischen Ausgangspunkten. Da uns beiden Toleranz nicht eine leere Phrase ist, stehen wir in den letztendlichen Zielsetzungen einander ziemlich nahe. Wir streiten uns um den Weg dorthin. Doch in einem sind wir uns einig, wie lang

und wie verschlungen der Weg auch sein mag, wir müssen ihn friedlich und in gegenseitiger Achtung beschreiten. Daran haben wir uns immer gehalten, und wir sind bis jetzt schon ein gutes Stück dieses Weges Seite an Seite gegangen. Einige Mitbewohner der Baracke haben es begriffen. Eigenartig, Reifungsprozesse vollziehen sich in Notgemeinschaften schneller. Wohl deshalb, weil man aufeinander angewiesen ist.
Ded Arkow ist Analphabet. Er hat bestimmt niemals irgendjemand etwas zuleide getan. Den Zar und seinen Ataman hatte er ja längst abgeschrieben. Nur weigerte er sich beharrlich, mit dem lieben Gott das Gleiche zu tun. Objektiv politisch gesehen ist er freilich nicht unverfälscht. Die alte Zeit hat ihn geprägt. Vielleicht wurde er deshalb verurteilt. Man hat ihm nicht nachgesehen, dass unverschuldete Mängel in seiner Bildung Ursache dafür sind, dass er Entwicklungen nicht oder nur halb begriff. Er kann nichts dafür. Einem alten Pferd Zirkuskunststücke beizubringen, dürfte ein wenig Erfolg versprechendes Unterfangen sein. Seine Schlichtheit und seine menschliche Größe halten sich die Waage. Er beeindruckt durch seine Güte. Sie ist nicht erst an jenem Tag offenbar geworden, als er das verwaiste Rotkäppchen von der Straße auflas. Sie war in ihm. Und einer wie er läuft nie Gefahr, sie zu verlieren. Das beweist er an jedem Tag des Zusammenlebens mit anderen. Auch wenn die keine Russen sind.
Mir scheint, ich bin ihm schon einige Male begegnet. Ich weiß auch wo – in der russischen Literatur. Ded Arkow ist kein Unikat, wenn diese Bezeichnung für einen Menschen erlaubt ist. Für mich ist er die Inkarnation dessen, wovon Generationen vor uns in den entlegensten Gefilden der Welt gehört haben, worauf Russen stolz sind, weil es ihr Wesen,

ihren Charakter entscheidend ausmacht. Das nämlich, was sie ‚russkaja duscha', die ‚russische Seele' nennen. Darüber muss ich nachdenken, wenn ich meinen Alten anschaue. Im Nachhinein wird mir unbegreiflich bleiben, wie leicht es doch ist, das Zerrbild einer Nation, eines Staatsvolkes zu zeichnen und ganze Völker glauben zu machen, so ist es – und nicht anders. Und nicht alle Lügen haben kurze Beine, leider.

Wie soll Ded Arkow wissen, dass sein Name auf der Postliste am Schwarzen Brett steht und er aufgefordert ist, einen Brief oder ein Paket in Empfang zu nehmen? Bald schon war es meine Aufgabe geworden, für ihn die Post entgegenzunehmen. Es hatte nicht lange gedauert und zwischen uns war ein Vater-Sohn-Verhältnis entstanden. Er nennt mich ‚Synok', Söhnchen.

Während ich am Tage Barackendienst verrichte, ist er Nachtwächter. Gegen Mittag bringe ich ihm einen Brief von seiner Frau. Wie immer lässt er ihn sich von mir vorlesen. Für den Rest des Tages zeigt sich Ded Arkow nachdenklich und still.

Des Nachts aber steht er vor meiner Pritsche, weckt mich und spricht: „Ich bitte dich sehr, meine Störung zu entschuldigen. Söhnchen, sei so gut, lies mir den Brief meiner Alten vor." Es mochte um Mitternacht sein. Ich versichere ihm, ich tue es gern. Und dann lese ich ihm vor, was ihm seine Frau geschrieben hat. Danach sieht er mich mit bittendem Blick an und fragt: „Noch einmal?" Das wiederholt sich so lange, bis er jede Zeile des Briefes auswendig weiß. Nach ein paar Tagen spricht er mich wieder an: „Ich habe eine große Bitte. Schreib meiner Alten, sie wartet auf Antwort. Aber schreib einen guten Brief." Also schreibe ich. Ded Arkow setzt seinen Namen unter den Brief, umarmt mich und meint: „Es ist doch seltsam, da schreibt ein junger Deutscher für mich an meine Frau. Womöglich denkt sie, ich hätte auf meine alten Tage im Lager das Schreiben gelernt. Wenn ich heimkomme und ihr sagen werde, alle meine Briefe hat Gans Ludwigowitsch geschrieben, da wird sie sich aber wundern. Ich werde ihr von dir erzählen."

Meinen drei roten Katzen geht es nicht gut. Die Katzenseuche hat sie befallen. Ich bin völlig verzweifelt. Seit einigen Tagen quälen sie sich. Gleich kommen die Brigaden von der Arbeit zurück. Es ist Zeit, das Fass auf den Schlitten zu laden, zum Brunnen zu fahren und Wasser zu holen. Hoffentlich muss ich nicht so lange anstehen. „Nimm meine Filzstiefel. Aber pantsche sie nicht voll", ruft mir Sascha zu. Draußen verschlägt mir der Frost den Atem. Heute sind alle Wasserholer friedlich. Keinem ist bei der Kälte nach Streit zumute. Aber auch zum Scherzen ist niemand aufgelegt. Jeder hilft dem anderen. Ich bin schon bald zurück. Sascha schleppt mit mir den Wasserkübel in die Baracke. Ded Arkow ist nicht zu sehen. Nach einer Weile huscht er durch die Tür. Für sein Alter ist er gut zu Fuß, denke ich. In seinem Blick ist etwas Ungewohntes. Ich kenne das bei ihm, er kann nichts verbergen. Dann hab ich's. Meine Katzen sind weg. „Es war nötig", sagt er. Prüfend fast sieht er mir in die Augen. In seinem Blick ist Güte. Auch Katzen haben ein Recht auf Menschlichkeit. Mir bleibt nur Katzenjammer. Und das in des Wortes wahrstem Sinn.

Seit einiger Zeit hat die Strafgefangenen Unruhe erfasst. Die Gerüchteküche brodelt. Schon 1953 waren Mithäftlinge amnestiert worden. Als damals der Natschalnik PPTsche, der Politoffizier – allgemein Kum (Gevatter) genannt – dem an Krücken gehenden gelähmten Karpato-Ukrainer eröffnet hatte, er dürfe heimfahren, er sei frei, da brach der auf der Stelle ohnmächtig zusammen. Der Kum soll ganz blass geworden sein. Was wäre gewesen, wenn dem so plötzlich aller Fesseln Entledigten vor lauter Freude der Schlag getroffen hätte? Nicht auszudenken, die Obrigkeit verlangt in einem solchen Fall eine Erklärung. Schließlich sind zuvor nicht wenige Räder in einem weitverzweigten und komplizierten Verwaltungsgetriebe in Bewegung gesetzt worden. Sogar im fernen Moskau haben sich Leute von Rang in verantwortungsbewusstem Streben nach Gerechtigkeit um diesen Mann Gedanken gemacht. Aller Aufwand und der gute Wille wären umsonst gewesen. Wer im Lager stirbt, hat ohnehin die Freiheit gewonnen. Was kann der Kum schon zu seiner Rechtfertigung sagen? „Ich habe ihm eure großmütige Entscheidung mitgeteilt. Was tut der Idiot? Er fällt tot um. Das ist doch nicht meine Schuld." Zugegeben, die Amnestie ist ein gefährliches Ding. Vielleicht ist sie deshalb so selten. Sträflingen fehlt einfach die Einsicht, dass solcherart Zurückhaltung ein wesentlicher Teil der Fürsorge ist, die man ihnen zukommen lässt.

Ich meine, dieses Beinahe-Beispiel verdeutlicht, die Position des Kum im Arbeitslager weist zu der eines Pastoren Parallelen auf. Er leidet mit seinen Schäfchen, wird von Ängsten geplagt.

Februar 1954. „Antreten mit allen Sachen!" Wir kennen das Kommando. Irgendetwas liegt in der Luft. Und diesmal geht's um die Deutschen. Die Unruhe ist ein wirksames psychologisches Mittel. Ab und zu geht man auf Etappe, lässt man alles hinter sich. Gewöhnung, Rhythmus, Gleichlauf geben das Gefühl von Geborgenheit. Das aber macht frech und

aufsässig. Deshalb ist Tapetenwechsel Bestandteil der Gefangenentherapie.
Und wirklich, nur Deutsche sind zum Transport aufgerufen. Darüber wundern wir uns nicht.
Vor ein paar Wochen sind wir in der Kommandantur noch einmal registriert worden. „Alle Deutschen werden entlassen. Aber erst bringt man sie nach Zentral-Russland, in ein milderes Klima. Hier haben wir 50 Grad und mehr Kälte. Wie lange dauert die Reise? Wenn Sie daheim ankommen, sind da vielleicht 20 Grad Wärme. 70 Grad Temperaturunterschied, ich bitte Sie Gans Ludwigowitsch, das halten Sie nicht aus. Eine Reakklimatisation ist unumgänglich. Bedenken Sie, Sie leben schon fast sechs Jahre im Polargebiet", sagt Borisow-Schtejn zu mir. Er ist Jude, enorm scharfsinnig, hafterfahren und listig, und er verfügt über gute Beziehungen. Ich habe eben eine interessante Schachpartie gegen ihn verloren. Das muss ihn in Gönnerlaune versetzt und zum Reden animiert haben. Niemand sieht diesem schmächtigen, fast zerbrechlich wirkenden kleinen Männchen an, dass sein ständiger Wohnsitz – sofern man von einem solchen bei einem Strafgefangenen überhaupt sprechen kann – seit fast zwanzig Jahren Gefängnisse und Arbeitslager sind. Im Grunde ist er Moskauer. Nach der Oktoberrevolution soll er bedeutsame Positionen bekleidet haben. Muss wohl was getan haben, was Väterchen Stalin verärgert hat. In den Dreißigerjahren wurde mancher von dem großen Besen auf den Kehrichthaufen befördert.
Was Borisow Schtejn da sagt, klingt plausibel. Er hat sicher wieder Informationen aus zuverlässiger Quelle. Eigenartig, er lässt mich immer den Argwohn des Juden allen Deutschen

gegenüber spüren. Ich kann es ihm nicht verdenken, obwohl ich mich seit Jahren bemühe, dieses offen gezeigte Misstrauen abzubauen, ihm jeden Grund dafür zu nehmen. Sein feines Gespür lässt ihn all das bestimmt wahrnehmen, doch er zeigt keine Reaktionen darauf und lässt sich nicht in die Karten schauen. Keiner wird schlau aus ihm. Möglicherweise ist er seit eh und je ein Einzelgänger. Auch zu seinen jüdischen Landsleuten unterhält er nur spärliche Kontakte. Für Lagerverhältnisse stolze Rubelsummen, wer sie ihm in Moskau auch überweisen mag, verhelfen ihm zu einer gewissen Autarkie. Alle und alles ist käuflich. Hat man Geld, ist man auf die Balanda (dünne Suppe), die Kascha (Grütze) und den rohen Fisch nicht angewiesen. Und ein paar Rubelchen in der Hand des Barackenältesten sichern absolut einen guten Pritschenplatz. Der immer hungrige Deutsche oder auch Iwan Iwanowitsch, die beide von der Norm leben, schleppen dir für ein paar Suppen und eine Pajka (Brotration) gern die Pritsche zur Entwanzung.

Es ist noch Zeit. Viel habe ich nicht zusammenzupacken. Ich muss für ein Weilchen allein sein. Eine Wende steht bevor, ich spüre es. Das Lagerinnere noch einmal mit einem Blick erfassend trete ich an den Stacheldrahtzaun, blicke zum Wachturm hinauf, sehe den Laufdraht, der an allen vier Seiten der Lagerzone angebracht ist und an dem des Nachts die deutschen Schäferhunde angeleint werden. Ab und zu konnten wir beobachten, wie sie auf uns abgerichtet wurden.

Jetzt aber richte ich mein Augenmerk auf die Tundra, jenes Stück Welt mit den zwei Gesichtern. „Sommer – Winter, Sommer – Winter“ hatte einst Nikolai geraten. Es war ein guter Rat, ihn zu begreifen, hat mir die Tundra geholfen. „Ho, ho", ruft der Komi, der geschickt die drei Rentiere mit einer langen Stange lenkt, seinem Hund zu. Mit einem gewaltigen Satz springt der in den hinten offenen Schlitten hinein. Die Schneedecke knirscht unter den Kufen.

Sie ist dünn, es ist zu kalt zum Schneien. Ich schaue hinüber zu dem kleinen Hügel, auf dem ein paar Hütten stehen.

Das ist das alte Abes, wo sich vor Zeiten die Komi angesiedelt haben. Wenn der Winter weicht, dann ziehen sie wieder mit ihren Rentieren los. Nomaden, das sind sie schon lange nicht mehr. Aus den Schornsteinen der Hütten steigt kerzengerade der Rauch empor. Er fließt hinein in das Rot des Himmels, das von der Sonne ausgeht, deren oberer Rand hinter dem Ural sichtbar wird. Die Macht der Dunkelheit ist gebrochen. Mensch und Kreatur schöpfen Hoffnung.

Ich höre Schritte. Ohne mich umzusehen, weiß ich: Es ist Ded Arkow. Die Stunde der Trennung ist gekommen. Wir wissen, ein Wiedersehen wird es nicht geben. Wie oft habe ich in all den Jahren ‚Leb wohl!' gesagt, nicht auf ‚Wiedersehen'. Bei meinem Alten fällt es mir besonders schwer. Ihm auch. Mir wird dieser Abschied immer in Erinnerung bleiben. Warum? Ich will es Ihnen sagen.

Ganz dicht tritt Ded Arkow an mich heran. Er umarmt mich, küsst mich, wie es russische Art ist, und spricht: „Proschtschaj (Leb wohl), Synok. Du fährst nach Hause. Die allerbesten Wünsche. Ich weiß, es wird Krieg geben. Ihr Deutschen könnt Stalingrad nicht vergessen. Vielleicht begegnest du meinem Sohn. Ich bitte dich, bitte dich inständig – sei ihm gnädig!"

Seine Schultern zucken, mein sonst so beherrschter Alter schluchzt. Er weint, und die Tränen rinnen in seinen Bart.

Schweigend gehen wir zurück zur Baracke. Dort warten die anderen – Martirij Antonowitsch, Genadij Wassiljewitsch, Jurka, Wolodja, Nikolai, Wanja, Petro, Sascha. Sie umarmen und küssen mich. Die meisten weinen. Jeder will mir noch gute Wünsche mit auf den Weg geben, mir die Hand reichen. Noch einmal wird mir bewusst, in welchem Völkergemisch ich da gelebt habe. Da stehen sie alle, die Ukrainer, die Esten, Letten, Litauer, Suleijman, der Usbeke, der kleine dicke Baschkire, Assarjan, der Armenier und auch Ernst Jägi, der Elsässer, der fast sein ganzes Leben als Webmaschinentechniker in Chemnitz gearbeitet hat. Er spricht sächsisch wie ein Sachse, fühlt sich aber als Franzose und ist auch als solcher registriert. Was aus ihm wird, ist ungewiss. Seit kurzem spuckt er wieder Blut, die Tbc ist aufgebrochen. Ich drücke ihn an mich, mache ihm Hoffnung: „Du kommst bestimmt bald nach."

Dann nehme ich mein Holzköfferchen auf, werfe meine an den Zipfeln zusammengeknotete Decke mit den Habseligkeiten über die Schulter und wende mich um, gehe mit scheinbar festem Schritt zum Lagertor, zum Sammelplatz. Ich weiß, in diesem Augenblick vollzieht das Schicksal eine Zäsur. Die dünne Polarluft trägt uns den Signalruf einer Lokomotive zu. Sie wird uns wegbringen von hier, näher zur Heimat, zur Freiheit. Ich schaue nicht zurück, winke den Freunden nicht noch einmal zu. Ded Arkow wird es bemerken, und er wird wissen, warum. Bestimmt betet er jetzt für mich, der Gute.

P. S.

Diese Gedanken bringe ich am 22. November 1985 zu Papier.

Warum erst jetzt? Ein russisches Sprichwort sagt: ‚Tische jedesch – dalsche budesch!' ‚Wer ruhig fährt, kommt weiter!' Sie können das Sprichwort umkehren: ‚Wer weit fährt, wird ruhiger!' So herum gefällt es mir ebenso gut, weil es ebenso wahr ist. Weit genug habe ich mich ja vom Ort des Geschehens und Erlebens entfernt. Sie werden es nicht glauben, in den vielen Jahren habe ich mich manchmal nach der Tundra gesehnt. Mehr wohl nach den Freunden, denen ich in ihr begegnete.

Ich habe nie erfahren, ob Ded Arkow seine Alte noch einmal sehen durfte. Institutionelles Denken kann auf individuelle Wünsche nur bedingt Rücksicht nehmen. Großrahmige, massiv systemorientierte Denkmodelle stellen auf hohe Zielsetzungen ab. Das sichert ihnen den Anspruch auf den höchsten Stellenwert, weil sie – so sagt man – das Hoffen, Begehren und Wollen des einzelnen in sich einbindet.

Ded Arkow hat gehofft, begehrt, gewünscht. Ob ihm ein Wiedersehen mit den Seinen, ein paar Jahre des harmonischen Zusammenlebens mit ihnen in Freiheit vergönnt gewesen ist? Ich habe es ihm gewünscht.

(…)

Das Wort Frieden haben wir nie so oft und so eindringlich vernommen, wie in diesen drei Jahrzehnten. Ich kenne niemanden, der ihn nicht will. „Es wird Krieg geben!", hat Ded Arkow gesagt und dabei an Einsicht und Humanität appelliert. „Das Wettrüsten dient der Sicherung des Friedens in der Welt. Wenn wir es nicht tun, droht Krieg!" Das war bislang die Devise. Die Angst war es also, die uns so lange den Frieden erhalten hat, nicht die Vernunft. Man hat endlich erkannt: es ist nicht mehr bezahlbar. Der Rest ist Bekundung des guten

Willens. War er nicht klug, mein Alter, der des Lesens und Schreibens unkundig war?

Während ich das schreibe, streicht mein Kater Ludwig um mich herum. Wohlgelaunt schnurrend trampelt er auf meinem Schreibblock herum, reibt sein Köpfchen an meine Nase. Kurz, er benimmt sich wie damals meine roten Katzen in Abes. Er ist ein rishij kot, ein roter Kater wie sie. Unter Katzen spielt die Nationalität keine Rolle und die Staatsbürgerschaft kratzt sie nicht. Alle sprechen die gleiche Sprache, alle haben den gleichen Geschmack. Damit haben sie uns, die wir uns für die am höchsten entwickelten Lebewesen halten, eine Menge voraus. Denn ob ich deutsch oder russisch mit ihm rede, er zeigt mir, was des Volkes – des Katzenvolkes – Wille ist: Er tut nur das, was er will. Natürlich gilt bei uns eine Hausordnung. Sie ist für die Mitglieder der Familie – dazu zählt Ludwig – ein für alle verbindliches Regulativ, ein ungeschriebenes Gesetz mit Verfassungsrang. Und wenn ich es mir recht überlege, dann trotzt der Kater uns Zweibeinern, dem herrschenden Regime, letztlich doch nur Individualrechte ab, die jedem nach der Verfassung zustehen. Freilich, in seiner Forderung nach Toleranz ist er nicht zimperlich. Aber genau sie ist es, die den Frieden in unserem Hause garantiert. Und wir wollen ihn wirklich. Von Katzen kann man eine Menge lernen.

Hans Walther starb am 3. August 2010 in Göttingen.

„Es hat mich geprägt fürs ganze Leben"

Christina Schmidt-Kensche, geborene Kensche

geboren am 15.11.1927 in Liegnitz (Schlesien)

9. Februar 1945.

Die 19-jährige Christina warf noch einen letzten Blick zurück, winkte dem Vater zu, der an dem Haus stand, in dem sie aufgewachsen war. Nach einem Abschiedslächeln war ihr nicht zumute. Auch der Vater blickte sie nur ernst und besorgt an. Christina schwang sich aufs Rad und trat in die Pedale.

Sie, ihr Cousin und ihre Cousine flüchteten mit Fahrrädern aus Liegnitz in Niederschlesien. Der Vater, der zu Friedenszeiten als Schneidermeister arbeitete, war beim Volkssturm und konnte nicht mit. Die Mutter und die kleine Schwester hatte er noch in einen schon überfüllten Zug gesetzt – und prompt wegen seiner kurzen Abwesenheit Probleme bekommen. Beinahe hätten sie ihn noch an die Wand gestellt und erschossen deshalb. Dann sollte er sich jedoch zum Glück nur bei der Kreisleitung melden. Aber als er dort ankam, waren die Parteibonzen schon geflohen.

Die ganze Stadt, alle die konnten, waren auf der Flucht. Christinas Verwandtschaft war mit dem Pferdewagen aufgebrochen. Doch für alle aus der Familie gab es da keinen Platz. Den Jugendlichen trauten die Erwachsenen wohl am ehesten zu, dass sie sich durchschlagen konnten. Bloß wohin?

Christina blieb keine ruhige Minute, um darüber nachzudenken.

Wie weit würden sie kommen mit den Rädern? Es war kalt und es regnete leicht.

Als sie auf der Landstraße fuhren, reihte sich Flüchtlingstreck an Flüchtlingstreck. Auch aus den Nachbarorten kamen die Menschen. Bauern flohen mit Pferd und Wagen. Auf einmal wollten Truppen der Wehrmacht sie überholen. Die Uniformierten brüllten, dass sie von der Straße verschwinden sollten. „Straße frei! Platz da! Straße frei! Straße frei! Straße frei!"
Gerade noch so schafften sie es mit ihren Rädern in den Straßengraben. Christina hockte im Schlamm, betrachtete das Chaos, das sich vor ihren Augen abspielte, und spürte ihr Herz schlagen. In schnellem Tempo donnerten die schweren Militärfahrzeuge an ihnen vorbei.
Die drei schoben die Räder wieder aus dem Graben heraus und blickten den Davonfahrenden fassungslos hinterher. „Nach dem Motto: Rette sich wer kann", murmelte Christina. So viel schien klar: Das war's dann mit dem „Dritten Reich". Verteidigt wurde von den deutschen Soldaten nichts und niemand mehr.
Die Jugendlichen radelten weiter Richtung Süden, so wie man es ihnen geraten hatte. Übers Riesengebirge sollten sie. Dort wären die Amerikaner. Bloß nicht nach Westen, nur nicht dahin, wo die Russen waren!
Also kämpften sie sich den nächsten Hügel hoch, die Landschaft wurde immer bergiger und die Flucht noch mühsamer.
An einem Bahnhof gelang es ihnen, sich noch in einen Zug zu quetschen. Die Räder ließen sie zurück. Aneinandergepresst standen sie im Abteil und versuchten über die Köpfe hinweg, mitzubekommen, was draußen los war. Alle waren angespannt, nervös, lauschten und warteten, was nun passieren würde.
Plötzlich wurde es über ihnen wahnsinnig laut. Flugzeuge schossen über sie hinweg! Christina hörte ein Donnern. Wurden sie bombardiert? Würden sie jetzt sterben?

Der Zug hielt. Die Leute schrien, drängten nach draußen. Christina und die beiden anderen Jugendlichen flüchteten aus dem Waggon, warfen sich in ein Kornfeld. Und dann rannten sie los … und rannten … Wo waren sie überhaupt? Und wohin sollten sie denn jetzt?
Auf einer Straße sahen sie sich nach einer Mitfahrgelegenheit um. Lange vergeblich. Es blieb ihnen nichts anderes übrig, als einfach weiterzulaufen. Bis ein deutscher Militär-Lkw neben ihnen hielt und sie mitfahren konnten. Die Truppe, der sie sich nun anschlossen, war auf dem Weg nach Tschechien.

Schließlich in der Nähe von Benischau (heute Dolní Benešov) kamen ihnen am 8. Mai 1945 berittene Truppen der Roten Armee entgegen. Die deutschen Soldaten wurden entwaffnet und gefangengenommen. Die vielen Flüchtlinge hielt man in provisorischen Lagern, zunächst auf Feldern, dann auf Kasernengeländen und Schulhöfen in Benischau, fest. Bewacht wurden sie von bewaffneten Tschechen. Aus Angst vor Vergewaltigung durch Soldaten der Roten Armee wurden die jungen Mädchen nachts unter Jacken, Mänteln und Decken verborgen und von den Männern als Kopfkissen „benutzt".
Auch durch gemeinsames lautes Singen versuchten sich die Frauen manchmal zu schützen, wenn sie ohne die Männer unterwegs waren. „Wir waren eine Gemeinschaft, wenn wir sangen, hielten wir uns wach und bekamen alles mit." Einmal wurde Christina zusammen mit zwei anderen jungen Frauen aber doch von sowjetischen Soldaten mitgenommen. Jetzt sind wir geliefert, dachte sie. Doch zu ihrer Überraschung bekamen sie etwas zu essen, durften sich waschen und man ließ sie sogar in einem richtigen Bett schlafen. „Wir konnten uns ja nicht richtig verständigen, aber sie haben

uns zu verstehen gegeben, dass sie uns aus dem ganzen Schlamassel mal rausholen wollten. Da waren wir höchst überrascht. Das waren einfach ein paar gute Menschen."

Christina landete einige Zeit später auf einem Gutshof, der bis vor Kurzem noch von der SS betrieben und jetzt an den Eigentümer zurückgegeben wurde. Natürlich konnte dieser im gerade beginnenden Sommer Arbeitskräfte gut gebrauchen. Er forderte neben männlichen Arbeitern weibliche Hilfskräfte an, die Essen kochen und mit aufs Feld gehen sollten. Zusammen mit zwei Krankenschwestern wurde Christina für die Versorgung der Zwangsarbeiter zuständig und arbeitete in der Landwirtschaft. Auch wenn sie während der Arbeit von keinem bewaffneten Posten bewacht wurden, fühlte sich die junge Frau gefangen. Sie konnte dort nicht weg. Wohin auch? Und wie? Es fuhren ja nicht mal Züge. Sie wäre nicht weit gekommen.

1946 wurde Christina Kensche entlassen und kehrte, nach einem kurzen Aufenthalt in einem Quarantänelager, in die SBZ zu ihrer Familie zurück.
Sie ging in Oschatz zur Schule und absolvierte im Juni 1947 ein Not-Abitur.
Nun bewarb sie sich in verschiedenen Universitäten und wurde in Greifswald angenommen.
In dieser Zeit erhielt sie eines Tages unerwarteten Besuch.
Ein Jugendfreund ihres Bruders aus Liegnitz, Dieter Teschner, suchte sie in Oschatz auf.
Er erzählte ihr unumwunden, dass er Informationen in der Region sammeln würde und nannte ihr auch die Organisation Gehlen als Auftraggeber. In Oschatz würde ihm noch jemand für die Mitar-

beit fehlen. Es ginge darum, Autonummern von den sowjetischen Truppen zu sammeln. Man wolle damit herausfinden, wo sich welche Truppe hinbewegen würde.
Christina Kensche erklärte ihm, dass sie daran kein Interesse habe. „Erstens will ich so was nicht machen und zweitens gehe ich sowieso nach Greifswald zum Studium."
„Nach Greifwald also …" Enttäuscht blickte er sie an und verabschiedete sich dann bald.
Es blieb bei dem einen Treffen.

Im Wintersemester 1947 begann Christina damit, Germanistik zu studieren.
Im idyllischen Greifswald verliefen die Vorlesungen noch nach altem Ritus.
Von den neuen ideologischen Vorgaben war in dieser Zeit nicht viel zu merken. Sogar der Studentenrat wurde noch frei gewählt. Sie fühlte sich wohl in Greifswald und war auf einem guten Weg.

Vielleicht auch deshalb trafen sie die schicksalhaften Ereignisse im Sommersemester umso härter.
Am 30. Juni 1948 kam ein Kommilitone beim Mittagessen in der Mensa auf sie zu. „Du sollst mal beim Studentenrat vorsprechen."
„Okay, wenn ich gegessen hab, komm ich", antwortete Christina und wunderte sich ein bisschen. Was wollten die denn von ihr?
Als sie das Büro in der oberen Etage betrat, sah sie einen sowjetischen Offizier am Tisch sitzen, der sie seltsam anstarrte.
Der Vorsitzende vom Studentenrat strich sich nervös durchs Haar. Auch er blickte sie auf eine Art an, dass ihr mulmig wurde. „Du

sollst mal auf die Kommandantur mitkommen, die haben da ein paar Fragen an dich", erklärte er.
Zögernd folgte sie dem Offizier die Treppen hinab. Auf der Straße wartete ein Geländewagen mit sowjetischen Soldaten. Christina wurde in das Auto verfrachtet und ehe sie sich versah, fuhren sie schon davon. Doch statt an der Kommandantur zu halten, verließen sie die Stadt.
„Was ist denn los? Wo bringen Sie mich hin?"
Sie erhielt keine Antwort. Niemand sprach auch nur ein Wort mit ihr. Irgendwann merkte sie, dass sie Richtung Berlin fuhren.
Als sie in Potsdam in der Leistikowstraße ankamen, wusste sie nicht, wo sie sich überhaupt befand. Wie in einem Albtraum stand sie vor dem grauen angsteinflößenden Gefängnisgebäude und hatte nicht die geringste Ahnung, warum sie hierhergebracht wurde.
Zeit, um das festzustellen, gewährte man ihr nicht, sondern führte sie sofort in den Keller – in eine Zelle mit einem betthohen Holzgerüst und einem Eimer. Das Fenster war eher ein vergitterter Luftschacht. Es drang kein Tageslicht zu ihr.
Sie hatte nichts mitnehmen können, nur die Kleidung, die sie auf dem Leib trug. Eine Birne brannte Tag und Nacht. „Als ich in diesem Loch hockte, wusste ich: Jetzt bist du eingesperrt." Aber warum? Worum ging es hier? Da sie sich weder setzen noch hinlegen durfte, stand sie in der Zelle und grübelte über einen möglichen Grund nach.
Hatte es irgendetwas mit der Uni zu tun? Sicher, sie wollten Veränderungen an der Uni und die neue politische Bevormundung, die sich anbahnte, z. B. durch die FDJ, lehnten sie ab. Aber sie hatte nichts angestellt!

Nervös lief sie die zweieinhalb Schritte vor der Pritsche hin und die zweieinhalb Schritte zurück. Ab und zu bemerkte sie ein scharrendes Geräusch an der Tür; jemand beobachtete sie durch das Guckloch. Ein Schauer jagte ihr über den Rücken.

Um Mitternacht spielte die Hymne der Sowjetunion. „Wenn ich die hörte, war ich heilfroh, denn dann durfte ich mich endlich hinlegen und schlafen."

Aber oft währte die Zeit des Schlafs nur sehr kurz. Bereits in der ersten Nacht wurde sie zum Verhör geholt. Und auch die folgenden Verhöre fanden stets nachts statt.

Zur Befragung führte der Posten sie über den Hof ins Nachbargebäude in den ersten Stock.

Nach der Zeit im dunklen Kellerloch genoss sie den Ausblick aus dem Fenster beinahe. Eine Laterne brannte dort. Von nun an würde sie die immer sehen, wenn sie hierhergebracht wurde. Der Name Teschner fiel recht schnell. Sie war erleichtert, als sie ihn hörte. Mit dem hatte sie ja nichts zu tun. *Das wird sich aufklären, dann komme ich wieder nach Hause*, dachte sie. Der Dolmetscher sprach gutes Deutsch, verhielt sich nett und freundlich. Körperliche Übergriffe gab es keine.

Als Psychofolter empfand sie jedoch den Schlafentzug. Am Tage durfte sie nicht schlafen und nachts fanden die Verhöre statt.

Sie wollten Namen von ihr. Doch Christina wusste nichts von einer Gruppe. Die Befrager ließen nicht locker: Was sie für Informationen habe, wer noch dazugehören würde …

Immer wieder drängten die Offiziere sie, andere zu benennen.

In ihrer Ratlosigkeit und Verzweiflung dachte sie sich einen Trick aus. Sie nannte den Namen einer Klassenkameradin aus Liegnitz, die gestorben war. Dann fielen ihr noch Leute ein, die bereits im Westen lebten.

Einmal wurde Christina zu einer unüblichen Zeit plötzlich aus der Zelle geholt und auf dem Hof an die Wand gestellt. Einen Moment rechnete sie damit, dass der Posten sein Gewehr auf sie richten und schießen würde. Aber im nächsten Augenblick wurde ihr ein Schild mit einer Nummer und russischer Schrift in die Hand gedrückt. Statt einer Waffe zog der Uniformierte einen Fotoapparat. Mal sollte sie sich nach rechts, mal nach links drehen – und sie versuchte dabei das Zittern, das noch in ihren Knien saß, zu unterdrücken.

Im nächsten nächtlichen Verhör wollte man ihr wieder nachweisen, dass sie irgendwelche Informationen hätte.

Durch den Schlafentzug konnte sie sich kaum noch auf den Beinen halten.

Der Vernehmer war manchmal recht rüpelhaft zu ihr, aber geschlagen wurde sie nicht.

Nach der Befragung las ihr der Dolmetscher die Protokolle vor. „Ich habe nichts ausgesagt, was mir hätte Schwierigkeiten machen können. Ich hatte nichts mit der Sache zu tun."

Erst später stellte sie fest, dass es völlig egal war, ob sie schuldig oder unschuldig war.

Selbst wenn sie ihre Unschuld beweisen könnte, würde ihr das nicht helfen. Sie hatte keinen Anwalt, niemanden, der ihr beistand.

Ihre Hoffnung, dass man sie gehen lassen würde, zerschlug sich.

Neben dem fehlenden Schlaf, der Einsamkeit und Hoffnungslosigkeit zermürbten sie auch die hygienischen Verhältnisse. Nie bekam sie frische Wäsche. Nie konnte sie sich richtig waschen. Morgens beim Kübelausleeren führte man sie an ein Waschbecken. Unter dem Wasserhahn wusch sie sich notdürftig. Die Kleidung auszuziehen, um sich mal ganz zu säubern, war nicht möglich.

Mit der Zeit stumpfte sie ab und nahm die menschenunwürdigen Gegebenheiten hin.
Sie litt so oder so unter der Gefangenschaft. Ob sie schmutzig in der Zelle hockte oder sauber – was spielte das für eine Rolle?
Als nach ein paar Wochen die Verhöre aufhörten, dachte sie: *Jetzt haben die dich vergessen und du bleibst für immer in diesem Loch.* Ohne Tageslicht, mit der Glühbirne, die beständig auf sie herabschien, ohne Kontakt zu irgendjemandem, ja, sogar ohne die Laterne, die sie sonst betrachtete, wenn sie zum Verhör geführt wurde, begann sie damit, sich eine Geschichte auszudenken. Am nächsten Tag folgte die Fortsetzung. Am Tag darauf ging es weiter. Ganze Romane entstanden in ihrem Kopf. „Ich bin aus der realen Welt ausgetreten. Die Technik habe ich entwickelt, um zu überleben. Man musste ja irgendwie seinen Geist beschäftigen. Es gab welche, die drehten total durch. Die randalierten fürchterlich."
Christina verbrachte die Haft in der Potsdamer Leistikowstraße vollkommen isoliert. Sie sah niemanden von den anderen Gefangenen. Manchmal hörte sie draußen vor der Tür Stimmen und versuchte herauszufinden, was geredet wurde. Oft dachte sie an ihre Eltern, die nicht wussten, wo sie war. Niemand durfte sie besuchen oder ihr ein Päckchen schicken. Keine Nachricht, kein Kassiber konnte aus diesem abgeschirmten Gefängnis geschmuggelt werden.
Einmal während dieser Zeit durfte sie in die Badewanne. Im Raum standen ein Ofen und die halbgefüllte Wanne. Sie erhielt etwas Waschpulver. Sich ganz auszuziehen, erschien ihr aber in dieser Situation unmöglich. Auch wenn die Wächter nichts taten, außer sie mürrisch zu bewachen und zu kontrollieren, ob sie sich an die Regeln hielt, lebte sie in der beständigen Angst vor einem Übergriff.

Die Mahlzeiten waren kärglich. Meist gab es Kascha, manchmal etwas Brot dazu. Kein Gemüse, kein Obst, nichts Frisches. Als sie ein einziges Mal ein kleines Stück Gurke erhielt, bewahrte sie es auf, um so lange wie möglich daran zu riechen.

Im Oktober hieß es dann eines Tages: „Mitkommen!" Christina Kensche wurde in den Saal geführt, in dem das Tribunal stattfand. Erstmalig sah sie die anderen Angeklagten der „Gruppe Teschner". Sie saßen auf Kirchenbänken, bewacht von Uniformierten mit Maschinenpistolen. Der sogenannte „Fall Teschner" wurde verhandelt. Sie kannte niemanden – abgesehen von Dieter Teschner, der sich während des Prozesses auffällig devot verhielt.

Name für Name wurde aufgerufen, der Paragraf war immer der gleiche, die Worte der Anklage ähnelten sich. „Bekennen Sie sich schuldig?", wurde sie gefragt und sollte aufstehen, um zu antworten.

„Ich bekenne mich nicht schuldig!"

Ihr Strafmaß: 15 Jahre. Zu verbringen in einem Arbeitslager.

Fast alle anderen bekamen 25 Jahre. Die drei, die 15 Jahre erhielten, hatten mit der Sache absolut nichts zu tun.

Nach dem Tribunal wurden sie und die anderen erst mal zusammen über den Hof geführt.

Alle alberten über das Urteil herum. „25 Jahre – das konnte sich keiner vorstellen. Selbst 15 Jahre waren unvorstellbar." Um sich abzureagieren, rissen sie Witze. Niemand glaubte, dass der Urteilsspruch wahr werden konnte. Und was sollte das bedeuten, dass sie die Strafe in einem Lager ableisten sollten?

„Wir kommen nach Russland", sagte einer.

Auch das konnte Christina nicht glauben. Zu ungeheuerlich erschien ihr diese Vorstellung.

In Lkws wurden die Verurteilten wenige Zeit später in das Speziallager nach Sachsenhausen gebracht. „Wir 58er waren von vornherein für Russland vorgesehen. Wir kamen in Sachsenhausen in eine besondere Baracke."

Es war Winter. Jeden Tag mussten sie draußen zum Apell antreten. Bei der sogenannten Zählung stellte Christina Kensche fest, dass es wieder mehr inhaftierte Frauen geworden waren. Täglich kamen neue Verurteilte hinzu. „Das waren alles Leute, die verdächtigt wurden gegen die Russen irgendwas gemacht zu haben."

Vor der bevorstehenden Deportation in die Sowjetunion hatte Christina zunächst keine Angst. Vielleicht, weil sie sich nichts darunter vorstellen konnte. Doch eines Tages erlebte sie, wie eine gefangene Russin versuchte, sich selbst zu verletzen, um nicht auf Transport gehen zu müssen. In der Baracke wurde ein Kanonenofen beheizt, der dann schnell anfing zu glühen. Die Russin setzte sich ganz dicht an den heißen Ofen und dann ging sie raus in den Frost. Sie legte es darauf an, krank zu werden. Christina, die das beobachtete, bekam nun doch ein mulmiges Gefühl. Wovor hatte diese Gefangene solche Angst, dass sie unbedingt in Sachsenhausen bleiben wollte?

Anfang Februar 1949 war es dann so weit: Christina Kensche und die anderen Frauen gingen auf Transport in die Sowjetunion. Auch die Russin, die versucht hatte, sich durch Krankheit zu entziehen, musste mit.

Die Fahrt in Viehwaggons empfand Christina als grausam. Eng zusammengepfercht hockten sie auf den Brettern, die als Pritschen dienten. Doch längst nicht für jede gab es einen Schlafplatz. Wer keinen Platz fand, musste auf dem Boden kauern. Nachts wurden bei einem Stopp die Waggons von außen mit Eisenhämmern abgeklopft. Man wollte wohl sichergehen, dass niemand ein Brett gelöst und einen Fluchtversuch unternommen hatte.

Zu essen gab es lediglich ein stinkendes Kraut, vor dem sich Christina ekelte.

Auf einer Zwischenstation in Belarus kamen die Inhaftierten für ein paar Tage ins Gefängnis. Dort wurden die Transporte wieder anders zusammengestellt. Für einige ging es nach Norden, für andere nach Westen. Das Ziel, zu dem sie gebracht werden sollten, kannten sie nicht.

Das nächste Mal wurden sie in Moskau aus den Viehwaggons „ausgeladen" und kamen in ein riesiges Gefängnis. Christina landete in einer Zelle mit 40 bis 45 Frauen, die alle aus verschiedenen Gegenden kamen: Ukrainerinnen, Russinnen, Lettinnen, Litauerinnen und Deutsche waren hier zusammengesperrt. Zankereien ums Essen oder auch um die Schlafstatt blieben nicht aus. Doch trotz gelegentlicher Anfeindungen erlebte sie von diesen Frauen keinen ausgesprochenen Hass gegen sich als Deutsche.

In Moskau ereignete sich eine merkwürdige Begebenheit, die Christina nicht mehr vergessen sollte. In der großen Zelle gab es auch eine Frau von Mitte 30, von der es hieß, sie sei Wahrsagerin. Die kam eines Tages zu Christina und zwei weiteren Frauen und bot ihre Künste an. Christina war zunächst skeptisch, doch schließlich dachte sie: Warum nicht, ist wenigstens ein bisschen Ablenkung. Die Wahrsagerin ließ sich das Geburtsdatum nennen, breitete ein grünes Tuch auf ebener Fläche aus und ließ dann aus Brot geformte Kugeln aus der Hand fallen. Je nachdem, wie sie fielen, prophezeite sie die Zukunft. Zu Christina sagte sie, dass sie sich keine Sorgen machen solle, nach fünf Jahren würde sie aus dem Lager nach Hause kommen, drei Kinder bekommen und viele Reisen unternehmen. Auch wenn die Frauen hinterher Witze darüber machten, für Christina wurde die Prophezeiung ein Rettungsanker in der Not. „Immer wenn's gar zu schlimm wurde oder die Kälte unerträglich war, hab ich zu den anderen gesagt: Kommt, haltet durch! Ich fahr nach Hause. Und wenn ich nach Hause fahre, dann fahrt ihr auch nach Hause!"

Nach etwa zehn Tagen erfolgte der Transport von Moskau nach Wologda.
„In Wologda trafen wir deutsche Kriegsgefangene, die, weil sie bestimmten Truppenteilen angehört hatten, alle en Block zu 25 Jahren verurteilt wurden. Die waren fassungslos, ja, konnten sich gar nicht beruhigen, dass man da junge Frauen in ein Arbeitslager verschleppt."
Nach ca. 1.500 weiteren in Viehwaggons zurückgelegten Kilometern gelangten sie an ihren „Bestimmungsort" – das Lager Inta. Zunächst war Christina froh, dass sie nun endlich angekommen waren. Zu Fuß lief sie mit den anderen von der Bahnstation zum Lager. Es war Winter. Sie stapfte mit ihren Halbschuhen durch den hohen Schnee und hatte noch Glück. Viele besaßen nur noch kaputtes Schuhwerk.
Eine Zeitlang kam sie nun in Quarantäne. Dort wurden die Frauen von Ärzten untersucht, in Arbeitskategorien eingeteilt und sie bekamen der Witterung angemessene Kleidung – Wattejacken und *Walenki*[44]. Anschließend erfolgte die Einweisung in bestimmte Baracken – je nach Alter, Arbeit und Brigade.
Christina arbeitete mit Litauerinnen zusammen, die ihr einen Spitznamen gaben und sie unter ihre Fittiche nahmen. Doch Christina wurde beinahe sofort krank. Mit Bauchtyphus kam sie auf die Isolierstation. Ein polnischer jüdischer Arzt, der gut Deutsch

---

44 Filzstiefel.

konnte, kümmerte sich um sie. Er tat alles, um der Schwerkranken das Überleben zu ermöglichen. Der Arzt, der ebenfalls ein Gefangener war, besaß einen guten Ruf, sodass auch die „Freien", die außerhalb des Lagers lebten, zu ihm kamen. Sogar ihre Kinder wurden von ihm behandelt. Damit hatte der Arzt sich eine Quelle verschafft, um Nahrung für seine Patienten zu erhalten. Er sorgte dafür, dass auch Christina statt der kärglichen Lagerkost gehaltvolle Mahlzeiten bekam. Einmal erwachte sie mit hohem Fieber. Der Arzt saß an ihrem Bett. „Heute ist die Krise", erklärte er ihr, „ich weiche nicht, bevor ich weiß, wir haben es hinter uns." Die ganze Zeit, während sie fieberte und sich zwischen Leben und Tod befand, blieb er bei ihr.

„Das werde ich ihm nie vergessen."

Später dachte sie darüber nach, dass es wohl keine gute Idee gewesen war, dass sie bei einem Halt auf dem Transportweg von Sachsenhausen nach Inta das Wasser aus einem Tümpel getrunken hatte, statt sich nur damit zu waschen.

Es dauerte lange, ehe sie sich etwas von der schweren Krankheit erholte.

Sie war geschwächt und stark abgemagert und der Arzt bemühte sich weiterhin darum, dass sie vernünftige Nahrung bekam. Während der vier bis fünf Wochen in der Isolierstation lernte sie eine Estin kennen, die für ihn als Krankenschwester arbeitete, und die eine sehr gute Freundin für Christina wurde. „Sie hat mir erzählt, was der Arzt alles auf die Beine stellte, um zum Beispiel an Weißbrot zu kommen."

Der Arzt stufte sie bei Entlassung als „Invalidin" ein. Dennoch arbeitete sie zunächst in der Brigade der Litauerinnen weiter. Sie sammelte Äste, machte Feuer und kochte Tee für die Frauen, die sich zu ihr weiterhin kameradschaftlich verhielten.

Nach einiger Zeit kam sie dann nach Abes, in ein Frauen-Invalidenlager. Auch die estnische Freundin ging mit auf Transport. Sie wurde dort als Krankenschwester gebraucht.
In dem ehemaligen Kriegsgefangenenlager angekommen, setzte sich die Estin an ein Klavier, das dort noch in der alten Kulturbaracke stand, und fing an zu spielen. Christina hörte ihr fasziniert zu. „Wahrscheinlich war das Klavier völlig verstimmt, aber das bekam ich vor lauter Freude über diese Klänge gar nicht mit."
Anders als in Inta gab es in Abes auch Kultur – unter der Leitung eines Kulturoffiziers. In die gelegentlichen Kino-Vorstellungen durften allerdings nur Frauen, die höchstens eine Strafe von zehn Jahren hatten. Christina war mit ihrem Strafmaß von 15 Jahren von dieser Vergünstigung ausgeschlossen. Doch der Estin gelang es, ihre Freundin hin und wieder mit hineinzuschmuggeln. Später gab es auch Theatergruppen. Zwar spielte Christina nicht mit, weil sie die Sprache nicht beherrschte, aber sie saß bei den abendlichen Proben oft dabei, die Stücke konnte sie irgendwann fast auswendig – und auf diese Art lernte sie nach und nach Russisch. Immer besser gelang es ihr, sich zu verständigen und auszudrücken. Schließlich war sie sogar in der Lage, Turgenjew und Tolstoi im Original zu lesen.

Notizbuch aus dem Lager Abes von Christina Kensche (Foto: Dr. Brit Schumann-Veith, Familienangehörige von Christina Schmidt-Kensche)

Zur Arbeit gingen die Frauen täglich zu Fuß – in Fünferreihen und manchmal untergehakt. Wenn sie nicht schnell genug liefen, gab es vom Posten schon mal einen Schlag mit dem Kolben ins Kreuz. Doch sofort reagierten die anderen Frauen mit wildem Protest und sie hörten wieder damit auf.

Nur wenn es dort kälter wurde als minus 30 Grad mussten die Insassinnen nicht mehr raus zur Arbeit. Christina erlebte dort sogar Temperaturen von bis zu minus 60 Grad.

Die Kälte machte ihr schwer zu schaffen. Dadurch, dass sie draußen inmitten von Eis und Schnee pinkeln mussten, wurden ihre Nieren nachhaltig geschädigt. Nur wenige Zeit nach ihrer Rückkehr, wurde ihr deshalb eine Niere operativ entfernt.

Später arbeitete Christina auch in der Handarbeitsabteilung. Dort wurden Teppiche geknüpft, gehäkelt und gestrickt. Die „Freien“ brachten Aufträge und Material, sodass die Lagerinsassinnen viel für deren Kinder anfertigten. Zehn Stunden täglich arbeiteten die Frauen, aber für Christina war wichtig, dass sie im Warmen saß und Gesellschaft hatte. So konnte sie sich etwas von den Strapazen der zurückliegenden Zeit erholen.

Im Lager lebten viele alte und kränkliche Frauen verschiedener Nationalitäten. Christina half ihnen, wenn es nötig war. Manchmal bekam sie dafür etwas von den Paketen dieser Frauen ab. Die Deutschen durften weder Pakete noch Briefe empfangen und keine Post verschicken.

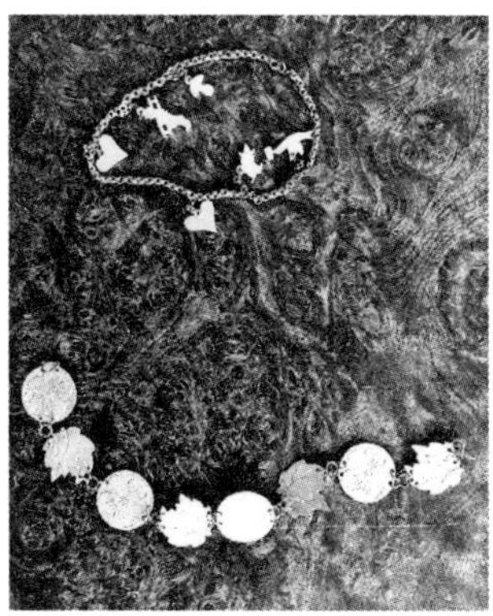

Aus Kopeken gebastelter Schmuck von Christina Kensche (1953) (Foto: Dr. Brit Schumann-Veith)

Abgeschoben ins Invalidenlager wurden auch die „Totalverweigerinnen" – das waren hier die „Christlichen Bäuerinnen", auch „Altgläubige" genannt. Die machten nichts, was man von ihnen verlangte: Sie gingen nicht zum Duschen, nicht zum Essen, verweigerten die Einnahme von Medikamenten und Arztbesuche. „Die saßen in ihren Baracken und sangen Tag und Nacht, schwermütige, sehr schöne russische christliche Chöre." Christina musste zusammen mit anderen die „Christlichen Bäuerinnen" auf Holztragen zum Duschen transportieren, sie dort ausziehen und abseifen, dafür sorgen, dass ihre Kleidung in die Entlausung kam und ihnen auch das Essen in großen Kübeln in die Baracke bringen.

Bestraft wurden die Verweigerinnen nicht mehr, man hatte sich mit ihrem Verhalten offenbar abgefunden. Da in Abes die Kranken und Schwachen lebten, verzichtete man wohl auf die in anderen Lagern übliche Bestrafung für Vergehen.

Auch eine Karzerstrafe widerfuhr Christina in Abes nicht und sie hörte nichts davon, dass andere Frauen auf die Art bestraft wurden. Doch auch in diesem Lager kam es zu Suizidversuchen. Frauen rannten nachts gegen den Stacheldraht.

„Wenn eine das machte, liefen vier bis fünf hinterher. Sie versuchten da hochzuklettern und wurden erschossen."

Dass jemand mal geflohen wäre, erlebte Christina hingegen nicht. Wohin sollte man in dieser lebensfeindlichen Schneewüste auch fliehen?

1951 wurde eine Deutsche, die aus München stammte, aus Abes entlassen. Bevor sie die Rückkehr antrat, lernte sie die Adressen von allen Eltern ihrer Leidensgefährtinnen auswendig. Schriftliches durfte nicht mitgenommen werden.

Christinas Mutter, die nicht wusste, wo ihre Tochter abgeblieben

war und ob sie überhaupt noch lebte, erhielt so erstmalig ein Lebenszeichen.
„Das Schlimmste war für mich, was meine Mutter durchmachen musste. Zum Glück war ja da noch meine jüngere Schwester, um die sie sich kümmerte. Das hat sie am Leben erhalten."

Im März 1953 hörten sie aus den Radios in den Baracken, dass Stalin gestorben war. Während die Deutschen voll Hoffnung die Rundfunkberichte verfolgten, die Todesnachricht begrüßten und sich gegenseitig beglückwünschten, fingen die Russen an zu trauern. Väterchen Stalin war tot! Christina verstand diese Reaktion nicht. „Das war einfach unglaublich. Der hatte sie in diese verzweifelte Lage gebracht und sie trauerten fürchterlich!"

Im Mai 1953 arbeitete Christina mit einigen Litauerinnen gerade außerhalb des Lagers. Die Gefangenen aus Litauen beherrschten aus der Partisanenzeit noch eine Zeichensprache und konnten sich über größere Abstände hinweg verständigen. Auch mit den 200 Meter weiter entfernt arbeitenden Männern verständigten sie sich auf die Art. Auf einmal kamen die Litauerinnen zu Christina gerannt und riefen ihr aufgeregt zu: „Du, es gibt Neuigkeiten! Die Deutschen fahren nach Haus! Im Männerlager werden schon alle zusammengetrommelt."
Christina dachte sofort an die Wahrsagerin in dem Moskauer Gefängnis. „Ich hab's euch doch immer gesagt. Im Juni sind meine fünf Jahre um!"
Als sie von der Arbeit ins Lager zurückkamen, hieß es gleich: „Die Deutschen sollen sich melden!" Christina ging erst mal Mittagessen. Sie wusste ja schon von der Wahrsagerin, dass es jetzt für sie heimwärts gehen würde.

Doch nicht alle Deutschen wurden entlassen, wie sich dann herausstellte, einige mussten noch bleiben. Die Gründe hierfür erfuhren sie nicht.
Und auch Christina und die anderen, die auf Transport gingen, landeten zunächst nicht in ihrem Heimatland. Ohne dass ihnen eine Erklärung dafür gegeben wurde, brachte man sie in das Lager nach Tapiau/Gwardeisk (Nordwestrussland; ehemals in Ostpreußen). Erst viel später erfuhren sie den Grund: Die Heimtransporte wurden durch den Aufstand am 17. Juni 1953 in der DDR zunächst gestoppt.
In Tapiau wurde nicht mehr gearbeitet, die Häftlinge mussten sich irgendwie selbst beschäftigen. Gleich nebenan befand sich ein Männerlager. Den Zaun zu überklettern, war hier kein Problem.
Bis Weihnachten 1953 wurden sie noch festgehalten, ehe es dann wirklich nach Hause ging.

Vom Auffanglager in Fürstenwalde fuhr Christina Kensche dann weiter nach Gardelegen bei Magdeburg. Von der Bahnstation lief sie zu Fuß durch den Wald in das kleine Dorf, in dem die Eltern lebten. Um ihre Mutter nicht zu erschrecken, ging sie zuerst zur Familie der Frau ihres Bruders, die auch dort wohnten. Diese begaben sich dann zur Mutter, um sie schonend auf Christinas Rückkehr vorzubereiten. Wie jeden Abend, seit dem Verschwinden ihrer ältesten Tochter, saß sie vor den Familienfotos. Der Vater war zusammen

Im Lager für Weihnachten 1953 hergestellter Schmuck (Foto: Dr. Brit Schumann-Veith)

mit der jüngeren Tochter wieder einmal gerade in Berlin unterwegs, um etwas über Christinas Schicksal herauszubekommen. Wie groß war seine Überraschung, als er nach Hause kam!

In der Folgezeit meldete sich Christina bei den Behörden zurück und wollte ihr Studium wieder aufnehmen. Doch es hieß auf dem Amt in Gardelegen lapidar: Das Recht auf ein Studium hätte sie verwirkt. Sie könnte in der HO als Verkäuferin arbeiten.
Alles, was sie bekam, war eine Heimkehrerbescheinigung. Eine Rehabilitierung erhielten die Rückkehrer nicht. Und so galt sie immer noch als vorbestraft.
„Bei der nächsten Gelegenheit gehe ich weg", sagte sie ihrer Mutter, kaum, dass sie wieder bei ihr war. Zwar fühlte sie sich nach fünf Jahren Lager alles andere als stark und fit, doch so viel wusste sie: In ihrem Leben hatte sie andere Pläne als Verkäuferin zu werden.
Ihrer Mutter brach sie damit fast das zweite Mal das Herz. Aber Christina sah keinen anderen Weg. Mit gefälschter Fahrkarte, vorgetäuschtem Arzttermin und verbundenem Kopf fuhr sie dann mit der S-Bahn von Ost- nach Westberlin. Unterwegs nahm sie ihre Verkleidung ab, stieg in Neukölln aus und gelangte von dort ins Auffanglager nach Marienfelde.

Christina Schmidt-Kensche in den 1970er Jahren (Privatarchiv Dr. Brit Schumann-Veith, Familienangehörige)

Im Notaufnahmelager wurde sie zunächst von den Amerikanern, Briten und Franzosen befragt und

sollte dann noch in eine Außenstelle, um irgendwelche Formalitäten zu erledigen.
Als Christina den Hof überqueren wollte, wurde sie von einem Taxifahrer angesprochen.
„Sie müssen doch bestimmt zu dieser Außenstelle?"
Verwundert sah sie ihn an. „Ja, das hat man mir gerade gesagt."
„Na, da sind Sie ja nicht die Einzige. Steigen Sie ein, ich fahre Sie schnell dahin!"
Im ersten Moment freute sich Christina, doch als sie im Taxi saß, wurde ihr plötzlich mulmig zumute. Irgendetwas stimmte hier nicht, sagte ihr dieses Gefühl.
Als der Fahrer an einer Ampel hielt, drückte sie die Tür auf und sprang aus dem Wagen. So schnell sie konnte, rannte sie zu einer Straßenbahn, die gerade an einer Haltestelle stand.
Am nächsten Tag ging sie zu dem Amerikaner und erzählte ihm von dem Erlebnis.
Der konnte es erst nicht fassen. „Was? Hier bei uns auf dem Hof? Wissen Sie denn nicht, dass es 100 Deutsche Mark Prämie gibt, für jeden der zurück in den Osten gebracht wird?"
Christina schüttelte den Kopf und sah ihn erschrocken an.
Der Mann legte kurz den Arm um ihre Schultern. „Na, Mädchen, da hast du aber Glück gehabt."

In Marienfelde bekam sie dann den Rat: „Gehen Sie nach Nordrheinwestfalen. Die haben am meisten Geld."
Christina folgte dem Ratschlag. Mutterseelenallein flog sie von Westberlin nach Bonn.
Der Wunsch Chemie zu studieren, wurde ihr jedoch dort verwehrt. „Wir nehmen nur Männer, die müssen später schließlich eine Familie ernähren."

In einer Studienberatung riet man ihr zum Studium der Volkswirtschaft. Die Wirtschaft müsse ja jetzt wieder angekurbelt werden. Christina hatte zwar keine Ahnung, was das eigentlich sein sollte, studierte dann aber tatsächlich Volkswirtschaft in Bonn und Wirtschaftspädagogik in Köln, wo sie ihr Examen machte. Sie lebte von einem Stipendium und Gelegenheitsjobs als Urlaubsvertretung für Sekretärinnen in den Ministerien. Nach dem Studium wurde sie in Bonn an den Berufsschulen, den höheren Handelsschulen, als Lehrkraft tätig und heiratete.

In den Osten fuhr sie jahrelang nicht mehr. Zu groß war die Angst, wegen ihrer Republikflucht belangt zu werden. Auch ihre Eltern hat sie nicht besucht. Diese kamen als Rentner jedoch einmal im Jahr zu ihr und sie verbrachte mit ihnen ein paar Urlaubstage irgendwo da, wo es schön war. Nur ihre Schwester, die in Dresden lebte, besuchte sie später.

Christina Schmidt-Kensche um 2015 (Privatarchiv Dr. Brit Schumann-Veith)

Über ihre Zeit als Gefangene des sowjetischen Geheimdienstes zog Christina Schmidt-Kensche folgendes Fazit: „Es hat mich geprägt fürs ganze Leben. Man wird, bis man stirbt, mit diesen Dingen immer in Berührung sein. Eigentlich rede ich nicht darüber. Die meisten, die ich kenne, wissen das überhaupt nicht. (…)

Das wird man nie wieder los: dieses Gefühl des totalen Verlorenseins. Des totalen Alleinseins, keine Hilfe in Sicht, niemand kann einen retten. Und wenn Stalin nicht gestorben wäre, dann wäre ich vierunddreißig Jahre alt gewesen und dann hätte ich auch nicht nach Hause fahren können. Dann wäre ich dort in die freie Aussiedelung entlassen worden, fünfzig Kilometer im Umkreis hätte ich mich bewegen dürfen und hätte sehen müssen, wie ich mein Leben friste."

Christina Schmidt-Kensche starb 2020 in Berlin.

„Junger Mann, das werden Sie nochmal schwer bereuen!"

Johannes Oesterhelt

geboren am 12.8.1925 in Dresden

Dresden 1947.

Der 23-jährige Johannes Oesterhelt hatte schon einiges hinter sich: Nach dem Notabitur bereits im Juni 1943 zur Luftwaffe eingezogen, absolvierte er erst die Ausbildung zum Soldaten, anschließend zum Flieger und kam im Januar 1945 als Jagdflieger an die Front nach Danzig. Einige Male wurde er abgeschossen und überlebte nur, weil er mit dem Fallschirm abgesprungen war. „Wenn wir vier Maschinen in die Luft bekamen, waren auf der anderen Seite 40 bis 50 Flieger. Wir wurden verheizt. Der Krieg war längst verloren."

Als er im Herbst 1945 nach Hause kam, wanderte er durch die Trümmer seiner Heimatstadt Dresden. Nichts war mehr so wie zuvor. Seine Familie hatte aber noch Glück im Unglück: Der Wohnblock der Eltern, der am Südrand von Dresden lag, war erhalten geblieben. Die Eltern lebten, Johannes war unverletzt, auch der vier Jahre jüngere Bruder Wolfgang kehrte heil aus dem Krieg zurück. Dennoch hatte sich die Welt komplett verändert: Vom „Dritten Reich" war nichts geblieben. Statt im nationalsozialistischen Deutschland lebten sie nun in der Sowjetischen Besatzungszone. „Für mich war alles zusammengebrochen. Ich musste mich völlig neu orientieren." Immerhin: Die Schule in Dresden begann wieder. Immer mehr erfuhr er jetzt von den Konzentrationslagern und den Gräueltaten der Nazis. Auch der Kommunismus war nun Lehrstoff. Das Abitur konnte er noch nachholen. In einem halben Jahr wurden sie auf die „richtige“ Abiturprüfung vorbereitet, die Johannes mit zwei abschloss. Der Wunsch, Chemie zu studieren, wurde ihm verwehrt, da sein Vater bei der Bank arbeitete und er kein Arbeiterkind war. Was sollte er jetzt tun? Auch die Idee, Junglehrer zu werden, zerschlug sich. Zwar erhielt er dafür eine Zulassung, doch eine Stelle gab es für ihn nicht. Er stünde auf der Liste, er müsse sich gedulden.

Johannes suchte weiter nach einer Anstellung. Als er einen Schulfreund traf, der ihm den Job eines Verlagsvertreters anbot, sagte er sofort zu. Er, der noch bei den Eltern wohnte, wollte Geld verdienen, eine eigene Existenz aufbauen, auch bald seine Freundin Ruth heiraten. Sie hatten sich geschrieben, als er im Krieg war, und nach seiner Rückkehr waren sie ein Paar geworden. 1946 hatten sie sich offiziell verlobt.

Ruth Kalauch, Verlobte und spätere Ehefrau von Johannes Oesterhelt 1947 (Bundesstiftung Aufarbeitung, Gulag-Archiv, Meinhard Stark, Johannes Oesterhelt)

Eines Tages im Jahr 1947 klingelte es und als Johannes öffnete, stand plötzlich ein Kriegskamerad vor der Tür: Dieter Teschner. Wie Johannes Oesterhelt war auch er an der Kriegs- und Jagdschule als Flieger ausgebildet worden. Nach der Ausbildung hatten sie sich jedoch aus den Augen verloren.

Johannes war überrascht und auch erfreut, den einstigen Kameraden wiederzusehen. Sie verstanden sich gut, verbrachten einen netten Abend zusammen, redeten über gemeinsame Schulfreunde und auch über politische Themen.

Dieter Teschner kam von nun an öfter. Manchmal übernachtete er bei Johannes Oesterhelt.

Die neue Besatzungsmacht lehnten beide ab. Teschner, der in Thüringen zu Hause war, meinte: „Wir müssen etwas tun! Die Amerikaner und Engländer sind gut für uns, die bauen das Land neu auf. Und was ist in der SBZ los? Hier geht alles den Bach runter."

Johannes Oesterhelt sah es ähnlich. Die Sowjets waren eine unerwünschte Besatzungsmacht, die Fabriken und Schienen demontierte. Er hatte das Elend der Menschen, die aus Ostpreußen vor der Roten Armee flüchteten, miterlebt. Auch war ein Onkel von ihm von den Sowjets abgeholt und in das Speziallager Mühlberg verschleppt worden. Er sollte nie wiederkommen.

„Es war nicht möglich eine positive Einstellung zu dieser Besatzungsmacht zu haben."

Teschner erzählte seinem Freund, dass er etwas unternehme, damit der Spuk bald ein Ende habe. „Ich kenne Leute im Westen, die daran interessiert sind."

„Warum erzählst du mir das?", fragte Johannes.

„Wir kennen uns doch gut. Und du fährst doch auch viel in der Gegend rum."

„Und was willst du nun von mir?"

„Ich versuche herauszufinden: Wo gibt's Russen, wo haben die ihre Garnisonen. Und wenn zum Beispiel das Auto mit Kennzeichen aus Dresden plötzlich in Jüterbog fährt, ist das für uns ein wichtiges Zeichen: Die Einheit ist verlegt worden nach Jüterbog, heißt das. Diese Sachen müssen wir sammeln. Da kannst du mir doch ein bisschen helfen, oder?"

Johannes überlegte nicht lange. Sie waren Kameraden. Sie hatten eine gemeinsame Vergangenheit und beide den Krieg überstanden. „Ja, kann ich machen, warum nicht." Eine große Sache schien ihm das nicht zu sein.

„Prima. Und könntest du auch mal einen Brief nach Görlitz mitnehmen?" Er nannte ihm eine Adresse und einen Namen. „Kann auch sein, dass er dir dann einen Brief mitgibt."

Johannes sah darin kein Problem. „Es war nichts Konspiratives. Ich hab ihm geholfen als alter Kamerad."

Auch teilte er die Hoffnung, dass die Amerikaner und Engländer vielleicht so stark wurden, dass es in naher Zukunft ein ganzes Deutschland geben würde.

Warum sollte er ihm nicht helfen? Er schrieb also hin und wieder auf, wann wo welches Fahrzeug der Sowjets fuhr.

„Dieter hat mir gesagt, für wen er arbeitet. Dass er Leuten zuarbeitet, die was gegen die Besatzungszone unternehmen. Aber ich war mir nicht bewusst, dass ich plötzlich einer westdeutschen Spionageorganisation angehöre."

Dieter Teschner lernte auch die Verlobte von Johannes kennen. Ruth, die bei ihrer Mutter lebte und als Chemielaborantin arbeitete, kam natürlich häufiger zu Besuch. Und Johannes besuchte sie ebenso regelmäßig und wies Dieter Teschner darauf hin, dass er, wenn er nicht zu Hause sei, bei der Ruth erreichbar wäre.

Auch am 1. Mai 1948 befand sich Johannes in der Wohnung von Ruth. Sie redeten über die bevorstehende Hochzeit. Am 8. Mai wollten sie heiraten. Alles war vorbereitet.

Am Nachmittag klingelte es an der Tür und ein Volkspolizist in blauer Uniform wünschte ihn zu sprechen.

„Sind sie Herr Oesterhelt?"

„Der bin ich."

„Wir haben da mal ein Anliegen. Kennen Sie Herrn Teschner? Es gibt ein Problem mit dem Mann: Wir haben den aufgegriffen und er hatte kein Ausweispapier bei sich. Er muss sich aber ausweisen und hat sich auf Sie berufen. Kommen Sie doch bitte mit aufs Polizeirevier. Sie müssen nur zu Protokoll geben, dass Sie den kennen, dass es ihn gibt und wo er zu Hause ist."

Johannes dachte sich nichts weiter dabei. Zu seiner Braut sagte er: „Tschüß. Ich komme gleich wieder."

Doch draußen standen auf einmal zwei Männer an einem Opel Kapitän. Ohne ein Wort zu verlieren, packte der eine Johannes am Kragen und zerrte ihn hinten in das Auto. Der andere Mann schlug die Tür hinter ihm zu. Johannes sah noch, wie der Polizist, der ihn aus der Wohnung geholt hatte, seiner Wege ging.

Die Männer, die russisch miteinander sprachen, fuhren sofort los. Mit Johannes Oesterhelt redeten sie kein Wort. Er hatte keine Ahnung, warum die Fremden ihn mitnahmen. Zum Polizeirevier fuhren sie offensichtlich nicht. Wohin brachten sie ihn?

Die Fahrt ging aus Dresden raus auf die Autobahn. Neben ihm saß ein bulliger Offizier, vorn saßen zwei Sowjets in Zivil. In Apolda hielt der Wagen. Eine junge Frau in einem leichten Mantel und Sommerkleid wurde abgeholt, ins Auto gezerrt und neben Johannes gezwängt. Reden durften sie nicht miteinander.

Mitten in der Nacht kamen sie in Weimar an. Die beiden Verschleppten wurden plötzlich ausgeladen und getrennt voneinander in eine ehemalige Gaststätte gebracht, die jetzt als NKWD-Zentrale diente.

Hoppla, was ist denn hier los, dachte Johannes, als ihm ruckzuck alles abgenommen wurde: Schnürsenkel, Gürtel, Armbanduhr und der Verlobungsring. Eine Liste mit diesen Gegenständen wurde ihm zur Unterschrift vorgelegt. Im nächsten Moment fand er sich in einem Raum wieder, in dem nur eine Holzpritsche stand. Das Fenster war verblendet. Auf der Pritsche lag nichts, keine Decke, keine Matratze, nicht einmal ein Strohsack. Die Tür knallte zu und das war's. Kein Mensch sprach mit ihm. Es gab weder etwas zu essen noch zu trinken. Sein normales Leben war ab heute zu Ende.

Todmüde und erschöpft versuchte er sich auf die Pritsche zu legen. Es fühlte sich ungewohnt an, auf einem harten Brett zu liegen. Aber irgendwie verging die Nacht. Am Morgen war Johannes völlig zerstochen. Am Hals, an den Armen und Füßen – von oben bis unten überall Flohstiche. „So etwas kannte ich bis dahin gar nicht. Das war mir völlig neu."

Johannes lief ratlos auf und ab. Ihm dämmerte immer noch nicht, warum er eigentlich hier war. Als er sich irgendwann auf die Pritsche legte, wurde er ermahnt. Der Posten machte ihm klar, dass er aufzustehen hätte und sich nicht hinlegen dürfe. Also blieb ihm nur, weiter auf- und abzumarschieren. Den ganzen Tag ließen sie ihn in der Zelle schmoren.

Am Tag darauf wurde er in einen Raum geführt und – nachdem seine Personalien aufgenommen worden waren – von einem sowjetischen Offizier verhört. Eine Dolmetscherin übersetzte.

„Kennen Sie einen Dieter Teschner?"

„Ja, den kenne ich."

„Wen kennen Sie noch? Wissen Sie, dass Sie einer Spionageorganisation angehören?"

„Wieso das denn?"

„Wen kennen Sie alles noch?"

„Ich kenne niemanden."

„Nun gut, alles Weitere wird sich ergeben."

„Entschuldigen Sie mal, Sie haben mich von zu Hause weggeholt, um mich zu einer Befragung zu holen. Ich will am 8. Mai heiraten!"

„Heiraten? Sie werden schon noch heiraten. Aber bestimmt nicht am 8. Mai. Sie werden selbstverständlich heiraten, wir werden Sie noch weiter befragen. Wenn Sie sich nichts haben zuschulden kommen lassen, dann kommen Sie nach Hause. Aber wir müssen Sie ja beurteilen, wie Sie zu uns stehen, was Sie für ein Mensch sind. Aber das werden wir in den nächsten Tagen schon feststellen."

Als sie ihn das nächste Mal aus der Zelle holten, wurden Fotos von ihm aufgenommen und ihm die Haare geschnitten. Plötzlich hatte er eine Glatze. „Das schien mir in dem Augenblick wie das Schlimmste, was mir passieren konnte." Als er nach dem Grund fragte, erhielt er die Antwort: „Das ist bei uns so üblich. Die wachsen wieder."

Etwa eine Woche blieb er in Weimar. In der Zelle war er die ganze Zeit allein. Er hörte Schlüsselrasseln, Türen, die auf- und zugeschlossen wurden, das Kommen und Gehen der Posten. An die Flohstiche gewöhnte er sich langsam. Einmal guckte eine dicke russische Sanitäterin zu ihm herein. Sie trug über der Uniform einen weißen Kittel. „Was ist? Wie du leben?", fragte sie. Er zeigte ihr seine Stiche. Doch sie winkte nur ab. „Eto normalno. Ach, das ist normal."

Wie du leben?, echote es in ihm. Ja, wie lebte er jetzt?

Dann kam für Johannes Oesterhelt ein ganz furchtbarer Tag.

Der Schlüssel rasselte, die Tür der Zelle wurde geöffnet, er wurde rausgeführt auf den Hof.

Dort standen zwei Fahrzeuge, ein Lkw mit Plane und eine grüne Minna. Johannes schob man in den Gefängniswagen und dort in eine Zelle. Er nahm wahr, dass da schon andere in solchen Käfigen hockten. Wieder mal schlug eine Tür hinter ihm zu.

Johannes lauschte und nahm in seinem Kabuff wahr, was draußen geschah. Weitere Gefangene wurden in den Hof gebracht. Auf einmal hörte er die Namen, die beim Verladen gerufen wurden. Noch ein Name und noch einer und noch einer … „Oesterhelt, Wolfgang!"

Was? Sein Bruder? Warum das denn? Was wollten die mit seinem Bruder? Der hatte den Teschner doch nicht mal kennengelernt!

Wieder riefen die Posten Namen aus. Diesmal waren es Frauen, die inhaftiert worden waren.

Und plötzlich hörte er ihn: Den Namen seiner Verlobten. *Ruth!* Das durfte doch nicht wahr sein! *Sie hatten seine Ruth abgeholt!*

„*Nein!*", kam es verzweifelt aus seiner Kehle. Dann klappte er innerlich zusammen.

Warum?, dachte er immer wieder. Warum meine Ruth? Warum mein Bruder?

Warum nur? Warum das alles?

Er war am Boden zerstört.

Wie in Trance nahm er wahr, dass sie losfuhren. Die Fahrt dauerte ewig. Nach Stunden ratterten sie über Kopfsteinpflaster. Irgendwann hielten sie irgendwo. Zunächst hatte er keine Ahnung, dass sie in Potsdam vor der Untersuchungshaftanstalt des NKWD standen.

Einzeln wurden die Gefangenen ausgeladen und in das Gebäude gebracht. Johannes sah niemanden, während er in eine Zelle geführt wurde.

Der Raum war ca. 2 Meter breit und 2 Meter lang. Ein grelles Licht brannte über der Tür. Auf der Pritsche lag jemand in einer zerlumpten Uniform.

Johannes stand ratlos da und blickte sich um. Viel zu sehen gab es nicht. Ein Eimer in der Ecke, ein schmales Fenster ganz oben im Gemäuer, das mit einer Holzblende versehen war und – wie sich herausstellte – keinen noch so kleinen Streifen Tageslicht hindurchließ.

Der Mann auf der Pritsche bewegte sich, blinzelte den Neuankömmling schlaftrunken an und klopfte auf das Holz. „Komm auf Pritsche", murmelte er auf Deutsch. „Sprechen Morgen. Jetzt schlafen."

Johannes legte sich auf die blanken Bretter. Die Pritsche war zum Glück groß genug für zwei.

Trotz seiner verzweifelten Situation und die Gedanken an Ruth und an seinen Bruder versuchte er ein bisschen zu schlafen. Ab und zu hörte er den Spion klappern. Die Schritte des Postens nahm er nicht wahr. Erst später stellte er fest, dass vor den Zellen Läufer ausgelegt worden waren, sodass die Eingesperrten das Heranschleichen der Wächter nicht hören konnten.

Am nächsten Morgen machte Johannes Bekanntschaft mit der neuen Umgebung und mit Iwan, der aus der Ukraine stammte und der ein Jahr älter war als er. Wie auch Johannes hatte man ihn 1943 eingezogen und er war schon nach kurzer Zeit in deutsche Kriegsgefangenschaft geraten. Eingesetzt wurde er als Zwangsarbeiter in der Landwirtschaft und arbeitete auf einem Bauernhof in Hessen. Er erzählte Johannes, dass er dort gut behandelt worden wäre und er deshalb ein positives Verhältnis zu den Deutschen habe. Nur abends hätte er immer in das Kriegsgefangenenlager zurückkehren müssen.

„Und wieso bist du jetzt hier?“, fragte Johannes.
Iwan berichtete in einem erstaunlich guten Deutsch, dass sie nach der Befreiung aus der Kriegsgefangenschaft in eine Kommandantur gerufen und dort begrüßt wurden. Dann erklärte man ihnen, dass sie aber noch nicht nach Hause geschickt, sondern erst überprüft werden sollten. „Wir müssen euch befragen, wie ihr behandelt worden seid, wie es euch ergangen ist. Damit wir deutsche Parteileute belangen können. Diese Befragung dauert eine Weile.“
Für Johannes war das alles neu, was Iwan erzählte. „Die anderen wurden auch nicht entlassen?“
Er schüttelte den Kopf.
„Und wie lange bist du jetzt hier?“
„Acht Wochen.“ Iwan lächelte. „Es wird nicht mehr lange dauern. Ich muss das nur durchstehen.“
Doch als Johannes ihn nach seiner Verurteilung einmal kurz in einer Sammelzelle wiedertraf, hörte er, dass auch Iwan zu 25 Jahren verurteilt worden war. Für Stalin galten die sowjetischen Kriegsgefangenen als Verräter.
In der Zelle in der Potsdamer Leistikowstraße versuchte Johannes Oesterhelt mit der neuen Situation klarzukommen. Du sitzt jetzt hier fest, dachte er. Irgendwas wird mit dir passieren. Nach Hause kommst du so schnell nicht mehr.
„Kannst du mir nicht ein bisschen Russisch beibringen?“, fragte er seinen Zellenkameraden. Iwan war einverstanden. Und nach und nach lernte Johannes von ihm ein paar Begriffe:
Die Schüssel hieß *Miska*, der Löffel *Loschka*, das Brot *Chleb*. Die Wand wurde in der fremden Sprache *Stjena* genannt. Jeden Tag lernte er etwas dazu. Auch unterhielt er sich mit dem intelligenten freundlichen Mitinsassen bald über Literatur und andere gemeinsame Interessen.

Außer sich zu unterhalten, blieb ihnen auch nicht viel. Schlafen war nicht möglich, da man sich tagsüber nicht auf die Pritsche legen durfte. Die Zelle verließen sie nur zum „Kübeln", also wenn sie den *Parasch*, den Eimer, ausleerten oder wenn es zum Verhör ging.

Die Verpflegung war dürftig und bestand im Wesentlichen aus feuchtem Brot, das in Blechbehältern mit viel Wasser gebacken worden war. Mit Glück bekam man den Kanten. „Das war dann eine sehr feine Sache", erinnerte sich Johannes Oesterhelt, der auch in den finstersten Momenten immer noch etwas Positives entdecken und letztlich auf diese Art überleben konnte. Die Suppe mit Krautfäden und Fischgräten reichte aus, um nicht zu verhungern. Satt wurden sie von dem Essen nicht.

Johannes trug immer noch die Kleidung, die er bei der Inhaftierung getragen hatte. In großen Abständen, ungefähr einmal im Monat, wurde die Unterwäsche gewechselt. Die Gefangenen bekamen lange Soldatenunterhosen und ein Unterhemd aus grobem Leinen. Doch das Oberhemd und die Hose gingen langsam kaputt. „Wir waren zerlumpte Gestalten. Rechtlos und ohne jede Möglichkeit, sich als Mensch zu fühlen." Johannes war froh, dass er wenigstens mit seinem Zellenkumpan Iwan reden konnte.

Im Laufe des Vormittags ging man „Kübeln". Die Zelle wurde aufgeschlossen und der Eimer hinausgetragen auf den Hof. Dort befand sich auf der einen Seite das Wachgebäude und auf der anderen Seite so etwas wie eine Toilettenanlage. Genauer gesagt eine Latrine, die aus einem Betonpodest mit ein paar Löchern bestand. Zwar wurde diese mittelalterliche Vorrichtung von einem Dach überdeckt, aber es gab keine Seitenwände. Der Posten stand dabei und konnte alles beobachten. Johannes dachte an seine Braut Ruth. Er wollte sich lieber nicht vorstellen, wie sie entblößt vor diesem Posten hocken musste. Man hatte nur wenige Minuten Zeit und kein Toilettenpapier. Man musste irgendwie sehen, wie man zurechtkam. Statt eines Waschbeckens mit Wasserhahn gab es nur einen vorsintflutlichen Wasserspender mit rostigem Nagel. Wenn man den Nagel anhob, floss ein kleiner Strahl.

Nach einigen Tagen wurde er nachts das erste Mal zum Verhör geholt.

Im ersten Stock des Nebengebäudes in einem kahlen Raum hatte er sich auf einen Schemel zu setzen. Ihm gegenüber saßen ein NKWD-Offizier in Hauptmannuniform und der Dolmetscher – ein Oberleutnant „mit gutmütigem Gesicht, der es aber faustdick hinter den Ohren hatte". Die ersten zwei Stunden wurden seine Personalien abgefragt. Dann machten die Vernehmer eine Pause und gingen rauchen. Ein Posten mit Maschinenpistole erschien, der den Gefangenen so lange bewachte.

Johannes nahm den Qualm der Papirossi wahr und wartete nervös, dass der Offizier und der Dolmetscher zurückkamen. Gern hätte er jetzt selbst eine Zigarette geraucht.

„Tut uns leid, Ihr Hochzeitstermin ist ja nun leider vorbei. Aber der kann ja nachgeholt werden. Wir müssen uns jetzt erst mal mit Ihnen befassen."

Wieder wurde er nach Namen befragt. „Kennen Sie Teschner? Kennen Sie …?"

Manche der Genannten kannte er, manche nicht.

„Wir wissen sowieso alles. Wir wissen, dass Sie ein Spion sind. Dass Sie gegen die Sowjetunion spioniert haben. Wir wissen, dass Sie zu einer großen Spionagegruppe unter der Leitung Teschners gehören. Aber Sie sollen uns das auch nochmal selber erzählen."

Die Verhöre wurden nach der Einschätzung Johannes Oesterhelts sachlich geführt. Die Fragen waren präzise. Der Oberleutnant sprach ein sehr gutes Deutsch.

Die Verhörprotokolle wurden handschriftlich auf Russisch verfasst. Seite für Seite füllte sich.

Und Seite für Seite sollte unterschrieben werden. Johannes musste sich darauf verlassen, dass dort tatsächlich das stand, was er gesagt hatte. Noch einmal übersetzt wurde das Geschriebene nicht. „Unbedarft waren wir ja sowieso alle. Richtige Häftlinge wurden wir erst in der Schule der russischen Gefängnisse und Lager."

Geschlagen während der Verhöre wurde er bisher nicht. Immer wieder forderte der Offizier ihn auf, endlich „die Wahrheit" zu sagen. „Nur dann können Sie heiraten und zu Ihren Eltern zurück." Johannes dachte an Ruth, die jetzt in irgendeiner dunklen Zelle im Gebäude nebenan hockte. Wie ging es ihr? Wie verkraftete sie das Ganze? Sollte er nach ihr fragen? Aber er wollte ihnen seine Schwachstelle, die Sorge um seine Braut, nicht so offen präsentieren.

Die Vernehmer sprachen nicht darüber, dass sich Ruth ebenfalls in der Leistikowstraße befand. Und er wollte lieber nicht nach ihr fragen.

Das nächste Verhör fand bereits in der folgenden Nacht statt. Und auch die Nächte darauf wurde er zu den Vernehmungen geholt und jeweils erst am sehr frühen Morgen, kurz vor dem Wecken, zurückgebracht. An Schlafen war nicht zu denken.

Der Druck, den sie auf ihn ausübten, war immer der gleiche: „Sie wollen doch nach Hause und heiraten? Sie wollen doch Ihre Braut wiedersehen?"

Immer wieder beschuldigte ihn der Offizier, ein Spion und Mitglied einer Terrorgruppe zu sein. Immer wieder wurde behauptet, dass sie sowieso schon alles wüssten und nur von ihm hören wollten, was er angeblich verschwieg.

„Das Fachliche war bald abgearbeitet. Sie wussten, wer ich war, was ich gemacht habe. Mein Verbrechen konnte ich nicht leugnen. Meine Anklageschrift stand wahrscheinlich sowieso schon fest. Also kamen wir jetzt zu erfreulicheren Sachen. Man wusste, dass ich Flieger gewesen war. Das interessierte den Oberleutnant. ‚Wie ist denn das, ich fliege jetzt in den Urlaub, wie geht denn das so lang?', wollte er von mir wissen."

Die Tatsache, dass Johannes als Flieger im Kriegseinsatz gewesen war, machten seine Vernehmer ihm nicht zum Vorwurf.

Als der Oberleutnant nach 14 Tagen wiederkam, erzählte er, dass das Flugzeug manchmal gewackelt habe und mal in ein Luftloch gefallen sei. Aber die Zeit des Plauderns war auch bald wieder vorbei, wie sich herausstellen sollte.

Nach einiger Zeit wurde Johannes Oesterhelt in eine größere Zelle im ersten Stock verlegt, in der sich noch drei, vier weitere Häftlinge befanden. Dass die Zelle schräg gegenüber mit Frauen belegt war, bekam Johannes irgendwann mit. Wenn er wahrnahm, dass die Posten mit den Frauen sprachen, versuchte er herauszufinden, ob seine Braut unter den Insassinnen war.

Hörte er da nicht ihre Stimme? *Meine Ruth*, dachte er, *ist meine Ruth da drin?*

Er wartete auf eine Gelegenheit, das zu erkunden. Irgendwann sah er durch die offene Klappe, dass auch auf der anderen Seite die Luke geöffnet war.

„Ruth!", rief er plötzlich, so laut er konnte. „Ruth, bist du da?"

Sofort knallte die Klappe zu. Hatte sie ihn gehört?

Wenige Minuten später wurde er in eine Zelle ins Erdgeschoss verlegt.

Wieder hatte er keinerlei Chancen zu erfahren, wie es seiner Ver-

lobten ging. Konnte kein Wort, nicht mal einen Blick mit ihr wechseln.
In seinem normalen Leben wäre er jetzt mit ihr verheiratet.

Auch beim nächsten Verhör erlebte er eine Überraschung. Nachdem er wieder mal alles leugnete, keinen Namen nannte und nur zugab, was er selbst gemacht hatte, holte man einen weiteren Inhaftierten zur Vernehmung dazu: Dieter Teschner.
Eine Weile saßen sie sich gegenüber, sahen sich an und sagten kein Wort.
„Nun wiederholen Sie mal, Oesterhelt, was Sie alles geleugnet haben! Dass Sie von nichts wissen."
Johannes schwieg.
„Pass mal auf, Hannes", sagte Teschner da, „rede doch nicht so drum herum. Mach dir's doch selber leichter. Die wissen doch sowieso schon alles. Wenn du's zugibst, geht's uns allen viel besser. Du kannst ruhig alles zugeben."
Der Offizier nickte ihm zu. „Danke, Sie können gehen."
Als die Tür sich hinter Teschner geschlossen hatte, wandte er sich an Johannes Oesterhelt. „Was sagen Sie jetzt?"
„Nichts weiter."
Johannes versuchte gelassen zu bleiben. Der große Boss hatte also ausgepackt. Welchen gravierenden Fehler Teschner gemacht hatte, der zur Verhaftung so vieler Menschen führte, wusste er da noch nicht.

Als er das nächste Mal geholt wurde, geschah etwas, das sein späteres Leben ernstlich beeinflussen sollte. Johannes Oesterhelt nannte es auch sein „Schicksalsverhör".

Zunächst begann es so wie immer: Man brachte ihn in das Vernehmerzimmer, in dem der Kapitän und der Oberleutnant ihn erwarteten. Anders als sonst, bekam er eine Zigarette angeboten. Danach reichte ihm ein Posten ein Brett, auf dem zwei Scheiben Weißbrot mit Fleischsalat und Schinken lagen. Etwas, das er in diesem Gefängnis noch nie gesehen, geschweige denn gegessen hatte. „Bitte, essen Sie, essen Sie!“, wurde er aufgefordert.
„Ich habe mit Ihnen etwas zu besprechen, Estergeld“, ließ der Offizier über den Dolmetscher da auf einmal verlauten. „Wir haben uns lange mit Ihnen unterhalten. Sie sind ein intelligenter, vernünftiger junger Mann. Wir können Sie draußen sehr gut gebrauchen. Sie könnten uns und sich helfen, sodass Sie vielleicht übermorgen wieder rauskommen.“
„Wie kann ich Ihnen helfen?“, fragte Johannes verblüfft.
„Na, wir setzen Sie zum Beispiel in eine andere Zelle. Dort kommen Sie zusammen mit einem anderen Deutschen. Und Sie fragen Ihren Zellengenossen darüber aus, was wir wissen wollen. Und was Sie hören, erzählen Sie uns. Dann mache ich unter Ihr Protokoll einen Strich und schreibe darunter: Estergeld ist sehr willig und sehr gut, dann kann man Sie probeweise nach Hause schicken.“
Johannes glaubte seinen Ohren nicht zu trauen. Er fühlte nichts als Abwehr gegen diesen Vorschlag. Iwan hatte ihm schon erzählt, dass man sich in den Zellen des sowjetischen Geheimdienstes sehr vorsichtig bewegen musste, dass man generell bespitzelt wurde.
Mit diesen Methoden wollte er nichts zu tun haben. „Und da hab ich ihm gesagt: Herr Kapitän, mit mir nicht. Versuchen Sie das nicht. Ich bin nicht Ihr Mann. Ich mache das nicht.“
Der Oberleutnant wandte sich ab. Einen Moment herrschte eine unheilvolle Stille.

Der Kapitän erhob sich langsam, bedrohlich. „Junger Mann, das werden Sie nochmal schwer bereuen!" Seine Stimme klang plötzlich eisig. „Sie sind ein unehrlicher junger Mann, das wird für Sie ganz ganz schlimme Folgen haben!" Plötzlich kam er auf Johannes zu und schlug ihm die halbe Weißbrotscheibe aus der Hand. Als Nächstes bekam er einen heftigen Schlag in den Nacken. „Man schlug mich regelrecht zusammen. Das war das einzige Mal."

Johannes wurde bewusstlos. Als er nach einer Weile auf dem Boden liegend wieder zu sich kam, zog ein Posten ihn hoch und schleppte ihn aus dem Raum. Aber er brachte ihn nicht in seine alte Zelle, sondern zerrte ihn die Kellerstufen hinunter.

„Ich kam in die hinterste, schlimmste, finsterste Zelle, die es in der Leistikowstraße gab."

Es war noch Nacht. Johannes ließ sich auf eine Steinbank fallen, die hier wohl die Pritsche sein sollte, und versuchte, seine Gedanken zu ordnen.

Von nun an, seit er sich geweigert hatte als Spitzel für den sowjetischen Geheimdienst zu arbeiten, begann für Johannes der physische Terror. Er hauste jetzt in dieser besonders schmalen Zelle, in der die Wände verschmiert waren und es nur eine steinerne Bank gab statt einer Pritsche. Anfangs befand er sich allein in dem Kerker. Zum Verhör wurde er nicht mehr geholt. Am zweiten Tag überflutete ihn das Gefühl der Verzweiflung. Doch es kam noch schlimmer: Am dritten Tag erhielt er einen Zellengenossen. „Der entpuppte sich als ein Irrer, der war durch seine Haftzeit irre geworden." Mit diesem Mann, einem Polen namens Kokoschinsky, lebte Johannes etwa einen Monat in dieser winzigen Zelle zusammen. „Unter nicht beschreibbaren Bedingungen. Mit einem Menschen, der nur irres Zeug redete, mit dem man nachts auf einer Steinplatte schlafen musste. Furchtbar."

Nach vier Wochen wurde der Pole wieder aus diesem Loch herausgeholt und Johannes war mit sich allein.

„Ich dachte: Entweder ich breche zusammen oder ich tue etwas. Da ich ja noch gesund war, beschloss ich etwas zu tun. Gedanklich habe ich mir den Tag ganz streng eingeteilt. Nach dem Aufstehen habe ich mir gesagt: Jetzt machst du eine Stunde Geografie, jetzt machst du eine Stunde Mathematik, jetzt entsinnst du dich, was du für deutsche Balladen gelernt hast, dann erinnerst du dich an die Opern.“ Auch an Ruth dachte er, an ihre schöne gemeinsame Zeit, an die drei Jahre nach dem Krieg. Körperlich hielt er sich mit Kniebeugen und Liegestützten fit. Spornte sich selbst an: Die zehn oder zwanzig Sportübungen schaffst du noch. Er gestattete sich nicht, zusammenzubrechen oder vielleicht verrückt zu werden wie der polnische Insasse.

Tag und Nacht schien das grelle Licht einer nackten Glühbirne in den Raum. Das verblendete Fenster ließ keinen Sonnenstrahl durch. Von der Welt da draußen bekam er nur Geräusche mit: Sonntags hörte er die Glocken der nahe gelegenen Kirche. Auch die russischen Kommandos auf dem Sportplatz nahm er wahr, wenn die Sowjets Fußball spielten. „Ich habe diese Wochen physisch überstanden und mich nicht kleinkriegen lassen. Ich habe mir gesagt, irgendwie muss es weitergehen. Sie sollen mich nicht kaputtkriegen, nun gleich gar nicht.“

Am 5. Oktober 1948 wurde Johannes Oesterhelt aus der Einzelhaftzelle in das Hauptgebäude geführt, in dem auch die Verhöre stattfanden. In einem Raum, der früher als Kapelle diente, fand das sogenannte Tribunal statt. Johannes saß in der ersten Reihe, neben ihm Dieter Teschner. In der zweiten Bank saßen die Frauen. Natürlich registrierte er sofort, dass Ruth schräg hinter ihm saß. Kurz drückte er heimlich ihre Hand, sah ihr einen Moment in die Augen. Reden konnten sie nicht. Zumindest schien es ihr in Anbetracht der Umstände so weit gut zu gehen. Es kam ihm wie ein großes Glück vor, seine Braut endlich wiederzusehen. Und zugleich wie ein Albtraum – sie *hier* wiederzusehen.

Was hatte sie vor diesem Gericht zu suchen? Sie wusste nichts von Teschner und seinen Aktionen, hatte dem Bekannten ihres Verlobten mal *Guten Tag* und mal *Auf Wiedersehen* gesagt.

Im normalen Leben würden Johannes und Ruth jetzt in einer gemeinsamen Wohnung leben, arbeiten gehen und vielleicht eine Familie gründen. Das alles stand nun in weiter Ferne.

Auch seinen Bruder Wolfgang sah er wieder, er saß ein Stück weiter weg. Er hatte ebenfalls mit der ganzen Sache nicht das Geringste zu tun.

Ein paarmal griff Johannes nach der Hand seiner Braut, während auf der Tribüne geredet und über ihr Schicksal entschieden wurde. Ruths Finger zu berühren in dieser Situation war ihm ein Trost. Und er hoffte, dass es auch für sie so war. Gern hätte er sie in den Arm genommen oder ihr wenigstens Mut zugesprochen!

Stattdessen musste er aufpassen, dass ihn die schwer bewaffneten Wachposten nicht bei der verbotenen Kontaktaufnahme erwischten.

Auf der Tribüne ließ man sich Zeit. Jeder und jede wurde einzeln abgehandelt. Johannes hörte sich an, wie „schlimm" der oder die war, was sie alles angeblich verbrochen hätten. „Es waren dann 24 Protokollbände, die mit den Tribunal-Notizen gefüllt wurden. Bei 28 Leuten gibt's ja viel zu schreiben, wir waren ja alles schlimme Verbrecher."

Mit wachsendem Widerwillen und Unglauben verfolgte Johannes dann am 9. Oktober die Urteilsverkündungen, die nach immer dem gleichen Muster verliefen. Worte zur Verteidigung gab es keine. Er erhielt 25 Jahre Arbeitslager – wie die anderen Männer auch, abgesehen von Bodo Platt, der als der Jüngste 20 Jahre erhielt, und die sieben Frauen, die entweder zu 20 oder – darunter auch seine Verlobte – zu 15 Jahren verurteilt wurden.

„15 Jahre heißt unter sowjetischen Verhältnissen, dass weder etwas nachgewiesen werden konnte, noch, dass sie irgendwas gemacht hatten. Das heißt, dass sie nur nicht mehr rausgelassen werden konnten aus bestimmten Gründen."

Dennoch hatten sie noch „Glück": Die Todesstrafe war vorübergehend abgeschafft worden und von den im Jahr 1948 Bestraften wurde wenigstens niemand zum Tod durch Erschießen verurteilt – auch wenn nicht alle der „Gruppe Teschner" die nachfolgende Haft überleben sollten.

Nach dem Tribunal in Potsdam kamen die Männer in eine große Sammelzelle. Johannes konnte endlich mit seinem Bruder sprechen und hörte jetzt, wie es seiner Braut und ihm ergangen war.

Nach Johannes plötzlichem Verschwinden hatten sich Ruth und alle Familienmitglieder natürlich große Sorgen gemacht. Die Polizei konnte oder wollte keine Auskünfte erteilen. Die Hochzeit musste abgesagt und die Gäste ausgeladen werden. Und am 10. Mai 1948 tauchten dann sowjetische Offiziere auf, machten eine Hausdurchsuchung und behaupteten, weil sie nichts Belastendes gefunden hätten, würden sie Johannes Oesterhelt wieder freilassen, es müssten nur ein paar Formalitäten erledigt werden. Und es wäre gut, wenn „Fräulein Kalauch", seine Verlobte, mitkommen könnte, um ihn gleich vor Ort in Empfang zu nehmen.

Wolfgang und Ruth fuhren dann nichtsahnend und zunächst sogar sehr erleichtert mit den Offizieren mit – doch statt, dass der

Bruder bzw. der Verlobte freikam, wurden sie auf einmal selbst inhaftiert.

Johannes Oesterhelt war geschockt, als er von dieser perfiden Vorgehensweise hörte.

Außerdem erfuhr er nun, was die zahlreichen Verhaftungen ausgelöst hatte: dass Dieter Teschner bei einer Razzia auf einem Bahnhof erwischt worden und in die Hände der Polizei gefallen sei. Ein Notizbuch, das er bei sich trug und in dem er in einem Zeitraum von drei Jahren alle Treffen mit Namen und Adressen aufgeschrieben hatte, wurde ihnen allen zum Verhängnis. Der sowjetische Geheimdienst hatte diese Notizen genutzt, um die Leute aus den verschiedenen Ecken der SBZ abzuholen und zu verhaften.

Die Verurteilten verzichteten darauf, sich gegenseitig Vorwürfe zu machen und zu zerfleischen. Es hätte nichts geändert. Was passiert war, war passiert.

Schon nach wenigen Tagen verfrachtete man sie nach Sachsenhausen. Johannes wusste schon von den Erzählungen der anderen, dass das frühere KZ jetzt ein Internierungslager war.

Allerdings kamen sie nicht in die Baracken der Internierten, sondern in einen kreuzförmigen Steinbau, der in der NS-Zeit als Karzer gedient hatte, und in dem es viele einzelne Zellen gab. Diese waren nach der Erinnerung von Johannes Oesterhelt etwa jeweils drei Meter breit und zwei Meter tief. Normalerweise passten dort vier bis sechs Menschen hinein. Außer Johannes befanden sich noch elf weitere Gefangene in dem Raum. „Wir waren in einer Anzahl dort, dass wir auf den rohen Holzbrettern nur auf der Seite liegend schlafen konnten. Wenn wir uns gewendet haben, mussten alle sich drehen."

Das Essen war wie im Potsdamer Gefängnis so bemessen, dass niemand verhungern musste, aber auch keiner satt wurde.

Johannes erfuhr, dass die Frauen ebenfalls in Sachsenhausen waren. Eine Möglichkeit der Verbindungsaufnahme bestand nicht.
Die Zeit in dem Speziallager von Oktober 1948 bis Februar 1949 verbrachten sie mit dem Warten auf den Abtransport. Dass es in die Sowjetunion in ein Arbeitslager gehen würde, wusste Johannes.
Zu Weihnachten bastelten sich die Häftlinge aus gespartem Brot ein paar Kugeln. „Die haben wir dann gegessen und *Stille Nacht heilige Nacht* gesungen.“

An einem Tag im Februar 1949 mussten alle Männer aus dem Steinbau auf dem Appellplatz antreten, sich dort komplett ausziehen und ihre Sachen abgeben – sie trugen bisher noch immer die Kleidung vom Tag ihrer Verhaftung. Sie bekamen neben Unterwäsche merkwürdigerweise Hemden in knallig bunten Farben sowie alte deutsche und sowjetische Militärmäntel und Tschapkas.
Johannes wurde schnell klar: Jetzt ging es auf Transport in eine Region, in der es sehr kalt sein musste. Verstohlen blickte er sich um. Wurden die Frauen auch deportiert? Wo war Ruth? Wie ging es ihr?
Aber auf dem Appellplatz standen nur Männer und warteten darauf, wie es nun weitergehen würde.

Mindestens 60 Mann wurden jeweils in einen Viehwaggon gequetscht, die Türen zugeknallt und los ging's. Die Pritschen oben und unten waren voll belegt. Die Fahrt bis zur ersten Station der Etappe dauerte viele Tage. Es gab kaum Essen und Trinken. In Brest-Litowsk wurden sie ausgeladen und kamen in ein russisches Durchgangsgefängnis. Eingesperrt in einem großen Saal stießen sie das erste Mal auf die berühmt berüchtigten *Blatnois*, die den

Neuankömmlingen jene Kleidungsstücke abknöpften, die in ihren Augen einen Wert besaßen. Zur Not verliehen die Kriminellen mit Messern ihren Forderungen Nachdruck. „Die haben die Leute nicht nur zusammengeschlagen, die haben auch Menschen abgeschlachtet. Die hatten ihre eigenen Regeln. Zuweilen wurde gewürfelt um das Leben dieses oder jenen. Der verloren hatte, musste den oder den umbringen. Der Posten auf dem Gang bekam davon nichts mit."

Nach dieser ersten Unterbrechung des Transports in Brest-Litowsk fuhren sie in Etappen in wechselnder Zusammensetzung – mit mehrtägigen Aufenthalten in weiteren Gefängnissen in Orscha, Moskau, Gorki und Kirow (eine andere Gruppe von Deportierten auch über Wologda) – mal in Viehwaggons, mal in einem Gefängniszug bis nach Inta.

Die Verpflegung während des Transports war katastrophal: Man erhielt einen Kanten Brot und salzigen Fisch. „Als Häftlingsanfänger hat man sich über den Stockfisch hergemacht. Nach zwei drei Stunden bekam man dann elenden Durst. Irgendwann schrien alle nach Wasser."

Zu trinken gab es allerdings nur etwas, wenn sie unterwegs einmal hielten.

Der Posten ging dann mit einem Eimer Wasser und einer Schüssel von Waggon zu Waggon.

Zu Johannes Glück befand sich sein jüngerer Bruder Wolfgang die ganze Zeit während des Transports bei ihm. So konnten sie sich wenigstens etwas gegenseitigen Halt geben.

Die Landschaft und die Temperatur änderten sich auf der letzten Etappe allmählich: Die Bäume wurden immer weniger, die Tundra begann, Schnee fiel. Es wurde bitterkalt.

In Inta, einem Kohle-Abbaugebiet jenseits des Polarkreises, einige Kilometer von Workuta entfernt, wurden sie schließlich ausgeladen.

Die Welt, in der sie nun leben mussten, war eine komplett fremde: Der Winter dauerte in dieser Region von Ende September bis Ende Mai. In dieser Zeit war es ständig dunkel. Lediglich über Mittag schimmerte mal zwei Stunden dämmriges Tageslicht. Von Juni bis September hingegen ging die Sonne nicht unter. Es blieb die ganze Zeit hell, als würde es keine Nacht geben. Im Winter herrschten Temperaturen von bis zu minus 65 Grad und im Sommer konnte es 20 bis 25 Grad warm werden – bei ständig scheinender Sonne. Auch die vielen Mücken machten den Häftlingen dann zu schaffen.
In Inta befanden sich sechs Männerlager und ein Frauenlager. Bei Ankunft kamen sie zunächst in Quarantäne, wurden untersucht und erhielten saisongemäße Kleidung: Filzstiefel, bereits gebrauchte Wattejacken und -hosen. Jeder Häftling erhielt nun eine Nummer auf den Rücken der Jacke.

Wolfgang und Johannes Oesterhelt im Lager Inta, Februar 1955 (Bundesstiftung Aufarbeitung, Gulag-Archiv, Meinhard Stark, Johannes Oesterhelt)

Die Männer, die von Sachsenhausen über Wologda nach Inta deportiert worden waren, erzählten, dass auf ihrem Transport auch die Frauen dabei gewesen waren.
Tatsächlich gelang es Johannes eines Tages, seine Braut am Zaun des Quarantänelagers zu entdecken und mit ihr über eine Entfernung von etwa zwanzig Metern ein paar Worte zu wechseln. Er war froh, sie gesund zu sehen. Wie ihm schien, hatte sie die Entbehrungen auf dem Transportweg und in den verschiedenen Gefängnissen unterwegs bisher gut überstanden.

Nach den drei Wochen Quarantäne wurden alle Neuankömmlinge auf unterschiedliche Lager und Arbeitsbereiche verteilt. Johannes und Wolfgang Oesterhelt konnten zum Glück zusammenbleiben. Als einzige Deutsche wurden sie zunächst in ein Sägewerk geschickt.
Dann, nach einer Woche, setzte man sie in der Tundra zum Roden von Baumstämmen und zum Holzabladen ein.
Einmal kam abends ein Holz-Transport und die beiden Deutschen sollten die Stämme aus dem Waggon ausladen. „Dawai, dawai!", wurden sie angetrieben. „Ach, Fritzen!", rief einer der Posten verächtlich. „Komm mal runter!", forderte er Johannes auf. „Verdammter Fritz, komm runter! Komm runter und geh rüber!" Johannes wusste jedoch schon, dass er, wenn er den Waggon verließ und sich vom Gleis entfernte, erschossen werden konnte. „Es wurde uns ja immer gedroht: Ein Schritt weg vom Arbeitsplatz nach links, ein Schritt nach rechts – und es wird geschossen. Hätte ich mich überrumpeln lassen, hätte er mich umgelegt. Unter den Posten gab es furchtbare Deutschenhasser."
Zum Glück für Johannes und Wolfgang suchte ein Brigadier Namens Bartov aus dem Schachtlager Leute für die Arbeit unter

Tage. Als die Brüder Oesterhelt von ihm angesprochen und gefragt wurden, ob sie im Schacht arbeiten würden, stimmten sie sofort zu und wurden in das Schachtarbeitslager verlegt. Die Häftlinge führte man jeden Tag unter Bewachung zur Arbeit. Die Schachtzone war mit Wachtürmen und Stacheldraht umgeben, doch die Insassen konnten sich dort innerhalb des Lagers frei bewegen.

Die Geschwister wurden in die Brigade Bartov integriert, in der etwa 30 Mann unter Tage arbeiteten, die dafür zuständig waren, dass der Kohleabbau problemlos verlaufen konnte. Eingeteilt wurden sie jeden Morgen, wenn sie in den Schacht kamen, zum Beispiel für das Warten, Instandhalten und Reparieren des viele Kilometer langen Schienensystems. Neue Gleise mussten gelegt und die alten kontrolliert, in Ordnung gehalten und die Schäden repariert werden. Auch um Abraumarbeiten nach Sprengungen und um das Graben von Quertunneln hatten sie sich zu kümmern. Gearbeitet wurde 200 Meter unter Tage in Schichten für jeweils acht Stunden. Jeden Morgen, bevor es in den Schacht hinunterging, erhielten sie die Lampe, das Werkzeug und die Anweisungen, was zu tun war. „Ihr beiden Deutschen nehmt euch das Gerät, repariert Gleis so und so, zwischen den Kilometern so und so. Also er schickte uns dahin, wo die Schienen kaputt waren. Und jetzt zeigte uns der Brigadier noch die Stelle und dann haben wir unsere Arbeit dort gemacht und waren uns selbst überlassen."

Die Brüder Oesterhelt waren die einzigen Deutschen in der Brigade Bartov, die ansonsten u. a. aus Ukrainern, Belarussen, Letten, Esten und Kaukasiern bestand. Da sie sich auf Russisch verständigten, lernten sie die Sprache in kurzer Zeit.

Sechs Jahre arbeiteten die Oesterhelts in diesem Schacht.

Nach der Einschätzung von Johannes Oesterhelt lebten in diesem Kohleschachtlager etwa 2.000 Mann, und davon waren 32 Deutsche. Viele der Insassen waren schon seit 1946 dort.

In den Baracken konnte man sich frei bewegen. Die Deutschen verbrachten nach der Arbeit ihre Zeit miteinander, erzählten sich Geschichten, schrieben Lieder auf und feierten Geburtstage.

Auch das Essen erschien ihm als genügend – vorausgesetzt, man erfüllte die Norm. Die Portionen wurden je nach Leistung eingeteilt.

Johannes wusste inzwischen, dass seine Verlobte im Frauenarbeitslager in Inta war. Doch wie sollte er einen Kontakt zu ihr herstellen?

Er erfuhr, dass sich Ruth im vierten Lager befand, das zuständig war für den Bau von Straßen und Gleisen. Die Frauen mussten bei Temperaturen von minus 40, minus 50 Grad Kälte diese schwere Arbeit verrichten.

Wie er später von ihr hörte, lernte Ruth ebenfalls schnell Russisch und machte einen Zimmermannlehrgang. Nun arbeitete sie beim Häuserbau mit und reparierte Baracken.

Die beiden Verlobten fingen damit an, sich Briefe in Millimeterschrift zu schreiben, die sie streichholzschachtelgroß zusammenfalteten. Natürlich war das verboten, aber es gelang ihnen mit einem ausgeklügelten, wenn auch komplizierten System diese Kassiber zu schmuggeln. „Im Laufe der Jahre entstand so ein wunderschöner Briefverkehr zwischen uns."

Einmal wurde Ruth jedoch erwischt und zur Strafe in eine Isolationsbaracke gesperrt.

Dort war sie die einzige Insassin und sollte heizen und Tee kochen, also dafür sorgen, dass die Postenfrauen es warm und behaglich hatten. Ruth erzählte Johannes später, dass das ihre angenehmsten Tage im Lager gewesen wären. Sie hatte es warm und die Arbeit war nicht schwer. Die Frau, die nachts auf sie aufpassen sollte, langweilte sich und unterhielt sich mit ihr.

„Ist das wirklich Ihr Mann, der Ihnen geschrieben hat?", fragte die Wächterin sie eines Tages.

„Ja, selbstverständlich. Die Posten haben mir den Brief von meinem Mann weggenommen!", beklagte sich Ruth.

„Wie kann das sein? Die Frau ist hier, der Mann da …", wunderte sich die Aufseherin und bekam jetzt Mitleid mit der Bestraften.

Im Laufe der Zeit freundete sich Ruth mit ihr an.

„Pass mal auf, wenn du raus bist aus der Isolationsbaracke und ich Posten habe, kannst du einstecken, was du willst, ich lass dich dann durch", versprach ihr die neue Freundin.

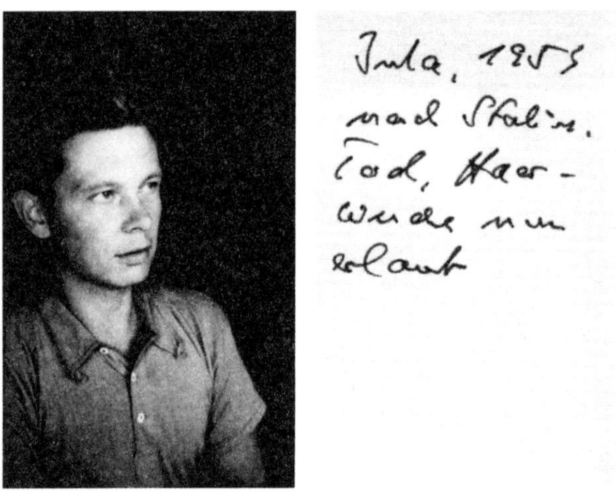

Vorderseite: Johannes Oesterhelt in Inta, nach Stalins Tod 1953 (Bundesstiftung Aufarbeitung, Gulag-Archiv, Meinhard Stark, Johannes Oesterhelt),
Rückseite: „Inta, 1953 nach Stalins Tod, Haarwuchs nun erlaubt"

Ein einschneidendes Ereignis war der Tod Stalins im März 1953. Vieles wurde anders und es gab Erleichterungen: Die Nummern, die die Häftlinge tragen mussten, verschwanden, die Baracken wurden nicht mehr abgeschlossen und die Gefangenen erhielten etwas Geld für ihre Arbeit. Auch mussten sie sich nun keine Glatzen mehr scheren lassen, sodass sich ihr Aussehen wieder etwas normalisierte. Alte deutsche Filme wurden nun zuweilen vorgeführt, wie z. B. Ufa-Produktionen mit Marika Rökk und Hans Albers, und sowjetische Propagandafilme wie „Panzerkreuzer Potemkin".

1954 bekamen die Insassen des Männerlagers Rote-Kreuz-Karten und konnten erstmals nach Hause schreiben. Johannes nutzte diese Möglichkeit natürlich sofort und erhielt nach einer gewissen Zeit Antwort. Einen kurzen Text seiner zukünftigen Schwiegermutter ließ er seiner Verlobten als Kassiber zukommen. Bis dahin hatten die Frauen keine Ahnung gehabt, dass die Männer jetzt Post verschicken und erhalten durften.

Ruth, die von den Insassinnen am besten Russisch konnte, wurde als Sprecherin zum Politoffizier geschickt. „Wir haben gehört, dass die Männer jetzt nach Hause schreiben können und …"

„Woher wissen Sie das?", unterbrach der Offizier sie.

„Das weiß ich eben. Und wir dringen darauf, dass wir auch schreiben dürfen!"

Ruths mutige Vorsprache zeigte Erfolg. Endlich konnten nun auch die Frauen an ihre Angehörigen Karten verschicken.

Bald kamen sogar Pakete aus Deutschland – zum einen von Verwandten, zum anderen vom DRK und von anderen Hilfsorganisationen aus der Bundesrepublik. Auch durch diese im Lager sehr wertvollen Waren – wie Fleisch-, Wurst und Fischkonserven, Trockenobst, Süßigkeiten und Zigaretten – besserte sich die Situation der Deutschen im Lager.

Anfang 1955 wurden die Deutschen aus Workuta und Inta zu einem Transport zusammengestellt und von der Tundra in die Wälder Mittelrusslands gebracht.

In einem früheren Holzfällerlager warteten die weit über 1.000 Deutschen dort auf ihre Heimreise. Zwar wurden sie noch bewacht, mussten aber nicht arbeiten und konnten ihre Zeit weitestgehend selbst gestalten – z. B. stellten die Gefangenen Zirkel für Englisch und für Stenografie auf die Beine.

Johannes führte im Waldlager Suchobeswodnoje ein relativ normales Leben und wartete wie die anderen auf seine Heimkehr. Der Sommer verging, der Herbst begann und dann im Oktober 1955 wurden die Namen des ersten Heimkehrer-Transports aufgerufen. Etwa 28 Mann, Johannes Oesterhelt gehörte dazu, doch ahnte er zu diesem Zeitpunkt nicht, was ihm noch bevorstand.

Ein Offizier von der Lagerleitung teilte ihm und den anderen mit, dass sie amnestiert und ab sofort freie Menschen seien und nach Hause dürften. Einen schriftlichen Bescheid erhielten sie allerdings nicht.

Zusammen mit einem Begleitoffizier fuhren sie zum Bahnhof und dann mit dem Zug nach Moskau. Da es von dort erst abends weitergehen sollte, gingen sie in Moskau noch spazieren – beinahe, als wären sie gewöhnliche Touristen.

Die anderen aus der Gruppe waren keine Bekannten von Johannes. Es stellte sich heraus, dass einige ehemalige Kriegsgefangene dabei waren, die nach der Kriegsgefangenschaft zu 25 Jahren Lagerhaft verurteilt worden waren und die aus Workuta kamen.

In Moskau stiegen sie abends in einen Zug, der zu Johannes Überraschung aber nicht Richtung Berlin fuhr, sondern nach Sibirien. In der Transsibirischen Eisenbahn überquerten sie den Ural und die Grenze von Europa nach Asien. In Swerdlowsk stiegen sie noch einmal um und fuhren 50 bis 60 km weiter Richtung Norden. Johannes fand sich plötzlich in einem Kriegsgefangenenlager wieder, das jetzt als Sammellager diente. Teilweise hausten die Gefangenen dort schon seit 1942/43. Johannes Oesterhelt lernte dort Leute kennen, „die bisher durchaus berechtigt festgehalten worden sind". Beispielsweise war Otto Günsche, der letzte Adjutant Hitlers, auch in dem Lager inhaftiert.

Nach mehreren Wochen wurde Johannes Oesterhelt mit etwa 200 anderen Männern unter Bewachung in Viehwaggons über Moskau und Brest-Litowsk nach Frankfurt an der Oder transportiert. Doch die Freude darüber, endlich in der Heimat zu sein, hielt nicht lange an.

Als die Türen des Zuges aufgerissen wurden, richteten sich Gewehre von Volkspolizisten auf die Heimkehrenden. „Wir wurden wie die schlimmsten Verbrecher behandelt."

Die sowjetischen Begleitoffiziere übergaben die Heimkehrer der Deutschen Volkspolizei und zogen sich zurück. Nach kurzer Zeit fuhr der Zug unter strengsten Sicherheits- und Abschirmungsmaßnahmen weiter Richtung Süden. Die Männer, die geglaubt hatten, endlich nach all diesen Jahren nach Hause zu kommen, fanden sich plötzlich in Bautzen wieder.

Johannes verstand die Welt nicht mehr. Ihm war doch von den Sowjets zugesichert worden, dass er amnestiert und frei sei!

Doch plötzlich wurde er in einem Gefängnis gefilzt, sein Holzkoffer mit seinen wie Schätze gehüteten Utensilien und Kleinigkeiten aus den Paketen seiner Angehörigen wurde ihm abgenommen. Er musste sich ausziehen und erhielt Anstaltskleidung: eine gebrauchte dunkelblaue VP-Uniform mit gelben Streifen auf dem Rücken. „Also waren wir Zuchthäusler, wir waren Sträflinge."

Natürlich fragten die Neuankömmlinge nach dem Grund ihrer Inhaftierung in Bautzen.
Eine Antwort erhielten sie nicht.
„Die haben uns behandelt wie der letzte Abschaum, wie die schlimmsten Kriegsverbrecher. Wir kamen alle in Einzelzellen. Dort mussten wir sofort strammstehen, die Mütze abnehmen, die Hacken zusammenschlagen und Meldung machen. Ich hatte ‚Zelle belegt mit einem Strafgefangenen; es meldet Strafgefangener Oesterhelt!' zu sagen."
Die anderen sah er nur beim täglichen Hofgang, der 20 Minuten dauerte und in dem sie schweigend, mit den Händen auf dem Rücken hintereinander zu laufen hatten. Abgesehen vom Blickwechsel während des Rundgangs gab es keine Kontaktmöglichkeit zu den Leidensgefährten. Stunde für Stunde, Tag für Tag verbrachte er isoliert in der Zelle. Bücher oder sonstige Abwechslung waren nicht vorhanden.
Für Johannes war diese menschenunwürdige Behandlung in Bautzen unbegreiflich, nicht nachvollziehbar und nicht entschuldbar. Nach all der Hoffnung auf Heimkehr, auf ein normales Leben, die seit dem Aufenthalt im Waldlager Suchobeswodnoje in ihm keimte, saß er nun in diesem Loch.
Auch Weihnachten 1955 verbrachte er in der Einzelzelle. Keiner sagte ihm, warum er hier sein musste. Zusammen mit den anderen Neuankömmlingen wurde er in einem gesonderten Gefängnistrakt für mindestens zwei Monate isoliert. Schreiben durfte er nicht. Seine Angehörigen wussten nicht, wo er geblieben war. Erneut musste seine Familie Heiligabend ohne ihn feiern.
Während seine Verlobte im Oktober und sein Bruder im Dezember 1955 heimkehrten, warteten sie auf Johannes vergeblich. Er

war aus der Sowjetunion losgefahren, aber nicht zu Hause angekommen. Er galt wieder einmal als verschollen.

Erst Ende Januar 1956 durfte Johannes Oesterhelt an seine Familie schreiben: Dass er in Bautzen sei, dass es ihm gut ginge. Die Post wurde kontrolliert. Details über die Haft zu berichten, war nicht gestattet.

Nach einem Vierteljahr kam er aus der Einzelhaft in einen Saal mit 20 bis 30 anderen Gefangenen. Im März begann man damit, die Männer, die aus dem Kriegsgefangenenlager bei Swerdlowsk nach Bautzen transportiert worden waren, zu entlassen. Darunter Hitlers Adjutant Günsche, dann der „eiserne Gustav", jede Menge Generäle und Kriegsgefangene. Nur die 28, die mit dem ersten Transport aus dem Waldlager Suchobeswodnoje gekommen waren, blieben in Haft. Auch Johannes Oesterhelt. Warum? Keiner von ihnen hatte eine Ahnung. Erklärt wurde, wie immer, nichts.

War das ein Irrtum? Hatte man sie schlicht vergessen?

Das Grübeln half nicht weiter.

Sie mussten im *Gelben Elend*, wie man das Gefängnis in Bautzen nannte, bleiben.

Wie lange? Auch das wusste Johannes nicht.

Trotz der menschenverachtenden Behandlung, trotz der Tiefschläge und der ungewissen Zukunft ließ er sich nicht brechen. Irgendwie würde er auch diese Zeit überstehen.

Die 28 „Übriggebliebenen" wurden nun in eine große Gruppenzelle verlegt.

Da klar war, dass sie in Bautzen bleiben würden, sollten sie nun auch arbeiten.

Zusammen mit den anderen wurde Johannes als Weber angelernt und arbeitete in einer Gefängnis-Weberei. Nach der Phase des Einarbeitens brachte er es sogar auf eine Normerfüllung von 110 Prozent. Arbeiten war ihm allemal lieber als beschäftigungslos und verzweifelt in der Zelle zu hocken. Wie er von dem Zivilmeister, der nun sein Chef wurde, erfuhr, produzierten sie für die „Kirschauer Webereifabrik". Johannes bekam die Aufgabe am Industrie-Webstuhl Wolldecken anzufertigen.

Seine Versuche, seine Lage zu klären, wurden weiterhin ignoriert. Er war und blieb ein Gefangener. Begründungen erhielt er nach wie vor nicht.

Dass seine Familie und seine Verlobte sich an verschiedene Stellen in der DDR wandten, um ihm zu helfen, erfuhr er erst viel später. Irgendwann im Laufe der Zeit durften ihn seine Mutter und dann auch Ruth besuchen. Die Begegnungen hinter Gittern und mit Bewachern am Tisch empfand er vor allem als schmerzlich. Frei reden durften sie ohnehin nicht miteinander.

Als Arbeiter konnte er sich immerhin jetzt Bücher aus der Gefängnisbibliothek ausleihen. Neu war auch, dass er etwas Geld verdiente und davon Kleinigkeiten wie Zigaretten und Süßigkeiten einkaufen konnte.

In der Gruppenzelle inhaftiert war er mit Zeugen Jehovas, die von der DDR als staatsfeindlich eingestuft wurden, mit einigen Mördern und jenen Tätern, die Kinder missbraucht hatten.

Im Oktober 1956 wurde er zu seiner Überraschung wieder verlegt und bekam eine Arbeit in einem Konstruktionsbüro zugeteilt. Dort gab es eine Abteilung, die für die Luftstreitkräfte der NVA Übersetzungen anfertigte. Aufgrund seiner russischen Sprachkenntnisse und der Fliegerausbildung sollte er nun Bücher wie z. B. „Die Reparaturanleitung der MiG-15" ins Deutsche übersetzen. Er wechselte in eine Sechs-Mann-Zelle, in der ausschließlich

Inhaftierte saßen, die, so wie er, vom sowjetischen Militärtribunal zu 25 Jahren verurteilt worden waren.

Insgesamt verbrachte Johannes Oesterhelt ein Jahr in Bautzen. Neben der Arbeit begann er im gefängniseigenen Orchester Harmonium zu spielen. Sonntags führten sie gelegentlich in der Anstaltskirche Konzerte auf, zu der andere Häftlinge als Zuhörer kamen. Um seine Ruhe zu haben, versuchte er sich an die Regeln im Gefängnis zu halten. Allerdings bekam auch er einmal wegen einer Lappalie eine dreitägige Arreststrafe. Er hatte verbotenerweise Lebensmittel mit zur Arbeitsstelle genommen.

Doch im September 1957 wurde Johannes Oesterhelt zusammen mit den anderen Russlandhäftlingen erneut verlegt: Sie mussten wieder einmal ihre Sachen packen und wurden in die Haftanstalt nach Brandenburg verfrachtet.

„Es gab immer noch keine Unterlagen über uns. Keiner hat uns gesagt, warum wir festgehalten wurden. Einen Rechtsanwalt gab es sowieso nicht."

Für Johannes, der in Bautzen versucht hatte, trotz Gefangenschaft ein sinnvolles Leben zu führen, war die Verlegung ein erneuter Schlag. Alles ging wieder von vorn los.

Arbeiten musste er nun in der Hausschneiderei und reparierte an alten Nähmaschinen Anstaltskleidung oder wandelte abgelegte Polizeiuniformen in Häftlingskleidung um.

Insbesondere seine Mutter gab in ihren Bemühungen, seine Entlassung zu erreichen, nicht nach und schrieb auch an Wilhelm Pieck.

Im Oktober erhielt er vom DDR-Präsidenten einen „Gnadenerlass". Allerdings wurde er nicht etwa entlassen, sondern seine Strafe wurde von 25 Jahren auf 15 herabgesetzt. Warum er überhaupt

immer noch hier saß, hätte ihm wohl auch Wilhelm Pieck nicht sagen können.
Seine Mutter und seine zukünftige Frau kamen alle Vierteljahre abwechselnd zu Besuch. Die Zeit für ein bewachtes Gespräch belief sich auf 30 Minuten.
Ruth ließ es sich aber nicht nehmen, den Anstaltsleiter bei dieser Gelegenheit aufzusuchen.
Wie sie Johannes später erzählte, ging ihr einmal der Hut hoch bei dem Gespräch. „Wenn mein Mann im Arbeitslager in Russland geblieben wäre, würde es ihm besser gehen!"
„Woher wissen Sie das?"
„Weil ich selber da gewesen bin."
Der Anstaltsdirektor empfing sie daraufhin regelmäßig nach ihren Besuchen bei ihrem Verlobten und hörte sich an, was sie zu sagen und zu fragen hatte. Antworten konnte er ihr jedoch keine bieten.
Nach einiger Zeit wurden die Häftlinge aus der Hausschneiderei in eine Abteilung verlegt, die für die „VEB Burger Bekleidungswerke" Arbeitskleidung herstellte. Nun saß Johannes am Band und musste acht Stunden am Tag nach einer Norm die immer gleichen Abläufe – das Anbringen von Innennähten an Arbeitshosen – erledigen. Die stupide Tätigkeit besserte seine Situation nun nicht gerade.
Für eine kurze Zeit wurde er auch wieder in einem Konstruktionsbüro eingesetzt und übertrug hier für den „VEB Elektrokeramische Werke Hennigsdorf" u. a. Fachzeitschriften aus dem Russischen ins Deutsche. Doch als die Abteilung ohne Angaben von Gründen geschlossen wurde, setzte man ihn wieder in der Schneiderei des Gefängnisses ein.

Am 7. September 1960 starb Wilhelm Pieck und so mancher Strafgefangener in der DDR hoffte auf eine Amnestie.

Mitte November wurde Johannes Oesterhelt schließlich zum Anstaltsleiter gerufen, der ihm mitteilte, dass er wegen guter Führung „vorzeitig" entlassen werde. Er wünschte dem *Herrn* Oesterhelt, der nun kein Strafgefangener mehr war, noch alles Gute und bot ihm an, ihn mit dem Auto zum Bahnhof zu bringen.

Hochzeitsfoto von Ruth und Johannes Oesterhelt aus dem Jahr 1960 (Bundesstiftung Aufarbeitung, Gulag-Archiv, Meinhard Stark, Ruth und Johannes Oesterhelt)

Am 28. November – zwölf Jahre und sieben Monate nach seiner Verhaftung – kam Johannes endlich nach Hause.

Bereits am 3. Dezember 1960 heiratete er seine Ruth.

Für die Einladung von ein paar Familienmitgliedern nutzten sie auf die Schnelle einfach die alten Karten, strichen das ursprüngliche Datum, den 8. Mai 1948, durch und ersetzten es durch den neuen Termin.

Die vage Überlegung, die DDR zu verlassen, ließen sie bald fallen. Schließlich hatten Ruth und sein Bruder Wolfgang in diesem Land ausgeharrt, um ihn nicht noch zusätzlich zu gefährden. Indessen hatten sie ihr Leben im Osten beruflich und privat aufgebaut – ein Leben, in dem vor allem Johannes gefehlt hatte.

Die Oesterhelts bekamen im Januar 1967 eine Tochter, lebten ihr nunmehr erfülltes Leben erst in Dresden, dann in Radebeul. Johannes arbeitete schließlich als Dolmetscher und unternahm zahlreiche Dienstreisen in verschiedene Länder des Ostblocks. Besonders oft war er auch in der Sowjetunion.

Einige Jahre nach der Wiedervereinigung, Ende 1994, wurden alle „Mitglieder" der „Gruppe Teschner" von der Militärhauptstaatsanwaltschaft Moskau rehabilitiert.

Johannes Oesterhelt versuchte nun noch in Erfahrung zu bringen, warum er die fünf Jahre zusätzliche Haft in Bautzen und Brandenburg verbringen musste.

Bei einem 1995 stattfindenden „Bautzen-Forum", einem Treffen für ehemalige politische Häftlinge, unterhielt er sich mit dem für Rehabilitierungen zuständigen russischen Staatsanwalt Wolin über seinen Fall und bat um Aufklärung.

Etwa ein Jahr später erhielt er einen Brief vom Militäroberstaatsanwalt, Abteilung Rehabilitierung für ausländische Staatsangehörige, Herrn Wolin aus Moskau mit folgender Begründung:

„Was die Gründe Ihrer Überstellung an die DDR-Behörden im Juli 1955 anbelangt, wonach Sie sich in Bautzen und Brandenburg befanden, teile ich Ihnen mit, dass dies gemäß einer Absprache zwischen den Regierungen der UdSSR und der DDR erfolgte. Sie wurden von den ehemaligen prokommunistischen Machthabern der UdSSR als für die DDR als ‚sozial gefährliches Element' eingestuft und oblagen daher der Isolierung von der sogenannten ‚sozialistischen Gesellschaft'.

Dies widersprach demokratischen Gesetzen, deren Anerkennung nicht im Interesse der UdSSR und der DDR lag."[45]
Viel schlauer machte ihn dieses Schreiben nicht, aber ihm fiel der Satz ein, mit dem ihm der Untersuchungsrichter in der Potsdamer Leistikowstraße gedroht hatte, als er die Spitzeltätigkeit für den sowjetischen Geheimdienst ablehnte: „Junger Mann, das werden Sie nochmal schwer bereuen!"

Das Paar Oesterhelt konnte noch am 6. Dezember 2010 Goldene Hochzeit feiern.
Johannes Oesterhelt starb am 21. Januar 2018 in Dresden. Seine Frau Ruth war bereits im November 2013 verstorben.

---

45 Dokument Schreiben vom Generalstaatsanwaltschaft der Russischen Föderation/Militärhauptstaatsanwaltschaft W. Wolin, Militäroberstaatsanwalt, Abteilung Rehabilitierung für ausländische Staatsangehörige, an Johannes Oesterhelt, vom 30.01.1996.

Als Invalide im Gulag

Ganz und gar ausgeliefert

Hans Berger
(verhaftet 1948)
geboren am 3.7.1926 in Dresden

Hans saß gerade in der Straßenbahn der Linie 11 Richtung Bühlau und fuhr entlang des Postplatzes, der Wilsdruffer Straße und des Altmarktes, als er aus dem Fenster guckte und die gaffenden Menschenmengen vor den Geschäften und Kaufhäusern sah. Und auf dem Boden: Glas. Die großen Schaufensterscheiben hatte man eingeworfen, die Splitter waren zu Bergen getürmt. Die pittoreske Dresdner Altstadt schien an diesem Novembertag des Jahres 1938 zu Teilen verwüstet. Angekommen in der Vorstadt, wo der Zwölfjährige mit seiner Familie wohnte, war wieder alles ganz ruhig, zum Glück. Selbst wenn die Juden Deutschlands Unglück wären, die Geschäfte wirken ja nicht bedrohlich, dachte Hans. Zu dieser Zeit war er bereits Mitglied im Jungvolk und nahm gern an den Aktivitäten teil. Für ihn waren es kleine Abenteuer, die er zusammen mit den anderen erlebte. Die taktischen Spiele im Wald, in denen man beispielsweise dem Gegner das rote oder blaue Bündchen abnehmen musste, machten Spaß. Wirklich ernsthaft kam ihm das nicht vor und die Indoktrination nahm er zumindest nicht als solche wahr. Seine Eltern interessierten sich auch nicht sonderlich für Politik. Hans' Vater war Fleischer, lehnte jede Mitgliedschaft in irgendeiner Partei ab und war der Ansicht, dass, da sowohl Nazis als Kommunisten bei ihm einkauften, er schon mit beiden zurechtkäme. Einmal, das war nicht lang nach der Machtübernahme der NSDAP, verschwand ein Nachbar und verlässlicher Kunde des Fleischereigeschäfts plötzlich, ein Kommunist. Als er zwei Jahre später wiederkam, war er still und wirkte traurig. Von Dachau hatten sie da schon gehört.

Egon, der Bruder von Hans, war zwei Jahre älter und sollte später einmal das Geschäft des Vaters übernehmen und zuvor die Ausbildung zum Fleischer machen. Hans' Schwester war da gerade auf die Welt gekommen. Dann kam der Krieg. Vorerst fühlte sich das überhaupt nicht schlimm an, das Ganze war weit weg. Hans hatte ein paar Tage schulfrei, weil die Schule zum Einberufungszentrum umfunktioniert worden war, und unternahm eine Fahrradtour. Der Einmarsch selbst musste wohl sein, dachte er, nachdem diese fürchterlichen Polen ja den Sender Gleiwitz überfallen hatten. Die täglichen Sondermeldungen von der Front waren aufregend, der Endsieg nur eine Frage der Zeit, das wussten Hans und die anderen Pimpfe, wenn sie über den Krieg sprachen. Kein Widerspruch, kein Zweifel kam in den nächsten Jahren auf, auch nicht nach Stalingrad. Egon fiel mit 19 Jahren 1943 in der Nähe von Dnipropetrowsk. Es war ein schwerer Schlag für den jüngeren Bruder. Nun wollte Hans auch in den Krieg, wollte Rache nehmen, zum Erschrecken seiner Mutter, die versuchte, ihn davon abzubringen. Doch Hans war nicht umzustimmen. Einer Einladung der SS folgte er. Bei dem abendlichen Treffen in Dresden ließ er sich anwerben, die Formulare lagen schon bereit. Hans gehörte fortan der Division Großdeutschland an, einem Großverband der Wehrmacht. Doch es ging nicht an die Front, noch nicht. Im Sommer 1944 berief man ihn zum Reichsarbeitsdienst ein. Nördlich von Brünn wechselten sich Arbeitseinsätze und militärische Ausbildung Tag für Tag ab. Anschließend kam Hans zur Sanitätsdienstkompanie der Division Großdeutschland nach Guben, schnell bekam er den Posten eines Panzergrenadiers. Kameraden von Hans wurden nach dem 20. Juli 1944 zum *Führerbegleitbataillon* abgestellt und waren fortan an der Wolfsschanze. Eigentlich sollte auch Hans dorthin, doch hatte er sich kurz vor der geplanten Abstellung am Fuß verletzt, bekam Wundbrand und blieb daher in Guben. Der erste Kampfeinsatz für ihn folgte im Februar 1945, es ging darum, die Oderstellung aufzubauen. Bereits dort hatten sie kaum Munition oder Granaten. In Neuzelle wurde er verletzt, hatte aber noch Glück, denn von der „Alarmeinheit" kamen nur etwa 70 der 280 Männer lebend zurück. Auf den Wagenanhängern lagen und saßen Soldaten, die vor lauter Blut unkenntlich waren. Das Grauen, das sich dort ereignete, war das schlimmste Erlebnis für Hans zu Kriegszeiten. Während des Gefechts war sein Zimmergenosse, der direkt neben ihm stand, plötzlich umgefallen und das Blut quoll aus ihm heraus. Hans reagierte sofort und verband ihn so gut er konnte. Dann Chaos. Er verlor ihn aus den Augen. Am nächsten Tag sah er den Leichnam in der Feldscheune, die eigentlich als Munitionslager diente, in der nun jedoch die Leichen der gefallenen Soldaten aufgebahrt wurden. Kurz nachdem Hans die Scheune mit großem Schrecken verlassen hatte, flog diese in die Luft. Ein Volltreffer. Bei einem weiteren Gefecht direkt an der Oder wurde Hans schwer verletzt. Er wurde im Bein getroffen und lag, da sich seine Einheit zurückgezogen hatte, er sich aber noch in letzter Mühe verstecken konnte, die Nacht über allein im Wald. Hans hatte erneut Glück im Unglück, am nächsten Morgen wurde er von seinen Kameraden gefunden, kam ins Spital nach Guben und wurde dort operiert.

Auch danach schien der schwer verwundete Soldat einen Schutzengel auf seiner Seite zu haben. Statt ins Lazarett nach Dresden verlegt zu werden, kam kurz vor Abfahrt die Mitteilung, dass Dresden überfüllt sei, es würden keine weiteren Verwundeten aufgenommen. Statt nach Dresden fuhr der Zug nach Bayern. Während seine Heimatstadt kurz darauf bombardiert wurde, lag Hans im Lazarett in Straubing. Seine Familie überlebte den Angriff, die Wohnlage am Rande der Stadt hatte für sie das Schlimmste verhindert. Als die Amerikaner Straubing einnahmen, lag Hans noch immer im Lazarett, wog nur noch 35 Kilo und fieberte wochenlang. Als der Verband am 18. Mai abgenommen wurde, war sein Bein schwarz. Am nächsten Tag wurde es amputiert. Hans war zu diesem Zeitpunkt 18 Jahre alt.
Er ging nun am Stock, musste aber erst mal wieder richtig gehen lernen. Die Schmerzen im Stumpf hielten noch lange an. Hans war mittellos und durch den Krieg schwer gezeichnet. Als Kriegsversehrter bettelte er in der Fußgängerzone Regensburg um Brot. Doch wieder verschlimmerte sich plötzlich seine Lage: der Teenager wurde festgenommen. Er kam in eine Zuckerfabrik, die als Gefangenenlager diente. Über eine weitere Station in Bayern für Kriegsversehrte wurde er in das Gebiet der SBZ überstellt und kam in ein Lager in Elsterhorst, nahe Hoyerswerda. Die Umstände dort waren bedeutend schlechter als jene in den amerikanischen Lagern. Nach wenigen Wochen wurde er jedoch entlassen und kehrte nach Dresden zurück. Hans wusste vorerst nicht, wie es mit ihm weitergehen sollte. Die Schule hatte er aufgrund des Kriegseinsatzes nicht beendet, das Abitur wollte er jedoch nach wie vor ablegen. Doch wo? Im nahegelegenen Plauen ergab sich dann im Mai 1947 die Möglichkeit, in einer speziell für Kriegsheimkehrer eingerichteten Klasse das Abitur nachzuholen. In der Klasse waren

demnach vor allem ehemalige Angehörige der Wehrmacht. Einer der Klassenkameraden, der im Krieg bei der Luftwaffe gewesen war, verschwand eines Tages. Die jungen Männer rätselten über den Verbleib, bis die Verlobte des verschwundenen Mitschülers Hans erzählte, dass ihr Gatte in spe abgeholt worden und seitdem nicht mehr aufgetaucht sei. Hans wollte dem nachgehen, fuhr direkt nach dem Gespräch mit der jungen Frau zur Schule, um dort Informationen einzuholen. Niemand wusste oder sagte etwas. Als Hans wieder zu Hause ankam, erzählte ihm seine Mutter von einer seltsamen Begegnung: Einer seiner alten Kameraden sei bei ihr gewesen, zumindest hatte er von sich behauptet, Hans zu kennen, und habe nach ihm gefragt. Er hatte erzählt, sie seien zusammen in englischer Kriegsgefangenschaft gewesen. Hans wusste, dass das ein Trick sein musste. Er war nie in englischer, nur in amerikanischer und sowjetischer Gefangenschaft gewesen. Auch der Name, den der vermeintliche Bekannte bei seiner Mutter angegeben hatte, sagte Hans nichts. Ganz offensichtlich handelte es sich um einen Lockvogel, der herausfinden sollte, ob er zu Hause sei. Am Abend, es gab gerade Wiener Würstchen dazu Senf und Semmel, klingelte es an der Tür. Es war der vermeintliche Bekannte. Gekommen war er nicht allein. Ein Mann im Ledermantel und mit gezogener Pistole stand neben ihm. „Anziehen! Mitkommen!“, wurde Hans angeherrscht. Er ging ins Schlafzimmer, zog sich notdürftig seine Kleidung über und trat vor die Tür. Draußen stand ein schwarzes Auto bereit. Hans hatte keine Wahl und stieg mit den beiden Herren ein. Die Fahrt dauerte nicht lange, sie ging nach Radebeul ins „Russenstädtchen“. Er sei ein Spion, beschuldigte man ihn während der Verhöre. Anfangen konnte er damit nichts und so bestritt er den Vorwurf vehement. Das mache nichts, man wisse ja schon alles, behauptete der Verhöroffizier. Er müsse das nur noch bestätigen, dann sei man hier schon fertig. Je früher das geschehe, desto besser sei es für Hans. Dieser ignorierte jedoch den Ratschlag, zum Missfallen seines Gegenübers. Die Krücke, die Hans in Radebeul noch bei sich hatte, diente dem Geheimdienstler danach als Schlagstock. Gepeinigt kam Hans in eine Einzelzelle, bis man ihn am nächsten Tag nach Magdeburg fuhr. Auch dort wurde er verhört, unterschrieb jedoch weiterhin nichts. Statt in die Zelle wurde Hans nun nach draußen gebracht, dort stand ein Posten mit Maschinenpistole im Anschlag. Hans wurde befohlen sich diesem gegenüber vor den Palisadenzaun zu stellen. „Jetzt ist es vorbei“, dachte er und wartete auf das Donnern, das sein Leben beenden würde. Doch nichts geschah. Man ließ ihn zappeln und brachte ihn daraufhin wieder in den Keller. Hans war mit den Nerven am Ende.

Kurze Zeit nach dieser Scheinhinrichtung wurde er von Magdeburg nach Potsdam transportiert.

Im Untersuchungsgefängnis in der Leistikowstraße steckte man ihn wieder in eine der Kellerzellen. Hans war dort unten allein und fühlte sich entsetzlich. Er konnte nicht schlafen, sondern grübelte die ganze Nacht hindurch: Was wollten sie von ihm? Hatte er nicht schon genug gelitten? In jeder der folgenden Nächte wurde er verhört. Kein Schlaf, tagelang. Stets morgens gegen 6 Uhr waren sie fertig. Nun sollte er die Protokolle unterschreiben. Weigerte er sich, prasselten Ohrfeigen auf ihn ein. Den Krückstock und die Beinprothese hatte man ihm in Potsdam abgenommen. Hans war vollkommen hilflos und fühlte sich ganz und gar ausgeliefert. Zu jedem Verhör humpelte und hüpfte Hans die Treppen rauf und danach wieder runter. Jede der Treppenstufen eine Qual. Am Ende des Weges war er am Ende seiner Kräfte, bekam kaum Luft, japste, hyperventilierte und um ihn wurde es schwarz.

Alles an seiner Inhaftierung war entwürdigend und zermürbend. In den Verhören arbeiteten die Geheimdienstmitarbeiter vor allem mit Drohungen. Am schlimmsten waren die, die gegen die Familie gerichtet waren: „Wir haben deine Mutter! Wenn du willst, dass sie hier rauskommt, gestehe alles!" Hans wusste dabei noch immer nicht, was er genau gestehen sollte. Doch er war mit der Zeit mürbe geklopft und unterschrieb die in russischer Sprache verfassten Geständnisse. Endlich war es vorbei. Er würde rauskommen. Egal wohin, es könnte nur besser werden. Dann dauerte es noch etwas und das Urteil kam. Ein Fernurteil, kein Prozess, nicht einmal zur Schau. Seine Bestrafung: 20 Jahre Arbeitserziehungslager. Einige weitere Wochen blieb Hans in Potsdam und wartete auf seinen Abtransport. In der Zelle, in der Hans nun eingesperrt war, saßen 16 Verurteilte, die meisten davon hatten 25 Jahre bekommen. Untereinander wurde wild spekuliert. Dass er tatsächlich 20 Jahre eingesperrt würde, glaubte Hans nicht. Die Luftbrücke diente als Hoffnungsschimmer. „Das wird schon irgendwie werden", hoffte er. Die anderen in seiner Zelle sahen das ähnlich. Dass es für sie allerdings vorerst nach Russland gehen würde, vermuteten dabei viele von Hans Zellengenossen.

Stattdessen folgte im frühen Herbst 1948 dichtgedrängt auf einem Lkw der Abtransport nach Sachsenhausen. Das ehemalige Konzentrationslager der Nationalsozialisten diente jetzt als Internierungs-, als sogenanntes Speziallager Nr. 7. Hans und diejenigen, die mit ihm aus der Leistikowstraße dorthin kamen, wurden in das Gefangenenlager gesteckt: ein im Lager nochmals mit Stacheldraht eingezäunter Bereich, ein Lager im Lager also, wo jene untergebracht waren, deren Haft nicht im Speziallagersystem enden sollte. Dieser Ort war trotz alledem weniger lebensfeindlich als das Untersuchungsgefängnis in Potsdam. In den Zellen des

Gefangenenlagers gab es keine Sichtblenden vor den Fenstern, es gab den Zugang zu Frischluft, die Verpflegung schien besser und es existierte hier sogar ein Gefangenenarzt. An einem Tag Ende Oktober, nach beinahe zwei Monaten in Sachsenhausen, sollte sich Hans mit anderen Inhaftierten auf dem Appellplatz sammeln. Der Himmel war grau und die Luft kühl. Die Häftlinge wurden gefilzt, mussten sich die vom hinabfallenden Schneeregen durchnässten Klamotten abstreifen. Wieder wurden sie auf einen Lkw geladen und daraufhin zu einem Anschlussgleis gefahren. Dort quetschte man sie in einen Zugwaggon und gab ihnen rohe Kartoffeln als Proviant. Tagelang war der Zug allein nach Brest-Litowsk unterwegs. Von dort ging es weiter nach Moskau. In einer Zelle, die vielleicht für etwas mehr als ein halbes Dutzend Menschen ausgelegt war, kauerten 28 Gefangene beieinander. Es war unglaublich stickig, zu atmen fiel Hans mit der Zeit immer schwerer. Er musste da raus. Hans täuschte einen Herzanfall vor. Die Mitgefangenen waren eingeweiht, halfen ihm bei seinem Plan. Mit Erfolg, Hans kam in die kleine Einzelzelle am Ende des Traktes. Während des Aufenthalts in Kuibyschew, der nächsten Station, kam Hans in eine Zelle mit drei Sowjets, die mit selbstgebastelten Karten spielten. Die Tage und Nächte in den Gefängnissen waren bisher immer eintönig und ohne Ablenkung gewesen, nichts gab es zu lesen oder zu schreiben, weder Singen noch Pfeifen und eigentlich nicht mal das Reden gewährten die Bewacher den Eingesperrten. Dazu hatte er aber ohnehin oft keine Lust. Er brauchte hier einfach die Ruhe, brauchte jede Möglichkeit der Erholung, die er bekommen konnte. Gespielt hatte er jedoch schon ewig nicht mehr, denn auch das war natürlich verboten. Hans stieg in die Runde ein. Im Verlauf des Abends bekam der Posten im Zellentrakt mit, dass in der Zelle etwas ungewöhnlich war, hörte das Gemurmel, zu Teilen die

Aufregung der Spieler. Durch den Spion in der Zellentür musste er dann auch erkannt haben, was in der Zelle vor sich ging. Als das schwere Schloss der Eisentür aufsprang, schritt der Schließer auf die kleine Truppe zu und forderte sogleich die Herausgabe der Karten. „Karten? Wir haben keine Karten!“, ließ einer der Inhaftierten den Posten wissen. Der Vorgang wiederholte sich kurze Zeit später. Diesmal war der Bewacher aufbrausend. Sie sollten sich ausziehen, damit er ihre Sachen durchsuchen konnte. Die vier nackigen Häftlinge warteten geduldig, bis die Prozedur vorbei war. Hans hatte zuerst nicht gesehen, wo die Karten abgeblieben waren. Bevor der Gefängniswärter jedoch die Zelle verließ, wurde es ihm klar. Einer der Mitgefangenen hatte den Stapel in die breite Manteltasche des Postens rutschen lassen, als dieser sie abgetastet hatte, und er schaffte es tatsächlich, sie wieder hervorzuholen, bevor der Ausgetrickste die Zelle erneut verließ. Hans war beeindruckt von dieser Abgebrühtheit. Als er einige Stunden später versuchte, auf der harten Pritsche einzuschlafen, blickte er auf die seltsam gepunktete Wand. Was das wohl sein mochte? In der Nacht kamen sie dann. Wanzen! An Schlaf war vorerst nicht zu denken, stattdessen kämpfte er die Nacht hindurch mit den Blutsaugern, zerquetsche sie an der Wand, sodass er das gepunktete Muster an ebenjener um ein gutes Stück erweiterte.
Im Dezember kam Hans in ein Lager in Novosibirsk. Von der Steppe aus war die Silhouette der Stadt zu erkennen. Im Lager selbst arbeitete er in einer Schreinerwerkstatt. Der Winter war extrem dunkel und bitterkalt. Der Schnee türmte sich bis zu den Dächern der Baracken auf. Durch das fehlende Sonnenlicht fehlte es den Insassen an Vitamin D. Hans wurde nachtblind und fand sich nach Sonnenuntergang oftmals kaum zurecht. Die Krätze, die im Lager kursierte, wurde er einfach nicht los, egal wie er sich wusch

oder mit Schnee einseifte. Als es auf den Sommer zuging und der Schnee bereits getaut war, legte sich Hans zusammen mit anderen Häftlingen auf eine nahegelegene Wiese und sonnte sich. Bedingt durch die Winterblässe bekam er fürchterlichen Sonnenbrand. Die Krätze war daraufhin allerdings verschwunden. Nach einem halben Jahr verlegte man Hans erneut.

Im Durchgangslager in Krasnojarsk blieb er etwa ein weiteres Jahr, kam aufgrund des fehlenden Beins in keines der benachbarten Arbeitslager. Andere Inhaftierte blieben hier in der Regel nur kurze Zeit, bis sie weiter verfrachtet wurden. Hans sah daher viele verschiedene Gesichter und einige von diesen waren ihm schon bekannt. Wanja war so jemand, den er bereits während seiner Deportation nach Sibirien kennengelernt hatte. Bei ihrem ersten Treffen in Kuibyschew hatte Hans viel über Deutschland erzählt, denn der Russe war sehr interessiert an dem Land und fragte immer wieder nach Einzelheiten. In Krasnojarsk stellte sich heraus, dass Wanja – sein richtiger Name lautete in jedem Fall anders – ein *Blatnoi* war, und nicht nur irgendeiner, sondern gar der Wortführer im Lager. Hans, der sich gut mit Wanja verstand, hatte fortan Narrenfreiheit, konnte sich frei bewegen, um genau die Sachen bitten, die er wollte und stand unter seinem Schutz.

1951 ging es für Hans nach Tajschet, er kam somit nun doch noch in ein Arbeitslager. Der Zentralwerkstatt zugeteilt, gehörte er zur Invalidenbrigade und sollte Kleidung flicken und Schuhe reparieren. In der Brigade waren viele Russen und Balten, die meisten Repatrianten, also jene, die unter den Nazis bereits Gefangenschaft und Zwangsarbeit erlebt hatten, aber von Stalin pauschal als Kollaborateure der Deutschen betrachtet wurden und so in das Lagersystem gerieten. Fast alle hatten sich schwere Verletzungen im Krieg oder während der Zwangsarbeit zugezogen und liefen teilweise mit grotesken Prothesenprovisorien umher. Für harte körperliche Arbeit war niemand von ihnen geeignet.

Nach etwa zwei Jahren kam Hans in ein anderes Lager in Tajschet. Der dortige Kommandant war sehr brutal und nahm keine Rücksicht auf die Invaliden, auch sie wurden zu schwerer Zwangsarbeit beim Eisenbahnstreckenbau – der Erbauung der Baikal-Amur-Magistrale – eingeteilt. Hans war damit nicht einverstanden. Er und andere der Versehrten beteuerten bereits vor der ersten Schicht, keine Schaufel, keine Hacke und keine Karre anzufassen. Sie würden, davon waren sie überzeugt, sich nicht ohne Gegenwehr verfeuern lassen. Am nächsten Tag machten sie ihre Ankündigung wahr, niemand der Invaliden arbeitete. Zwar schimpfte der Posten durchgehend über sie, doch blieben die Versehrten bis zum Ende der Schicht stur und verweigerten sich der Arbeit. An den nächsten Tagen musste keiner von ihnen erneut zum Streckenbau. Hans wurde stattdessen als Wächter eingeteilt, der das Feuer in der Nacht bewachen sollte.

Die Zeit verstrich. Er blieb noch einige Monate in dem Lager, dann kamen die Transporte. Am 5. Dezember 1953 wurde ihm befohlen, seine Sachen zu packen und zur Kommandantur zu gehen. Zusammen mit einer Handvoll anderer Deutscher wurde er nachts in der Sanitätsbaracke eingeschlossen. Am folgenden Morgen brachte man sie alle zur Bahnstation. In dem Waggon, in den sie eingestiegen waren, war permanent ein leichtes Murmeln zu vernehmen und das nur in einer Sprache: Deutsch. Keiner der Inhaftierten in dem Zug wusste, was nun mit ihnen geschehen sollte, doch die Hoffnung, dass es für sie nach Hause ginge, war greifbar und Gerüchte darüber immer wieder unter den Häftlingen zu hören. Der Zug hielt in Novosibirsk. In der Baracke, in die Hans kam, waren wiederum nur Deutsche. Man hatte sie allem

Anschein nach auch in diesem Lager gesammelt. Als ein Mitglied des Lagerpersonals eintrat und nach Leuten fragte, die gut Russisch sprechen könnten, meldete sich Hans. Er hatte, anders als viele andere der Inhaftierten, während seiner Lagerzeit gelernt, fließend Russisch zu sprechen. Zusammen mit einem anderen Häftling, wurde Hans zur Kommandantur gebracht. Der Lagerkommandant, der ihn und den anderen Gefangenen in Empfang nahm, wies beide als Erstes an, die Nummern, die sie auf ihrer Kleidung trugen, abzureißen. Jovial ließ er die beiden Häftlinge wissen: „Die großmütige Sowjetunion hat sich entschlossen, sie in Ihre Heimat zurückzuschicken. Wir hoffen, dass Sie sich am sozialistischen Aufbau Ihrer Heimat beteiligen werden. Teilen Sie das Ihren Kameraden mit." Kurz darauf kam ein Arzt in die Baracke, um die Erkrankten unter ihnen zu untersuchen. Am Folgetag kam sogar ein fliegender Wagen vorbei, bei dem das Guthaben, das die Zwangsarbeiter in ihrer Lagerzeit angesammelt hatten, ausgegeben werden konnte. Ausgestattet mit neuer Kleidung ging es für die deutschen Häftlinge anschließend zur Identitätsprüfung. Erneut wurden sie in einen Zugwaggon verladen. Hans bekam lediglich einen Platz an der Außenwand und fror die ganze Nacht bitterlich. Auch das Essen, das ausgeteilt wurde, hatte diese Bezeichnung eigentlich nicht verdient. Doch das kümmerte Hans und die anderen Menschen in dem Waggon wenig, schließlich ging es endlich nach Hause. Ein Feldscher, der die Häftlinge begleitete, fragte Hans während der Fahrt, wie denn nun seine Zukunft aussähe, auch, da es ja wieder zum Krieg kommen könnte. „Wenn morgen die Amerikaner angreifen würden, kämpfst du dann für uns oder für sie?"

Hans antwortete, ohne zu zögern: „Das ist doch keine Frage, ich würde natürlich für die Sowjetunion kämpfen." Der Feldscher guckte Hans verdutzt an und schob nach, dass diese Antwort für ihn unerwartet käme.

Hans half dem Ungläubigen auf die Sprünge: „Wenn ich morgen für die Sowjetunion kämpfe, bin ich übermorgen in amerikanischer Kriegsgefangenschaft und da geht es mir in jedem Fall besser als bei euch." Der Feldscher guckte wieder ungläubig und lachte dann.

Die Fahrt führte über den Ural und die Wolga. Die Bewachung an den Haltestationen war derweil lasch. Die Anspannung wich. Es war zu spüren, dass diejenigen, die vor Jahren in die sowjetischen Lager verschleppt worden waren, ihren Peinigern gegenüber mit möglichst wenig Groll in ihre Heimat zurückkehren sollten. So konnten sich die Transportierten an den Zwischenstationen relativ frei bewegen, sich vom Zug entfernen und die Gegend für kurze Zeit erkunden. Bevor der Zug abfuhr, wurde lediglich drei Mal die Sirene betätigt als Zeichen, dass es in einer Viertelstunde weiterginge. Seltsamerweise fuhr der Zug nach einer Weile plötzlich nach Süden, was die Häftlinge ein wenig beunruhigte. Was sollten sie da? Im Kriegsgefangenenlager im Donbass wurden sie kurz vor Weihnachten 1953 in von Palisaden umschlossenen Wohnblöcken untergebracht. Die Wohnungen hatten kein Mobiliar, die Gefangenen hockten dort einfach auf dem nackten Fußboden. Im Lager waren bereits einige Sudetendeutsche, die regelmäßig durch das Rote Kreuz beliefert wurden. Versorgt mit Milchpulver, Zigaretten und Süßigkeiten zelebrierte Hans mit anderen Häftlingen den Heiligen Abend in einer der kahlen Wohnungen. Mitte Januar ging es dann weiter. Der Transport führte nach Kiew. Dort verpassten drei Häftlinge, die sich ein wenig in der Stadt umsehen wollten, die Abfahrt des Zuges. Zu Hans Erstaunen warteten die drei Abkömmlinge bereits in Brest-Litowsk, als der Gefangenentransport dort eintraf. Ein Offizier der Roten Armee hatte die drei mit Karten für den Schnellzug ausgestattet. Von Brest-Litowsk ging es weiter Richtung der deutschen Grenze. Es war Ende Januar 1954, als der Transport in Frankfurt an der Oder ankam und die Häftlinge der Deutschen Volkspolizei übergeben wurden. Auf dem Bahnsteig erfolgte die Zählung der Rückkehrer durch einen Vopo. Einer der Gefangenen sollte nicht mehr aufstehen, er war während der Fahrt an den Folgen der Lagerhaft gestorben. Viele andere Menschen in dem Waggon, in dem sich Hans befand, litten an Infektions- und Mangelkrankheiten oder waren schlicht extrem geschwächt. Der Volkspolizist befahl den Gefangenen, aus dem Waggon zu steigen. Hans protestierte. Sie würden sich den Vopos nicht einfach ausliefern, sie sollten gefälligst selbst in den Waggon steigen und zählen. Danach ginge es umso schneller weiter. Ein Oberleutnant kam dem überforderten Volkspolizisten zur Hilfe, wiederholte die Anweisung und zielte zugleich mit seiner Pistole auf die Waggontür, in der Hans und andere Rückkehrer standen. „Du schießt nur einmal, danach liegen wir auf Dir!“, drohte Hans. Der Oberleutnant lenkte ein: „Wie viel seid ihr denn?“, fragte er. „28 und ein Toter“, war die Antwort, die sogleich notiert wurde, ehe die Volkspolizisten weiterzogen. Der Zug fuhr anschließend nach Fürstenwalde. Dort stiegen die ehemaligen Lagerhäftlinge aus. Spätestens hier musste die Entscheidung her: Ost oder West? Der Zug in die Bundesrepublik stand schon bereit, diejenigen, die in der DDR bleiben wollten, sollten für kurze Zeit ins Auffanglager. Hans wollte endlich nach Hause, zurück nach Dresden. Er kam in den Sanitätsteil des Lagers. Dort warteten überraschend viele Frauen. Sie saßen zusammen mit ihren kleinen Kindern, die sie nach Jahren wiedersahen, jedoch kaum verstanden. Den Frauen, die im Lager oder im Gefängnis Kinder bekommen hatten, hatte man diese nach der Geburt weggenommen und in Kinderheime gesteckt, in denen ausschließlich Russisch gesprochen wurde. Die Kleinen verstanden kein Deutsch. Viele der Lagerhäftlinge hatten sich in ihrer Haftzeit wiederum nur Bruchstücke des Russischen angeeignet. Hans, der nun schon mehrmals gedolmetscht hatte, übernahm diese Aufgabe auch hier und übersetzte bis spät in die Nacht die Gespräche zwischen Müttern und Kindern. Er empfand Freude daran zu helfen.

Am nächsten Tag wurde Hans neu eingekleidet, bekam Schuhe, Mantel, Jacke, Hemd, Unterhose und Strümpfe. Sogar einen Schlips gab man ihm. Seine alte Kleidung sollte er dafür dalassen.

Als er endlich per Zug nach Dresden fuhr, fühlte er sich angespannt. Zwar hatte er die Familie bereits einige Tage zuvor auf seine Ankunft per Telegramm vorbereitet, doch konnte, als er schließlich durch die Tür seines Elternhauses trat, niemand mit der Situation so wirklich umgehen. Nach sechs Jahren der Abwesenheit herrschte Stille während des Wiedersehens. Im Wohnzimmer der Eltern blieben ihm die Worte in der Kehle stecken und auch seine Eltern sagten nichts. Eine emotionale Katastrophe.

Als der erste Schock der Überforderung vorüber war, trat die Sorge um die Zukunft hervor. Seine Ausbildung hatte er nicht beenden können, berufliche Angebote gab es für ihn kaum. Zudem schien die Lebensperspektive in der ostdeutschen Diktatur nicht die zu sein, mit der er sich abfinden wollte. Im März, nicht lange nach seiner Ankunft, kam er zu dem Entschluss, doch noch in den Westen zu gehen. Er wollte nach Westberlin gelangen, sich dort als Geflüchteter melden und dann über das Lager Friedland nach München. Dort hatte er Verwandte, die er aufsuchen könnte. Doch mochte Hans kein großes Aufheben um seine Flucht machen, sondern nahm sich vor, still und heimlich abzuhauen. Niemand sollte etwas ahnen. So kündigte er sich für einen Aufenthalt bei seiner Cousine in Zittau an, fuhr jedoch stattdessen nach Ostberlin, mit nicht mehr als einem Aktenkoffer in der Hand. Er betrat am Ostbahnhof die S-Bahn Richtung Potsdamer Platz und stieg in Zehlendorf aus. An der Bahnsteigsperre fragte ihn ein Bahnmitarbeiter nach seiner Fahrkarte und merkte an, dass diese nun hier nicht mehr gelte. Hans jammerte, zeigte seine Beinprothese und hoffte auf das Mitleid seines Gegenübers. Es klappte. In den Bus, in den er in Zehlendorf einstieg, wartete die nächste Hürde. In Hans' Hosentasche klimperte das ostdeutsche Aluminiumgeld. Er besaß keine einzige Westmark. „Menneken, mit dit Jeld fährste bei mir nich", ließ ihn der Busfahrer wissen. „Was soll ich denn da machen?", fragte der Flüchtling konsterniert. – „Da steigste aus." Hans, der es ja eigentlich schon so gut wie geschafft hatte, wurde plötzlich sauer und herrschte den Busfahrer an: „Pass mal auf, ich komme aus Sibirien und du haust mich aus deinem scheiß Bus raus!" – „Wo kommste her?" – „Aus Sibirien!" – „Fährste bei mir umsonst mit."

Wenige Tage später kam Hans in München an. Hans Berger sollte bis zu dem Ende seines Lebens in Bayern leben. Er arbeitete dort lange Jahre als Amtsrat bei der Deutschen Bahn bis zur Pensionierung. Im Alter von 88 Jahren verstarb er im Frühling 2015 in Töging, seinem damaligen Wohnort in Oberbayern.

Folter im Wasserkarzer

„Dann erschießen Sie mich lieber gleich!"

Horst-Adolf Hennig

(verhaftet 1950)

geboren am 8.3.1934 in Krüssau

Der Oberfeldwebel schäumte vor Wut: „Entfernen Sie diesen Kindergarten von hier!“, schrie er den HJ-Führer an. Dieser war gerade erst mit einer Bande zehn- bis zwölfjähriger Jungen herbeigeeilt, um eine Panzersperre zu errichten und die Soldaten der Wehrmacht in ihrem Tun gegen den Vormarsch der Roten Armee zu unterstützen. Mit allem, was es eben brauchte. Wie man eine Panzerfaust abfeuerte, wusste der damals elfjährige Horst bereits, der zu jener Jungvolk-Gruppe gehörte, die nun unerwünscht schien. Er übte schon seit Februar, seitdem ihn der HJ-Führer dazu aufgefordert hatte. Den Feind würde er schon in die Flucht schlagen und so seine Heimat verteidigen. Horst war von diesem Szenario regelrecht begeistert. Verteidigen musste sich nun jedoch eher der HJ-Führer, der heftig mit dem Wehrmachtssoldaten in Streit geriet. Nicht viel habe gefehlt, so tuschelten die Jungs später, und der Oberfeldwebel hätte ihn einfach abgeknallt. Doch der Rückzug des „Kindergartens“ samt ihres geknickten Anführers verhinderte Schlimmeres. Horst ging nach Hause und legte seine Pimpf-Uniform ab. Ein letztes Mal.

Seine Familie hatte eine, so wie sie es selbst bezeichnete, politisch konservative Einstellung inne. Tatsächlich waren der Vater und der zehn Jahre ältere Bruder vor allem vom Nationalsozialismus angetan und suchten in diesem ihre Bestimmung. Letzterer meldete sich mit 17 Jahren freiwillig für die Front und später für die SS. Der Vater, der in die Partei eingetreten war, hatte bereits während des Ersten Weltkriegs seinen Dienst geleistet und zierte sich nicht, als man ihn erneut zu den Waffen rief. Horst war von ihm, einem Hauptmann der Wehrmacht, Strenge gewöhnt. Die Hand des Vaters hatte er nie gehalten. So was passte nicht zu einem deutschen Jungen. „Ein deutscher Junge spielt nicht, ein deutscher Junge weint nicht“, hatte der Vater gesagt, und Horst bemühte sich, diesem Bild gerecht zu werden.

Der Krieg war längst präsent in Horsts Leben. Die Bombardierung Magdeburgs hatte er mitbekommen, wenn auch nicht erlebt. Die Familie wohnte ganz in der Nähe, in Burg. Als die Kämpfe zwischen deutschen und sowjetischen Einheiten vorüber waren, und die Rote Armee die kleine Stadt eingenommen hatte, begann eine Phase tiefer Traurigkeit für den Jungen. Er hatte fest mit dem Sieg Deutschlands gerechnet und zeigte Unverständnis gegenüber der Kapitulation. Am Schrecken sollte sich danach auch so schnell nichts ändern. Im Mai, als Teile der Bevölkerung in ihren zerschossenen Häuserruinen hausten, hörte man ständig etwas von Übergriffen und Vergewaltigungen im Ort. Wo der ältere Bruder steckte, wusste niemand. Zuletzt hatte die Familie etwas von ihm gehört, als er auf dem Weg in ein Lazarett war. Immerhin kam der Vater im Juli aus englischer Kriegsgefangenschaft wieder.

Fortan lebte die Familie, die ein kleines Stück Land besaß, als Selbstversorger. Horst besuchte die Einheits- und anschließend die Oberschule. Dort sah er sich bald schon dem Druck ausgesetzt, in die FDJ einzutreten. Eigentlich wollte er nicht, doch glaubte er, ohne die Mitgliedschaft in der Jugendorganisation nicht sein Abitur ablegen und studieren zu können, was er fest vorhatte. Als er deswegen den Vater um Rat fragte, zeigte sich dieser nicht interessiert an der inneren Zerrissenheit seines Sohnes. Er sei alt genug, müsse das allein entscheiden, ließ er ihn lediglich wissen. Horst trat in die FDJ ein und beteiligte sich aktiv. Als Jugendlicher warb er etwa zusammen mit anderen Blauhemden auf einem Lautsprecherwagen umherziehend für die Wahl der SED.

Der Vater blieb seinem Sohn gegenüber reserviert. Besonders wortkarg und geheimnistuerisch wirkte er, wenn sein Bruder aus Westberlin zu Besuch war. Der kam öfter vorbei und beide zogen sich dann zum Reden so manches Mal zurück.

Eines Tages tat Horsts Vater etwas Seltsames. Er bat seinen Sohn, der noch immer das Gefühl hatte, um die Gunst seines Vaters buhlen zu müssen, um einen Gefallen. Ob er in Westberlin einen Brief abgeben könne, wollte der Vater wissen. In dem Brief seien Dokumente Geflüchteter, die diese bräuchten. Horst sagte zu und freute sich, endlich beweisen zu können, dass er, trotz der Mitgliedschaft in der SED-Jugendorganisation, zu den Anständigen gehörte. Bei wem genau er den Brief abgeben sollte und welche Gefahr Horst dadurch drohte, verriet der Vater dabei nicht.

Horst fuhr nach Wilmersdorf und suchte die Adresse auf, die ihm vom Vater mitgeteilt worden war. So kam er zu einer englischen Kommandantur, in der er nach seiner Ankunft ins Obergeschoss geführt wurde. Dort saßen mehrere Männer, Deutsche, die ihm für die Übergabe eine Tafel Schokolade in die Hand drückten. Als er kurze Zeit später einen weiteren Brief an gleicher Stelle abgab, bekam er ein Päckchen Kaugummi.

Ende Juli 1950, für Horst aus heiterem Himmel, wurde sein Vater verhaftet. Zuerst wusste die Familie davon nichts, ahnte es nur, da der Vater nicht nach Hause gekommen war und am Folgetag eine Hausdurchsuchung stattfand. Die Mitarbeiter des Geheimdienstes suchten in den Stallungen, der Scheune, dem Haus nach Dokumenten und Waffen, fanden aber nichts. Die Frage nach dem Verbleib des Vaters ließen sie währenddessen unbeantwortet. Insgeheim hoffte die Familie, dass er in Westberlin sei, vielleicht ja beim Bruder. Horst suchte in den nächsten Tagen Freunde und Bekannte des Vaters auf, um von ihnen zu erfahren, ob sie etwas über dessen Verbleib wüssten. Er stieß auf Ablehnung, keiner wollte so wirklich mit ihm sprechen. Das irritierte ihn. Erst viel später sollte er verstehen, dass sie wohl schlicht Angst hatten.

Die Familie war nun in großer Not, hatte keine Ersparnisse und kein Einkommen mehr. Die Mutter versuchte sie mit Näharbeiten über Wasser zu halten. Horst drängte sie zur Ausreise: „Wir müssen hier weg." Doch die Mutter wollte nicht. Wenn der Vater nun doch plötzlich wiederkäme, wüsste der nicht, wo sie seien. Horst dachte daran, allein abzuhauen, doch ohne die Zustimmung der Mutter brachte er es nicht übers Herz.

Ende November wurde Horst verhaftet, praktisch aus dem Klassenzimmer heraus. Der Schulleiter war mit zwei Herren im Schlepptau hereingekommen und bat Horst darum, ihnen zu folgen. Man hätte etwas mit Horst zu besprechen. „Um was geht es denn?", fragte dieser beunruhigt. Die Antwort gab einer der beiden ihm unbekannten Herren: „Keine Diskussion. Versuchen Sie nicht zu fliehen. Sie sind verhaftet." Horst drehte sich noch zur Klasse um und rief: „Sagt meiner Mutter Bescheid!" Sogleich führte man ihn nach draußen, wo bereits ein Pkw auf ihn wartete. Horst musste auf der Rückbank Platz nehmen. Drei weitere Personen saßen mit ihm in dem Wagen. Man fuhr ihn nach Rathenow und sperrte ihn in eine Zelle im Keller. Nachts musste er hinauf in den Verhörraum. Dort wurde er nach Komplizen und Hintermännern der Spionageorganisation befragt, deren Mitglied er sein sollte. Horst stritt alles ab. Wusste auch nicht recht, um was es hier gehen sollte. Seine Fahrten nach Berlin schienen dem Verhöroffizier nicht bekannt zu sein und Horst selbst erwähnte sie lieber erst gar nicht.

In der Zelle versuchte man ihn weichzukochen. Nach einigen Tagen Wasserentzug und in Salz eingelegtem Trockenfisch begann er seinen eigenen Urin zu trinken. Etwas mehr als eine Woche verblieb er in der Kellerzelle, bis man ihn nach Brandenburg fuhr. Neben dem Fahrer waren ein Hauptmann und eine Majorin im Wagen. Als sie in Brandenburg ankamen, stieg Letztere aus und sprach mit einem sowjetischen Offizier. Was sie besprachen, verstand Horst nicht, aber er erkannte, dass sie sich heftig stritten. Plötzlich zog der Hauptmann, der noch neben ihm auf der Rückbank saß, seine Pistole und drückte sie Horst in den Nacken: „Du jetzt kaputt!“, raunte er ihm zu. Horst war starr vor Schreck. Würde er jetzt sterben? Als er in Rathenow aus seinem Verließ nach draußen geführt worden war, hatte er gedacht, er käme nun endlich nach Hause. Jetzt schien dieser Gedanke völlig abwegig zu sein.

Der Hauptmann steckte seine Waffe in den Halfter und die Majorin stieg wieder ein. Anscheinend konnte er nicht hierbleiben, denn sie fuhren weiter. Der nächste Halt war Potsdam. Als der Wagen in Richtung des sowjetischen Sperrgebiets einbog, musste Horst bei Gegenverkehr zwischen den Fahrzeugsitzen abtauchen. Kurz darauf sollte er durchgehend gebückt bleiben, durfte nicht aus dem Fenster sehen.

Auch in Potsdam wurde er Nacht für Nacht verhört. Er hätte dies, er hätte jenes. Fotografiert, notiert, verschworen. Spionage! Wer sind die Auftraggeber?

Horst stritt weiterhin ab, ein Spion zu sein oder etwas über eine Organisation zu wissen und unterschrieb die auf Kyrillisch verfassten Protokolle am Ende der Sitzungen. Da wird schon stehen, was ich gesagt habe, dachte er sich.

Als der erste Weihnachtsfeiertag kam, erkannte Horst das in seiner Zelle am Glockengeläut.

Demnach konnte er auch korrekt antworten, als ihn die Untersuchungsführerin in jener Nacht nach dem Datum fragte. „Wenn Sie kein Spion wären", ließ sie ihn daraufhin wissen, „könnten sie jetzt zu Hause bei Ihrer Mutter feiern." Dieser Satz war auf mehreren Ebenen zynisch, denn seine Mutter war im selben Gebäude inhaftiert, ohne dass Horst zu diesem Zeitpunkt etwas davon ahnte.

Im Januar wurde sein Vater, der sich ebenso in sowjetischer Untersuchungshaft befand, zum Thema in den Verhören und das auf eine Weise, die Horst den Boden unter den Füßen wegzog: „Ihr Vater hat uns gesagt, Sie haben fotografiert, Kennzeichen notiert und Spionagematerial nach Westberlin geschafft." Horst wollte das nicht glauben. Er wurde stur, unterschrieb nichts mehr und würde erst wieder damit anfangen, wenn man seinen Vater dazu hole und dieser ihm die Vorwürfe ins Gesicht sage. Dass dieser ebenfalls in der Leistikowstraße war, erfuhr Horst von einem Mitgefangenen. Gerhard Sinnig, ein Zellengenosse, der in der Haft zeitweise selbst wie eine Vaterfigur für den erst siebzehnjährigen Horst war, hatte es herausbekommen. Er war es auch gewesen, der ihn auf den langen Aufenthalt im Potsdamer Untersuchungsgefängnis eingeschworen hatte. Als Horst eines Nachts mit geschorenen Haaren wieder zurück in die die Zelle gekommen war, hatte Gerhard zu ihm gesagt: „Du kommst hier erst mal nicht heraus. Sobald man dir deine Haare abschneidet, behalten sie dich hier. Du musst dich jetzt darauf einstellen."

Nachdem Horst mit den Vorwürfen des Vaters konfrontiert worden war, fühlte er sich wie gelähmt. Er war durch den Schlafentzug und die allgemeinen Haftumstände ohnehin in einer psychischen und physischen Ausnahmesituation. Nun verfiel er in eine tiefe Lethargie. Die Verhöre zogen sich so dahin, teilweise saß er zwei oder drei Stunden im Verhörzimmer, ohne ein Wort zu sagen. Irgendwann, so schien es, war es den sowjetischen Geheimdienstmitarbeitern zu viel. Nach einem jener Verhöre war der Untersuchungsführer spürbar aufgebracht und schrie herum. Horst kam anschließend nicht zurück in seine Zelle, sondern in den Stehkarzer am Ende des Kellerganges. Der winzige Raum war völlig dunkel. Horst, der sich zuvor entkleiden musste, spürte einen eisigen Luftzug. Mit den Füßen stand er im kalten Wasser, das den Zellenboden bedeckte. Als ihm das erste Mal eine Schüssel mit Essen gereicht wurde, trat er diese weg. Er war wütend und wollte, dass sie es spürten. Die Zeit im Karzer verging kaum, schien schier endlos. Horst versuchte sich anzulehnen oder hinzuhocken. Die Beine gaben nach. Er war völlig unterkühlt und orientierungslos. Dann, nach vielleicht zwei Tagen in der höchstens einen Quadratmeter großen Dunkelzelle, wurde er bewusstlos. Als er wieder aufwachte, befand er sich auf der Krankenstation im Dachgeschoss. Er lag in einem Bett, zugedeckt. Eine völlig andere Welt. Seine Nieren hatten angefangen zu bluten, nun verabreichte man ihm Medikamente und verpflegte ihn. Nach etwa einer Woche kam er wieder in die Kellerzelle, durfte aber eine Wolldecke und eine Matratze mitnehmen, die man ihm einige Tage später entzog. Die Verhöre gingen weiter, die zwei Fahrten nach Berlin hatte er längst zugegeben, mehr aber auch nicht. Es gab ja auch nichts weiter zu gestehen. Prompt folgte die Drohung: „Wenn Sie die Hintermänner nicht verraten, stecken wir Sie wieder in den Karzer." – „Dann erschießen Sie mich lieber gleich! Das eine will ich nicht, das andere kann ich nicht." Der Untersuchungsführer erwiderte verächtlich: „So wichtig ist das gar nicht, wir können Ihre Unterschrift auch einfach nachmachen." – „Dann tun Sie es", antwortete Horst.

Zum Unterschreiben wurde er in den nächsten Verhören nicht mehr aufgefordert. Horst kam in Einzelhaft. Als er mal wieder zum Kübelgang aus seiner Zelle geführt wurde, vernahm er ein ihm sehr bekanntes Husten. Er wusste sofort, dass es sein Vater war und rief nach ihm. „H.[46], dieser Schweinehund, hat uns alle reingeritten!", rief dieser seinem Sohn zu. Dass seine Mutter auch ganz in seiner Nähe war, erahnte er kurz danach durch einen Posten, der in der Nähe von Horsts Einzelzelle eine Frau mit Hennig ansprach. Über Klopfzeichen wurde daraus dann Gewissheit. Ja, eine Ida Hennig aus Burg sitze hier ein. Einen direkten Kontakt zwischen den beiden gab es jedoch in der Untersuchungshaft nie.

Im Juni 1951 sollte der Prozess vor dem Militärtribunal folgen. Zuvor hatte ihn der Verhöroffizier nochmals gebeten, doch endlich die Protokolle zu unterschreiben, das sei schließlich auch zu seinem besten, denn je eher er unterschreibe, desto schneller käme er ins Lager und dort, versicherte ihm der Geheimdienstmitarbeiter, würde es ihm bedeutend besser ergehen. Horst unterschrieb. Viel schlimmer konnte es wahrlich nicht werden.

Die Verlesung der Anklageschrift glich einem Familientreffen. Horsts Mutter, sein Vater, dessen Bruder, Cousin und Cousine sowie einer seiner ehemaligen Kameraden kamen dafür zusammen. Der Prozess folgte wenige Tage später. Nun hörte Horst das erste Mal, wer und was diese Spionageorganisation sein sollte.

---

46 Name durch Horst-Adolf Hennig gekürzt.

Der Vater, das sei bewiesen, gehöre der Kampfgruppe gegen Unmenschlichkeit (KGU) an. Auch Horst selbst sei Mitglied, er habe es durch die von ihm geleistete Unterschrift auf den Protokollen bezeugt. Während seine Mutter den Prozess über recht tapfer wirkte, glich sein Vater einem Wrack. Er schien körperlich und seelisch gebrochen, war im wahrsten Sinne zahnlos. Anscheinend hatte man ihm alle Zähne ausgeschlagen oder gar gezogen. Zudem bestand er nur aus Haut und Knochen, doch sein Gesicht war viel größer als sonst, es war völlig zugeschwollen. Beim Anblick seines Vaters verstand Horst, wie es zu dessen Aussagen gekommen sein musste. Jeder einzelne der Angeklagten wurde vom Militärrichter angezählt. Horsts Vater, so meinte dieser vorwurfsvoll, hätte es als ehemaliger Hauptmann besser wissen müssen. An Horst gewandt sagte der Richter, dass er aufgrund seines Alters nicht mit der Todesstrafe zu rechnen brauchte.

So kam es auch. Während Horsts Vater und dessen Cousin zum Tode verurteilt wurden, brummte man dem Siebzehnjährigen 25 Jahre Arbeitslager auf. Seine Mutter, sein Onkel und der Kriegskamerad seines Vaters bekamen 15, dessen Cousine acht Jahre Haft. Die Urteilssprüche rauschten an Horst vorbei, er fühlte sich fast wie in Trance. Echt wirkte das alles nicht.

Horst kam anschließend in eine Sammelzelle, in der auch sein Onkel untergebracht war. Ein lustiger Typ, beinahe ein Komiker, der stetig versuchte, seinen Neffen aufzumuntern.

Nach drei oder vier Wochen folgte der Abtransport. Per Lkw ging es zum Bahnhof, von dort in einem Waggon über Berlin nach Brest-Litowsk. Dort gab es nicht nur eine bessere Ausstattung und Verpflegung als in Potsdam, er bekam sogar eine Pelzmütze ausgehändigt. In Moskau, in der Butyrka, war die Situation wieder eine völlig andere. In einer riesigen Sammelzelle waren 80, vielleicht sogar 100 Menschen zusammen eingepfercht. Es dauerte nicht lang, da kamen zwei der Häftlinge auf Horst zu. Die beiden jungen jüdischen Männer hatten mitbekommen, dass Horst Deutscher war, und auf solche waren sie alles andere als gut zu sprechen. Sie machten ihm klar, dass er hier und nicht woanders zu sterben hätte. Eine Gruppe Polen stellte sich zwischen die Konfliktparteien und schützte Horst, solange es nötig war. Der bald darauf stattfindende Abtransport aus Moskau führte Horst in ein Lager in die Mordwinische Republik. Dort angekommen, überreichte man ihm die Lagerkleidung samt Häftlingsnummer. Anschließend kam er ins Lager 3, das aus zwei Häftlingsbaracken und einer Arbeitsbaracke bestand. Horst, der ja selbst noch ein Jugendlicher war, stellte schnell fest, dass er einer der Ältesten im Lager sein dürfte. Es handelte sich demnach um ein Lager für Jugendliche, lauter 12- bis 18-Jährige tummelten sich in der Baracke, in die Horst von einem der Bewacher hineingestoßen worden war. Ein höllischer Lärm umgab ihn und Chaos an allen Ecken. Einige der Jugendlichen kamen auf Horst zu, musterten ihn und zupften an ihm herum. Deutsch sprach hier niemand. Ihn packte die Angst: „Die zerreißen dich. Hier kommst du nicht lebend raus“, schwirrte es ihm durch den Kopf. Wohl der Barackenälteste wies Horst ein Bett zu, während dieser noch stocksteif vor Schreck mitten in der Baracke stand, in der wohl 120 bis 130 Jugendliche eingesperrt waren. Dieses Getöse und Geprügel, das hier unablässig stattzufinden schien, erschrak ihn einfach zu sehr.

Horst hatte sich noch nicht gänzlich vom ersten Eindruck erholt, da kamen einige der Jugendlichen auf ihn zu und sprachen ihn auf Russisch an. Nachdem sie begriffen hatten, dass er nichts verstand, sprach einer im gebrochenen Deutsch: „Du nix Angst, du gut deutsch.“ Erleichterung machte sich breit, vielleicht wollten sie ihm ja nichts Böses. Tatsächlich war das Erste, worum er gebeten wurde, mit einigen aus der Baracke Domino zu spielen. Horst kannte das Spiel bis dato nicht, die „Kriminellen" brachten es ihm bei. Tatsächlich waren die im Lager inhaftierten Kinder und Jugendlichen wegen Diebstahl, Überfällen oder Totschlags hier. „Spionage", war sich Horst sicher, hatte man niemanden von ihnen vorgeworfen. Gearbeitet werden musste im Lager nicht, vielmehr waren sie beinahe den gesamten Tag in den Baracken eingesperrt. Zum Mittag- und Abendessen wurden sie herausgeführt, zum Frühstück wurde sich in der Baracke um den Kanten Brot gestritten, der nicht ganz so durchnässt war, wie die Scheiben, die es ansonsten als Verpflegung gab. Horst lebte sich ein, begriff die Gruppe, mit der er sich abgab, beinahe als Familie und nahm sich ihrer Sprache und ihres Kodexes an. Horst, der deutsche Oberschüler, war jetzt ein *Blatnoi*. Man hielt zusammen und half sich, komme, was wolle, zur Not auch mit Gewalt. Horst merkte mit der Zeit selbst, wie er innerlich verrohte. Bis auf Hunger, Langeweile und Gewalt gab es ja auch nichts.

Als man den Jugendlichen mitteilte, dass sie, wenn sie es wollten, eine kurze Lehre zur Holzverarbeitung ablegen könnten, meldete er sich. Auch ein weiterer aus der Gruppe der *Blatnoi* kam hinzu, die anderen legten ihnen keine Steine in den Weg. Meinten nur, die Jungs könnten doch machen, was sie für richtig hielten, arbeiten würden sie selbst jedoch nie.

Von August 1951 bis zum Mai 1952 blieb Horst in dem Jugendlager, danach schickte man ihn, der gerade 18 geworden war, doch noch in ein benachbartes Arbeitslager. In diesem gab es nur Erwachsene und auch einige deutsche Insassen, denen er sich anschloss. Die Verhältnisse im Lager schienen geordnet. Horst wurde gleich einer Brigade zugeteilt. Da er durch seine Schulung im

Jugendlager als Spezialist für Holzverarbeitung galt, teilte man ihn einem Werk zu, in dem Radiogehäuse hergestellt wurden. Den deutschen Lagergenossen fiel Horsts Umgangston und sein Verhalten immer mehr auf. Er war roh, ließ sich nichts gefallen und nahm sich Dinge heraus, die sich die anderen nicht trauten. Von den Posten wurde er nur „nemetskiy Blatnoi“, deutscher *Blatnoi* genannt. Sie ließen ihm öfter Sachen durchgehen, die verboten waren. So schmuggelte er etwa aus dem Arbeitsbereich mal ein selbstgebasteltes Schachspiel. Als der Posten das mitbekam, fragte er nur, was Horst denn da habe und winkte ihn anschließend durch. Einmal schmuggelte er Hochprozentigen, den ihm ein „Freier“ aus dem Werk mitgebracht hatte, in den Barackenbereich. Horst hatte bis zu jenem Zeitpunkt kaum Erfahrung mit Alkohol gemacht. Er betrank sich und ihn erfasste dabei eine furchtbar schwermütige Stimmung. Spontan verließ er jene Runde, in der er getrunken hatte, und lief auf den Zaun zu, der das Lager umgab, und dem man, sofern man nicht im Kugelhagel enden wollte, nicht zu nahekommen durfte. Die Lagergenossen bekamen schnell mit, was Horst vorzuhaben schien, und stürzten sich auf ihn. Um ihn wieder zur Besinnung zu bringen, tauchten sie seinen Kopf in den Wasserbottich in der Baracke. Anschließend prügelten sie auf ihn ein und ermahnten ihn, so etwas ja nie wieder zu versuchen.

Horst hatte immer noch Kontakte zu Kriminellen, auch im Erwachsenenlager. Oft spielte er eine Art Vermittler und hatte dadurch eine gute Position unter den Deutschen. Wenn es Ärger gab, konnte man ihn nach Hilfe fragen. Horst selbst wurde von den *Blatnoi* mit Messern versorgt, die er im Wohnbereich stets bei sich führte. Als ihm einmal ein Mitinsasse zu nahekam, stach Horst ihm sein Messer mitten in den Bauch. Der Kontrahent überlebte die Attacke und verpfiff Horst nicht. Vielleicht tat er dies aus Sorge vor der Rache der Kriminellen, die ihn erwarten würde.

Der Aufstand in Workuta im Sommer 1953 erreichte mit wenigen Tagen Verspätung auch das Arbeitslager in der Mordwinischen Republik. Der Streikversuch vor Ort wurde jedoch jäh durch eine präzise inszenierte Drohkulisse unterbunden. Auf dem von bewaffneten Soldaten umstellten Appellplatz sollten sich die Häftlinge sammeln, um sich vom Kommandanten des Lagers anzuhören, dass Flüchtende sofort erschossen würden und ja niemand auf die Idee kommen solle, zu streiken. Auch zu diesem Zeitpunkt, Stalin hatte schon längst das Zeitliche gesegnet, hatte Horst noch keinen Schimmer, was mit seinen Eltern passiert war. Lange blieb er unwissend. Erst etwa zwei Jahre später gelang es Horst dann herauszufinden, wo sich seine Mutter befand. Das Antwortschreiben des Innenministeriums der Sowjetunion verriet, dass man sie in einem Arbeitslager in Tajschet inhaftiert hatte. Selbst die Häftlingsnummer gab man an.

Kurz darauf änderte sich die Perspektive für Horst abrupt: Plötzlich wurden deutsche Insassen einzeln in die Kommandantur gerufen, um zu erzählen, wo sie zu Hause seien. Horst fragte man, wo sich seine Eltern befänden. „In Russland“, antwortete er. Nach 14 Tagen rief man ihn erneut in die Kommandantur und blaffte ihn an, dass seine Mutter ja auch Gefangene sei und er dies nicht verraten habe. Sie hätten ja nicht danach gefragt, antwortete Horst. „Wo haben Sie denn noch Verwandte?“, fragte der Kommandant. Horst gab die Adresse seiner Tante an, die in Niedersachsen wohnte. Jetzt wurde ihm klar: Für ihn sollte es also in den Westen gehen, raus aus dem Gulag.

Der Zug mit deutschen Gefangenen, der aus Workuta losgefahren war, wurde in Brest-Litowsk geteilt für die zwei verschiedenen

Ankunftsziele der Transportierten. Die Posten behandelten die Gefangenen den Rücktransport über beinahe fürstlich, sie ließen sie sogar den Zug während eines Halts mit Transparenten schmücken, auf denen Adenauer für die langersehnte Heimkehr gedankt wurde. Auf dem Boden der DDR, das stellte sich bald heraus, gefiel das einigen Sicherheitsmitarbeitern gar nicht. Vermutlich war es eine Gruppe zivil gekleideter Stasimitarbeiter, die versuchten, die Banner vom Zug zu entfernen und daraufhin mit den Insassen aneinandergerieten. Die umstehende Volkspolizei schien die Situation nicht zu begreifen und zog sich lieber zurück.

Als der Tross ehemaliger Lagerhäftlinge in Herleshausen, also in der Bundesrepublik, eintraf, wurden die Neuankömmlinge sogleich von der Presse belagert, die bereits von den Vorfällen in Leipzig Wind bekommen hatte und nun wissen wollte, was denn dort eigentlich losgewesen war. Horst war dabei nur froh, endlich nicht mehr unter Bewachung zu stehen und tatsächlich im Bundesgebiet angekommen zu sein.

Über das Aufnahmelager in Friedland kam er zur Tante nach Dassel in Niedersachsen. Schnell nach der Ankunft in dem beschaulichen Ort war klar, dass er es in Zukunft alles andere als leicht haben würde. Er besaß schließlich keinen Schulabschluss und die Sozialisation im Lager hatte tiefe Spuren hinterlassen. Die rohe Sprache und mitunter auch der grobe Umgang schienen viele Mitmenschen abzuschrecken. Horst selbst wurde zudem die Anspannung nicht los, die er im Lager mit sich herumgetragen hatte, führte stets eine Waffe bei sich, trank viel und häufig und geriet in Schlägereien. Auch an der Mittelschule in Dassel, die er besuchte, hatte er Schwierigkeiten, doch erreichte er im März 1956 die mittlere Reife und begann eine Ausbildung als Verwaltungsfachmann. Seine Probleme blieben jedoch und ihm wurde immer mehr klar, dass er sein Verhalten umstellen und sich der neuen Welt, in der er nun ja lebte, anpassen müsse. Vielleicht konnte er ja auf die wenigen positiven Aspekte seiner Erfahrungen zurückgreifen, dachte er. Horst wechselte den Beruf, zwar hatte er seine Ausbildung abgeschlossen, doch war er in dem Bereich nicht glücklich geworden. Die Holzverarbeitung, mit der er in den Lagern zu tun gehabt hatte, interessierte ihn viel eher. Nach der Umorientierung lief es besser, auch privat. Bald fand er eine Frau, mit der er kurz darauf Kinder bekam. Sein Leben schien sich zum Guten zu wenden, doch der Nimbus des Verfolgtseins umgab ihn weiterhin. Einen großen Anteil daran, so stellte Horst lange Jahre später fest, hatte vermutlich das ausgebliebene Klärungsgespräch mit dem Vater. Auch mit der Mutter, die mit einer durch einen Schlaganfall verursachten halbseitigen Lähmung aus Tajschet zurückgekommen und nach ihrer Entlassung in den Westen ausgereist war, kam kein Gespräch über die Lagerzeit zustande. Doch vor allem waren es die Umstände der Verhaftung, die Vorgeschichte seines Martyriums, die durch die Hinrichtung des Vaters für immer ungeklärt erschien. Zwei Mal versuchte Horst mit psychologischer Hilfe die Vater-Probleme zu ergründen und für sich abzuschließen. Tatsächlich klappte es mit der Zeit. Der Vater wurde für Horst immer unpersönlicher, entfernte sich immer mehr, verschwand irgendwann als emotionale Verbindung und damit auch die Fragen, die sich Horst seit der Zeit im Keller der Leistikowstraße immer wieder gestellt hatte.

„Du Spion"
(verhaftet 1951)

„Ich hatte doch gar nichts gemacht!"

Peter Seele
geboren am 27.10.1928 in Mühlhausen (Thüringen)

Berlin/Potsdam, April 1946.
Peter stand einen Moment ratlos vor der zerstörten Glienicker Brücke, die in Friedenszeiten Berlin und Potsdam miteinander verband. Eigentlich dürfte er gar nicht hier sein. Denn sein Entlassungsschein aus dem „Babycatch", dem „Babylager", wie die Amerikaner das Lager für die jüngsten Kriegsgefangenen nannten, galt für Hannover und nicht für Potsdam. Für die SBZ wurden von den US-Streitkräften keine Entlassungsscheine ausgestellt. In Hannover war er zunächst auch gewesen – auf der Suche nach seinen Bekannten. Doch die waren bei einem Bombenangriff ums Leben gekommen, wie er dort erfuhr. In Potsdam hatte er gelebt, seit er zwei war. Sein Vater, ein Potsdamer Musiker, war ebenfalls 1944 eingezogen worden und wurde vermisst. Er sollte aus dem Krieg nicht zurückkehren.
Der 18-jährige Peter warf noch einen Blick auf die unpassierbare Brücke. Dann lief er über den notdürftigen Ersatz aus Holz von Wannsee nach Potsdam. In Berlin aus dem Zug gestiegen, wollte er so schnell wie möglich nach Hause.

Nachdem er sich freiwillig gemeldet hatte, war er 1944 zur Luftwaffe eingezogen worden, hatte in Goslar gegen die Amerikaner gekämpft, war verwundet worden und danach in Gefangenschaft geraten. Peter trug bei seiner Heimkehr eine Uniform der USA, auf dem Kopf ein Soldatenschiffchen und auf dem Rücken einen Seesack, der gut gefüllt war mit Lebensmitteln und Zigaretten.

Peter Seele in jungen Jahren (Privatarchiv Peter Seele)

In den Tagen und Wochen, die folgten, musste Peter sehen, wie er klarkam, ohne Job und ohne Geld. So nahm er sich vor, so schnell wie möglich eine Arbeit zu finden. Aber das war alles andere als einfach. Die Potsdamer Firmen und Behörden durften niemanden einstellen, der aus der amerikanischen Kriegsgefangenschaft kam. So war Peter Seele erfreut über die Möglichkeit, die sich ihm eines Tages bot: Ein alter Kumpel, den er zufällig traf, erzählte ihm, dass er für die „Russen" arbeiten würde.

„Was machst du da genau und wo ist das denn?", wollte Peter wissen.

„Ich arbeite als Fahrer in der Jägerallee. Für die Fahrbereitschaft."

Der Kumpel schien zufrieden über diesen Job.

Peter überlegte nicht lange und meldete sich bei den Sowjets.

Dort fragten sie ihn nach seiner Familie, nach seinem Vater, nach seiner Vergangenheit.

Von seinem Kriegseinsatz und der Gefangenschaft erzählte er vorsichtshalber nichts.
Zunächst ging alles gut: Er wurde eingestellt, machte seinen Führerschein auf einem Holzvergaser bei der Firma Preuß und fuhr mit einem Lkw, um ein russisches Kaufhaus in Potsdam zu beliefern.
Er bezog ein regelmäßiges Gehalt, das zwar nicht üppig war, aber er bekam auch ein paar Lebensmittel von den Sowjets.
Peter lernte eine Frau kennen, heiratete und gründete eine Familie. Das junge Paar bekam zwei Kinder. Alles schien perfekt. Doch das Glück erwies sich als trügerisch.
Eines Tages schickte ihn der „Natschalnik", der Fahrdienstleiter, aus der Jägerallee in die Potsdamer Puschkinallee.
„Was soll ich denn da?"
„Pedro, padjom! Geh mal einfach da hin."
Gerade noch hatten sie zusammen einen Wodka getrunken. Alles schien gut.
Zwei Sowjets in Zivil erwarteten ihn bereits in der Puschkinallee.
Peter bekam ein mulmiges Gefühl. Irgendwas ist da im Gange, dachte er sich.
„Ihr Chef hat gesagt, der Peter ist ein guter Fahrer", erzählten sie ihm. „Wir brauchen Sie!"
Peter schluckte, fragte lieber nicht nach, was sie damit meinten. Sie sagten es ihm auch so.
„Wir müssen wissen, wie die Leute so über uns denken. Ob sie für uns sind oder gegen uns."
Er glaubte seinen Ohren nicht zu trauen. Sie wollten ihn tatsächlich als Spitzel!
„Würden Sie das machen?"

„Das muss ich mir überlegen“, wich er aus.
„Sie haben eine Woche Zeit.“
Mit diesem Satz ließen sie ihn gehen.
Peter schwang sich auf sein Rad. So kräftig er konnte, trat er in die Pedale. Bloß weg hier! Auf dem Weg nach Hause traf er seinen Schulkameraden Karl Heinz.
„Mensch, Peter, wie geht's dir denn?“ Die beiden kamen ins Gespräch, erkundigten sich gegenseitig nach Frau und Kindern; Karl Heinz war ebenfalls verheiratet und hatte zwei Töchter. Noch auf der Straße bat er Peter um Hilfe – seine Lichtleitung wäre kaputt. „Kannst du so was vielleicht reparieren?“
„Na klar!“ Peter freute sich über die unverhoffte Begegnung und über die Möglichkeit helfen zu können.
Schon am selben Nachmittag besuchte er mit Werkzeug im Gepäck den einstigen Schulfreund. Als das Licht wieder funktionierte, tranken sie Kaffee im Kreis der Familie und Peter erzählte von den Russen. „Stell dir vor, die wollen, dass ich für sie als Spitzel arbeite!“
Karl Heinz schüttelte den Kopf. „Mach das bloß nicht! Dann hau lieber ab!“
„Hm, na, ich weiß nicht. Einfach alles stehen und liegen lassen? Und meine Familie …?“
Was Peter nicht ahnte: Karl Heinz B. war zu diesem Zeitpunkt selbst Spitzel des NKWD.
Auch seiner Frau erzählte Peter Seele, kaum dass er wieder zu Hause war, von der Anwerbung. Sie reagierte ähnlich wie der Bekannte: „Dann verschwinde lieber! Hau ab!“
„Ich kann euch doch hier nicht sitzen lassen!“, entgegnete Peter.

Am 9. Oktober 1951, Peter hatte gerade mit seiner Familie Mittag gegessen, klingelte es.
Seine Frau öffnete die Tür. Zwei Zivilisten standen vor ihr. „Guten Tag. Ist Ihr Mann da?“
„Peter, komm mal!“
„Herr Seele, wir müssen da mal was mit Ihnen klären. Es wird nicht lange dauern, eine halbe oder dreiviertel Stunde. Nehmen Sie Ihren Ausweis und die Fahrzeugpapiere mit!“
Peter dachte sich nicht viel dabei und verabschiedete sich nur flüchtig von seiner Familie.
Zunächst glaubte er, die Männer würden ihn wegen eines Unfalls holen. Da war doch neulich diese Frau, die mit dem Wagen rückwärts aus der Einfahrt fuhr …
Doch das erwies sich schnell als Trugschluss.
Am Auto angekommen, wurde ihm auf einmal eine Pistole an den Kopf gehalten. Ehe er sich versah, legte ihm einer der Männer Handschellen an und schob ihn in den Wagen. Sie fuhren durch Potsdam und bogen schließlich in die Lindenstraße ein. Peter Seele, der Potsdam kannte wie seine Westentasche, wusste gleich, wo er sich befand: im Untersuchungsgefängnis des sowjetischen Geheimdienstes. Kaum dort angekommen, hagelte es erste Tritte und Schläge ins Gesicht.
„Du Faschist! Du Spion!“, wurde er angebrüllt.
Dazu sich zu erklären, dass er doch für die Sowjets arbeitete, kam er erst gar nicht.
Er musste sich ausziehen – den Rollkragenpullover, den er an dem Tag trug, die Hose, die lange Unterwäsche, die derben Schuhe. Nach einer Leibesvisitation wurde er in eine Zelle gebracht.

Vier Wochen musste er in Einzelhaft verbringen. Bei den nächtlichen Verhören sollte er zugeben, dass er ein Spion sei und Leute nennen, mit denen er angeblich zusammenarbeiten würde.
„Ich hatte doch gar nichts gemacht! Dann hab ich mir den Spaß erlaubt zu sagen: Ich weiß gar nicht, wie Spion geschrieben wird!"
Aber sein Witz kam gar nicht gut an.
Wie sich schon dort herausstellte, hatten sie über sein gesamtes bisheriges Leben Erkundigungen eingeholt. Seine Fliegerausbildung kam ebenso zur Sprache wie die amerikanische Kriegsgefangenschaft. „Die wussten alles."
Woher bloß? Auf den einstigen Schulkameraden, dem er geholfen hatte, die Lichtleitung zu reparieren, kam er nicht.
In der Einzelzelle durfte er tagsüber weder sitzen noch sich hinlegen. Nur stehen war erlaubt. Zu essen erhielt er Kohlsuppe mit einem Löffel Fett.
Von der Lindenstraße kam er in die vom NKWD besetzte Villa Ingenheim in der damaligen Leninallee, heute (wieder) Zeppelinstraße. Hier wurde er gedrängt zu unterschreiben, dass er ein Spion sei. Aber Peter weigerte sich und bekam „Senge", wie er erzählte.
Im Winter 1952 wurde er dann in die Leistikowstraße verlegt.
In dem Keller, in den er gebracht wurde, lag Zelle an Zelle. Peter kam in einen winzigen Raum ohne Fenster. Es gab nur einen Lüftungsschlitz nach draußen. „Ich konnte den Himmel nicht sehen."
Es war sehr kalt in dieser Zelle im Keller.
„Ich habe mir selber was erzählt, sonst dreht man durch. Habe mir auch Rechenaufgaben gestellt."
Laufend kamen Posten und guckten durch den Spion. Häufig wurde er ermahnt oder angebrüllt, wenn er auf der Pritsche lag oder saß. Aber nicht alle Aufpasser waren gleich.

Einer der Wächter unterschied sich von den anderen. Er sang in diesem düsteren Gebäude, als wäre er irgendwo draußen oder auf Wanderschaft. Jedes Mal, wenn er durch die Gänge lief, sang er. Peter hörte ihn schon von Weitem. „Der hatte eine wunderbare Stimme." Wegen seiner Größe von zwei Metern nannte Peter ihn „Funkturm". Um sich in den engen und tiefen Gängen nicht den Kopf zu stoßen, trug der Mann stets eine Panzerkappe. Seine Fußbekleidung war nicht sonderlich militärisch: Er schlurfte in Hausschuhen durch den Zellentrakt.

Schloss „Funkturm" die Tür auf, redete er den Gefangenen beinahe freundschaftlich mit „Kamerad" an.

Die anderen Posten verhielten sich weniger freundlich.

Wenn Peter mitten in der Nacht zum Verhör geholt wurde, zogen sie ihm einen Sack über den Kopf und legten ihm Handschellen an, als wäre er der schlimmste Verbrecher.

„Szadies!", empfing ihn die Dolmetscherin barsch. „Setzen!"

Einmal wurde er von zwei Wächtern zusammengeschlagen während der Befragung. Als er wieder zu sich kam, war sein Rollkragenpullover triefend nass und stank. Jemand musste auf ihn uriniert haben.

Ein anderes Mal stand der Offizier plötzlich auf, rollte die Zeitung zusammen, zündete sie an und fuchtelte damit vor ihm herum. „Du Spion, du Faschist!" Peter spürte das Feuer an Nase und Stirn, die Augenbrauen verbrannten, die Haare sengten an. Als er anfing zu jammern, kippte ihm die Dolmetscherin schließlich ein Glas Wasser ins Gesicht, als wollte sie ihn löschen.

Doch es kam noch schlimmer.

Eines Tages wurde Peter aus der Zelle geholt, mit einem Lkw in die Gegend Bornstedt, Bornim gefahren. An einer Kiesgrube sollte er sich hinstellen. Die Augen wurden ihm verbunden.

„Pedro, erzähle, du bist Spion und du wirst nicht erschossen“, hörte er die Stimme der Dolmetscherin.
„Ich bin kein Spion.“
„Wie du willst.“
Plötzlich fallen Schüsse. Er fährt panisch zusammen, sein Herz rast. Stirbt er jetzt?
Im nächsten Moment wird ihm die Augenbinde ein kleines Stück hochgeschoben. Peter blinzelt, erkennt die Dolmetscherin.
„Du bist dumm. Letzte Moment. Bist du Spion? Unterschreibst du …“
„Ich bin kein Spion“, wiederholt er. Jemand schiebt das Tuch hoch.
Erneut wird das Feuer eröffnet. Es knallen Schüsse aus der MPi.
Peters Beine versagen, er fällt auf den Boden, wird ohnmächtig.
Beim Erwachen liegt er auf dem Lkw. Er ist unverletzt – jedenfalls körperlich.
Die Dolmetscherin beugt sich über ihn, untersucht ihn kurz, fühlt seinen Puls. „Alles gut?“

Kurze Zeit nach seiner Schein-Erschießung tagte das Tribunal über den jungen Potsdamer, der sich immer noch weigerte ein „Spion“ zu sein.
Anwesend waren der Richter, vier Offiziere, die Dolmetscherin und Peter. An der Wand hingen Bilder von Stalin und Lenin.
Die „Verhandlung“ und die Urteilsverkündung erfolgten auf Russisch.
„Haben Sie alles verstanden?“, fragte ihn die Dolmetscherin schließlich.
Peter glaubte, dass er zum Tode verurteilt worden war. Was hatte er denn getan?

Wieder in seiner Zelle wartete er darauf, dass sie ihn holen würden, um ihn zu erschießen.
Nach der Scheinhinrichtung und dem Urteil zweifelte er nicht daran, dass er sterben musste. Es dauerte nicht lange, da wurde er aus der Zelle wieder auf einen Lkw verfrachtet. Auch andere Gefangene saßen dort, mit über den Kopf gezogenen Kapuzen.
Sie fuhren zum Bahnhof Potsdam Pirschheide. Stiegen in einen bereitstehenden Zug mit vergitterten Milchglasfenstern. Jeder kam in eine extra kleine Zelle. „Da war ein Brett, da konnte man sich draufsetzen."
Peter hörte Schreie der Mitgefangenen und Beschimpfungen, dann das Schlagen von Knüppeln.
Er war eingesperrt. Schon wieder. Wenn er vorsichtig versuchte zu klopfen, um mit dem Nachbarn Kontakt aufzunehmen, ging die Tür auf und er bekam einen Schlag mit dem Knüppel.
Als sie das erste Mal hielten, nahm er die Geräusche der S-Bahn wahr. Sie mussten in Berlin sein.
Bei dem Unterwegshalt hörte er draußen einen Deutschen, vermutlich einen Eisenbahner, lauthals singen: „Ich weiß, wer da drin ist, ich weiß, wo ihr hinkommt! Gute Fahrt! Kommt wieder!"
Hätte der Mann zu den Gefangenen gesprochen, glaubt Peter Seele, hätte er Probleme mit den sowjetischen Bewachern bekommen. Das Singen schien jedoch nicht aufzufallen.

Über Brest Litowsk ging die Fahrt nach Moskau.
Dort wurden die Namen verlesen und die Verurteilten mit Transportern in das Gefängnis Lubjanka gebracht.
Peter kam in Einzelhaft in den Keller. In seiner Zelle hörte er Schüsse – oder glaubte sie zu hören. Hier ist das also, dachte er. Hier wirst du jetzt erschossen.

Ein Soldat erschien an seiner Tür, fragte nach seinem Namen und forderte ihn auf mitzukommen. In einem Raum sollte er sich ausziehen und ein Totenhemd anziehen.

Jetzt bist du dran, dachte Peter.

Wieder bekam er etwas über den Kopf gezogen. Der Wärter führte ihn an der Schulter. Durch einen schmalen Schlitz konnte Peter den Gang erkennen, durch den er lief.

War es das Letzte, was er in seinem Leben sah?

„Warte!“

Peter stand vor einer Tür, die sich irgendwann öffnete, betrat eine Art Vernehmungszimmer.

Männer in Uniform sahen ihm entgegen. Die Dolmetscherin forderte ihn zum Setzen auf, verständigte sich mit den Offizieren, blätterte in seiner Akte und las etwas daraus vor. „Sie sind wegen Spionage verurteilt worden.“

„Ich habe nie Spionage betrieben!“, entgegnete Peter. „Werde ich jetzt erschossen?“

Die Frau schwieg einen Moment. Dann sagte sie: „Sie werden nicht erschossen. Sie gehen nach Workuta und werden dort im Schacht arbeiten. Deutschland sehen Sie nie wieder!“

Peter wusste nicht, was Workuta bedeutete. Doch er wurde zurückgeführt, in Handschellen zwar, aber diesmal, ohne dass ihm eine Kapuze über das Gesicht gezogen wurde. Er durfte das Totenhemd wieder aus- und seine alten Sachen anziehen. Auf dem Weg durch die Gänge hörte er wieder das Knallen, das er für Schüsse gehalten hatte. Und jetzt erst begriff er: Die Geräusche kamen von diesem Riesengitter im Keller, das sich elektrisch öffnete und schloss.

Jedes Mal, wenn das Gitter zufiel, knallte es in dem halligen Gang wie ein Schuss.

Nun verlegte man ihn in eine Großraumzelle, in der sich etwa 50 bis 60 Männer befanden.
Auf den Betten lagen zu seinem Erstaunen Matratzen, Decken und sogar Kopfkissen. Es roch nach Essen und nach Zigarettenqualm. Erlöst von seiner Todesangst hatte er jetzt Hunger und es verlangte ihn nach einer Zigarette.
Ein großer Mann kam auf ihn zu, ein Riese – so erschien es ihm. Auch seine Hände waren riesengroß. „Was bist du für einer?", wollte er auf Russisch wissen.
„Ich bin Deutscher", antwortete Peter.
„Heil Hitler!", brüllte der Mann und riss den Arm hoch.
Peter fuhr erschrocken zusammen. Diesen Gruß hier zu hören, darauf war er nicht gefasst.
Wie sich herausstellte, hatte der Mann in der Wlassow-Armee[47] gekämpft.
„Mach mal das Bett frei, da kommt mein Freund hin!", befahl er einem Gefangenen. „Willst du rauchen?"
Peter wollte. Nach der Abstinenz wurde ihm ein wenig schwindlig von der Zigarette. Auch Essen und Trinken erhielt er von dem Kämpfer der Wlassow-Armee.

Nach etwa 14 Tagen in der Großraumzelle in Moskau ging der Transport weiter.

---

47 Ein hauptsächlich aus sowjetischen Kriegsgefangenen rekrutierter Kampfverband, der von November 1944 bis Mai 1945 auf der Seite der Deutschen und gegen Stalin kämpfte.

Mit einem Lkw wurde er zum Bahnhof gebracht und kam dort in einen Viehwaggon.

Endlich traf er auch auf andere Deutsche, mit denen er sich austauschen konnte: „Wie heißt du? Wo kommst du her? …"

Im Waggon befanden sich Holzpritschen, dreistöckig übereinander, in der Mitte ein Kanonenofen und etwas Holz. Der Zug setzte sich in Bewegung. Zunächst war es noch angenehm warm. Doch bald schon war das Holz alle und der Ofen blieb kalt.

Es herrschten bereits Außentemperaturen von minus 30 Grad. Mit jedem Kilometer schien es kälter zu werden.

Bei einem Halt wurden die ersten Toten aus dem Zug geholt. Die Menschen waren erfroren oder an Krankheiten gestorben.

Die Landschaft begann sich zu verändern. Bäume waren bald nicht mehr zu sehen. Sie fuhren in die Tundra hinein.

Als der Zug hielt, sprangen die Posten heraus. Namen wurden aufgerufen.

Es hieß: „Abmarsch!" Und die Gefangenen stapften durch den Schnee, der etwa einen halben Meter hoch lag.

Donnerwetter, ist das kalt!, stellte Peter erstaunt fest. So eine unglaubliche Eiseskälte hatte er noch nie erlebt. Zum Glück war er einigermaßen warm gekleidet – im Vergleich zu vielen anderen.

Gleich nach der Ankunft wurde Peter Seele für den Schacht 29 in Workuta eingeteilt.

Nach den Formalien in der Kommandantur kam er in eine Baracke, lernte den *Nawalny*, den Barackenältesten, kennen, der hier für alles verantwortlich war: sowohl für das ordnungsgemäße Verhalten der Gefangenen als auch für den geregelten Ablauf, außerdem musste er Holz und Wasser heranholen und heizen.

Peter fühlte sich nach dem wochenlangen Transport völlig fertig und kaputt.
So wie er war, warf er sich auf die ihm zugewiesene Liege. Er registrierte noch, dass er auf Stroh lag, ehe er in einen erschöpften Schlaf fiel.
„Patjom!“, wurde er am frühen Morgen geweckt. „Aufstehen!“
Verwirrt blickte Peter sich um. Im ersten Moment wusste er gar nicht, wo er sich überhaupt befand. Der Nawalny scheuchte ihn von seiner Schlafstätte.
Aus der Pritsche schräg gegenüber schob sich ein langer Kerl, rieb sich die Augen, gähnte und sah Peter fragend an. „Wer bist du denn?“, fragte er auf Russisch. Alle sprachen hier im Lager Russisch, egal, woher sie kamen.
„Peter. Aus Deutschland. Und du?“
„Kasek. Ich bin Pole. Aus Warschau.“
Sie gaben sich die Hand.
„Wo arbeitest du?“, fragte Peter.
„Im Schacht.“
„Oh, das mache ich dann auch. Oben ist es mir zu kalt.“
„In Ordnung. Ich sorge dafür, dass du in meine Brigade kommst.“
Kasek hielt Wort und die beiden freundeten sich schon bald miteinander an.
In der Baracke, die nun sein neues „Zuhause“ war, lebten etwa 60 Männer der unterschiedlichsten Ethnien zusammen: Letten, Esten, Polen, Koreaner, Japaner, Chinesen, auch viele Juden waren dort.
Mit den *Blatnois* umzugehen, lernte er bald. Wenn sie eine Zigarette von ihm wollten, mussten sie die auch bekommen. Eine andere Möglichkeit gab es nicht. „Vor den *Blatnois* hatten sogar die Russen Angst. Die waren bewaffnet und mussten nicht arbeiten.“

Peter hielt sich an die seltsamen Regeln und hatte keinen Ärger mit den Banditen. Im Gegenteil, sie boten ihm sogar ihren Schutz an. „Hast du Schwierigkeiten? Sag Bescheid.“ Und als er einmal sexuell bedrängt wurde, verprügelten sie den Belästiger. Danach hatte er seine Ruhe vor den Nachstellungsversuchen.

Die Arbeit im Schacht, der Abbau der Steinkohle, war schwer. In dieser Zeit schufteten sie in einer Tiefe von erst 500, dann 900 und schließlich sogar 1.000 Metern. Zwar war er durch Eishockey und Gewichtheben – die Sportarten, die er in Potsdam ausgeübt hatte – recht fit, doch vor allem die permanente Nässe machte ihm zu schaffen. „Die Ratten waren da so groß wie Katzen!“, erinnerte er sich.

Auf den rauen, aggressiven Ton, der zuweilen untereinander herrschte, ließ Peter sich nicht ein. Er machte seine Arbeit – an seiner Seite sein Freund Kasek. Wenn die anderen anfingen, sich zu beschimpfen, mahnte er: „Bleibt ruhig. Guckt mal, da muss noch ein Stempel hin, sonst kommt die Decke runter.“ Er wurde geschätzt für seine Art und schließlich sogar Brigadier.

Doch einmal kam es zu einem gefährlichen Zwischenfall.

Einen Arbeitsschutz gab es grundsätzlich nicht, wie Peter Seele erzählte. „Wenn die Decke runterbrach und einen erschlug, dann war der eben weg.“

Bei den Bergbauarbeiten setzten sie wie immer den Sprengstoff Ammonal ein. An diesem Tag bemerkte Peter jedoch etwas Merkwürdiges: Beim Bohren stießen sie auf ein glitzerndes Gestein. Ein Zittern schüttelte ihn plötzlich; seine Zähne klapperten. Seine Hände versagten, er konnte nicht mehr richtig greifen. In diesem Moment erinnerte er sich an das, was ein Kollege erzählt hatte, der im Erzgebirge Uran für die Sowjets mitabgebaut hatte. Pechblende! Sie waren radioaktiven Strahlen ausgesetzt!

„Nasat!“, schrie Peter erschrocken. „Zurück!“
Er rannte los, telefonierte mit einem Panzertelefon nach oben – zum Natschalnik.
„Ich denke, wir haben Pechblende gefunden!“
Der Natschalnik kam mit einer Art Geigerzähler zu ihnen hinunter. Bei der Messung erschrak auch er sichtlich. „Oh! Karascho! Sofort abbauen!“
Jeder der Gefangenen wurde einzeln für zwei Minuten in die Gefahrenzone geschickt, um alles abzubauen. „Der Nächste! Der Nächste! Und der Nächste!“
Dann durften sie ausnahmsweise im Waggon via Fahrstuhl nach oben fahren, statt die Holztreppen hochzulaufen. Die Arbeit war für diesen Tag beendet. Normalerweise dauerte die Schicht von 6 bis 19 Uhr, dabei mussten sie auf dem Hin- und Rückweg noch die Arbeitsgeräte mitschleppen und waren am Abend dann „fix und alle“. Doch diesmal bekamen sie ein Papier mit einem Stempel und durften „nach Hause“, ins Lager zurück. Wegen der Strahlenbelastung, der sie ausgesetzt waren, erhielten sie ein Extra-Essen: Rentierfleisch mit süßen erfrorenen Kartoffeln. Ein Klecks Fett noch obendrauf. Normalerweise gab es tagsüber – bei der Arbeit im Schacht – weder etwas zu essen noch zu trinken.

Ein Folgeschaden dieses Arbeitsunfalls war für Peter eine lebenslange Hauterkrankung.

Eines Tages im März 1953 schallte es plötzlich aus Lautsprechertüten über das Lager: „Wnimanije! Wnimanije!“ – „Achtung, Achtung!“
Die Häftlinge strömten aus den Baracken auf den Platz. Was war los?

„Väterchen Stalin ist tot!“, wurde verkündet.
Unverhohlen jubelten die Gefangenen. Schallplatten wurden abgespielt. Erst Marschmusik und dann erklang das Lied: „Das kann doch einen Seemann nicht erschüttern!“
Ungläubig schauten sich die Männer an. Dann brach ein befreiendes Gelächter aus ihren Kehlen.
„Wir haben das erste Mal gelacht im Lager. Und geglaubt: Nun geht es bald nach Hause.“
Aber es kam anders.
Wochen und Monate später waren sie immer noch da. Nichts Wesentliches schien sich verändert zu haben.
Der Unmut darüber wuchs.
Im Sommer 1953 kam es zum Streik. Das ganze Lager – etwa 400 Gefangene – legte die Arbeit nieder.
Doch schon wenige Tage später kreisten Hubschrauber über ihnen. General Rodenkow und ein paar hohe Offiziere befragten die Streikenden nach dem Grund der Arbeitsniederlegung.
„Wir forderten die Bereitstellung von medizinischer Hilfe, bessere Verpflegung und vor allem wollten wir endlich Verbindung zu unseren Angehörigen“, erinnerte sich Peter Seele.
„Verbrecher haben nichts zu fordern!“, wurde ihnen entgegnet.
Einer der Männer, der ganz vorn in der Reihe stand, sprach den General an: „Kennen Sie mich noch? Ich war in Ihrer Division. Und kam dann in deutsche Gefangenschaft!“
„Ich kenne Sie nicht!“, lautete die Antwort.
„Ich war in Kriegsgefangenschaft und darum bin ich hier! Ihr seid die Verbrecher, nicht ich!“
Der Uniformierte zog die Pistole und erschoss ihn. Den anderen wurde befohlen, zurückzugehen.
Doch auf einmal fielen Schüsse. „In die Menge wurde reingehalten

und es wurde mit Stahlmantel-Munition geschossen. Die haben durch Bäume und durch Wände geschossen. Die Kranken in der Baracke hat es auch erwischt. Ich bin in einen Graben gesprungen, Hände über den Kopf – wie im Krieg."

„Konjez!", schrie jemand. „Konjez! Ende!" Ein paar vereinzelte Schüsse fielen noch.

Mit einem Mal herrschte eine gespenstische Ruhe. Eine Friedhofsruhe.

Sanitäter erschienen auf dem Platz, liefen herum, manche von ihnen mit Hunden, schauten, wer tot war, wer noch lebte.

Peter lag im Graben, bis eine Frau in Uniform zu ihm kam, seinen Puls fühlte und ihn umdrehte. „Alles gut?", fragte sie.

Er konnte nur nicken.

„Vstawai!", befahl sie. „Aufstehen!"

Tote hatte er schon im Krieg gesehen, aber dieser Anblick, der ihn hier erwartete, prägte sich ihm ein – für immer: Eingeweide lagen herum, von einem der Toten war die Gesichtshälfte weg, Verletzte schrien gellend. „Das werde ich *nie* vergessen! *Nie*!"

Einige der Aufständischen wurden in die Tundra hinausgeführt. Die anderen gingen in die Baracken. Die Toten wurden auf Karren aufgeladen. In der Tundra hatten sie schon vorher Gruben ausgehoben – mit schweren Geräten, anders war das bei dem gefroren Boden gar nicht möglich.

In Peter wuchs die Wut nach diesem Grauen, das er gerade so überlebt hatte. *Du musst unbedingt nach Hause kommen*, sagte er sich immer wieder.

Doch die lebensgefährlichen Situationen nahmen kein Ende.

Eines Tages, als Peter zusammen mit seinem Freund Kasek wieder im Schacht arbeitete, stürzte plötzlich die Wand ein.

„Bozschhe moi, oh, bozsche moi!“, rief Kasek voller Angst. „Mein Gott! Oh, mein Gott!“

„Hör auf, die holen uns raus!“, versuchte Peter den Freund zu beruhigen.

Zwei Tage lagen sie dort unten – verschüttet, eingeklemmt zwischen dem Gestein und den verrutschten Stempeln, wie die Stützen unter Tage genannt werden.

Schließlich kam es so, wie Peter prophezeit hatte: Sie wurden doch noch gerettet. Mit dem Waggon beförderte man sie nach oben. Blut strömte den Männern aus Mund und Nase.

Die Verletzten kamen ins Lazarett.

Zeit, sich zu erholen, blieb nicht.

Bald darauf erkrankte Peter und hatte starke Schmerzen, sein Blinddarm entzündete sich, vereiterte. Wieder landete er im Lazarett.

Ein beleibter jüdischer Arzt bot ihm an, ihn zu operieren. „Aber ein Skalpell habe ich nicht.“

Er verpasste Peter eine Spritze in die Wirbelsäule. „Das tat weh! Bis zum Kopf knackte das!“

Von der Operation bekam er dann nicht viel mit. Alles schien gut zu gehen. Doch Peter war wegen all der Torturen, die er mitmachen musste, stark geschwächt.

Durch das Liegen in der Kälte zog er sich nun auch noch eine Lungenentzündung zu.

In dieser Zeit bekam er das erste Paket aus Deutschland. Die Freundin seiner Mutter, die in Berlin-Charlottenburg lebte, hatte es ihm geschickt.

Peter war vor lauter Husten und hohem Fieber zu schwach, sich darum zu kümmern. Der Karton wurde ihm unters Bett geschoben. Er schaffte es nicht einmal nachzusehen, was sich in dem Paket befand.

Eine Krankenschwester kam zu ihm und sagte: „Pedro, wenn du gesund werden willst, brauchst du Penizillin!"
„Otkuda? Woher? Woher soll ich das denn bekommen?"
Die beiden verabredeten einen Tausch. Die Krankenschwester packte alles aus dem Paket ein. „Sie ging doppelt so dick weg, wie sie gekommen war", berichtete Peter Seele.
Dafür besorgte sie ihm das Medikament und brachte es ihm ein paar Tage später ans Krankenlager. Eine Spritze und die Ampullen.
„Ich wurde tatsächlich gesund. Sie hat mir quasi das Leben gerettet."
Pakete aus Deutschland kamen dann zum Glück noch weitere.
Sie enthielten Büchsen mit Lebensmitteln, Zigaretten, Kaffee, Tee, Zucker und Kekse.
Sogar eine Schneebrille und warme Kleidung bekam er aus Berlin geschickt. Die Kekse und den Tee verteilte er großzügig in seiner Baracke.
Als er wieder im Schacht arbeitete, erhielt er neuerdings etwas Geld. 50 Rubel im Monat.
Außer Kleinigkeiten gab es in dem Magazin allerdings nicht viel.
„Aber Krimsekt konnte man da kaufen", erzählte Peter Seele belustigt.
Er kaufte sich stattdessen Nähgarn, eine große Sattlernadel und nähte sich tagelang eine Decke aus den Teilen von Wattejacken. Die nahm er dann überall hin mit. Etwas, das allein ihm gehörte und ihn in der Kälte von Workuta wärmte.

Die Lagerinsassen warteten nun auf die Heimkehr. „Wir wussten, wir kommen nach Hause."
Die Frage war bloß: Wann?

Schließlich brachte man sie von Workuta in das Sammellager nach Suchobeswodnoje. „Da war es nicht mehr so kalt, aber Mücken gab es."

Die ausschließlich deutschen Häftlinge teilte man ein: Auf der einen Seite waren die Offiziere, auf der anderen die Politischen.

Als ein Offizier Peter befahl, ihm das Essen in die Baracke zu bringen, weigerte er sich.

„Hol dir das doch alleine!", rief er ihm zu.

Einmal entzündete sich ein Zahn; Peter bekam eine dicke Backe und musste in dem Lager zum Zahnarzt. Der Behandlungsstuhl war aus einer Birke gebaut.

„Setz dich mal da hin."

Kaum ließ er sich nieder, erhielt er plötzlich einen heftigen Schlag in den Nacken.

„Und wie ich wieder aufwache, war der Zahn raus. Ich hatte ein Loch wie ein Bombentrichter. Die Kombizange lag da, blutig."

Peter Seele (hockend) in Suchobeswodnoje (Privatarchiv Peter Seele/Gisela Rüdiger)

Erst als die Wunde mit Jod desinfiziert wurde, spürte er den Schmerz.
Aber Peter freute sich, dass der Zahn raus war.

1954 wurde das Sammellager in Suchobeswodnoje nach und nach immer leerer.
Viele waren schon entlassen worden.
Eines Tages hieß es aus der Kommandantur: „Wir brauchen Bäcker! Ihr müsst noch Brot backen."
Helmut Matschke, ebenfalls aus Potsdam, hatte Bäcker und Konditor gelernt.
Die Gruppe Bäckerei gründete sich. Peter und ein Kölner gehörten dazu. Für das Lager und die Siedlung draußen wurde nun Brot gebacken. „Das erste selbst gebackene Brot hätte man besser mit einer Eisensäge geschnitten – so hart war es."

Über Nacht verschwanden die Postentürme und Zäune.
Die Insassen durften das Lager nun verlassen und in die Siedlung gehen.

Mit dem gleichaltrigen Kölner hatte sich Peter mittlerweile angefreundet. „Er war ein pfiffiges Kerlchen, ein Pfundskerl." Und er sorgte gelegentlich für etwas zusätzliche Nahrung.
Der Kommandant des Lagers besaß viele Hühner und ab und zu zog der Kölner mit einem Katapult los und „erlegte" heimlich eines davon.
Eines Tages brachte er jedoch statt einem Federvieh eine andere Beute mit.
Peter staunte nicht schlecht: Es war ein Igel. Ein richtig großes Exemplar.

„Wat soll denn did? So was kann man doch nicht fressen!"
Doch der Kölner weidete das Tier aus, packte es in Lehm und schob es in den Ofen.
Peter roch den Duft und sein Magen knurrte.
Die Stacheln des Igels blieben im Lehm stecken. Jetzt sah der Braten fast aus wie eine Weihnachtsgans.
Plötzlich erschien der Kommandant des Lagers in der Baracke und schnupperte. „Eto karascho pachnet! Das riecht gut!" Neugierig kam er näher und beugte sich über das kärgliche Mahl. „Was habt ihr denn da?"
Die beiden Deutschen verrieten es nicht, boten dem Kommandanten aber an, zu kosten.
„Das ist Igel", erklärten sie schließlich.
Der Kommandant verzog angewidert das Gesicht und stöhnte. Doch dann sagte er: „Aber schmeckt gut!"
Der immer noch skeptische Peter und der Kölner aßen nun auch. Der ungewöhnliche Braten schmeckte allen. Und Peters Freund freute sich, dass das von ihm zubereitete Mahl so gut ankam.

Schließlich rückte der Tag der Abreise und der Heimkehr nach Deutschland näher.
Peter bekam in der Kommandantur das restliche Geld ausgezahlt, das er für die Arbeit im Schacht in Workuta und in Suchobeswodnoje als Bäcker verdient hatte. „Das war eine dicke Rolle Geld mit einem Bindfaden umwickelt."
Von den Freunden, die blieben, hieß es allmählich Abschied zu nehmen.
Einer von ihnen war ein alter Mann, ein Deutscher, der eine Russin geheiratet und mit ihr zwei Kinder hatte. Der hochprozentige

Wodka, der Peter spendiert wurde, bekam ihm nach der langen Abstinenz allerdings nicht so gut. Zwei Tage brauchte er, um wieder auf die Beine zu kommen.

Vor dem Transport in die Heimat schenkte Peter dem älteren Deutschen die warme Kleidung, die in seinen Paketen gewesen war.

Zum Abschied flossen die Tränen. „Wenn Männer weinen …", erzählte Peter Seele etwas wehmütig von diesem emotionalen Moment.

Dann endlich ging es heimwärts.

Das Geld wollte Peter so schnell wie möglich noch ausgeben. An der polnischen Grenze, so wurden sie gewarnt, würde man es ihnen sonst abnehmen.

An einer Station unterwegs sah er eine *Babuschka*, eine alte Frau, mit einem großen Korb Eier sitzen, die nach Kundschaft Ausschau hielt.

Er erkundigte sich bei ihr, was ein Ei denn kosten würde.

„Malschik! Junge! Zwei Kopeken ein Ei."

„Reicht did?" Peter gab ihr einen Teil seines Geldbündels.

„Nimm den ganzen Korb!", lautete die Antwort.

Peter schleppte seine Beute in den Waggon. Auf der Eisenplatte des Kanonenofens brieten sie sich die Eier.

„Nachher haben sie Leuchtkugeln gekackt. Weil sie es nicht gewöhnt waren", berichtete Peter in der ihm eigenen direkten Art.

Doch der „Einkaufsbummel" war noch nicht beendet. Peter kaufte sich noch einen mit Fell gefütterten Kosakenmantel aus Leder mit bestickten Ärmeln, eine Polarfuchs-Tschapka und *Walenki*, gefütterte Filzstiefel. „Peter, bist du das?", fragten ihn die Heimkehrer im Zug ungläubig. „Mit der Kosakenkleidung sah ich aus wie Rasputin." Den Rest des Geldes hatte er in Konfekt umgesetzt, das er nun großzügig verteilte.

An der polnischen Grenze wurden sie gefilzt und nach Geld gefragt. Peter besaß keines mehr. Ein Grenzer riss ihm noch die Sehne mit dem Wolfszahn, die er trug, ab. Die stammte von den Rentierzüchtern aus Workuta.

Im Dezember 1955 kam Peter Seele in Frankfurt (Oder) an. Aber die Heimkehr gestaltete sich in der DDR anders als erwartet.

Links und rechts des Zuges standen bewaffnete Volkspolizisten, um sie wie Gefangene in Empfang zu nehmen.

„Unser Zugführer rief: Njet, njet, njet! Alle sind amnestiert! Das sind keine Verbrecher mehr!"

Mit Bussen wurden die Ankömmlinge in das Auffanglager nach Fürstenwalde gebracht.

Dort sollten sie duschen; die Kleidung wurde entlaust.

Dann erhielten sie etwas Geld, einen Entlassungsschein und neue Kleidung. Doch Peter, dem davon nichts passte, wollte lieber seine Sachen behalten.

Mit anderen Potsdamern, die jetzt alle in schwarzen Anzügen herumliefen, stieg Peter Seele in die S-Bahn. Zwar hatte man ihnen ausdrücklich gesagt, dass sie den Bus zu nehmen hätten, aber von Vorschriften und Befehlen hatten sie nach den Jahren Fremdbestimmung genug.

Die Leute in der Bahn musterten die seltsame Gruppe, besonders Peter als „Rasputin" fiel auf.

In Griebnitzsee kontrollierte sie die Vopo. „Guten Tag, die Ausweise bitte!"

„Wat wollen denn die?", murmelte einer der Heimkehrer.

„Wer sind Sie denn?", fragte ein Volkspolizist herrisch.

„Leck mich am Arsch!“, lautete die Antwort auf Russisch.
Verstanden wurde der ehemalige Lagerinsasse zum Glück nicht. Nur dass die Stimmung nicht die beste war, nahmen die Uniformierten wahr. Die Polizisten verzogen sich. Und nun erschienen ein sowjetischer Offizier und zwei Soldaten. „Strastwuitje, wo kommt ihr denn her?“
„Aus deiner Heimat“, antworteten sie ihm.
„Was? Woher denn?“
„Aus Workuta.“
„Bozsche moi. Oh, mein Gott.“ Er bekreuzigte sich schnell, als müsste er etwas Böses abwehren.
„Und jetzt fahren wir nach Potsdam, endlich nach Hause!“
Der Offizier zog eine Schachtel Papirossa aus der Brusttasche und schenkte sie ihnen. „Gute Fahrt!“, wünschte er den Heimkehrenden, die jetzt im Abteil erst mal eine rauchten.
In Babelsberg stieg Peter zusammen mit Helmut Matschke aus der S-Bahn.
„Kommst du noch mit zu meinen Eltern?“, wurde Peter gebeten.
So nah vor dem Ziel schien für den Freund plötzlich alles zu viel.
Peter begleitete ihn zu dem Haus, in dem seine Familie wohnte. „Ich bringe Ihnen Ihren Sohn“, sagte er zu der Frau, die an der Tür erschien. Helmut konnte nicht sprechen in diesem Augenblick, er brach in Tränen aus. „Er weinte wie ein kleines Kind.“
Peter brachte den Freund noch hinein, die Treppe hinauf zum Vater, der gerade krank im Bett lag. Dann verabschiedete er sich, lief wie in einem Traum durch die Stadt, in der er aufgewachsen war, und steuerte das Haus an, in dem seine Mutter lebte.
Die glaubte ihren Augen nicht zu trauen, als er plötzlich vor ihr stand. „*Peter*?“

Sofort war er wieder zu Scherzen aufgelegt. Er legte den Finger auf seine Lippen. Sie sollte seine Ankunft nicht verraten.
Denn dort wohnte auch seine Patentante, zu der er ein besonders herzliches Verhältnis hatte.
„Komm rein, Peter! Die Pati schläft. Sie hat Nachtdienst gehabt. Setz dich doch!“ Aufgeregt lief sie in das Nachbarzimmer.
Peter ließ sich so wie er kam, nieder, trug immer noch Kosakenmantel und Tschapka.
„Was ist denn?“, hörte er seine Patentante unwirsch fragen.
„Da ist Besuch!“
„Was denn für Besuch?“
„Aus Russland.“
„Ich komme!“
Er blieb sitzen und wartete ab, bis seine Tante zuerst das Bad und dann das Zimmer betrat.
„Guten Tag. Viele Grüße von Peter“, sagte er zu ihr. In den Lagern hatten sie nur Russisch gesprochen. Peter sprach jetzt mit Akzent – wie ein Wolgadeutscher.
„Wusste ich's doch, dass der Junge lebt!“, rief sie aufgeregt.
„Pati, *ich bin's*!“, rief Peter jetzt, riss sich die Polarfuchsfellmütze vom Kopf und sprang auf.
Die Tante strauchelte vor Überraschung und plumpste rückwärts in den Sessel.
„Da habe ich das erste Mal geweint. Und dann war ich wieder zu Hause.“

Nur kurze Zeit nach seiner Ankunft kamen zwei Männer von der Staatssicherheit zu seiner Mutter und fragten nach ihm.
„Der ist nicht da“, erklärte sie, während Peter sich schnell im Bad versteckte.

„Wann kommt er denn wieder?“
„Weiß ich nicht. Vielleicht heute Nachmittag.“
Die Männer kamen auch in den folgenden Tagen vorbei. Ein paarmal konnte seine Mutter die beiden hinhalten, aber schließlich stellte sich Peter dem unangenehmen „Besuch“.
„Melden Sie sich in der Hegelallee!“, hieß es. Die Adresse, die sie ihm gaben, war die Potsdamer Zentrale des MfS.
Pünktlich erschien Peter zu seinem Termin. In dem Raum, in dem er warten sollte, lagen Westzeitschriften. Sollte das ein Test sein? Peter ließ die Zeitungen unbeachtet.
„Kommse rin!“, wurde er von einer Frau unwirsch aufgefordert.
„Nehmse Platz!“
Ein Uniformierter saß ihm gegenüber. „Haben Sie Ihren Entlassungsschein mit?“
„Ja, hab ick.“ Peter reichte ihm den Schein. Zu seiner Verwunderung klappte der Stasimann eine Akte auf, klebte das Papier auf ein Blatt und schlug den Deckel wieder zu.
„Wat soll denn did?“
„Was wollen Sie denn?“
„Ich will meinen Ausweis wiederhaben, ich will meinen Führerschein wiederhaben und Arbeit!“
„Können Sie alles haben, Führerschein bekommen Sie morgen, wenn Sie *für uns* arbeiten.“
„Nee, nee“, wehrte Peter empört ab.
Der Mann hinter dem Schreibtisch sah ihn kalt an. „Dann ist das Gespräch hier beendet!“
Peter konnte gehen. Seinen Entlassungsschein aus der sowjetischen Gefangenschaft, für ihn ein wichtiges Papier, war er los. Peter ging zur VP in der Bauhofstraße und erhielt einen vorläufigen Ausweis.

Von einem alten Freund, der Fahrlehrer war, bekam er seinen Führerschein. Ein Pfarrer schenkte ihm 500 Mark als Ersthilfe. Nur erzählen sollte er niemandem etwas davon.
„Viele haben mir geholfen."

In der Klement-Gottwald-Straße in Potsdam (heute Brandenburger Straße) tippte ihm bei einem Spaziergang ein Russe auf die Schulter. Der Kosakenmantel, den Peter trug, gefiel ihm. Nach einem kurzen Gespräch verkaufte Peter den Mantel und hatte nun Geld, sich das Nötigste zu kaufen.

„Wir müssen mal hin zu Irmchen", sagte seine Mutter ihm ein paar Tage nach seiner Rückkehr.
Irmchen war Peters Frau. Seine Mutter hatte ihm schon ein paar Neuigkeiten berichtet, die für ihn alles andere als erfreulich waren.
„Ich komme mit", sagte sie ihrem Sohn.
„Ja, musste", antwortete Peter, der den Besuch so lange wie möglich vor sich hergeschoben hatte.
Auch Pati begleitete ihn in die Potsdamer Gutenbergstraße.
Peter blieb erst mal draußen, als die beiden Frauen das Haus betraten; er konnte durch das geöffnete Fenster aber hören, worüber gesprochen wurde. Pati sagte: „Wir haben Besuch mitgebracht!"
„Na, dann rin!"
Peter betrat das Haus und seine Frau sah ihm ungläubig entgegen.
„Peter, *du lebst*!", rief sie, strauchelte rückwärts und fiel auf einen Kohlenkasten.
Sie hatte das lange Warten nicht ausgehalten. Inzwischen war er von seiner Ehefrau als tot erklärt worden.
Irmchen rappelte sich auf, kam auf ihn zu und wollte ihn umarmen.

„Lass es“, sagte Peter und hob abwehrend die Hand.
Dann öffnete sich eine Tür; es erschienen seine Kinder und der neue Mann seiner Frau.
„Weißt du noch, wer ich bin?“, fragte Peter seine Tochter.
„Nein.“ Das Mädchen senkte verlegen den Blick und schob sich ein Stück hinter die Mutter. Peter schluckte. Das tat weh.
„Und du?“, wandte er sich an seinen Sohn und räusperte sich. „Weeßte, wer ick bin?“
„Jo“, antwortete er. „Du bist mein Papa.“
Peter wischte sich die Tränen aus dem Gesicht.
Sie verteilten die mitgebrachten Mitbringsel, tranken Kaffee und dann gingen sie wieder.
Soeben hatte sich seine Ehe in Luft aufgelöst.

In dieser Zeit, die für ihn nicht einfach war, zählten die schönen Erlebnisse doppelt.
Seine Patentante Pati arbeitete am Hauptbahnhof Potsdam als Vermittlerin von Taxen.
Auch Peter war einmal eine Zeitlang Taxi gefahren.
Zu Weihnachten trafen sich die Kolleginnen und Kollegen in Bornstedt in den *Elsässer Weinstuben*. „Die kannten mich alle und ich kannte die.“ Peter wurde in dem Saal mit einem großen Hallo begrüßt. „Die hatten sich aber alle verändert. Manche habe ich gar nicht mehr erkannt.“
Für die Weihnachtsfeier hatte er sich extra schick gemacht, trug einen Anzug und einen Schlips. Es fühlte sich immer noch sehr ungewohnt für ihn an.
Eine Tombola wurde veranstaltet und sie holten sich ein paar Lose, saßen am Tisch, aßen und tranken. Dann ertönte plötzlich ein lauter Tusch.

„Der Gewinner ist ermittelt!"
Peter schaute auf seine Lose, auf die Nummern und wartete ab.
„Und wir haben einen Hauptgewinner! Peter, komm mal hoch!"
Überrascht lief er bis zum Podium und blickte fragend hinauf.
„Hört mal alle zu!", rief der ehemalige Kollege. „Dieser Mann war jahrelang in Russland. Heute bekommt er von uns den Hauptpreis!"
Peter erhielt einen riesigen Präsentkorb geschenkt, Blumen, Umarmungen. Alle kamen sie zu ihm, begrüßten ihn, freuten sich, dass er wieder da war, wollten sich mit ihm unterhalten. Doch er stand einfach nur da, bekam kein Wort heraus und kämpfte mit den Tränen.
„Ich war froh, als ich wieder zu Hause war. Das war anstrengend und tat weh."
Reden durfte er in der DDR über seine Haft- und Lagererlebnisse nicht.

Peter Seele am Strand von Templin (Potsdam) 1960 (Privatarchiv Peter Seele)

In den Jahren, die folgten, suchte und fand er Arbeit, war als Heizer und Kraftfahrer beschäftigt und in den Sommermonaten 1959/1960 wurde er „Chef" vom Strandbad Templin.
In dieser Zeit lernte er eine neue Frau kennen. Das Paar heiratete 1960; die Ehe verlief glücklich.

Im März 2002 bekam Peter Seele einen dicken Brief aus Moskau. Ihm wurde mitgeteilt, dass er rehabilitiert sei und „das Urteil des Militärtribunals gegen

Peter Seele beim Zeitzeugengespräch im Januar 2010 mit dem Historiker Dr. Richard Buchner in der Villa Quandt Potsdam (Archiv des Vereins Gedenk- und Begegnungsstätte ehemaliges KGB-Gefängnis Potsdam)

Sie vom 05.01.1952 aufgehoben wurde". Vom Militärhauptstaatsanwalt der Generalstaatsanwaltschaft der Russischen Föderation erhielt er die Mitteilung, dass am 25. August 2000 das Urteil gegen ihn aufgehoben und das „Strafverfahren wegen fehlenden Straftatbestandes nach Art. 58–6 Abs. 1, 58–14 und 121 des Strafgesetzbuches der RSFSR" eingestellt wurde.

„Und was hab ick davon?", fragte er sich. „Nischt. Null."

Zumindest konnte er denjenigen, die immer noch glaubten, er müsse ja „irgendwas gemacht haben", das Papier unter die Nase halten.

Nun hatte er es schriftlich: Er war 1951 vom sowjetischen Geheimdienst festgenommen, unschuldig eingesperrt, verurteilt und in das Arbeitslager nach Workuta verschleppt worden.

Peter Seele, der jahrelang als Zeitzeuge aktiv war und seine Geschichte vor interessiertem Publikum und Schulklassen erzählte, starb am 31. Januar 2022 in seiner Heimatstadt Potsdam. Er wurde 93 Jahre alt.

Die missglückte Flucht

Günter Martins

geboren am 15.1.1931 in Berlin

Drei Tage. Drei ganze Tage war sein Vater wieder zu Hause, da holte ihn der sowjetische Geheimdienst ab. Es war August 1945 und Günter Martins hatte sein großes Vorbild, den Polizisten und Boxer, der sich 1943 für den Fronteinsatz gemeldet und danach in Gefangenschaft geraten war, erneut verloren. Er war weg. Irgendwo. Und er sollte es weitere, lange Jahre bleiben. Günter war zu diesem Zeitpunkt 14 Jahre alt und lebte unweit von Lieberose, wo er im Mai eine Tischlerausbildung angefangen hatte. Mit dem Einmarsch der Roten Armee wurde er hier ein zweites Mal konfrontiert. Das erste Mal war es in seinem Heimatort im Kreis Meseritz gewesen. Die Evakuierung hatte die Familie Martins, zu diesem Zeitpunkt bestehend aus der Mutter und vier Kindern, in die Nähe von Lieberose gespült, wo die Rote Armee dann im April einmarschieren sollte. Günter war, wie beinahe alle seiner Altersgenossen, im Jungvolk gewesen. Sein Bild der „Russen" war geprägt von Scheu und Aversion. Doch mit der Zeit nach dem Einmarsch bemerkte er, wie das Propagandabild mit der Realität kollidierte. Gemüt und Intellekt der ihm bekannten Sowjets passten nicht zu dem, was er über sie gehört hatte. Ihre „einfache Art" sagte ihm alles in allem mehr zu als die „Cowboy"-Attitüde. Und auch ihre Kultur, die oftmals melancholischen Melodien, der Klang der Balalaika gefielen ihm.

Günter schloss seine Tischlerlehre nach drei Jahren ab, arbeitete ein Jahr bei seinem Lehrmeister und ging dann auf die Walz. Bei der Wismut-AG wurde er als Handwerker angestellt. Danach fand er eine Beschäftigung in Jamlitz als Gatterschneider. In jener Zeit hielt er sich viel in der freien Natur auf. Er hatte schon seit seiner Jugend großes Interesse an Wald und Wildleben gehabt. Eigentlich hatte er Förster werden wollen, doch ergab sich diese Möglichkeit für ihn nach dem Krieg nicht. Bei einem seiner langen Ausflüge entlang des Spreewaldes stieß er eines Tages auf eine Falle, in der ein Hase gefangen war. Günter nahm ihn mit und kam auf die Idee, selbst zu jagen. Er fing an, Fallen zu stellen und dachte nicht daran, dass dies strafbar sein könnte. Auch die Sowjets wilderten hier, da würde es schon in Ordnung gehen, Wild für den Eigenbedarf zu fangen. Schließlich hatte er Hunger und damit einen guten Grund. Günter ging letztlich nicht allein wildern. Nach kurzer Zeit fand sich eine kleine Gruppe zusammen, sodass immer zwei, drei junge Männer gemeinsam auf die Jagd gingen. Mit sich führten sie einen alten Karabiner, den Günter gefunden hatte. Eigentlich war er für die Jagd kaum noch zu gebrauchen und hatte seine Funktionstüchtigkeit fast eingebüßt. Hierbei wusste Günter auch um die theoretische Gefahr, denn der Waffenbesitz war ihnen verboten und so versteckten sie die Waffe stets in einem Erdloch im Wald.

Dann, zu Beginn des Jahres 1951, bahnte sich das Unheil an. Fritz Teichert, einer der Freunde, mit denen Günter wilderte, wurde im Januar verhaftet. Teichert war wiederum ein Bekannter von Heinz Amler. Dieser hatte zwischenzeitlich in der Kantine des Truppenübungsplatzes Jamlitz gearbeitet und sollte dort, laut NKWD, spioniert haben.

Noch Monate sollten vergehen, ehe es auch Günter Martins traf. Es war der 17. Mai, als ein Volkspolizist in das Sägewerk kam, in dem Günter arbeitete, und ihn bat, mit vor die Tür zu kommen.

Draußen wartete bereits der NKWD. Kurz zuvor war ein weiterer Freund von Günter verhaftet worden, dieser hatte selbst nicht einmal gewildert, sondern lediglich Tipps dazu gegeben. Günter war der Letzte von insgesamt acht Menschen aus dem Kreis Lieberose, die zu jener Zeit vom NKWD verhaftet wurden. Man brachte ihn vom Sägewerk in Jamlitz nach Lieberose zur Volkspolizei. Dort traf er auf den Polizisten Melcher, den er bereits kannte. Günter steckte noch in der Arbeitskleidung, die er im Sägewerk getragen hatte und die mit Harz und Öl beschmiert war. Ob ihm seine Schwester nicht frische Kleidung auf die Wache bringen könne, fragte er den Volkspolizisten. Sie konnte, durfte mit ihrem Bruder bei der Übergabe der frischen Kleidung jedoch kein Wort wechseln. Am Nachmittag brachte man Günter nach Cottbus, steckte ihn vorerst in eine der Kellerzellen und verhörte ihn in der Nacht. „Du bist Partisan!“, schrie man ihn an. Davon wusste er nichts, wusste ja nicht einmal, was das genau bedeuten sollte. Er wies den Vorwurf von sich. Während des Verhörs schmiss der Offizier, der vis-à-vis Günter gegenübersaß, plötzlich eine Bronzefigur nach ihm. Günter, der nicht getroffen worden war, bückte sich nach der Figur, die nun neben seinem Stuhl lag. Er hatte weiß Gott nicht die Absicht, das Ding zurückzufeuern, doch die Geheimdienstler schienen das anders zu sehen. Sie schmissen sich plötzlich auf ihn und malträtierten ihn mit Schlägen und Tritten. Wieder zurück in seiner Zelle bemerkte Günter die schlechte Luft. Es drückte in der Lunge, war stickig und verqualmt. War das eine ihrer Methoden, ihn weichzukochen? Wollten sie ihn ausräuchern, bis er gestand, weil ihm der Erstickungstod drohte? Günter reagierte sofort und schlug die kleine Scheibe des Kellerfensters ein, um für frische Luft zu sorgen. Es war jedoch ein verstopfter Kaminabzug gewesen, der den Rauch nicht abziehen ließ und Günter hatte demnach mit seiner Vermutung ebenso falsch gelegen wie die NKWDler, die wohl gedacht hatten, er habe, nachdem er das Fenster eingeschlagen hatte, fliehen wollen. Wieder wurde er brutal zusammengeschlagen.

In Cottbus blieb er nur eine Nacht und sollte dann per Lastwagen weitergebracht werden, doch der Motor des Fahrzeugs streikte auf halber Strecke und Günter kam zurück in die Kellerzelle. Am Vormittag des nächsten Tages wurde er in einen kleinen Lieferwagen bugsiert. Der hintere Teil des Fahrzeugs war vergittert. Die Fahrt über wurde er von einem bewaffneten Posten bewacht. Irgendwo im südlichen Brandenburg hielt der Wagen auf einem Hof. Sowohl sowjetische Soldaten als auch Zivilisten liefen dort umher. Der Bewacher von Günter kam mit ihnen ins Gespräch und zeigte ihnen den Offiziersdolch der Luftwaffe, den man während der Hausdurchsuchung bei ihm gefunden hatte. Es war ein Hakenkreuz eingraviert, natürlich. Was auch sonst? Die Leute auf dem Hof versuchten, nachdem sie den Dolch gesehen hatten, auf Günter einzuschlagen und ihn zu bespucken. Sie mussten ihn für einen Nazi halten. Die sowjetischen Soldaten schützen ihn vor der Attacke.

Irgendwann im Verlauf des Nachmittages kam der kleine Transport in Potsdam an, wobei Günter, als er aus dem Lieferwagen stieg, nicht ahnte, wo er sich gerade befand. Direkt nach der Ankunft im Untersuchungsgefängnis in der Leistikowstraße wurde er gefilzt, dann nahm man ihm Schnürsenkel und Gürtel ab, fotografierte und verfrachtete ihn erneut in eine Zelle im Keller. Eine Einzelzelle, in der er etwa die nächsten sieben oder acht Wochen verbringen sollte. Die Zelle roch modrig, nach feuchter Luft. Auch den Fäkalieneimer, der in der Ecke stand und wohl nur ausgeleert und nicht gesäubert worden war, konnte er deutlich riechen. Die Zelle war vielleicht gerade mal 6 Quadratmeter groß und hatte nicht mal eine Pritsche. Stattdessen war nur ein länglicher Betonsockel vorhanden, auf den er sich legen konnte. Zu allem Überfluss war der Boden nass, eine seichte Schicht Wasser von 1 bis 2 Zentimetern stand in der Zelle. Das winzige vergitterte und mit einer Blende versehene Fenster ließ Regenwasser hindurch. Günter fielen die schlecht verputzten Wände auf. Dieser Keller war ganz offensichtlich umgebaut worden und hatte früher wohl einem anderen Zweck gedient. Der Spion in der eisernen Tür sorgte für weiteres Unbehagen. Jeder Winkel der winzigen Zelle konnte beobachtet werden. Und zwar permanent, wurde Günter nach Kurzem klar, denn die grelle Lampe in seiner Zelle brannte immer. Nachts bekam Günter kaum Schlaf, immer Verhöre, oft bis zum Morgen. Nachdem er zum ersten Mal in Potsdam aus dem Verhörzimmer zurück in das Kellerloch geführt wurde, herrschte der Posten ihn an: „Ruki nasad!" Keine Ahnung, was das bedeutet, dachte Günter. „Hände auf den Rücken", wurde ihm schnell deutlich gemacht. Nach der Rückführung in die Zelle musste der Inhaftierte sich, bevor diese abgeschlossen wurde, mit der Stirn an die Wand gedrückt neben die Zellentür stellen, die Hände hinter dem Rücken. Auch das war Günter zu Beginn seiner Zeit in der Kellerzelle in der Leistikowstraße nicht geläufig. Wie auch? Der Posten schlug, als Günter dann endlich die gewünschte Pose eingenommen hatte, dessen Kopf gegen die Wand. Blut floss über seine Nase und tropfte hinab. Ungehorsam wurde hier stets bestraft. Doch was sollte man machen, wenn man die Anweisungen nicht verstand? Wenn sich Günter nach den stundenlangen Verhören in die Zelle kauerte – denn liegen, das wusste er, durfte man nun nicht – und ihn der Posten auf Russisch anschrie, konnte er nur hilflos gucken. „Nix schlafen, nix klopfen!", hatte man ihn zu Beginn wissen lassen. Alles andere schien ihm unklar. Das erste Mal nach seiner Verhaftung weinte Günter vor Verzweiflung. Er war 20 Jahre alt, sportlich, gesund und hatte gedacht, er müsse nur ein paar Tage durchhalten, dann würde sich die Situation klären und er würde nach Hause gehen können. Nun, in dieser kleinen, einsamen Zelle, verließen ihn die Zuversicht und der Mut.

Ein Höhepunkt alle zwei Tage, war der Gang zum Entleeren des Kübels. Die drei, vier Minuten unter freiem Himmel und an der frischen Luft erschienen wie eine kurzzeitige Erlösung. Auch das Klappern der Schüssel, in der sich die Wassersuppe befand, die mit einem Stück Brot gereicht wurde, war ebenso eines der kleinen Dinge, auf die sich Günter in seiner Einsamkeit freute.

Zum Glück endete das Alleinsein nach etwa sieben Wochen. Günter kam in eine Drei-Mann-Zelle mit einem sowjetischen Soldaten und einem Deutschen, Gerhardt Ramlow, der der Spionage beschuldigt wurde. Mit Letzterem freundete er sich an. Günter erzählte Ramlow, der tatsächlich für den englischen Geheimdienst tätig und Mitglied der Widerstandsgruppe um Hans Erdler war,[48] seine Geschichte. Er sprach auch von der Waffe, die er im Wald versteckt hielt und von der er dem Verhöroffizier bisher nichts gesagt hatte. Ramlow fasste daraufhin aufgeregt einen Plan: Günter solle den Waffenbesitz zugeben, die Geheimdienstler zum Versteck führen und dabei, in dem ihm so vertrautem Waldgebiet, die Flucht ergreifen. Gerhardt Ramlow saß schon über ein Jahr in dem Potsdamer Untersuchungsgefängnis, er war aufgeflogen, weil er einem sowjetischen Doppelagenten auf den Leim gegangen war. Günter solle, sobald er in Westberlin angekommen wäre, den Behörden seinen Fall schildern, und vielleicht, so Ramlow, könnten

48 „Erschossen in Moskau …“, S. 304 f.

sie sich für ihn einsetzen. Der frühere Lehrer und Schriftsteller, der als Erster aus der Widerstandgruppe „Erdler" verhaftet worden war, wird vermutlich gewusst haben, dass ihm sowie den anderen Mitgliedern der Gruppe die Todesstrafe drohte. Günter sagte zu. Er wollte weg, egal wie und so erzählte er dem Verhöroffizier vom Karabiner, der in einem Erdloch versteckt lag. Den genauen Standort könne er nicht nennen, aber er würde das Versteck finden, wenn man ihn in den Waldabschnitt lasse. Der Verhöroffizier stimmte zu. Günters Herz raste vor Aufregung. Zwar würden sie ihn gut bewachen, es kämen sicherlich Hunde mit und Handschellen würden sie ihm auch anlegen, doch er kannte das Dickicht, das Schilf, den See einfach zu gut. Er bräuchte nur den einen Moment der Unaufmerksamkeit.

Als Günter dann in den Wald geführt wurde, standen ihm die Tränen in den Augen. Sein Plan war schon gescheitert, da waren sie noch nicht einmal im Wald. Man hatte ihn zu seinem Schrecken an einen der Bewacher gekettet. Eine Flucht war unmöglich und zudem war ihm klar, dass der nun offenkundige Waffenbesitz eine höhere Strafe mit sich bringen würde. Er war überführt, zugleich hatte er seine Freunde Adolf Herbig und Fritz Teichert, die ebenfalls im Potsdamer Untersuchungsgefängnis inhaftiert waren, reingerissen.

Die Verhöre liefen nun, wo die Frage um das Versteck der Waffe gelüftet war, gänzlich anders ab. Nicht nur ein Partisan, ein „Werwolf", solle er sein. Nein, ein Spion und Mörder noch dazu. Einen Volkspolizisten in Fürstenwalde habe er erschossen. Günter wusste nicht einmal, wo dieser Ort lag. Auch das Eisenbahnviadukt in Jamlitz habe er sprengen wollen. Immer absurdere Vorwürfe prasselten auf ihn ein. Es war zermürbend. Nichts davon stimmte. Ja, er hatte eine alte Waffe besessen, die kaum richtig schoss, und

er war wildern gegangen, um Fleisch auf den Tisch zu bekommen. Doch genügt hatte diese Aussage dem Untersuchungsführer nicht.
Das Tribunal kam am 15. September 1951 zusammen. Günter sah nun Adolf und Fritz wieder. Er wusste, dass sie es waren, doch er erkannte sie nicht. Sie sahen aus, als seien sie um 20 oder gar 30 Jahre gealtert. Keinen Ton durften sie miteinander wechseln. Doch nicht nur sie standen vor den Richtern des Militärtribunals. Fünf weitere Personen aus Lieberose waren mit ihnen angeklagt. Etwa Heinz Amler, aber auch Personen, die sich untereinander nicht kannten. Den einen wurde der Waffenbesitz vorgehalten, den anderen angebliche Spionage. Verurteilt wurden sie als Gruppe für Waffenbesitz *und* Spionage.
Am Ende der Verhandlung verlas einer der Richter das Urteil auf Russisch. Der Dolmetscher übersetzte: „Heinz Amler: Tod durch Erschießen. Fritz Teichert: Tod durch Erschießen. Günter Martins … 15 Jahre verschärfte Haft …“. Günter fiel ein Stein vom Herzen. Zum Glück keine Todesstrafe, zum Glück nur 15 Jahre. Er war in diesem Moment dankbar, dankbar dafür, als Unschuldiger nicht hingerichtet zu werden. Adolf Herbig und ein weiterer männlicher Angeklagter bekamen zehn Jahre, die Frauen, die wegen Spionage mitangeklagt waren, allesamt 25 Jahre Arbeitslager.
Den Unterschied zwischen der Strafe, Jahre im Arbeitslager zu verbringen und einer verschärften Haft kannte Günter zu diesem Zeitpunkt nicht. Ohnehin dachte er nicht daran, tatsächlich so lange eingesperrt zu sein. In der Sammelzelle, in der Günter mit einigen der nicht zum Tode Verurteilten daraufhin einsaß, sah man das ganz ähnlich. Niemals würden sie zehn oder gar 25 Jahre dortbleiben. Ein, zwei Jahre vielleicht, dann kämen sie wieder raus. Die Stimmung war seltsam gelassen. Es wurde gelacht, als ob

es nicht der Tag der Verurteilung, sondern der des Freispruchs gewesen wäre. Galgenhumor, könnte man meinen.

Der Transport aus Potsdam fand per Lastwagen statt. Eingepfercht auf der Ladefläche, konnten sich die Inhaftierten kaum aufrichten. Am Bahnhof Wildpark lud man die Gefangenen ein und steckte sie in einen Zugwaggon. Der Transport führte nach Brest-Litowsk. Von der Bahnstation ging der Tross zu Fuß zum Gefängnis. Die Umstände dort waren deutlich besser als in Potsdam. Es wirkte sauberer, roch nach Chlor, es konnte gar geduscht werden. Die Verpflegung und der Schlaf waren besser und einmal am Tag hatten sie Freigang. Günter bekam vom Gefängnispersonal eine gefütterte Wildlederjacke und eine alte Pelzmütze. Sie hatten ihm eingangs seine festere Kleidung abgenommen und nun anscheinend Mitleid bekommen. Etwa zehn Tage blieb Günter in dem Gefängnis, ehe ihn der nächste Transport weiter gen Osten brachte. Über Gomel und Moskau ging es nach Wologda. Dort wurde er in einer ehemaligen Festung untergebracht. In diesem Lager konnte man sich zur Arbeit melden, was Günter auch tat. Er wurde beauftragt, ein Zimmer, vermutlich das des Kommandanten, zu putzen. Als Günter und der polnische Gefangene, der mit ihm die Arbeit verrichten sollte, in das Zimmer traten, standen sie vor einer mit Wasser gefüllten Zinkwanne. Es musste noch kurz zuvor darin gebadet worden sein, denn das Wasser war warm und roch zudem nach Lavendel. Günter, für den in den Monaten zuvor eine kurze kalte Dusche das höchste der Gefühle war, konnte nicht widerstehen, streifte seine Kleidung ab und stieg hinein. Als der Kommandant plötzlich ins Zimmer schritt, sprang er aus dem Wasser und zog sich in Windeseile die Sachen über den nassen Körper. Der Kommandant lachte und versetzte Günter einen Tritt in den

Hintern. Statt Prügel oder rauer Worte bekam Günter zu seiner Überraschung eine Zigarette überreicht. Zwar rauchte er nicht, das gutmütige Gebaren seines Gegenübers wollte er allerdings nicht ausschlagen. So rauchte Günter, um sogleich loszuhusten und erneut vom Kommandanten ausgelacht zu werden.

Nach etwas mehr als einer Woche kam es wieder zum Abtransport. Nun ging es nach Workuta. Dort war es kahl. Alles weiß. Wo der Himmel anfing, wo die Erde endete, war am Horizont nicht zu erkennen. Beides verfloss ineinander. Von der Haltestelle aus musste die Gruppe der Deportierten zum Auffanglager laufen. Im Gegensatz zu Günter, der mit Mütze und Winterjacke ausgestattet war, trugen die meisten anderen noch ihre Sommerbekleidung. Nach etwa einer halben Stunde Fußmarsch kam die Gruppe im Sammellager an. Die Luft roch seltsam und in regelmäßigen Abständen erklang ein metallisches Schlagen. Die Umgebung und Atmosphäre wirkten beinahe postapokalyptisch. Die Arbeit im Lager, in dem Günter inhaftiert war, diente der Kohleförderung. Die Baracken und die Menschen, die in ihnen hausten, waren stark verschmutzt. Kohlestaub legte sich über ihre Kleidung, ihre Haut, ihre Betten. Die ersten drei Tage im Lager 9/10 verbrachte auch Günter im Schacht. Danach, und das war sein Glück, überstellte man ihn in die Baubrigade, da er vor seiner Verhaftung als Tischler gearbeitet hatte. Der Tross kümmerte sich um den Bau von Kühlfabriken und großen Gebäuden innerorts. Das war deutlich angenehmer als die Arbeit im Schacht. Etwas später wurde Günter in die Erdbrigade gesteckt. Diese sollte an der Erdoberfläche den gefrorenen Boden mit Meißel und Hammer aufstemmen, damit nachfolgend Schachtarbeiten beginnen konnten. Der zugehörige Brigadier war ein harter Hund, er konnte die Deutschen im Lager zudem nicht ausstehen. Wenn ihm jemand oder dessen Arbeit missfiel, schlug er auch schon mal mit dem Spaten zu. Als Günter eines Tages die abgetragene Erde in einer Schubkarre wegbringen wollte, kam ihm der Brigadier, der Wolkow genannt wurde, entgegen. Die Karre mit der gefrorenen Erde war so schwer, dass es für Günter kaum möglich schien, das Vehikel zu manövrieren. Wolkow machte jedoch keine Anstalten auszuweichen, stattdessen wies er Günter an, Platz zu machen. Es ging nicht. Der Brigadier erzürnte und schlug mit der Hacke, die er in der Hand hielt, nach Günter. Dieser ließ seine Karre los, griff das metallische Ende des Arbeitsgeräts, schlug Wolkow mit dem Holzstab k. o. und trug den Besinnungslosen anschließend zur Krankenstation. Nach dem Vorfall erwartete Günter überraschenderweise keine Bestrafung. Stattdessen wurde er erneut versetzt. Ihm war das ganz recht. So musste er sich nicht weiter mit Wolkow rumschlagen.

Im Lager gab es so allerhand seltsame Gestalten aus aller Herren Länder mit unterschiedlichsten Biografien. Manche erschienen Günter recht sympathisch, andere taten dies eher weniger. Einer der Mitgefangenen, Kurt, sang unentwegt Arbeiterkampflieder, was in Anbetracht seiner Situation etwas skurril wirkte. Er war draußen überzeugter Kommunist gewesen und blieb es auch im Lager. Unter den Insassen war er alles andere als beliebt, da sich unter den Häftlingen die Geschichte verbreitet hatte, Kurt hätte in seinem Leben außerhalb des Gulag Frauen von Inhaftierten falsche Versprechungen gemacht und sie im Gegenzug schamlos ausgenutzt. Die Verhaftung durch die eigenen Genossen hatte er, so sah es Günter, wohl nie verarbeitet, denn Kurt war im Lager des Lebens müde. Auf einem Transportmarsch setzte er sich einfach in den Schnee und stand nicht wieder auf. Egal wie man ihn anbrüllte oder anpackte. Er blieb an Ort und Stelle. Dabei habe er wissen müssen, und ganz sicher tat er dies auch, dass beim Entfernen von der Gruppe scharf geschossen wurde. Vielleicht hielt er es schlicht nicht mehr aus in der Lagerwelt. Er war beileibe nicht der Einzige, dem es so ging.

Timo, ein anderer Lagergenosse, weihte Günter eines Tages ein: Er wolle abhauen, wie stehe es um ihn? Günter überlegte und sagte schließlich zu. Er würde peu à peu Werkzeug aus der Schachtanlage entfernen und mit in den Barackenbereich bringen. Messer, Sägeblätter, Angelhaken. Am letzten Tag des Augusts, dem Tag der Bergarbeiter, sollte die Flucht stattfinden. Die Bedingungen schienen günstig, denn es gab eine durch Inhaftierte inszenierte Veranstaltung, zu der auch ein großer Teil der Posten kam. Günter setzte sich ab und ging zum vereinbarten Treffpunkt, der Schutthalde. Timo kam zu spät und noch schlimmer, er schien zu kneifen. Er könne nicht weg, das gehe jetzt nicht. Günter, der sich schon seine Häftlingsnummer von den Klamotten gerissen hatte, stöhnte und begann damit, die für die Flucht angesammelten Werkzeuge auf der Halde zu vergraben. Plötzlich spürte er einen festen Schlag auf den Hinterkopf und es wurde dunkel um ihn. Als er wieder zu sich kam, saß er mitten in einer Verhörsituation in der Kommandantur. Timo allerdings nicht. Der war weg und blieb es auch. Im Lager machte daraufhin die Runde, dass er ein Spitzel gewesen sei, der Ausbruchsplan wohl nur fingiert war. Die Strafe für Günter blieb erträglich. Bei weiteren anstehenden Feierlichkeiten dürfe er nicht teilnehmen, sondern werde in der Baracke eingeschlossen. Insgesamt kam Günter in der Lagerhaft relativ glimpflich davon, wenn man ihn bei etwas erwischte, was nicht den Vorstellungen der Bewacher entsprach. Selbst als er und weitere Lagerhäftlinge bei der Verkündung von Stalins Tod untereinander witzelten, man könne doch froh sein, dass der Schnauzbart endlich weg sei, gab es keine Strafen. Von da an dauerte es nicht lange und es begannen die Transporte deutscher Gefangener aus dem Lagerkomplex Workutas. Für Günter ging es im späten Frühling nach Tapiau. Vorher wurde ihm und anderen Inhaftierten mitgeteilt, dass sie nicht mehr zur Arbeit erscheinen müssten. Sie bekamen neue Kleidung und verloren ihre Häftlingsnummern. Aus dem Arbeitsging es daraufhin ins Sammellager und von dort zum Zug. Als dieser an der Stadt Kotlas entlangfuhr, wussten die Häftlinge, dass sie in den Westen fuhren. Von einer anstehenden Entlassung hatte man zuvor noch nicht gesprochen. In Tapiau wurden Günter und die anderen auf ein Gelände gebracht, auf dem mehrere, durch Zäune voneinander getrennte Backsteinbauten standen. Es wirkte wie eine ehemalige Nervenheilanstalt.

Der Herbst war schon angebrochen, da ereignete sich ein blutiger Vorfall. Einer der Posten drehte durch und schoss wie von Sinnen ins Lager und auf die Inhaftierten. Mehrere wurden dabei verletzt, zwei von ihnen starben. Nach dem Vorfall wurden die Gefangenen auf den Appellplatz geführt. Ein sowjetischer Offizier entschuldigte sich bei ihnen für die Gewalttat und kündigte als Wiedergutmachung an, die Tore zwischen Männer- und Frauenlager zu öffnen. Einige der Inhaftierten suchten anschließend nach Verwandten, doch es kam auch zu Vorfällen, für die sich Günter nur fremdschämen konnte. Er selbst musste nicht hinüber, er wusste ja, wo seine Verwandten waren. In Tapiau hatte er zum ersten Mal die Möglichkeit erhalten, ihnen zu schreiben. Sie waren im Bilde und konnten hoffen, dass er bald nach Hause käme. Doch bevor es so weit war, erkrankte Günter. Mit starken Bauchschmerzen kam er auf die Krankenstation, von dort auf die Ladefläche eines mit Kohl beladenen Lastwagens, der ihn zum Marinekrankenhaus nach Kaliningrad fuhr. In der Nacht folgte unter großen Schmerzen die Operation. Sein Blinddarm hatte sich entzündet und musste entfernt werden. Nach dem Eingriff brachte man ihn in einen großen Saal, in dem viele Militärs lagen. Günter verstand sich auf Anhieb gut mit ihnen. Am 7. November 1953, dem Jahrestag der Oktoberrevolution, kamen Scharen von Besuchern, um die Offiziere im Krankenbett zu sehen und zu beschenken. Einige der Gäste und sogar einige der Krankenschwestern beschenkten auch Günter. Der kleine Nachtschrank neben seinem Bett quoll förmlich über. Als er aus dem Krankenhaus entlassen wurde und ins Lager zurückkehrte, verteilte er wiederum viele der Präsente unter den Gefangenen. Fortan wurde er nur noch „Blinddarm“ gerufen.

Im Dezember folgte die Heimfahrt. Als Günter in Fürstenwalde ausstieg, war er zum ersten Mal in seinem Leben an jenem Ort, an dem er den Volkspolizisten erschossen haben sollte. Im dortigen Auffanglager bekam er neue Schuhe, 50 Mark Entlassungsgeld und wurde belehrt, nicht über seine Hafterfahrung zu sprechen. Zusammen mit sechs weiteren ehemaligen Inhaftierten kam er wenig später in Lieberose an. Dass Günter gleich das Elternhaus betreten würde, ahnte noch niemand aus der Familie an jenem Tag. So stieß er auch erst mal nur auf seinen Bruder, mit dem er sich anschließend auf den Weg zum Krankenhaus machte, in dem ihre Mutter arbeitete. Vor Freude fiel diese beim ersten Wiedersehen, nach zweieinhalb Jahren voller Unkenntnis und Sorge, in Ohnmacht.

Günter fühlte sich wohl damit, wieder zu Hause zu sein. Statt missmutiger Blicke bekam er Schulterklopfer, Zuspruch und Hilfsangebote, sobald er über die Straße ging. Er wurde keinesfalls als der Verbrecher angesehen, als den man ihn bezeichnet hatte. Körperlich hatte er jedoch noch an den Jahren in Haft zu knabbern. Er

war stark untergewichtig. Der Arzt, den Günter aufsuchte, verschrieb ihm eine Kur aus Rotwein und gequirltem Ei.
Als Günter das Geschäft betrat, um den ihm verordneten Wein zu kaufen, fiel ihm die hübsche Verkäuferin hinter dem Tresen auf. Er war kurz zuvor zum Feuerwehrball eingeladen worden und brauchte noch eine Begleitung. Günter fragte die junge Frau und sie sagte zu. Kurz darauf wurden sie ein Liebespaar, heirateten Jahre später und bekamen im Lauf der Zeit fünf Kinder. Diese schicksalhafte Begegnung nach seiner Rückkehr aus den Lagern hat einen großen Teil dazu beigetragen, dass der Frühling 1954 der schönste in seinem Leben war. Die Natur, die Freiheit, das Leben. Alles wirkte viel intensiver als er es bis dahin gekannt hatte. Und es half dabei, mit der Zeit, die er in Gefangenschaft verbracht hatte, besser umzugehen.

Die „Meuselwitzer Gruppe"

(verhaftet 1952)

Fahrten ins Ungewisse

Hans Günter Aurich

geboren am 14.12.1932 in Meuselwitz

Die Luft war klar und die Sonne schien auf die kleine thüringische Stadt Meuselwitz, nahe der Stadt Altenburg am letzten Novembertag 1944. Es war der frühe Nachmittag, als die Bomben fielen. Ziel war der Rüstungsbetrieb HASAG, der für die Produktion von Panzerfäusten zuständig war. Auch zahlreiche Wohngebäude wurden völlig oder zu großen Teilen zerstört. Hans Günter Aurich war zu diesem Zeitpunkt elf Jahre alt und ein stolzer Pimpf. In seiner Welt und der seiner Kameraden stand Hitler nicht für Krieg und Vernichtung. Hitler war für sie ein Friedensbewahrer und jemand, der der Jugend viel Wert beimaß. Einer, der sie liebte, der Kinder tätschelte und dabei in die Kamera lächelte. Dass der Vater von Hans Günter zu diesem Zeitpunkt mehr als vier Jahre von zu Hause fort war, um für Hitlers Deutschland zu kämpfen, schien notwendig, auch wenn Hans Günter ihn sehr vermisste. So begeistert wie Hans Günter waren dessen Eltern jedoch vom Nationalsozialismus nicht. Sie waren beide nicht in der Partei und äußerten sich nicht wohlmeinend über Hitler, jedoch auch nicht abwertend. Sie hielten sich einfach raus, soweit es ihnen möglich war. Hans

Günters Glaube an die Versprechungen der Nationalsozialisten und an die von ihnen gestellten Zukunftsaussichten bröckelte an diesem späten Novembertag, an dem die etwa 300 Bomben auf seine Heimatstadt fielen, das erste Mal. Am Folgetag, dem 1. Dezember 1944, war es dann schon kein Bröckeln mehr, vielmehr ein Einsturz. Hans Günters Vater, Willi Aurich, ist gefallen, so die Nachricht. Bereits im Oktober war es passiert. Für Deutschland, für Hitler, in Ungarn.

Im Februar fielen erneut Bomben auf Meuselwitz, diesmal in den frühen Morgenstunden. Sie zerstörten beinahe die komplette Stadt, so viele Häuser und Menschenleben, dass es für die Toten nicht genug Särge geben sollte. Eine Zukunft in Ruinen und ohne Vater war in etwa das Gegenteil von dem, was sich Hans Günter von der Zukunft versprochen hatte. Doch die Sorge um die eigene Zukunft sollte mit dem Einmarsch der Alliierten noch anwachsen. Im April kamen die US-Truppen und nahmen Meuselwitz ein. Mit der Niederlage Deutschlands brach für Hans Günter eine Welt zusammen. Zu viel Schlechtes gab es zuvor über die Feinde des „Dritten Reichs" zu hören und zu lesen. Umso überraschender war das Auftreten der US-amerikanischen Soldaten. Sie waren nett, schenkten den Kindern ab und an Schokolade und unterhielten sich mit ihnen. Hans Günter lernte einen Soldaten aus Chicago kennen, der in einer Schuhfabrik gearbeitet hatte, bis er in den Krieg zog. Einige Wochen später übernahm die Rote Armee die kleine Stadt. Der Unterschied zwischen den amerikanischen und sowjetischen Truppen war, nicht nur was das Äußere anbelangte, beträchtlich. Zerschlissene Kleidung, ungepflegt, das Grauen des Krieges war an ihren Gesichtern abzulesen. Außerdem waren sie bedeutend schlechter ausgestattet. Die beeindruckenden großen Panzer, wie sie die Amerikaner durch die Stadt gefahren hatten, gab es nun nicht mehr. Zugleich umhüllte die neuen Besatzer der dunkle Nebel der Ressentiments. Es war einiges zu hören gewesen von Übergriffen und Vergewaltigungen. Mit der Zeit wurden die Geschichten über brutale Rotarmisten zwar seltener, doch bedrohlich wirkten die sowjetischen Militärs trotzdem. Einige Monate nach der Besatzung hörte man nunmehr Erzählungen über Leute, die verschwunden wären und es schien immer mehr so, als ob manches nun lieber unausgesprochen bleiben solle. Hans Günter ging ab 1945 in die Oberschule. Infolge der zweiten Bombardierung seiner Heimatstadt waren die Schulgebäude jedoch so stark beschädigt worden, dass erst nach Monaten der Unterricht für eine reduzierte Anzahl von Schülern möglich war. Oft teilte man Schülerinnen und Schüler in dieser Zeit zu Arbeitseinsätzen ein. So wurden etwa Hans Günter und andere Schüler noch im Jahr des Kriegsendes zum Wiederaufbau der Schulgebäude herangezogen. Zwei Jahre später waren es die sogenannten Borkenkäfereinsätze, bei denen Hans Günter mithalf. Wenige Monate vor der Gründung der DDR sollte er sich am Wiederaufbau der örtlichen Industrie betätigen. Auf dem Weg in das Stahlwerk „Maxhütte“, in welchem er bei der Rekonstruktion der Hochöfen mitwirken sollte, musste Hans Günter an einem großen Transparent vorbei: „Hochöfen gibt es in Deutschland vier und die stehen hier“, war darauf zu lesen. Was für ein Blödsinn, dachte er und ärgerte sich: „Im Ruhrgebiet gibt es sicher zigmal mehr davon.“ Die sich abzeichnende Teilung Deutschlands machte Hans Günter Sorgen, die Banner und Transparente, die diese implizit ankündigten, wütend.

Es war an einem 1. Mai, an dem ihm besonders deutlich wurde, dass ihm etwas an den neuen Umständen zutiefst widerstrebte. Bei einer öffentlichen Kundgebung trat plötzlich ein energischer Mann auf die Bühne, der sich über das Verbot einer Landwirtschaftszeitung beschwerte und darüber, dass es im Allgemeinen kaum noch möglich wäre, Zeitschriften aus dem Westen zu bekommen. Der Mann wurde von der Bühne gezerrt und geschlagen. Eigentlich hätte man ihm zu Hilfe kommen müssen, dachte Hans Günter, doch keiner der vielen Besucher wagte es einzuschreiten. Es war die Zeit der Berlin-Blockade, in der Hans Günter an der Oberschule den jungen Lateinlehrer Wolfgang Ostermann kennenlernte. Diese Begegnung, das sollte sich bald herausstellen, würde nicht nur sein Schicksal prägen. Ostermann war Mitglied und Funktionär der LDP und merkte schnell, dass seine Antipathie gegenüber der sowjetischen Besatzungsmacht von einem großen Teil der damaligen 11. Klasse der Friedrich-Engels-Oberschule, die er unterrichtete, geteilt wurde. Nach einer der Unterrichtsstunden kam der Lehrer, der nur vier Jahre älter als seine Schüler war, auf Hans Günter und seine beiden Freunde Ulrich Kilger und Fritz Hanisch zu und erzählte ihnen von einer antikommunistischen Gruppe in Altenburg, zu welcher er gehöre. Die drei Jugendlichen waren ganz Ohr. Sie waren bereit und willens etwas gegen die Zustände in der sowjetischen Besatzungszone zu unternehmen, die sie als einschränkend und ungerecht empfanden. Ein Treffen und die Übergabe einzelner Flugblätter fanden kurz darauf in der Wohnung der Familie Aurich statt. Neben den Schülern und dem Lehrer war auch ein weiteres Mitglied der Altenburger Gruppe anwesend, er wurde „Tex“ genannt. Auf den Flugblättern, die die beiden jungen Männer aus der Altenburger Gruppe mitgebracht hatten, waren die Unterdrückung der LDP und der CDU, die Deindustrialisierung der sowjetischen Besatzungszone sowie Wahlen und die Wahrung der Meinungsfreiheit Thema. Erst einmal sollten sich die Schüler die Flugblätter nur ausleihen, sich mit ihnen vertraut machen und anschließend drei Schüler der unteren Jahrgangsstufe, die sie für vertrauenswürdig hielten, anwerben und ihnen die Flugblätter weitergeben. Der junge Lehrer riet den Schülern zudem, in die FDJ einzutreten, um bei Ärger nicht zu schnell in den Fokus zu geraten. Hans Günter war ohnehin bei seinen Lehrern und Mitschülern beliebt, war Vertrauensschüler und Vorsitzender des Schülerrates. Er brachte sich in der Schule außerdem ein, indem er einen Literaturzirkel gründete. Besprochen wurde vorwiegend pazifistische Literatur, Erich Maria Remarques „Im Westen nichts Neues" zum Beispiel. Doch die Aufbruchsstimmung unter den Meuselwitzer Schülern erhielt alsbald einen herben Dämpfer. Im Herbst 1949 wurde Wolfgang Ostermann an eine andere Schule versetzt, der Kontakt der Schüler mit der Altenburger Gruppe riss ab. Flugblätter wurden nun nicht mehr überreicht. Das, so sollte sich schnell zeigen, passierte wohl für die Schüler zur rechten Zeit. Im März 1950 flog die Gruppe um „Tex" auf. Sie hatten im Rahmen des Geburtstags Josef Stalins im Dezember 1949 einen Störsender gebaut, um Wilhelm Piecks Lobrede auf den „Woschd" (Führer) zu sabotieren. Ostermann wurde als Erster verhaftet, wenige Tage darauf auch einige Altenburger Schüler. „Tex" tauchte unter, erst bei Freunden, dann bei Ulrich Kilger. Hans Günter fuhr am Tag nach der Ankunft von „Tex" in Meuselwitz nach Altenburg, um die Lage zu erkunden. Als Hans Günter beim Aufsuchen der Eltern eines Gleichgesinnten von den Verhaftungen erfuhr, drehte er um. Die Gefahr, dass man den Überwachern in die Arme laufen würde, schien zu groß. „Tex" verschwand nach Westberlin, Hans Günter hatte ihn zuvor in der Dunkelheit zur übernächsten Bahnstation begleitet und in den Zug gesetzt. Der Kontakt zwischen den Schülern und der Gruppe brach danach endgültig ab.

Im Sommer 1950, die DDR war noch kein Jahr alt, machten Hans Günter und seine Klassenkameraden ihr Abitur. Jeder der Jugendlichen ging in der Folge seiner Wege. Sie hatten bis hierhin keinerlei widerständische Pläne geschmiedet oder Treffen organisiert, sondern waren mit anderen Dingen beschäftigt. Hans Günter wollte Chemie studieren. Er bewarb sich in Leipzig, wurde aber abgelehnt. Stattdessen schlug man ihm vor, doch Lehrer zu werden. Er schrieb sich daraufhin für das Pädagogikstudium ein, mit dem Ziel Chemie- und Biologielehrer zu werden. Bereits nach dem ersten Semester versuchte er, den Studiengang zu wechseln. Hans Günter wollte kein Lehrer, sondern Chemiker werden. Auch Heinz Eisfeld studierte in Leipzig. Kontakt zueinander hatte man in den ersten Monaten an der Universität Leipzig aber kaum.

Studentenausweis von Hans Günter Aurich, 1950 (© Lagergemeinschaft Workuta/GULag Sowjetunion)

Später sollte sich das ändern. In den Semesterferien 1951 traf Hans Günter in Meuselwitz zufällig auf Helmut Paichert. Dieser fragte ihn, ob er an einem Treffen bei Heinz Eisfeld teilnehmen wolle. Es solle um antisowjetische Propaganda gehen. In Anbetracht der Ereignisse um die Altenburger Gruppe um Wolfgang Ostermann war das mehr als riskant. Die Gruppe, die sich nun traf, bestand aus sieben ehemaligen Schülern. Um konspirativ zu wirken, scheint sie beinahe zu groß, dachte Hans Günter. Beim Treffen der ehemaligen Schüler stellte sich dann auch heraus, dass es ganz unterschiedliche Vorstellungen gab. Einer der Jungs erzählte, dass er im Besitz eines Gummiknüppels und einer Pistole sei. Er hatte sie im Wald gefunden, in ihr steckte noch genau eine Patrone. Derselbe meinte, dass man das Rathaus in die Luft sprengen könnte. Er könne Sprengstoff herstellen, den müsse man nur im Keller platzieren und eine lange Zündschnur daran befestigen. Offensichtlich hatte er keine Ahnung. Heinz Eisfeld, bei dem die Unterredung stattfand, sprach davon, dass er, sollte es zum Krieg zwischen den Amerikanern und den Sowjets kommen, sicher für die US-Truppen kämpfen würde. Kurzum: Viel wurde gesprochen und nicht weniger phantasiert. Doch nichts passierte.

Monate später, es war Herbst 1951 und wieder war Hans Günter in den Ferien in seine Heimatstadt gefahren, kam Frieder Wirth auf ihn zu und bat ihn, mit in den Garten seiner Eltern zu kommen. Der zwei Jahre ältere Fritz Humprecht hatte dort in der Gartenlaube übernachtet. Mittlerweile lebe er in Westberlin und arbeite für eine westliche Organisation, berichtete er. Daher dürfe er sich nicht auf dem Boden der DDR erwischen lassen und verstecke sich in der Laube. Humprecht schlug vor, dass Hans Günter sich an einer Flugblattaktion beteiligen solle. Auf dem Treffen war auch die Rede davon, Nummernschilder von sowjetischen Kraftfahrzeugen zu dokumentieren. Hans Günter war das zu heikel: „Das ist Spionage. Damit will ich nichts zu tun haben." Auch das Verteilen von Flugblättern in russischer Sprache, das ihm als weiterer Vorschlag unterbreitet wurde, lehnte er entschieden ab. Hans Günter könne dann doch aber, so die Bitte, die Blätter wenigstens an Ulrich Kilger weitergeben. Er kam dem nach, wollte Humprecht dabei aber eigentlich nur loswerden. Kurz darauf stellte sich heraus, dass Ulrich von der Aktion nichts wusste und sie sogar vehement ablehnte. Die Flugblätter gingen daher zurück an Frieder Wirth.

Humprecht war da schon längst wieder verschwunden. Passiert war wieder mal nichts. Vorerst.

Am 26. April 1952 kam ein Volkspolizist und bat Hans Günter zu einem Gespräch in die Polizeiwache. Das Verhörzimmer, in das Hans Günter gebracht wurde, war dunkel, roch modrig und erschien in seiner ganzen Atmosphäre einschüchternd. In dem Zimmer saßen bereits drei Personen. Zwischen ihnen war jeweils ein größerer Abstand. Der Raum, so wirkte es, war zwischen ihnen aufgeteilt. Hans Günter stand stumm vor den drei sowjetischen Geheimdienstlern. Niemand sprach. Nach einer Weile konnte er die Anspannung nicht mehr ertragen: „Sagen Sie mir, worum es geht!" Eine Antwort bekam er nicht. Stattdessen folgte der Befehl, sich zu setzen. Hans Günter wollte nichts wie weg. Wenn diese Leute nicht sagen konnten, weshalb er überhaupt hier war, konnten sie ihn nicht festhalten. Diesen Gedanken sprach er aus. „Natürlich können wir Sie zwingen", übermittelte die Frau, die als Dolmetscherin zu arbeiten schien, nachdem einer der beiden Männer auf Russisch irgendetwas gebrüllt hatte. Er solle keine Schwierigkeiten machen, später würden diese für ihn nur Nachteile mit sich bringen. Hans Günter hatte keine Wahl. Er musste bleiben. Ohnehin hatte er zu diesem Zeitpunkt keine Ahnung, weshalb er überhaupt vorgeladen war. Politische Diskussionen, die ihm hätten Schwierigkeiten bereiten können, hatte er nicht geführt. Er hatte sich im letzten Jahr eigentlich nur seinem Studium gewidmet. Um was sollte es also hier schon gehen? Es blieb still. Eine erneute Ewigkeit sprach niemand. Nach etwa einer halben Stunde trat noch ein Mann in das Zimmer. Er redete die anderen auf Russisch an. Danach ließ die Dolmetscherin Hans Günter wissen: „Sie werden jetzt mit uns nach Altenburg fahren." Hans Günter wurde nach draußen gebracht und in einen Pkw gesetzt, nahm auf der Rückbank Platz.

Links und rechts neben ihm setzten sich die beiden sowjetischen Verhöroffiziere. Dann begann die lange Fahrt ins Ungewisse. Über Altenburg kam Hans Günter noch in der gleichen Nacht nach Leipzig. Hier musste er stundenlang in einem fensterlosen Zimmer warten, an der Tür stand der Wachposten, bewaffnet mit Maschinenpistole. Mitten in der Nacht kam es dann zum ersten Verhör. Einer der Verhöroffiziere, der ihm bereits in Meuselwitz gegenübergesessen hatte, nahm ihn in Empfang. „Haben Sie Kontakte nach Westberlin?" Hans Günter nannte den Namen eines Bekannten. Dieser schien den Geheimdienstler nicht zu interessieren. Er hielt Hans Günter unvermittelt ein Passfoto ins Gesicht: „Kennen Sie den?" – „Ja, das ist Fritz Humprecht."

Das kam wohl unerwartet. Der Verhöroffizier sah Hans Günter für einen Augenblick an und schrie dann los. Humprecht sei ein Spion und er, der für ihn gearbeitet hätte, sei dies ebenso. Hans Günter verneinte, das Ganze schien ihm völlig unsinnig. Der Offizier beschimpfte ihn nun, er sei ein Faschist. Dem Studenten wurde aufgetragen, seine Taschen zu leeren. „Sie haben kein Recht, einen Staatsbürger der DDR zu verhaften." Gleichwohl wusste Hans Günter, dass er ausgeliefert war. Draußen, der Morgen dämmerte bereits, stand diesmal ein Lkw. Zwei bewaffnete Posten führten Hans Günter ab und befahlen ihm, auf die Ladefläche zu steigen. Auf dieser befand sich in einer Ecke eine kleine, metallene Zelle, in der man gerade so stehen konnte. „Ich will hier raus", brüllte der arme Kerl, der darin eingesperrt war. Es war Heinz Eisfeld. Hans Günter erkannte die Stimme sofort.

Die Fahrt sollte Stunden dauern. Als der Wagen anhielt – es dürfte schon früher Morgen gewesen sein – und Hans Günter aussteigen musste, wurde er sogleich von Uniformierten in Empfang genommen. Bevor er mit seinen Bewachern in das Gebäude schritt, das vor ihnen lag, drehte sich Hans Günter noch einmal um. Er erkannte, dass das Gelände, auf dem sie sich befanden, vollkommen umzäunt war, überall war Stacheldraht und hinter diesem zeigte sich noch ein Holzzaun. Auf dem Wachturm, der alles überragte, stand ein bewaffneter Posten. Von hier kam man nicht weg. Ausgeschlossen. Hans Günter wurde zu einer Zelle im Keller gebracht. Sie war relativ lang und in ihr befand sich eine große Holzpritsche. Hans Günter trat ein, wie ihm geheißen, die Tür fiel ins Schloss und er war allein. Inzwischen war er hundemüde. Er musste endlich schlafen. Eine der Matratzen, die in der Ecke der Zelle übereinander lagen, legte er auf die Pritsche. Kurz nachdem er sich hingelegt hatte, schrie der Wachposten vor der Tür. Das Liegen war ihm anscheinend verboten. Der Morgen graute da schon und Hans Günter hatte bisher kein Auge zumachen können. Er dachte an seine Mutter und fragte sich, was sie denken würde, wenn er so plötzlich verschwunden war. Insgeheim hoffte er noch, bald wieder zu Hause zu sein. Eigentlich könnte man ihm ja nichts nachweisen. Was hatte er denn getan? Dinge, die ihm Ärger hätten einbringen können, lagen doch schon eine ganze Weile zurück. Aber die rabiate Verhaftung und die Verschleppung ins Irgendwohin, gefühlte Ewigkeiten entfernt der Heimat, versetzten ihn in tiefe Unruhe.

Irgendwann brachte man ihm etwas Brot und Wasser. In der Ferne läuteten Glocken. Das Läuten beruhigte Hans Günter ein wenig. Es war keine andere Welt, auch wenn es sich so anfühlte. Das Klingen in der Ferne verriet, dass es bereits 10 Uhr morgens sein musste. In welcher Stadt, ja, in welcher Region genau diese Glockenschläge vernommen wurden, wusste Hans Günter nicht. Er hatte keinen blassen Schimmer, wo er sich befand.

Der Morgen, der Mittag und der Nachmittag schleppten sich dahin. Nach einer Weile spürte Hans Günter ein Jucken, das sich über den ganzen Körper ausbreitete. Wanzen! Auch das noch. Gegen Abend wurde er in eine Zelle in das obere Stockwerk des Gebäudes gebracht. Dieses Mal war er nicht allein. Ein älterer Mann mit Glatze und grauem Bart teilte mit ihm nun den Raum, die Pritsche, den Wassertopf und auch den Kübel für die Notdurft. „Was gibt es denn Neues draußen?“, fragte sein Zellengenosse. Er saß wohl schon länger in diesem Loch. Hans Günter erzählte ein wenig von der Stalinnote, also von den kurz zuvor von Stalin in Aussicht gestellten Verhandlungen mit den Westalliierten über die Wiedervereinigung und Neutralisierung Deutschlands. Ein wenig Hoffnung brachte das vielleicht. Hans Günter erfuhr im Gegenzug von seinem Zellengenossen, der Hans Könnecke hieß und etwa 50 Jahre alt war, dass sie sich nur ein paar Katzensprünge von der Bundesrepublik aufhielten. Das Untersuchungsgefängnis in der Potsdamer Leistikowstraße, in dem sie eingesperrt waren, lag einige hundert Meter entfernt von der Glienicker Brücke, dem Übergang zwischen Potsdam und Westberlin.

Die Zelle im Obergeschoss war relativ lang. Eine einzelne Glühbirne ohne Lampenschirm brannte Tag und Nacht. Ab 22 Uhr durften sie sich auf die Holzpritsche legen, vorher nicht. Vor dem Fenster befand sich eine Sichtblende, hinauszugucken war unmöglich. Alle drei Tage wurde der Kübel mit den Fäkalien geleert. Die hygienischen Zustände waren fürchterlich. Zudem quälte Hans Günter ein latentes Hungergefühl. Zwar bekam er zu essen, doch reichte es wohl gerade so, um nicht zu verhungern. Morgens gab es etwas Graupensuppe und alle zwei Tage einen Hering. Mittags wurde Brot gereicht und die Graupen wurden durch Kraut ersetzt. Abends gab es zuckerhaltigen Tee. Hans Günter hatte immer Hunger.

Was ebenso stark an die körperliche und psychische Substanz ging, waren die nächtlichen Verhöre. Mit diesen an ausreichend Schlaf zu kommen, war durch das Pritschen- und Liegeverbot, das es tagsüber in der dauerbeleuchteten Zelle gab, unmöglich. Zudem waren die Gespräche selbst und oft gar der Weg ins Verhörzimmer zermürbend. Hans Günter wurde meist vom Wachhabenden angebrüllt, bevor es losging, doch er verstand fast nichts.
Der Verhöroffizier samt Dolmetscher wartete im Nachbargebäude auf Hans Günter. Schnell stellte sich heraus, dass der Mann vom Geheimdienst im vollen Bilde über die Handlungen der Meuselwitzer Schüler war. Zu Beginn des Verhörs ging es wieder um Humprecht und die Flugblätter, die er Hans Günter gegeben hatte. Hans Günter log: „Die habe ich weggeworfen." Der Mann gegenüber wusste, dass das nicht stimmte, wusste, dass Hans Günter die Flugblätter wieder an Frieder Wirth zurückgegeben hatte und er wusste, was bei dem Treffen der Schüler beredet worden war. Aber woher? Der sowjetische Geheimdienstmitarbeiter sprach von Spionage und Terror und wollte den Namen desjenigen wissen, der Pistole und Gummiknüppel besaß. Beides hatte anscheinend vor Kurzem den Besitzer gewechselt und war nun Eigentum des sowjetischen Geheimdienstes. „Ich weiß davon nichts", log Hans Günter. Der Offizier holte ohne Ankündigung mit dem Knüppel aus und schlug zu. Hans Günter schloss die Augen, erwartete im nächsten Sekundenbruchteil den Schlag im Gesicht zu spüren. Doch es folgte kein Schmerz. Stattdessen schepperte es plötzlich ohrenbetäubend und er zuckte zusammen. Der Knüppel hatte den Stahlschrank getroffen, der direkt neben ihm stand. Auf die nächste Frage antwortete er voller Angst, verriet, was der brüllende Offizier wissen wollte. Hans Günter wurde nun beschuldigt, einen Terrorakt auf die sowjetische Besatzungsmacht vorbereitet

zu haben. Schließlich habe er von der Pistole gewusst. Der Offizier fragte weiter, war mit dem Ergebnis seines Verhörs anscheinend noch immer nicht zufrieden. Ob er das jemals sein würde? Wer besaß denn eine Maschinenpistole und ein Maschinengewehr aus der Gruppe? Niemand, soweit Hans Günter wusste. Es wurde immer abenteuerlicher. Es dauerte Stunden, bis er erlöst wurde. Bevor er zurück in seine Zelle durfte, musste er allerdings noch bestätigen, was besprochen worden war. Man wies ihn an, ein ellenlanges Protokoll zu unterschreiben. Das Dokument war in russischer Sprache verfasst. Die Dolmetscherin erzählte, was dort zu lesen sei. Hans Günter wusste nicht, ob das auch stimmte. Sie konnte ihm ja viel erzählen. Er weigerte sich, zu unterschreiben. Man könne ihn hier eine ganze Ewigkeit sitzen lassen, ließ man ihn dann wissen. Das wäre überhaupt kein Problem. Insgeheim wusste er bereits, dass er keine Wahl hatte und unterschrieb schließlich, um vielleicht noch etwas Schlaf bekommen zu können. Das nächste Verhör baute nicht auf dem vorherigen auf, stattdessen wurde alles Beredete erneut durchgekaut, wieder ging es vor allem um Humprecht und den Vorwurf der Spionage. Hans Günter erzählte irgendetwas über gemeinsame Gespräche, völlige Belanglosigkeiten seiner Ansicht nach. Plötzlich wollte der Verhöroffizier wissen, was Helmut Tisch bei der Kasernierten Volkspolizei machte. Dieser hatte dort eine Ausbildung angefangen. Der Verhörte erwiderte, dass Helmut wohl militärisch geschult wird, es sei ja allgemein bekannt, dass dies zur Ausbildung gehöre. Nichts Besonderes, dachte er, das weiß doch jeder. Sein Gegenüber sah das anders. Das Ganze sei keine Belanglosigkeit, sondern der Beweis für Spionage! Das war nun der neue Vorwurf. Dass er ein Saboteur war, unterstellte man ihm außerdem. Er habe, so die Begründung, doch von dem vermeintlich geplanten Angriff auf das

Rathaus in Meuselwitz gewusst und nichts verraten. Immer wieder wurde nach den Spionageplänen und nach einzelnen Jungen gefragt, nach Helmut Paichert etwa. Hans Günter solle reden, alles über ihn verraten, sonst würde man ihn erschießen. Drohungen dieser Art kamen jetzt häufiger vor. Der junge Student wusste aber nichts über irgendwelche Spionagetätigkeiten. Nach einer Weile fiel ihm eine alte Geschichte ein, die ihm mal von Helmut erzählt worden war. Darin ging es um einen ehemaligen Fallschirmjäger, der in Warnemünde Schiffe fotografiert hätte. Namen konnte er aber nicht nennen.

Die Verhöre zogen sich hin und Hans Günter erzählte das, von dem er dachte, es würde die Befragung verkürzen. Er erzählte, was es vielleicht brauchte, um die Fragenden endlich verstummen zu lassen. Ja, er habe Tex bei der Flucht geholfen. Das sei richtig. Er hatte ihn damals ja tatsächlich zum Bahnhof begleitet. Mittlerweile hatte sich ohnehin ein ganzer Berg von Beschuldigungen angesammelt. Das Gefühl stieg in Hans Günter auf, dass es für den Verhöroffizier am wichtigsten war, dass er nur irgendwas zu schreiben hatte. Tex war zu dieser Zeit bereits verhaftet worden, ohne dass der nun hier Beschuldigte davon etwas ahnte.

Etwa drei Monate nach der Verhaftung in Meuselwitz folgte der Prozess vor dem sowjetischen Militärtribunal in Potsdam. Die Vorwürfe waren vielfältig und ließen das Schlimmste befürchten: Spionage, antisowjetische Propaganda, Vorbereitung aktiven Widerstandes, Vorbereitung von Terroraktionen und Bildung einer antisowjetischen Gruppe. Der Prozess lief über drei Tage, vom 14. bis zum 16. Juli 1952.

In den Wochen vor dem Scheinprozess hatte Hans Günter aus seiner Zelle heraus oft Kontakt zu anderen Mitgefangenen gesucht.

Über die Zellenwände hinweg war das natürlich verboten, aber die Klopfzeichen bekamen die Wärter nur selten mit. Rein zufällig kam es eines Tages dazu, dass er sich in einem solchen Klopfgespräch mit einer Gefangenen austauschte, die etwas von den Meuselwitzern gehört hatte. „Wo kommst du her?" – „Meuselwitz" – „Kennst du Fritz Humprecht?" – „Ja, den kenne ich." – „Der wurde zum Tode verurteilt." Ein Schock durchfuhr Hans Günter, sein Herz raste vor Panik und klar zu denken schien ihm einen Moment lang unmöglich. Die Klopfzeichen aber ebbten nicht ab, irgendwas mit „Begnadigung" folgte am Ende der Botschaft. Er verstand, Humprecht musste begnadigt worden sein, das war es bestimmt.

Im Prozess wurden vorn auf einem langen Tisch die Beweismittel ausgebreitet. Knüppel und Pistole waren zu sehen, ein Buch von Felix Graf von Luckner mit einer Reichskriegsflagge auf dem Einband sowie ein paar Briefmarken. Wie bis 1945 üblich, zierte sie das Hitler-Konterfei. An der Wand im Hintergrund hing das Bild Stalins, der mit dem gleichen emotionslosen Gesichtsausdruck ins Nichts stierte. Es schien, als sei es den beiden egal, was hier passierte.

Der Prozess vor dem sowjetischen Militärtribunal in Potsdam war ein Gruppenprozess. Hans Günter trat seinen Freunden nun das erste Mal nach der Verhaftung wieder gegenüber. Die Monate in Gefangenschaft hatten sie verändert, ihr Anblick war ein anderer. Sie waren nicht nur abgemagert, man hatte ihnen auch die Haare abgeschoren. Wer weiß, was sie alles erzählen mussten, wer weiß, ob sie ihn, auch ohne es zu wollen, belastet hatten? Oder ob Hans Günter selbst seine Freunde belastet hatte? In den Monaten zuvor waren sie isoliert voneinander, wussten meist nicht, dass ihre Freunde verhaftet worden waren und wussten nicht, was die SMERSCH wusste. Bis zuletzt hatten sie sich nicht absprechen können, nicht über das austauschen, was ihnen jeweils vorgeworfen wurde. Dabei hatten sie dicht an dicht gelebt, ohne es zu wissen. Allesamt waren sie im Haus 1 der Leistikowstraße untergebracht worden.

Nun war es zu spät. Der Prozess war nicht dazu da, nach Schuld oder Unschuld zu suchen. Selbst der kühnste Optimist hätte sich nicht solcher Illusion hingeben können. Zumindest den Versuch, sich zu verteidigen, konnte man ihnen jedoch nicht nehmen. Zu Beginn des Schauspiels fragte Helmut Tisch den Richter nach einem Anwalt. Dieser erwiderte, die Dolmetscherin würde die Verteidigung übernehmen. Sie tat, wenig überraschend, nichts dergleichen. Hans Günter versuchte im Prozess, den Vorwurf der Spionage zu entkräften, richtigzustellen, dass jeder in der DDR wisse, was die kasernierte Volkspolizei mache. Der Richter verwies auf das unterschriebene Geständnis. Er hätte doch die Spionage zugegeben. Es hatte keinen Zweck. Die Urteile standen fest, die Frage war nur, wie würden sie lauten?

Die Verlesung sorgte innerhalb weniger Sekunden für zahlreiche verschiedene Gefühle. Tiefe Sorge, Grauen und sogar Erleichterung. Einzeln wurde genannt: Heinz Baumbach: Todesstrafe, … Heinz Eisfeld: Todesstrafe. Angst stieg nun in Hans Günter empor, doch der Richter fuhr gnadenlos fort. Helmut Paichert: Todesstrafe, Friedrich Wirth: Todesstrafe, … Helmut Tisch: 25 Jahre Lagerhaft, Ulrich Kilger: 25 Jahre, Hans Günter Aurich: 25 … In diesem Moment wirkte die Strafe für Hans Günter beinahe wie ein Sieg. Kein Todesurteil.

Nach der Urteilsverkündung hatte die Gruppe zehn Minuten Zeit, bevor sie zurück in ihre Zellen in der Leistikowstraße gebracht wurden. Hans Günter erzählte von Humprecht, und dass er glaubte, dieser sei begnadigt worden. Vorstellen, dass die Urteile in dieser Schärfe tatsächlich vollstreckt werden, konnte sich keiner der Verurteilten. Man glaubte nicht, dass diese Lappalien dafür ausreichen könnten, dass man sie erschoss. Vielleicht ging es in diesen Minuten aber auch nur darum, sich Mut zuzusprechen, nicht an der Situation zu verzweifeln.

Hans Günter Aurich kurz vor der Rückkehr nach Deutschland im Lager Suchobeswodnoje, 1955 (© Lagergemeinschaft Workuta/GULag Sowjetunion)

Zusammen mit den beiden Freunden Helmut Tisch und Ulrich Kilger, die nicht zum Tode verurteilt worden waren, kam Hans Günter daraufhin in eine Sammelzelle. Ging es für sie nun nach Russland oder würden sie in Deutschland bleiben? Sie wussten nicht, was sie erwarten würde und auch nicht wann.

Es wird schon September gewesen sein, da wurden Hans Günter, Helmut und Ulrich deportiert. Unter Bewachung stiegen sie in einen abgedeckten Lkw. Nur ein Spalt blieb, durch den ein wenig Licht drang und durch den ein kleiner Teil der Umgebung zu sehen war, an der sie vorbeifuhren. Hans Günter blickte auf Wohnhäuser, deren erste Etagen er durch den Schlitz des Verdeckes sehen konnte. Die Zimmer waren bereits beleuchtet. Das sind wohl die Ess- oder Wohnzimmer, dachte er. Ob dort gerade aufgetischt wurde, ob sich die Leute dort drinnen in diesem Moment von ihrem Tag erzählten, scherzten und lachten? Seltsam, den Alltag vor Augen zu haben und währenddessen in die völlige Ungewissheit gebracht zu werden. Wie würde wohl sein künftiger Alltag aussehen? Gibt es einen solchen überhaupt dort, wo er bald sein würde?

Auf dem kleinen, hell beleuchteten und von der Außenwelt abgeriegelten Potsdamer Bahnhof Wildpark wurden Hans Günter, Helmut und Ulrich in einen „Postwaggon" verfrachtet, dieser war extra für den Transport von Gefangenen eingerichtet worden. Drinnen gab es vergitterte Abteile. Die Fahrt dauerte nicht lange, da vernahmen die drei Freunde die Lautsprecherdurchsagen eines Bahnhofs. Offenbar waren sie in Berlin und wurden nun an einen Zug gekoppelt, der weiter Richtung Warschau fahren sollte.

Nicht nur der Schall aus den Lautsprechern, sondern auch das Treiben auf dem Bahnsteig war für die Inhaftierten in ihrem gusseisernen, fahrbaren Gefängnis zu hören. Draußen unterhielten sich wohl zwei Bahnangestellte. Der eine fragte, was denn nun wieder in dem Waggon transportiert würde. Offenbar war ihnen klar, dass es sich dabei nicht um Post handelte.

Nach dem Beginn der Deportation vom Potsdamer Bahnhof Wildpark war die Stadt Brest-Litowsk für Hans Günter und seine Freunde der erste Halt. Erneut wurden sie in ein Gefängnis gebracht und von oben bis unten durchsucht. Das wenige, was er noch besaß, nahm man Hans Günter ab. Ein kleines geschnitztes Schiff war es, das ihm von seinem Freund Heinz Baumbach gegeben worden war, noch in Potsdam nach der Verhandlung vor dem sowjetischen Militärtribunal. Heinz meinte, er bräuchte es nicht mehr. Das war kurz nach seinem Todesurteil.

Im Gefangenenwaggon ging es für die drei Freunde wenige Tage später weiter in Richtung Moskau. Auch hier fanden sie sich in einer Sammelzelle wieder, diesmal vor allem zusammen mit Russen und Ukrainern. Ulrich ging es da schon seit einer Weile nicht gut

und Hans und Helmut waren sich einig, dass man versuchen müsse, ihn nicht allein zu lassen.
Doch ihre Wege trennten sich im Oktober 1952. Ulrich kam in ein Arbeitslager nach Tajschet. Hans Günter und Helmut wurden dagegen nach Workuta gebracht. Die Fahrt in die verschneite Region nahe des Ural-Gebirges dauerte fünf Tage und Hans Günter trug noch immer die Sommerkleidung, die er bei seiner Verhaftung ein halbes Jahr zuvor in Meuselwitz getragen hatte. Drei lange Jahre sollte sein Alltag nun aus Hunger, Kälte und Zwangsarbeit, aus um sich greifenden Leid und dem stetigen Gefühl des Gefangenseins bestehen.[49]

Hans Günter Aurich nach der Entlassung, 1955 (© Lagergemeinschaft Workuta/GULag Sowjetunion)

Während Hans Günter und Helmut ihre ersten Tage im Lager verbrachten, wurden die Todesurteile an Heinz Baumbach, Helmut Paichert und Heinz Eisfeld am 23. Oktober 1952 in Moskau vollstreckt. Lediglich das Gnadengesuch von Frieder Wirth wurde angenommen und zu 20 Jahren Lagerhaft umgewandelt. Erst als dieser, Helmut Tisch und Hans Günter 1955 aus dem sowjetischen

49 Auf Wunsch von Hans Günter Aurich, dem die hiesigen Ausführungen zur Autorisierung vorgelegt wurden, findet die Lagerzeit selbst hier keine weitere Erwähnung.

Lagergeflecht herauskamen (Ulrich Kilger hatte man bereits 1953 entlassen), wurde den Eltern der übrigen drei zum Tode Verurteilten klar, dass ihre Söhne nicht wieder nach Hause kehren würden. Bis zu diesem Zeitpunkt waren sie ohne Kenntnis über das Schicksal ihrer Kinder.
Die vor dem sowjetischen Militärtribunal verurteilten Meuselwitzer wurden 1996 allesamt durch die Generalstaatsanwaltschaft der Russischen Föderation rehabilitiert.

Hans Günter Aurich starb am 19. Mai 2024 in Kronberg im Taunus. Er wurde 91 Jahre alt.

„Was erlauben Sie sich? Wir verhaften doch keine Deutschen!“

Helmut Tisch

geboren am 4.6.1931 in Knau

„Wo willst du denn hin, alter Mann?“ – „Zum Volkssturm, ich melde mich beim Volkssturm.“ Die Soldaten lachten über den Greis, lachten über die alte Weltkriegsuniform, die er trug und über seinen verblendeten Ehrgeiz. Die Amis waren bereits überall, standen rundherum um die kleine thüringische Stadt Altenburg und waren kurz davor, einfach hereinzuspazieren. „Geh nach Hause, du wirst uns den Krieg auch nicht mehr gewinnen.“ Doch der alte Mann drehte nicht um.

Einen Tag nachdem Helmut diese seltsame Begegnung zusammen mit seinen Freunden in dem Wäldchen beobachtet hatte, in dem sie spielten, schob er sein Fahrrad die Straße entlang an den amerikanischen Soldaten vorbei. Sie beachteten ihn nicht, schienen beinahe gelangweilt. Seinen Landsleuten ging es offensichtlich anders, teilweise plünderten sie die kleinen Geschäfte der Innenstadt und tauschten das ergatterte Hab und Gut später bei den US-amerikanischen Soldaten ein, doch die Aufregung legte sich schnell. Selbst nachdem die sowjetischen Truppen das Städtchen übernahmen, schritt der Alltag voran. Immerhin, der Krieg war nun endlich vorbei.

Im Herbst öffnete die Schule wieder, für Helmut erschien nicht sonderlich viel anders als in den Schuljahren zuvor. Nur die Zeltlager, die vom Jungvolk organisiert worden waren und die er stets als schöne Abenteuer empfunden hatte, gab es nicht mehr. Helmut ging nun vorerst auf das Gymnasium in Altenburg, doch bereits ein Jahr darauf sollte die Familie ins benachbarte Meuselwitz ziehen. Der Vater hatte dort einen Posten bei der Reichsbahn als Bahnhofsvorsteher bekommen. Sie bezogen eine Dienstwohnung direkt am Bahnhof und Helmut besuchte fortan die Schule vor Ort. Einige der Lehrer, die dort unterrichteten, waren nur etwas älter als er zu der Zeit, vielleicht um die drei oder vier Jahre. Vor allem einer von ihnen schaffte es, Helmut und seine Mitschüler von Beginn an zu begeistern, der Neulehrer Wolfgang Ostermann. Schnell gab er den Schülern zu verstehen, dass man kritisch auf die politischen Prozesse in der Besatzungszone blicken müsse. Die Gefahr einer neuen Diktatur sei offensichtlich. Auf seine Initiative hin, traf sich eine Gruppe Schüler, zu denen auch Helmut gehörte, zu Diskussionsrunden. Es ging um die politischen Verhältnisse in der Besatzungszone, ging um demokratische Teilhabe und was dafür nötig wäre. Zwei Mal, 1947 und 1948 trafen sich die Jugendlichen aus diesem Anlass. Die Überlegung, Flugblätter zu verteilen, kam auf. Mehr geschah nicht. Geplantes und Gewolltes verliefen im Sande. Helmut war da bereits von der Schule abgegangen, hatte die mittlere Reife und wollte eine Ausbildung beginnen, doch die Lehrstellen waren rar. Ein Bekannter riet ihm zur Kasernierten Volkspolizei zu gehen: „Helmut, die bauen da die neue Polizei auf, melde dich da doch mal." Helmut ging zur Schulung nach Weißenfels, danach begann die militärische Ausbildung. Doch er musste schnell feststellen, dass es sich nicht um eine Polizei handelte, so wie er sie sich vorstellte. Als es zur Vereidigung und den Schwur auf die Fahne ging, weigerte er sich. Er wollte kein Soldat sein. „Das gibt jetzt bestimmt 'ne saftige Strafe", dachte er. Doch die Tage danach passierte nichts, er tat weiterhin seinen Dienst, niemand strafte oder drängte ihn. Wenige Wochen später trat ein ihm bekannter Politoffizier auf Helmut zu: „Denk doch nochmal nach. Deine Laufbahn wäre gesichert, du kannst sogar studieren." Nach kurzer Zeit war er umgestimmt. Ein Studium beginnen zu können, klang verlockend. Ein Jahr später ging Helmut nach Leipzig, um zuerst das Abitur nachzuholen, das er für das Studium brauchte. Die plötzliche Verhaftung am 26. April 1952 machten seine Pläne jedoch abrupt zunichte. Kurz zuvor war er aus dem Krankenhaus entlassen worden, nachdem er sich bei einem Treppensturz ein Bein gebrochen hatte. Der Krankenhausmitarbeiter hatte gemeint, er würde ihn nun, nach wenigen Tagen auf Station, mit dem Auto zurück ins Leipziger Wohnheim bringen. Stattdessen hielt der Pkw mit den beiden Männern in einer Seitenstraße vor einer alten Villa. Helmut wurde dort bereits erwartet. Sein Fahrer, den Helmut noch immer für einen Mitarbeiter des Krankenhauses hielt, sagte nur noch: „Jetzt sind Sie da, wo Sie hingehören", schloss die Beifahrertür und fuhr davon. Der junge Student stand irritiert vor dem schönen Haus und neben einem ihm bisher fremden Mann. Kommentarlos wurde Helmut von dem Posten in die Villa geführt, bis zu einem kahlen Raum, in dem sich nur eine Holzpritsche befand. Er sollte sich hinlegen, war jetzt allein in einer Art Zelle. Nun wusste er, dass er in Schwierigkeiten war. Noch in der folgenden Nacht führte man ihn ab, wieder hinaus vor die alte Villa, vor der bereits ein Lkw auf ihn wartete. Vor der Abfahrt bekam Helmut einen Umschlag in die Hand gedrückt; хлеб (chleb) stand darauf, ein bisschen Brot gab es also für die Fahrt. Im Lastwagen waren kleine Gitterzellen angelegt, Helmut war nicht der Einzige, der in dieser Nacht transportiert wurde. Er hörte die Gefangenen, ohne dass jemand redete. Das war ihnen verboten. Doch das Rascheln und Schluchzen, das aus den Käfigen drang, ließen keinen

Zweifel. Nach mehreren Stunden Fahrt hielt der Lkw und Helmut musste den Wagen verlassen. Draußen war es noch dunkel, aber die Umrisse der hohen mit Stacheldraht umzäunten Bretterwände waren gut zu erkennen. Er wurde in das naheliegende Gebäude gebracht, die kleine Treppe hoch, dann den langen Flur entlang: „An die Wand und Beine auseinander!", blaffte ihn der bewaffnete Posten an. Eine ganze Weile verging, bis Helmut aus dieser Stellung erlöst wurde. Im Verhörzimmer herrschte ein barscher Ton. Der Offizier brüllte, noch bevor Helmut den blassesten Schimmer hatte, weshalb er überhaupt dort war: „Wir haben sie alle!"

Wen alle?, dachte Helmut. Dann zählte der Offizier die Namen der alten Schulfreunde aus Meuselwitz auf. Langsam dämmerte es ihm. Kurz darauf wurde er rausgeschickt, zur ärztlichen Untersuchung, die sich demütigend anfühlte und dies sicher auch sein sollte. Man führte Helmut danach in den Keller, wo er in eine kleine Zelle gesteckt wurde, in der sich Kübel, Eimer und Holzpritsche befanden. In der Zelle leuchtete ein grelles Licht. Das Zellenfenster war nicht nur vergittert, sondern mit einem Holzverschlag abgedeckt. Kein Tageslicht, nur die Lampe, die Tag und Nacht brannte. Helmut wusste weder den Ort, an dem er sich befand, noch konnte er zuordnen, welche Tageszeit es war. Alsbald begannen die Verhöre: Ein Spion solle er sein. Ihm wurden Paragrafen vorgelesen, die er nicht kannte und die ihm nichts sagten. Er wurde gefragt, wer die Waffen besäße, wer den Sprengstoff und wo man die Flugblätter

Helmut Tisch, Meuselwitz 1951 (© Lagergemeinschaft Workuta/GULag Sowjetunion)

verteilt habe. Helmut entsann sich zwar an die Treffen, die inzwischen eine Weile zurücklagen, konnte aber mit diesen Fragen überhaupt nichts anfangen. Da war ja nichts, dachte er. Keine Waffen, kein Sprengstoff und keine unters Volk gebrachten Flugblätter. Die Verhöre zogen sich bis in den Juli, immer nachts musste er dafür in das Nebengebäude, wurde entlang der Holzzäune vorbeigeführt, die mit Stacheldraht gesichert waren. Die Situation schien bedrohlich und driftete zugleich ein manches Mal ins Komische ab. Es kam zu „Verhören", in denen Helmut stundenlang im Zimmer saß, während Verhöroffizier und Sekretärin flachsten und ihn völlig ignorierten. Sie sprachen laut, lachten dabei. Vielleicht flirteten sie. Auf jeden Fall schien ihnen der Verdächtige auf dem Stuhl gegenüber völlig egal zu sein. Helmut lernte damit umzugehen, die Anspannung weichen zu lassen. Er schaltete dann völlig ab, hörte und sah nicht mehr, was ihn umgab und verlor sich in seinen Gedanken. Im nächsten Verhör wurde er dann wieder angebrüllt und der gemeinschaftlichen Spionage beschuldigt, die er mit seinen Freunden begangen haben sollte. Sie waren auch hier, so viel wusste er durch die Fragen des Verhöroffiziers. Doch von seinen alten Schulkameraden sah er niemanden vor Ort. Helmut war zeitweise zusammen mit einem alten Mann in der Zelle, mit dem er aber nur über Belangloses redete, vielleicht war er ja ein Spitzel. Dass es hier so was gab, hatte er mitbekommen. Ob der alte Mann etwas von den Meuselwitzern gehört hätte, fragte er ihn nicht. Manchmal waren Schreie aus dem Keller zu hören, vermutlich aus dem Karzer, von dem Helmut durch Mitgefangene erfahren hatte. Über Klopfzeichen machte vieles die Runde, nur von seinen Freunden hatte anscheinend niemand etwas gehört.

Im Juli 1952 sollte sich das ändern. Nicht weit von dem Haftgebäude entfernt, kam es zur Verhandlung vor dem sowjetischen

Militärtribunal Nr. 48240. Zum ersten Mal, nachdem Helmut nach Leipzig gegangen war, sah er die Gruppe der alten Schulfreunde wieder. Sie durften nicht miteinander sprechen, konnten sich lediglich anhören, was man ihnen vorwarf. Jemanden, der sie verteidigte, gab es nicht. In deutscher und russischer Sprache wurden den Jugendlichen ihre angeblichen Verbrechen vorgesetzt. Die Verhandlung und die Verlesung der Urteile selbst liefen zum Teil an Helmut vorbei. Es schien noch immer alles zu unwirklich. Nach einer etwa zehnminütigen Beratung der Richter standen vier Todesurteile und drei Mal 25 Jahre Lagerhaft zu Buche. Es war wortwörtlich kaum zu fassen, denn die Strafen konnte man kaum ernstnehmen. Es gab ja keinen Anlass, sie waren keine Spione, keine Saboteure, hatten ja nicht mal Flugblätter verteilt, geschweige denn einen Angriff auf die Besatzungsarmee geplant. Kurz konnten sich die jungen Männer nach den Urteilen noch besprechen. Keiner glaubte an die Umsetzung der Strafen. Die Stimmung war seltsam locker. Vermutlich wollte man ihnen nur Angst machen, sie abschrecken und als geläuterte und brave junge Männer in die Zukunft schicken. Die Jugendlichen wurden anschließend in zwei Gruppen aufgeteilt und in verschiedene Sammelzellen gebracht. Diejenigen, die zum Tode verurteilt worden waren, kamen in die eine, jene, für die man eine Strafe von 25 Jahren verhängt hatte, in die andere. Einige Tage nach der Verhandlung wurde Helmut mit seinen Freunden Ulrich Kilger und Hans Günter Aurich aus dem Gefängnis zu einem nahegelegenen Güterbahnhof verbracht. Dort wartete bereits ein Zug, sie mussten in einen Postwaggon steigen. Innen waren die Abteile vergittert, der Blick nach draußen war unmöglich. Helmut wurde zusammen mit einem Russen in eines der Gitterabteile gesteckt, der ihm zumindest sagen konnte, wo es nun hinging. „Man hat dich zur Lagerhaft verurteilt? Dann kommst du jetzt nach Sibirien.“ Der Russe war Militärangehöriger gewesen und hatte versucht, nach Westberlin zu flüchten. Eigentlich gab es für die Inhaftierten ein Redeverbot im Zug, doch Helmuts Sitznachbar schimpfte vehement auf die Sowjetunion, über Stalin und die KPdSU und den Mangel im Land. Das klang nicht nach dem, was Helmut aus Filmen und der Schule kannte. Was denn mit der florierenden Landwirtschaft und den modernen Maschinen sei, fragte er den Ex-Militär. Der lachte laut und verbittert auf. „Propaganda! Das ist alles nicht echt.“

Der Gefangenentransport führte über Brest-Litowsk, wo Helmut einige Nächte in einer Sammelzellzelle verbrachte, weiter über Minsk nach Moskau. Ulrich Kilger war am Ende des Transportes nicht mehr dabei. Mit Hans Günter Aurich wurde Helmut von Moskau nach Workuta gebracht. Die Fahrt dauerte beinahe vier Tage und je näher sie den Lagern kamen, desto kälter wurde es.

Helmut wurde zum siebenten Schacht und dem zugehörigen Lager eingeteilt. Die Häftlingsgesellschaft war international: Ukrainer, Balten, Japaner, Iraner, Belgier, Franzosen, Russen und Deutsche … Demnach war die Verständigung oft schwierig, trotzdem schafften es die Häftlinge in der Regel, miteinander zurechtzukommen. Von den *Blatnois*, der kriminellen Häftlingsorganisation, die von allen anderen gefürchtet wurden, hielt Helmut sich stets fern. Früh hatte er Kontakt zu einem mitinhaftierten Ukrainer, den man im Lager Kartoffelpeter nannte, denn unter dessen Baracke befand sich das Kartoffellager. Piotr, wie Kartoffelpeter eigentlich hieß, kontrollierte das Lager und die Ausgabe und hatte somit reichlich Einfluss. Zudem war er wohl Spitzel und damit gut abgesichert: Selbst dem Bewachungspersonal verweigerte er die Ausgabe der Kartoffeln, wenn sie frech oder unhöflich zu ihm gewesen waren.

Von seinen Freunden hörte Helmut nichts. Immer wieder versuchte er, sich zu erkundigen, ob jemand etwas über die jungen Männer aus Meuselwitz gehört habe. Besonders nach den zum Tode Verurteilten fragte er häufig, nach Helmut Paichert, Frieder Wirth, Heinz Eisfeld und Heinz Baumbach. Niemand wusste etwas.

In den Baracken lebten um die 50 Gefangene zusammen. Ausgestattet waren ihre Betten mit dünnen Decken und Strohsäcken voller Holzspäne, vor der Kälte schützten diese kaum. Gefährlich war aber vor allem die Arbeit im Bergwerk, ab und zu gab es Verschüttungen und Einbrüche. Helmut war im Streckenausbau tätig, mit einer kleinen Lampe in der Hand durchschritt er den dunklen Stollen. Falls die Flamme stark zu flackern begann, bedeutete es, dass irgendwo Gas austrat. Helmut hatte dabei jedoch Glück, von schweren Unfällen blieb er stets verschont.

Im Sommer 1953 griff ein Streik im Lager um sich. Helmut hatte von den Vorbereitungen nichts mitbekommen, doch als es losging, verbreitete sich die Nachricht rasend schnell, von Lager zu Lager, von Baracke zu Baracke. Helmut und seine Mitbewohner wurden von russischen Gefangenen informiert: „Es wird gestreikt, bleibt ruhig, lasst das Personal in Ruhe, aber legt die Arbeit nieder." Stets vor Schichtbeginn mussten sich die inhaftierten Zwangsarbeiter vor dem Tor des Lagers sammeln, ihre Namen wurden dann aufgerufen, um die Anwesenheit zu überprüfen. Nun, nachdem das Streikvorhaben die Runde gemacht hatte, gingen sie einfach nicht mehr hin und der Platz vor dem Eingangstor blieb am Morgen verwaist. Die Forderungen der Häftlinge betrafen weniger die Zwangsarbeit als die widrigen Umstände im Lager: Am Abend wurden die Häftlinge in den Baracken eingeschlossen, Kontakt mit Angehörigen aufzunehmen war ihnen verboten, statt ihrer Namen redete sie das Personal mit Häftlingsnummern an. Schließlich kam es auch zur Forderung, die Gefangenen in ihre Heimatländer zu entlassen. Nach einigen Tagen des Streiks umstellte das Militär das Lager. Die Lage schien zu heikel. Der Streik wurde beendet. Nun sammelten sich die Häftlinge vor dem Antritt zur Zwangsarbeit wieder vor dem Tor des Lagers, diesmal unter schwerer Bewachung. Das Personal umstellte die Streikenden, war mit Maschinengewehren ausgestattet. Die Botschaft war klar: Wenn das nochmal passiert, seid ihr dran. Danach ging es zurück in die Baracken. Dass es in einem anderen Lager Workutas zu spontanen Hinrichtungen und einem regelrechten Massaker an Inhaftierten gekommen war, hatten Helmut und seine Lagergenossen nicht mitbekommen.

Teilweise ging die Lagerleitung jedoch auf die gestellten Forderungen ein: Die Häftlinge bekamen ihre Namen zurück, auch die Baracken wurden abends nicht mehr abgeschlossen. Man konnte nun also auch bei Dunkelheit an die frische Luft und auch mal auf Toilette. Das Wichtigste aber war, dass es den Inhaftierten ermöglicht wurde, Kontakt mit den Verwandten aufzunehmen. Viele von diesen hörten nun das erste Mal, dass ihre verschwundenen Angehörigen noch lebten, und zwar in Lagergefangenschaft in der Sowjetunion. Anfang 1954 kam es so zum ersten Kontakt von Helmut und seinen Eltern nach seiner Verhaftung. Diese hatten vergeblich versucht, etwas über das Schicksal ihres Sohnes zu erfahren. Helmuts Vater war zur sowjetischen Kommandantur gegangen, dort hatte man ihn nur angeblafft: „Was erlauben Sie sich? Wir verhaften doch keine Deutschen!“ Anschließend setzte man ihn vor die Tür.

Im Lager selbst ging es nun auch tagsüber öfter lockerer zu. Es war sogar möglich, Fußballturniere zwischen den Lagergesellschaften zu organisieren. Helmut, der wusste, dass Hans Günter Aurich fußballbegeistert war, hatte herausgefunden, in welchem Lager sein

Freund steckte. Als bekannt wurde, wann die beiden Lager gegeneinander antreten würden, bat Helmut um eine Freistellung von der Arbeit im Schacht für den Nachmittag des Spiels. Er bekam jedoch nicht frei, aber der Streik und die erfolgten Lockerungen hatten ein anderes, gestärktes Selbstbewusstsein geschaffen. Statt sich mit den anderen vor dem Tor zu sammeln, um unter Tage gebracht zu werden, versteckte sich Helmut vor dem Beginn seiner Schicht im Lager. Helmuts Arbeit im Schacht erledigte er nie allein, meist waren ein, manchmal auch zwei Mitgefangene mit ihm im Stollen und inspizierten die Fortschritte in den Schächten. Einer der Kollegen sah Helmut in seinem Versteck. Allein in den Schacht gehen, wollte er nicht: „Wenn du nicht gehst und dir das Spiel ansiehst, bleibe ich auch hier." Beide blieben versteckt, bis der Tross Richtung Schacht abgezogen war.

Helmut sollte mit seinen Vermutungen recht behalten, Hans Günter war wirklich im Team der Lagermannschaft. Nach dem Spiel hatten sie noch kurz Gelegenheit, miteinander zu reden. Helmut war zufrieden. Am nächsten Tag, das war ihm klar, würde er wieder zur Arbeit gehen.

Am Morgen dann wurde Helmut zum Kommandanten gerufen. Doch statt ihm Drohungen auszusprechen und eine Standpauke zu halten, wirkte dieser verständnisvoll, meinte aber, dass es so nicht ginge und man sich für ihn etwas überlegen müsse. Helmut wurde bockig. Der neue Ton im Lager schien ihm die Möglichkeit zu geben, sich endlich gegen die Fremdbestimmung zu wehren. Er werde gar nicht mehr zur Arbeit gehen, ließ Helmut den Kommandanten wissen. Helmuts Kollege, der ebenso zum Rapport bestellt wurde, tat es seinem Kompagnon gleich. Die Versuche, die beiden Häftlinge zu überzeugen, scheiterten. Sie würden nicht mehr in den Schacht gehen. Fertig.

Statt sie in den Schacht zu bringen, steckte man die beiden in einen Karzer und überhitzte diesen. Vermutlich passierte das auch mit anderen Deutschen, die die Aktion von den beiden Landsleuten mitbekommen und sich ebenso der Arbeit verweigert hatten. Helmut kam danach in ein Straflager, in dem sich jedoch nicht viel für ihn ändern sollte, allein die Baracken wurden hier noch des Nachts abgeschlossen. Jedoch: Gearbeitet wurde hier nicht mehr.
Eines Tages kam es dann zum Transport, wieder einmal völlig plötzlich. Helmut und andere Deutsche kamen zusammen in das Lager bei Inta.
Dort gab es nun kaum noch Strafen, man ließ die Inhaftierten sogar die Lagerleitung wählen. Zudem deutete die Zusammenlegung der deutschen Gefangenen auf einen Heimtransport hin. Kurze Zeit darauf wurden Helmut und seine Landsleute erneut verlegt,

Frieder Wirth, Hans Günter Aurich, Helmut Tisch, Entlassungslager Suchobeswodnoje 1955 (© Lagergemeinschaft Workuta/GULag Sowjetunion)

diesmal nach Suchobeswodnoje. In diesem Lager folgte die Amnestierung und der Lageralltag verlor nun seinen Schrecken. Die Häftlinge bewegten sich frei, spielten gegeneinander Fußball und der Umgang mit dem Personal war locker. Das sowjetische Militär teilte Helmut und den anderen Inhaftierten mit, dass sie sich noch ein wenig gedulden sollten, bis es nach Hause gehe. Wohl um die Deportierten vor ihrer Rückkehr in ihre Heimat und ins zivile Leben zu befrieden, wurden die Häftlinge nun teilweise begünstigt. Absurd erschien die Einladung zum Entenbraten der örtlichen KP. Etwas, was der Zivilbevölkerung wohl komplett fremd gewesen sein dürfte. Nun gab es für die „Spione" und „Saboteure" Beglückwünschungen zur Heimkehr und den Verweis, dass man sich ja gut um sie gekümmert habe und, wie man doch sehe, dies noch immer tue. Als völlig grotesk empfanden die von den Kommunisten eingeladenen Gefangenen den Abschlussvortrag, in dem die Vorzüge des Sozialismus gelobpreist wurden. Helmut und die anderen unfreiwilligen Zuhörer verließen daraufhin den Versammlungsraum. Niemand hielt sie auf.

Der erste Abtransport gen Deutschland folgte im Oktober 1955, ein Drittel der Inhaftierten kam nun zurück. Da die Rückführungen in alphabetischer Reihenfolge erfolgten, war Hans Günter Aurich bereits im Oktober auf dem Rückweg in seine Heimat. Helmut Tisch und der ebenso in Suchobeswodnoje Internierte Frieder Wirth mussten sich gedulden. Der zweite Transport folgte im Dezember 1955, hier wurde nicht mehr nach Namen sortiert, sondern nach künftigem Wohnort. Diejenigen, die aus dem Gebiet der DDR kamen oder dort Angehörige hatten, durften jetzt nach Hause. Helmut Tisch verschwieg, dass er gleich nach Ankunft in den Westen übersiedeln würde. Der Transport verlief über Fürstenwalde ins Entlassungslager in Frankfurt (Oder). Die

Lagerleitung verteilte ein paar Ostmark und Fahrkarten, damit die Inhaftierten nun nach Hause fahren konnten. Helmut verweigerte die Annahme, er wollte ja nicht zurück, er wollte in den Westen. Zwar vermisste er seine Eltern und fühlte sich noch immer mit seiner Heimat verwurzelt, aber er wusste auch, dass eine Rückkehr bedeuten könnte, nie aus diesem Staat wegzukommen. Er musste in die Bundesrepublik und es musste gleich sein. Die Lagerleitung versuchte ihn noch umzustimmen, erfolglos. Mit dem Bus wurde Helmut an die Grenze gefahren, ging zu Fuß hinüber und wurde daraufhin in das Notaufnahmelager Friedland gebracht. Von dort zog es ihn zu seinem Cousin nach Hamburg. Er fühlte sich in Hamburg sofort aufgehoben und unterstützt, doch etwas fehlte zu seinem Glück. Die abrupte Verhaftung und die langen Jahre im Lager hatten ihm die Möglichkeit genommen, einen Beruf zu erlernen. Helmut musste nun neu überlegen, was er mit seiner Zukunft anstellen würde. Er entschied sich für eine Ausbildung zum Elektrotechniker in einer Maschinenbaufirma. Es war damals, so sagt er lange Zeit nach dem Renteneintritt, die richtige Wahl. Sein Berufsleben sei ein erfülltes gewesen. Kurz nach erfolgreicher Beendigung der Ausbildung heiratete Helmut Tisch. Seine Frau kannte er bereits aus Meuselwitz. Sie wusste von seiner Vergangenheit, von dem tiefen Einschnitt in sein Leben. Trotz der Last konnte Helmut auch Stärken aus der Zeit im Gulag mitnehmen. Er sei geduldig geworden und beinahe nichts hätte ihn nach seiner Zeit im Lager noch aus der Fassung bringen können.
Das, was ihn nach seiner Ankunft in Westdeutschland vor allem bewegte, war das ungewisse Schicksal seiner 1952 zum Tode verurteilten Freunde.
Bereits kurz nachdem Helmut in Hamburg angekommen war, hatten ihn seine Eltern zusammen mit seiner Schwester in der Hanse-

stadt besucht. Auch Helmut fuhr ab und an in die alte Heimat. Zum ersten Besuch kam es 1957 oder 1958. Er ging zu den Eltern von Heinz Eisfeld, die noch immer ahnungslos in Bezug auf das Schicksal ihres Sohnes waren. Helmut konnte ihnen nur sagen, was bis zum Zeitpunkt der Verurteilung geschehen war: Nach dem Urteil waren sie aufgeteilt worden und hatten sich danach nicht mehr gesehen. Sowohl Helmut als auch den Eltern von Heinz war klar, dass ihr Freund und Sohn vermutlich tot war. Waren doch die Gefangenen aus den Lagern längst zurück, auch Frieder Wirth, den man zusammen mit Heinz zum Tode verurteilt, aber anschließend begnadigt hatte. Kurz nach dem Besuch von Helmut in Meuselwitz bekamen die Eltern von Heinz Eisfeld Gewissheit. In einem Brief des Roten Kreuzes wurde der Tod ihres Sohnes bescheinigt und behauptet, dass er 1954 in der Sowjetunion gestorben sei. Heinz Eisfeld, den Medizinstudenten aus Leipzig, hatte der NKWD jedoch am 23. Oktober 1952 – einen Tag vor seinem 21. Geburtstag – in Moskau erschossen, nachdem man sein Gnadengesuch am 16. Oktober abgelehnt hatte.[50]

Helmut Tisch nach der Entlassung, 1956, Hamburg (© Lagergemeinschaft Workuta/GULag Sowjetunion)

Helmut Tisch starb am 30. Januar 2019 in Quickborn (Schleswig-Holstein).

---

50 „Erschossen in Moskau …“, S. 145 f.

Die werden schon keinen von uns umbringen

Ernst-Friedrich (Frieder) Wirth

geboren am 13.11.1932 in Meuselwitz

Heimlich versuchte Frieder zur Seite zu blicken, in die Gesichter seiner Freunde und ehemaligen Mitschüler, die zusammen mit ihm vor dem Tribunal standen und sich, ohne dem etwas entgegensetzen zu können, ihre angeblichen Vergehen anhören sollten. Dass er die ihm ehemals so vertrauten Gesichter vor dem Richter wohl wiedersehen würde, hatte Frieder erahnt. Über Klopfzeichen in den Zellen hatte er es erfahren, zudem war er in den stundenlangen, nächtlichen Verhören, die sich im sowjetischen Untersuchungsgefängnis in Potsdam über die letzten Monate zogen, immer wieder zu Einzelnen von ihnen befragt worden. Sie mussten die gleiche Tortur wie er selbst durchgemacht haben, dachte er. Mussten eine Ewigkeit in diesen Löchern gehaust haben, in denen Tag und Nacht das Licht brannte, mussten tagsüber in der Zelle stehen und nachts, wenn es ihnen möglich war, auf der harten Holzpritsche Platz nehmen, mussten verschmutzt und verfilzt im eigenen Dreck leben, mussten auskommen ohne Tageslicht, ohne jegliche Ablenkung, mussten das schimmlige Brot essen, um den Magen zu füllen, mussten allein sein mit der Frage, was mit ihnen geschieht und auch mit dem Warum. Schon die ständigen Verhöre waren eine Qual gewesen, immerhin war es mit ihnen nun endgültig vorbei. Aufgrund des Schlafmangels und der drohenden Schläge durch die Untersuchungsführer waren sie alle körperlich mitgenommen, aber vor allem psychisch war die Belastung

Ernst-Friedrich (Frieder) Wirth als Häftling 1952 (Bundesstiftung Aufarbeitung, Gulag-Archiv, Meinhard Stark, Ernst-Friedrich Wirth)

der Untersuchungshaft schwer durchzustehen. Manchmal waren es dabei eher die Sachen, die nicht geschahen, die einen wahnsinnig machen konnten: Teilweise wurde man stundenlang auf einem Stuhl platziert und angeschwiegen, mitunter damit bestraft, dass man Ewigkeiten mit seiner Stirn ein Blatt Papier an der Wand halten musste. Einmal hatte der Verhöroffizier Frieder wissen lassen, dass sie seinen Vater im Anschluss einer Hausdurchsuchung verhaftet hätten. Eine reine Zermürbungstaktik, wie sich später herausstellte. Die anderen hatten davon sicherlich auch einiges abbekommen. Vielleicht hatte man seine Freunde ebenso wie ihn zeitweise in den Karzer gesteckt, als Strafe für das Klopfen oder Flüstern. Eine Zelle, nass, kalt und etwa so klein und schmal, um sich gerade so gekrümmt hineinstellen zu können, stundenlang, manchmal tagelang. Wer aufgrund von Schwäche oder Sauerstoffmangel zusammenbrach, bekam einen Kübel kaltes Wasser über den Kopf, musste sich wieder in die Zelle stellen und erneut Stunde um Stunde auf Erlösung warten. Auf die Gnade, endlich wieder in die eigene kleine, stinkende Zelle zu kommen, in der man zumindest einen Fuß vor den andern setzen konnte. Hätte Frieder nicht um die Situation des Wiedersehens gewusst, er hätte seine Freunde bestimmt nicht wiedererkannt. Vor allem Ulrich Kilger sah man die Monate in Haft im Untersuchungsgefängnis des sowjetischen Geheimdienstes an. Heinz Baumbach, der als Einziger der Gruppe bereits Mitte zwanzig und nicht zusammen mit den anderen in der gleichen Abiturklasse gewesen war, schien es relativ gut weggesteckt zu haben. Auch Helmut Tisch und Heinz Eisfeld wirkten nicht völlig niedergeschlagen. Gern hätte sich Frieder mit den vieren und den ebenso angeklagten Hans Günter Aurich und Helmut Paichert unterhalten. Doch es ging nicht. Vor dem Beginn des Schauprozesses war ihnen jedes Gespräch untereinander, ja selbst jeder Blickkontakt verboten worden. Eigentlich sollten sie sich gar nicht bemerkbar machen, brav das Urteil entgegennehmen, das man sich zuvor für sie ausgedacht hatte. Einzelne Versuche der Verteidigung, etwa, die banale Aussage, dass man das Vorgelesene und darin Vorgeworfene nicht getan habe, wurde mit der Feststellung erwidert, man hätte doch die Geständnisse unterschrieben und sich jeweils zur eigenen Schuld bekannt. Natürlich hatten sie das. Was war ihnen denn anderes übriggeblieben? Jeder unterschrieb den vom Geheimdienst ausformulierten Wisch, der eine früher, der andere später, aber am Ende zählte nur das. Frieder hatte in der langen Zeit der Untersuchungshaft von Gefangenen gehört, was jetzt zu erwarten war. Es könnte schon sein, vermutete Frieder, dass am Ende 20, vielleicht auch 25 Jahre Lagerhaft stünden. Nicht, weil ihre Vergehen das hergeben würden, sondern einfach, weil die Vorwürfe so waren, wie sie waren. „Spionage" brachte stets viele Jahre Lagerhaft mit sich, mindestens. Frieder konnte genauso wenig wie seine Freunde etwas mit den Vorwürfen anfangen. Zwar standen sie der Sowjetmacht negativ gegenüber, hatten sich auf Initiative des Junglehrers Wolfgang Ostermann auch zu Gesprächen getroffen und etwa über mögliche Flugblattaktionen sinniert, doch ist nie etwas daraus geworden. Teilweise wurden auch verrückte Pläne in den Raum geworfen, von denen eigentlich von Anfang an klar sein musste, dass es sich allein um Hirngespinste handelte. Nichts dergleichen hatte jemals stattgefunden. Die Indizien, mit denen die Geheimdienstoffiziere Frieder in den Verhörzimmern des Untersuchungsgefängnisses in der Potsdamer Leistikowstraße konfrontierten, schienen symptomatisch für das Verständnis des sowjetischen Geheimdienstes in Sachen Beweisführung. Es gab, neben zwei Treffen unter den Schülern, lediglich die Verbindung zum Junglehrer Wolfgang Ostermann und dessen Freund Tex. Beide waren eher aktiv, waren etwa in Altenburg an Flugblattaktionen beteiligt. Ein weiterer Meuselwitzer, der jedoch nicht zur Gruppe der Schulfreunde gehörte, war Fritz Humprecht. Er lebte bis zu seiner Verhaftung in Ostberlin, war in Kontakt zu antikommunistischen Gruppen und hatte unter anderem den Plan gehabt, Flugblätter unter den sowjetischen Soldaten zu verteilen und unterbreitete dieses Vorhaben der Meuselwitzer Gruppe. Frieder und die anderen wollten damit nichts zu tun haben, lehnten das Vorhaben von Humprecht ab und hatten ansonsten keinen weiteren Kontakt zu ihm. Die Bekanntschaft mit dem Genannten reichte, um die Gruppe der Schüler als Mittäter zu „entlarven". Warum sollte Frieder denn sonst eine Stadtkarte besitzen, die man bei der Hausdurchsuchung gefunden habe, wenn er nicht wichtige militärische Positionen dort verzeichnen und an die Amerikaner weitergeben wolle? Und weshalb sollte jemand, der Briefmarken mit Hitlerkonterfei und NS-Symbolen sammelt, kein überzeugter Nationalsozialist sein? Dass Stadtpläne nicht allein an Spione verkauft wurden und es als Briefmarkensammler schwer war, im NS-Staat Stücke zu bekommen, auf denen nicht Hitlers Visage abgebildet war, versuchte Frieder zu erläutern, nur wollte das niemand hören.

Das Ergebnis zum Prozess musste also nicht gefunden werden, es stand schon lange fest, als die ehemaligen Schüler aus der kleinen thüringischen Stadt Meuselwitz vor das Tribunal traten. Als der Richter die Urteile sprach, wirkte er nicht so, als ob er die ganze Sache besonders ernst nehmen würde. Die Verhandlung selbst, aber auch der Abschluss des Prozesses, lief eher lapidar dahin, als ob es das tägliche Brot des Tribunals gewesen wäre, Todesstrafen auszusprechen. Ja, kein Lager, sondern Tod durch Erschießen lautete das Urteil für Frieder, Heinz Baumbach, Heinz Eisfeld und Helmut Paichert. Der Rest bekam lange Haftstrafen, sollte Zwangsarbeit leisten. Frieder dachte direkt nach dem Urteilsspruch daran, dass das Ganze vielleicht nur der Abschreckung dienen sollte. Kurz darauf bekamen die zum Tode Verurteilten die Mitteilung, dass sie alle ein Gnadengesuch stellen könnten.

Die werden schon keinen von uns umbringen, ging wohl der ganzen Freundesgruppe zu diesem Zeitpunkt durch den Kopf. Die Möglichkeit, über die Situation gemeinsam zu sprechen, hatten sie jedoch kaum. Bald nach dem Urteil wurden die jungen Männer getrennt, die zum Tode Verurteilten kamen in andere Zellen als diejenigen, die als Strafe Lagerhaft bekommen hatten. Frieder kam in eine Zelle zusammen mit Heinz Eisfeld, einem lebenslustigen Typen, auch in dieser Situation oder vielleicht gerade in ihr. Beide hatten vor dem Prozess lange in Einzelhaft gesessen und redeten die ganze Nacht hindurch, flachsten, lachten. Absurd eigentlich. Der Posten vor der Zellentür fing nach einer Weile an zu meckern. Was sie denn sonst machen sollten, fragten die beiden Inhaftierten, sie hätten ja nicht mal eine Matratze, wie sollten sie schlafen? Tatsächlich brachte der Bewacher ihnen danach die gewünschte Matratze. Nie war ihren Bitten und Wünschen in der Untersuchungshaft zuvor nachgegangen worden. Einige Wochen blieben

Frieder und Heinz noch zusammen in der Zelle. Zu ihnen gesellte sich nach einiger Zeit ein Weiterer, der, dem Urteil des Tribunals nach, den Tod verdient hatte: Ronald Feige aus Dresden. Auch ihm warf man Spionage vor, zudem Sabotage und die Mitgliedschaft in einer konterrevolutionären Organisation, was auch immer das bedeuten mochte. Nun gab es zwar noch jemanden, mit dem man Leid und die Angst um das mögliche Schicksal teilen konnte, doch hieß es zugleich, dass die Unannehmlichkeiten vor Ort weiter zunahmen, dass etwa der Fäkalieneimer nun schneller voll wurde, da dieser ja stets nur einmal am Tag geleert werden durfte. Waschen konnten sie sich zudem nicht und so stand die stinkende Luft in der kleinen Zelle, denn kein Windhauch drang hinein. Allein, dass sie des Nachts nicht mehr zu den Verhören mussten, erschien als kleine Erleichterung.

Am Tag des Abtransports wollte Frieder seine Brille zurück. Man hatte sie ihm am Tag seiner Ankunft im Potsdamer Untersuchungsgefängnis abgenommen. Jetzt, wo es nach … – ja wohin eigentlich? Jetzt, da er auf jeden Fall weggebracht werden sollte, brauchte er sie wieder. Frieder war stark kurzsichtig. Der Posten, den er gefragt hatte, kam mit einer gerollten Zeitung zurück und öffnete diese. Dreißig, vierzig Brillen lagen in ihr. Die von Frieder war nicht dabei.

Mit einem Lastwagen ging es für ihn zusammen mit weiteren Gefangenen zum Bahnhof Wildpark, darunter auch die drei anderen Meuselwitzer sowie Roland Feige und Herbert Lehmann, ein ebenso wegen Spionage verurteilter Landwirt, der zusammen mit Heinz Baumbach und Helmut Paichert zuletzt eine Zelle in der Leistikowstraße geteilt hatte. Am Bahnhof angekommen wurden sie in einen Postwaggon geladen, zumindest schien es mal einer gewesen zu sein. Von innen war dies nicht mehr zu erkennen, hier

befanden sich vergitterte Abteile. Doch das war es nicht, was Frieder am meisten beunruhigte: Alle Gefangenen, die bereits in dem Wagen saßen, trugen nichts an sich, waren völlig nackt. Jetzt nehmen sie uns die Klamotten weg, damit keiner auf die Idee kommt zu türmen, dachte er. Nach kurzer Zeit offenbarte sich ihm jedoch der eigentliche Grund für die Dutzenden nackten Männer um ihn herum: Es war schlicht unerträglich heiß. Der Waggon stand noch stundenlang in der brütenden Hitze und er hatte es in den Stunden zuvor wohl schon getan. Der Klamotten hatten sich die Gefangenen also freiwillig entledigt und Frieder tat es ihnen kurz darauf gleich. Als der Zug endlich losfuhr, dauerte es eine Ewigkeit, bis dieser im nahegelegenen Berlin ankam. Man hörte im Gefangenenwaggon das Treiben auf den Bahnsteigen und durch die Bahnhofsansagen erfuhren die nackten, schwitzenden Häftlinge ihren momentanen Aufenthaltsort. Auf der weiteren, langen Fahrt nach Brest-Litowsk bekamen die Gefangenen kaum Verpflegung. Lediglich einen Salzhering drückte man ihnen in die Hand. Frieder aß und bereute es schnell. Ein furchtbarer Durst überkam ihn, seine Zunge wurde dick, der Mund fühlte sich pelzig an. Als endlich Wasser ausgeteilt wurde, kippte er es in Windeseile herunter, so viel er trinken konnte. Doch auch hier tat sich ein neues Problem auf: Es gab keine Toilette.
Die Ankunft im Gefängnis in Brest-Litowsk erschien Heinz Eisfeld und Frieder Wirth seltsam, denn im Vergleich zu dem zuvor Erlebten konnte man nun beinahe von luxuriösen Umständen oder scherzhaft von einem „Grand Hotel" sprechen: In den Zellen gab es große Fenster, durch die man tatsächlich hindurchsehen konnte, die Pritschen waren mit Bettzeug ausgestattet, die Bettwäsche war noch weiß, es gab in der Mitte der Zelle einen Tisch, auf dem ein Schachfeld eingeritzt war und daneben eine Sitzbank. Heinz

und Frieder kneteten sich aus dem Brot, das sie bekamen, Schachfiguren und spielten den Abend über.
In der Nacht wachte Frieder plötzlich auf und rieb sich das Auge. Etwas hatte ihn gestochen. Er sah sich in der beleuchteten Zelle und auf seiner Pritsche um. Alles war voller Wanzen, sie krabbelten auf ihm, dem Bett und an den Wänden umher. Die Nacht hindurch kämpfte er gegen die Parasiten. Am nächsten Morgen war das Bett rot von dem Blut, was ihm die nun zerquetschten Peiniger vor ihrem Tod abgenommen hatten. Die Zelle war trotzdem die beste, die sie in den vergangenen Monaten zu Gesicht bekommen hatten und zu ihrem Bedauern wurden Heinz und Frieder am nächsten Tag in eine andere, deutlich kleinere verlegt. Etwa noch eine Woche blieben sie dort.
Als man sie aus der Zelle zum Abtransport holte, bekam Frieder das erste Mal wirklich Angst um sein Leben. Er wurde gepackt und durch die Gänge geschleudert. Mit roher Gewalt sorgte man für ihren Abtransport nach Moskau. So, als ob sie die letzte, möglicherweise aufkeimende Gegenwehr brechen wollten. Doch wogegen sollten sie sich eigentlich genau wehren? Gegen die Deportation ins Lager? Sie schienen ja bereits auf dem Weg in den russischen Norden zu sein. Es ging jedoch erst mal nach Moskau. Im Butyrka-Gefängnis warteten die Ankömmlinge auf das Ergebnis ihres Gnadengesuches. Frieder hatte sich in seinem reumütig und opportun gezeigt. Gegenwehr hatte ja keinen Sinn mehr gehabt, noch viel weniger als zuvor in den Verhören im Potsdamer Gefängnis. Nach zwei Wochen in der Butyrka wurde Frieder aus seiner Zelle in einen Büroraum geleitet. Mit Händen und Füßen machten die Geheimdienstmitarbeiter in Uniform ihm klar, dass er begnadigt worden sei. Statt dem Tod erwarte ihn nun Lagerhaft, soweit verstand es Frieder. Er kam in einen anderen Flügel des Ge-

fängnisses, in eine Zelle mit fünf Betten. Dort wartete er, wartete auf die drei Freunde, die mit ihm verurteilt und nach Moskau gebracht worden waren. Warum sollte man ihn begnadigen und die drei anderen nicht? Frieder rechnete fest damit, dass sie bald nachkommen und sich mit ihm die Zelle teilen würden, bis man sie zusammen in irgendein Arbeitslager brächte. Doch sie kamen nicht.

Stattdessen wurde Frieder aus Moskau abtransportiert und gelangte in ein nahegelegenes Sammellager. Zehn Tage dauerte der anschließende Transport nach Workuta. Es war ein Glück für Frieder, dass er in der Butyrka eine Jacke bekommen hatte, war er doch, wie alle anderen Gefangenen, in der Kleidung inhaftiert gewesen, welche er bei seiner Festnahme getragen hatte. Wer im Sommer inhaftiert wurde, hatte also doppelt Pech. Im Waggon war es kalt. Der Transport fand im Januar statt, mitten in der Nacht erreichte der Zug Workuta. Frieder und seine Leidensgenossen kamen zunächst in ein Auffanglager. Er hielt die Augen nach seinen Freunden offen, doch er sah niemanden, den er kannte. Nach einiger Zeit brachte man ihn über den Fluss ins Lager des achten Schachtes. In der Baracke, in der Frieder nun untergebracht war, waren weitere 50 bis 80 Personen. Hier sprachen nur wenige Deutsch, viele kamen allem Anschein nach aus der Ukraine und dem Baltikum. Zur Arbeit im Schacht eingezogen, bekam Frieder einen wertvollen Tipp eines Mitgefangenen. Er verirrte sich daraufhin absichtlich unter Tage und verwies, nachdem er gefunden worden war, auf seine Sehschwäche und die fehlende Brille. Der Plan ging auf, Frieder arbeitete fortan beim Eisenbahnstreckenbau, schuf Dämme für die Schienen. Zwar war die Arbeit über Tage wohl ungefährlicher als jene im Schacht, doch war auch der Streckenbau Knochenarbeit, die die ausgemergelten Häftlinge an ihre Grenzen brachte. Die Arbeit, die Tage und Nächte schienen einander zu gleichen. Auf Dauer, da waren sich die Lagerinsassen untereinander sicher, könne man sie hier nicht festhalten. Niemand würde hier 25 Jahre überstehen müssen oder es überhaupt können. Nach einem Jahr, spätestens, würde man sie wieder nach Hause schicken. Unter diesem Gesichtspunkt schien jede kleine Verbesserung des Lagerlebens wie ein Fingerzeig Richtung Heimkehr. Es gab statt Hirse plötzlich Kartoffeln zu essen? Das konnte nur bedeuten, es gehe bald zurück. Was sonst? Doch im Wesentlichen tat sich lange Zeit nichts. Bis zu jenem Tag, der nachhaltig die Situation der Inhaftierten verbessern sollte, der 4. März 1953, Stalins Todestag. Am folgenden Morgen nach dem Ableben des „Woschd“ sollten sich alle Häftlinge zum Appellplatz begeben. Dort mussten sie stehen, schweigend, und trauern.

Kurz darauf verloren die Häftlinge die ihnen auf die Kleidung vermerkten Nummern und bekamen ihre Namen wieder. Die Baracken, in denen es eng und stickig war, in denen es keine Toilette gab, wurden nachts nun nicht mehr abgeschlossen, wie es zu den Zeiten üblich gewesen war, in denen Stalin noch gelebt hatte. Vom Streik im Juli und dem Tod vieler Häftlinge durch dessen Niederschlagung hatte Frieder nur gerüchteweise gehört. Im Schacht 8 blieb es verhältnismäßig ruhig. Ab dem Ende des Jahres durften Frieder und die anderen Häftlinge dann Briefe an Verwandte schreiben. In den frühen Monaten des Jahres 1954 kamen die ersten Pakete an. Auch wenn es im Gefängnis um die Ernährung weitaus schlimmer gestanden hatte, war die Kost im Lager dennoch alles andere als gut, vor allem in Hinsicht auf die harte Arbeit, die sie verrichten mussten. Das Verpflegungsproblem schien nun jedoch durch die Sendungen aus der Heimat bis auf Weiteres gelöst zu sein. Und am wichtigsten: Die Familien wussten nun, dass ihre

Angehörigen lebten und wo sie waren. Plötzlich, im Dezember 1954, schien tatsächlich etwas Großes bevorzustehen. Viele Ausländer wurden aus Workuta weggebracht. Richtung Westen, ein gutes Zeichen, waren sich alle einig. Viele der deutschen Lagerinsassen kamen in das Lager Inta, so auch Frieder Wirth. Hier sollten die Häftlinge ebenso arbeiten. Doch nun gab es vermehrt und von Anfang an Widerstand. Die Sache schien doch praktisch schon gelaufen, die Heimkehr nur eine Frage der Zeit, dachte Frieder. Sie waren, soweit ließen sich die Geschehnisse interpretieren, doch bereits auf dem Rückweg. Wozu also noch arbeiten? Frieder und Gleichgesinnte weigerten sich, spürten die Unsicherheit der Lagerleitung und gaben schließlich nach deren Drohungen doch nach: „Wenn ihr nicht arbeitet, lassen wir keine weiteren Häftlinge aus Workuta ins Lager kommen."

Ernst-Friedrich Wirth, Fred F., Helmut Tisch, Heinz O. (v. l. n. r.) im Entlassungslager bei Gorki 1955 (© Lagergemeinschaft Workuta/GULag Sowjetunion)

Die zu leistende Zwangsarbeit war jedoch deutlich weniger anstrengend und gefährlich als jene in Workuta. Als dann tatsächlich weitere Gefangene nach Inta kamen, wurden andere ehemalige Workutahäftlinge, unter ihnen wiederum Frieder, weitertransportiert, diesmal ins Lager Suchobeswodnoje. Frieder fiel auf, dass die Lagerleitung dort wohl noch viel weniger wusste, was sie mit den ganzen Neuankömmlingen machen, wie sie sich ihnen gegenüber verhalten sollte. Es begann daher das gleiche Spiel wie in Inta. Auf die Einteilung zur Zwangsarbeit folgte die Verweigerung: „Wir fahren nach Hause, wir arbeiten nicht." Als die Offiziere des Lagerpersonals erwiderten, sie müssten sich über die Arbeit für ihre Rückkehr bewähren, einigte man sich, dass es dabei nur um die Selbstversorgung gehen sollte. Alles, was die Häftlinge eigens bräuchten, würden sie selbstständig organisieren: Wäscherei, Küche, Bäckerei … Zwar waren sie weiterhin eingesperrt, doch war das Leben im Lager inzwischen ein völlig anderes. Es waren nun sogar deutschsprachige Zeitungen zu bekommen. Sie konnten mitunter Radio hören. Das Spiel zwischen den Nationalmannschaften der Bundesrepublik und der Sowjetunion im August 1955 verfolgte Frieder mit Mitinhaftierten. Selbst kickten die Häftlinge nun auch gegeneinander, spielten Tischtennis, hatten sogar ein kleines Kulturprogramm. Dem eigenen Orchester wurden die benötigten Instrumente gebaut. Nach dem Adenauerbesuch in Moskau im Oktober 1955 kam es dann endlich zu dem, auf das die deutschen Häftlinge lange Zeit gewartet und gehofft hatten: zu den ersten Rücktransporten nach Deutschland. Die Lagerleitung war in dieser Zeit um gute Stimmung bemüht und zahlte die Gelder aus, die die Zwangsarbeiter über die Jahre angesammelt hatten. Plötzlich gab es für die Lagerinsassen die Möglichkeit, Sachen zu kaufen, die die Anwohner der Stadt Workuta wohl noch nie zu Gesicht bekommen hatten. Als der nächste Transport im Winter auf sich warten ließ, und Frieder und viele der Mitgefangenen langsam unruhig wurden, spendierten Mitglieder der KP aus Gorki Gänse- und Entenfleisch für die Eingesperrten, um sie bei Laune zu halten und in ihrer Haltung gnädig zu stimmen.

Im Januar war es dann so weit, Frieder fuhr im Transportzug gen Westen. Verriegelt war nun nichts mehr, von echter Bewachung konnte man ebenso wenig sprechen. Über die Städte Wladimir, Moskau, Brest-Litowsk und Warschau ging es nach Fürstenwalde. Dort war die Stimmung wiederum ungemütlich, die ostdeutschen Bewacher unfreundlich. Unerwartet schien dies nicht, handelte es sich doch um einen reinen Westtransport, keiner der Häftlinge, mit denen Frieder gefahren war, wollte in die DDR zurück. Gegen Mitternacht waren sie schließlich in Friedland, die Eltern von Frieder wussten da bereits Bescheid. Er telegrafierte jedoch noch von dort aus, sicherheitshalber, ließ über seine geglückte Ankunft wissen. In Hamburg sollten sie sich kurz darauf wiedersehen. Mehr als dreieinhalb Jahre nach seiner Verhaftung Mitte des Jahres 1952, als man ihn unvermittelt an seiner Arbeitsstelle festgenommen hatte, sah er seine Familie wieder. Dass die drei mit ihm zum Tode verurteilten Freunde Heinz Baumbach, Heinz Eisfeld und Helmut

Ernst-Friedrich Wirth, am 15.8.2023, Interview an der Gedenkstätte Leistikowstraße Potsdam (Foto: Grit Poppe)

Paichert tatsächlich hingerichtet worden waren, war nun offensichtlich. Die Meuselwitzer Schulfreunde, die die Richter des sowjetischen Militärtribunals Nr. 48240 verurteilt hatten, wussten jeweils von ihrer Rückkehr aus den Lagern der Sowjetunion. Nur von den drei Genannten hatte niemand seit dem Aufenthalt in der Butyrka etwas gehört. Auch die beiden Mitgefangenen, die Frieder in Potsdam und während des Transports nach Moskau kennengelernt hatte, Roland Feige und Herbert Lehmann, waren in Moskau hingerichtet worden. Mit ihren Familien traf sich Frieder ebenfalls und tauschte sich aus.

In der ersten Zeit nach der Entlassung musste Frieder mit den Folgeerscheinungen aus der Lagerzeit kämpfen: Seine Zähne waren kaputt, er hatte Ekzeme an den Beinen und Untergewicht. Doch unmittelbar schossen schon in jener Zeit die Gedanken an die Zukunft hervor, sorgenvoll, trotz neugewonnener Freiheit. Was sollte er machen, er hatte ja nicht zu Ende lernen können. Nach einiger Überlegung entschied er sich für eine Ingenieurlaufbahn.

In Leipzig hatte er noch bis zu seiner Verhaftung Geophysik studiert. Fünf Monate lang, bis er verhaftet worden war und aus seinem Studium, seiner Familie, seinem Leben gerissen wurde. Nun begann ein neuer Abschnitt, in Freiheit, aber mit der schweren Hypothek der Erlebnisse aus Gefängnissen und Lagern. Für Heinz Baumbach, Heinz Eisfeld und Helmut Paichert galt dies nicht. Man hatte sie am 23.10.1952 in Moskau erschossen.

Nachwort

Alle in diesem Buch aufgeführten Berichte eint Verschiedenes. Die hier porträtierten Menschen wurden in ihrer Jugend beziehungsweise im jungen Erwachsenenalter plötzlich aus dem Leben gerissen, verhaftet und verschleppt. Zudem hatte sie der sowjetische Geheimdienst als Feinde der Sowjetunion klassifiziert und in dem Untersuchungsgefängnis in der Potsdamer Leistikowstraße inhaftiert, ohne dass Verwandte und Freunde von dem Schicksal ihrer Lieben wussten. Die anschließende Lagerhaft oder Gefängnisinhaftierung überlebten Hans Günter Aurich, Hans Berger, Rosel Blasczyk, Elli Decker, Horst-Adolf Hennig, Günter Martins, Gerda Müller, Johannes Oesterhelt, Bodo Platt, Hermann Schlüter, Christina Schmidt-Kensche, Heinz Schwollius, Peter Seele, Helmut Tisch, Hans Walther und Ernst-Friedrich Wirth trotz der menschenfeindlichen Bedingungen, die im Gulag, den Speziallagern und Gefängnissen geherrscht hatten. Die Schicksale der vielen unschuldig zum Tode verurteilten jungen Menschen, die jäh und gewaltsam aus ihrem Leben gerissen worden sind, spielen in einigen dieser Berichte eine besonders tragische Rolle. „Stellvertretend" kommt hier Margot Bonk zu Wort, die Schwester des zum Tode verurteilten Potsdamer Schülers Joachim Douglas.

Die Betroffenen erzählten im hohen Alter von ihren Erfahrungen und Erlebnissen und schilderten ihre Erinnerungen – ausgelöst durch eine Initiative des Vereins Gedenk- und Begegnungsstätte ehemaliges KGB-Gefängnis Potsdam – dem Filmemacher Dirk Jungnickel, der sie mithilfe aufmerksam und umsichtig geführter Interviews ihre Geschichten erzählen ließ. Es handelt sich also um jeweils subjektive Erinnerungen und Eindrücke, die Dekaden nach dem Erlebten dokumentiert worden sind und nun wiederum durch den Filter zweier Autoren liefen, die die Filmsequenzen zu Texten verdichteten. Alle hier aufgeführten Geschichten wirken auf uns glaubhaft und decken sich meist in ihren Details mit den Erfahrungen anderer Inhaftierter. Auch haben viele der Betroffenen ihre Erinnerungen aufgeschrieben, sodass wir die veröffentlichten Aufzeichnungen von Bodo Platt, Günter Martins, Hans Günter Aurich, Hermann Schlüter und Heinz Schwollius – neben der Fachliteratur – als zusätzliche Quellen nutzen konnten. So es noch möglich war, versuchten wir auch Kontakte zu den Zeitzeugen und Zeitzeuginnen oder auch Angehörigen herzustellen. Persönlich begegnete Grit Poppe den Zeitzeugen Peter Seele und Margot Bonk. Trotz der Einschränkungen durch die Pandemie gelang Grit und Niklas Poppe auch im Herbst 2021 der Besuch bei dem Zeitzeugen Bodo Platt und seiner Frau in Neuffen (Baden-Württemberg). Ernst-Friedrich Wirth war im August 2023 bei einem Zeitzeugengespräch in der Gedenk- und Begegnungsstätte Leistikowstraße in Potsdam zu erleben. Zu weiteren Betroffenen oder auch Angehörigen existierte ein Kontakt per Post oder Mail. Deutlich wurde hier, aber natürlich vor allem in den Interviews selbst, dass es für alle ein Thema ist, dass sie lebenslang bewegt.

Die Berichte sind oft tragisch und erschütternd, der Schmerz über die verlorene Jugend und auch verlorene Freunde und Angehörige ist immer noch lebendig. In diesem Band geht es vor allem darum, diesem Schmerz, den persönlichen Erfahrungen und Wahrnehmungen nachzuspüren und darzustellen, was junge Menschen erleben mussten, die nach dem Untergang der nationalsozialistischen Terrorherrschaft innerhalb kurzer Zeit in die Mühlen des stalinistischen Terrors gerieten. Zum einen möchten wir das Leid und auch den Widerstand gegen ein menschenverachtendes System würdigen und anerkennen, zum anderen die Schicksale dieser damals Jugendlichen und jungen Erwachsenen sichtbarer und begreiflicher machen.

Grit und Niklas Poppe, im Juni 2024

Literatur und Quellen

Video-Interviews

Zeitzeugeninterviews von Dirk Jungnickel mit ehemaligen Häftlingen des ehemaligen KGB-Gefängnisses Leistikowstraße in Potsdam. Im Auftrag des Vereins Gedenk- und Begegnungsstätte ehemaliges KGB-Gefängnis Potsdam, 2008/2009

Bücher von Zeitzeugen

Aurich, Hans Günter: Und der Morgen leuchtet in der Ferne. Lehrjahre unter zwei totalitären Regimen, Bad Schussenried 2007

Martins, Günter: Ruki na sad! Hände auf den Rücken! Erinnerungen von Günter Martins, hg. von Gisela Kurze, Berlin 2004

Platt, Bodo: Sobirai weschtschi! Pack deine Sachen! Jugendjahre im Gulag. Erinnerungen von Bodo Platt, hg. von Andrea Huterer (Schriftenreihe des Berliner Landesbeauftragten für die Unterlagen des Staatssicherheitsdienstes der ehemaligen DDR, 20), Berlin 2006

Schlüter, Hermann: Tod durch Erschießen, Potsdam 2005

Schwollius, Heinz : Aus der Todeszelle in die Hölle von Bautzen (Schriftenreihe des Berliner Landesbeauftragten für die Unterlagen des Staatssicherheitsdienstes der ehemaligen DDR, 24), Berlin 2008

Steinert, Marliese: Zelle – Baracke – Erdloch, hg. von Gisela Kurze, Berlin 2000

Wilmanns, Hergat: Blumen im Beton, Nürnberg 2001

Sonstige Literatur

Applebaum, Anne: Der Eiserne Vorhang. Die Unterdrückung Osteuropas 1944–1956, Bonn 2014

Arendt, Hannah: Elemente und Ursprünge totaler Herrschaft. Antisemitismus, Imperialismus, totale Herrschaft, ungekürzte Taschenbuchausgabe, 18. Aufl., München 2015

Fein, Elke u. a.: Von Potsdam nach Workuta – Das NKGB/MGB/KGB-Gefängnis Potsdam Neuer Garten im Spiegel der Erinnerung deutscher und russischer Häftlinge, hg. von der Brandenburgischen Landeszentrale für politische Bildung und dem Förderverein für MEMORIAL St. Petersburg, 2. Aufl., Potsdam 2002

Grüttner, Michael: Brandstifter und Biedermänner, Deutschland 1933–1945, Bonn 2015

Landau, Julia; Scherbakowa, Irina: Gulag. Texte und Dokumente 1929–1956, Bonn 2014

Naimark, Norman M.: Die Russen in Deutschland. Die sowjetische Besatzungszone 1945 bis 1949, Berlin 1999

Prieß, Benno: Erschossen im Morgengrauen, Calw 2005

Reich, Ines/Schultz, Maria (Hg.): Sowjetisches Untersuchungsgefängnis Leistikowstraße Potsdam, Berlin 2012

Roginskij, Arsenij/Drauschke, Frank/Kaminsky, Anna (Hg.): „Erschossen in Moskau …", Die deutschen Opfer des Stalinismus auf dem Moskauer Friedhof Donskoje, 1950–1953, 2. Aufl., Berlin 2006

Solschenizyn, Alexander: Der Archipel Gulag, vom Verfasser autorisierte überarbeitete und gekürzte Auflage in einem Band, 7. Aufl., Frankfurt am Main 2008

Spirek, Peter Reif/Ritscher, Bodo (Hg.): Speziallager in der SBZ. Gedenkstätten mit „doppelter Vergangenheit", Berlin 1999

Internetseiten

https://www.von-potsdam-nach-workuta.de/

https://www.workuta.de/

http://www.gulag.memorial.de/

https://www.bundesstiftung-aufarbeitung.de/de/recherche/dossiers/sowjetische-straf-und-arbeitslager-gulag

Abkürzungsverzeichnis

BDM	Bund Deutscher Mädel
CDU	Christlich Demokratische Union
DDR	Deutsche Demokratische Republik
DRK	Deutsches Rotes Kreuz
FDJ	Freie Deutsche Jugend
Gulag	Glavnoe Upravlenije Lagerej, „Hauptverwaltung der Lager", System der Straf- und Arbeitslager der SU
HJ	Hitlerjugend
HO	Handelsorganisation
KGB	Komitet gossudarstwennoi besopasnosti, Komitee für Staatssicherheit der SU
KgU	Kampfgruppe gegen Unmenschlichkeit
KP	Kommunistische Partei
KPD	Kommunistische Partei Deutschlands
KPdSU	Kommunistische Partei der Sowjetunion
KZ	Konzentrationslager
LDP	Liberal-Demokratische Partei
MfS	Ministerium für Staatssicherheit
MiG-15	Mikojan-Gurewitsch, sowjetisches Jagdflugzeug
MPi	Maschinenpistole
MWD	Ministerstwo wnutrennich del SSR, Ministerium für Innere Angelegenheiten der UdSSR (von1934 bis 1946 NKWD)
NAPOLA	Nationalpolitische Lehranstalt (NS-Eliteschulen)
NKWD	Narodny komissariat wnutrennich del SSSR, Volkskommissariat für Innere Angelegenheiten der UdSSR (ab 1946 MWD)
NSDAP	Nationalsozialistische Deutsche Arbeiterpartei
NSV	Nationalsozialistische Volkswohlfahrt
NVA	Nationale Volksarmee
PG	Parteigenosse (der NSDAP)
RAD	Reichsarbeitsdienst
RSFSR	Russische Sozialistische Föderative Sowjetrepublik
SBZ	Sowjetische Besatzungszone

SMERSCH	Militärische Spionageabwehrorganisation der Sowjets („Tod den Spionen“)
SMT	Sowjetisches Militärtribunal
SPD	Sozialdemokratische Partei Deutschlands
SU	Sowjetunion
UdSSR	Union der sozialistischen Sowjetrepubliken
US-Truppen	Truppen der Streitkräfte der Vereinigten Staaten von Amerika
VEB	Volkseigener Betrieb
VP	Volkspolizei
Vopo	Volkspolizei/Volkspolizist (umgangssprachlich)
VOS	Vereinigung der Opfer des Stalinismus

Danksagung

Sehr herzlich danken wir Bodo Platt, Margot Bonk (†), Peter Seele (†), Günter Martins, Ernst-Friedrich Wirth und Prof. Hans Günter Aurich (†) sowie allen sonstigen Zeitzeuginnen und Zeitzeugen sowie Angehörigen für ihr Vertrauen und ihre Unterstützung. Vielen Dank an den Regisseur Dirk Jungnickel für seine Dokumentationsarbeit und die aufgenommenen Interviews. Wir danken Gisela Rüdiger und Dr. Richard Buchner von der Gedenk- und Begegnungsstätte ehemaliges KGB-Gefängnis e. V. Potsdam sowie dem Verein selbst. Der Bundesstiftung zur Aufarbeitung der SED-Diktatur danken wir ebenfalls sehr für die Förderung. Wir bedanken uns außerdem bei Stefan Krikowski, dem Vorsitzenden der Lagergemeinschaft Workuta/GULag Sowjetunion e. V., Dr. Matthias Buchholz von der Bundesstiftung Aufarbeitung der SED-Diktatur und allen, die uns ebenfalls noch Fotos, Dokumente und Bücher zur Verfügung gestellt haben.